Leonardo Boff
Zukunft für Mutter Erde

LEONARDO BOFF

ZUKUNFT FÜR MUTTER ERDE

Warum wir als Krone der
Schöpfung abdanken müssen

Aus dem Portugiesischen übersetzt
von Bruno Kern

Mit einem Vorwort
von Heiner Geißler

CLAUDIUS

Titel der Originalausgabe:

Cuidar da terra, proteger a vida. Como evitar o fim do mundo, Editora Record, Rio de Janeiro 2010
© Leonardo Boff, Petrópolis
Die deutsche Fassung wurde vom Autor für die deutschsprachige Leserschaft adaptiert und weist geringfügige Abweichungen vom portugiesischen Original auf.

Bibliografische Informationen Der Deutschen Nationalbibliothek
Die Deutsche Nationalbibliothek verzeichnet diese Publikation in der Deutschen Nationalbibliografie; detaillierte bibliografische Daten sind im Internet über http://dnb.d-nb.de abrufbar.

© Claudius Verlag München 2012
Birkerstraße 22, 80636 München
www.claudius.de

Das Werk einschließlich aller seiner Teile ist urheberrechtlich geschützt.
Jede Verwertung außerhalb der engen Grenzen des Urheberrechtsgesetzes ist ohne Zustimmung des Verlags unzulässig und strafbar.
Das gilt insbesondere für Vervielfältigungen, Übersetzungen, Mikroverfilmungen und die Einspeicherung und Verarbeitung in elektronischen Systemen.

Umschlaggestaltung: Mario Moths, Marl
Druck: fgb, freiburger graphische betriebe

ISBN 978-3-532-62427-2

Inhalt

Vorwort 9

Einleitung
Das Alte liegt in Agonie, das Neue wird unter Schmerzen geboren 11

Erstes Kapitel
Integrale Ökologie – die Mutter Erde: Würde und Rechte .. 17

1. Wir alle sind Afrikaner 18
2. Zeitalter des Menschlichen: Geist, Materie und Leben 20
3. Ökologischer Alarm: Wandel oder Untergang 23
4. Die Erde als Gaia: eine ethische und spirituelle Herausforderung 30
5. Die Erde als Subjekt von Würde und Rechten 43
6. Ein menschliches Armageddon? 50
7. Kann der Kapitalismus im Selbstmord enden? 53
8. Wann hat unser Irrweg seinen Anfang genommen? 55
9. Wiedererlangen, was wir verloren haben 59
10. Der grenzenlose Respekt vor allem Sein 61
11. Das Herz wiedergewinnen 63
12. Argumente für die Erde als Mutter 65

Zweites Kapitel
Spiritualität der Erde: Es gibt keinen Himmel ohne die Erde 73

1. Tiefenökologie 74
2. Der kosmische Christus 80
3. Spiritualität im Geschäftsleben 84
4. Das Universum als Entwurf: kein Nullsummenspiel 86

5. Die Freisetzung der Utopie 88
6. Die wahre Alternative: Leben oder Auferstehung 91
7. Franziskanische Liebe 92
8. Die Achse der Liebe: Rumi und Franz von Assisi 94
9. Das Christentum und das Schicksal des Menschen 105
10. Christus und Buddha umarmen einander 110
11. Wie kann man nach Auschwitz von Gott und vom Menschen denken? 113
12. „Resilienz" und ökologisches Drama 116
13. Die zentrale Rolle der Frauen für den christlichen Glauben 118
14. Aktualität des Zen-Buddhismus angesichts der gegenwärtigen Krise 122
15. Yin und Yang: das Gleichgewicht, das wir brauchen 126
16. Von der Möglichkeit des Glücks in diesem Leben 128
17. „Bruttoinlandsglück"................................ 131
18. Sinn für Humor und Fest 133
19. Der Geist kommt vor dem Missionar 135
20. Der Liebe eine andere Sprache verleihen.............. 137

Drittes Kapitel
Ökologische Ethik: auf der Suche nach einem Weltethos .. 141

1. Wege der Ethik heute 142
2. Auf der Suche nach einem planetarischen Ethos 144
3. Die Dringlichkeit, die Fundamente neu zu legen 162
4. Die Chancen der Krise nicht verspielen 164
5. Die Kosmologie der Herrschaft in der Krise 167
6. Wem gehört die Erde? 169
7. Die Wirtschafts- und Finanzkrise: das vollkommene Loch 171
8. Der kürzeste Weg ins Scheitern 174
9. Totaler Krieg gegen Gaia 176
10. Die Tendenz des Kapitalismus zum Selbstmord 178
11. Werden wir alle aus statistischen Gründen zu Sozialisten? 180
12. Besser leben oder gut leben? 182
13. „Die Wahrheit ist dem Menschen zumutbar" 184
14. „Alle Räder stehen still, wenn keiner den Ramsch mehr haben will!" 191

15. Entwicklung und Nachhaltigkeit: einander widersprechende Konzepte? 196
16. Ethik und Grenzsituationen 203

Viertes Kapitel
Ökologisch-soziale Politik: Wer muss sich um die Erde kümmern? 213

1. Die neue Entwicklungsstufe der Geschichte: die Noosphäre 214
2. Wer muss sich um den Planeten kümmern? 216
3. Hat der Individualismus noch eine Zukunft? 218
4. Kapitalistischer Pessimismus und Sozialdarwinismus 221
5. Die Todsünden des Kapitalismus: Ökozid, Biozid, Geozid 224
6. Oberflächliche Ökonomie und Tiefenökonomie 243
7. Wie wir dem Ende der Welt entrinnen können 247
8. Die Blindheit der Weltgesellschaft 250
9. Der wahre „Kampf der Kulturen" 253
10. Eine heilige Allianz zwischen Wissenschaft und Religion . 255
11. Ökologie und Sozialismus 257
12. Ökologisch-soziale Demokratie 262
13. Der Mensch zwischen Poesie und Prosa 267
14. Worin besteht der nächste Schritt der Menschheit? 269
15. Ein schöner Traum: der Sieg der Vernunft des Herzens .. 277
16. Welche Zukunft erwartet uns? 281

Fünftes Kapitel
Erzählungen und Reflexionen, die zu denken geben 283

1. Das traurige Ende des rein materiellen Wachstums 284
2. Ein Gott, der weinen kann 286
3. Christus weinte um den Vatikan 288
4. Jesus plagten Zweifel, Angst und Hoffnungslosigkeit 290
5. Die glückliche Ehe zwischen Himmel und Erde 292
6. Indios und Schwarze: das schlechte Gewissen der Christen 294

7. Der Zauber der Orixás 298
8. Die Erzählung des Kosmos und die Gottesfrage 301

Zum Schluss
Das Zeitalter der ausgestreckten Hand 307

Literatur 311

Vorwort

Mit „Zukunft für Mutter Erde" hat Leonardo Boff ein unglaublich eindrucksvolles Buch geschrieben, das über den Inhalt der 320 Seiten weit hinauswirken wird. Boff gehört zu den größten Denkern und geistigen Impulsgebern unserer Zeit und hat – ähnlich wie Martin Luther – die vielleicht geistesmächtigste Institution der Erde, die katholische Kirche, ins Wanken gebracht. Die von der modernen Inquisition vergeblich bekämpfte Theologie der Befreiung hat er weiterentwickelt zu einer Theologie des Lebens.

In diesem Buch geht Boff weiter und unternimmt, wie Stephan Hawking in der Astrophysik mit der Erforschung der alles erklärenden Weltformel, den entscheidenden Schritt auf der Suche nach der Zukunft für Mutter Erde. So wie Galileo Galilei den Anthropozentrismus in der Astronomie überwunden hat, beweist Boff in seinem philosophisch-naturwissenschaftlichen Gesamtwerk, dass Erde, Leben und Menschheit Ausdrucksformen des einen umfassenden Evolutionsprozesses sind, der vor mehr als 13 Milliarden Jahren begonnen hat, und eine durchwirkte Einheit, ein planetarisches, aber täglich gefährdetes Projekt darstellen, zu dessen Rettung eine totale Änderung der Zivilisation notwendig ist.

Das Buch ist die literarische Gesamtkonzeption Leonardo Boffs, das nicht nur die Quintessenz seines eigenen Werkes enthält, sondern in die die Gedanken und Erfahrungen unendlich vieler nationaler und internationaler Gesprächsforen und die begründeten Forderungen und Erkenntnisse der globalen Zivilgesellschaft eingeflossen sind. Wie können wir eine andere Richtung einschlagen, welche Auffassung müssen wir zukünftig vom Leben haben, wie können wir zu einer umfassenden Sicht des Evolutionsprozesses in der modernen Kosmologie finden, wie können wir wiedererlangen, was wir durch die Todsünden unseres jetzigen wirtschaftlichen Systems verloren haben, und verhindern, dass wir im planetarischen Selbstmord enden? – Diese Fragen sind in diesem Buch von ebenso großer Bedeutung wie die Erkenntnis, dass ohne Öffnung des Menschen auf die transzendentalen Dimensionen des Universums und das Leben von Werten, die dem Bereich des Spirituellen zugehören wie Liebe, Barmherzigkeit und Toleranz, die Rettung nicht gelingen kann.

Die Lektüre dieses Buches ist ein absolutes Muss nicht nur für alle, die für sich eine Antwort auf die elementaren Fragen nach Gott und dem Sinn des Kosmos suchen, sondern auch für jeden, der an seriösen Diskussionen über die Gestaltung von Gegenwart und Zukunft teilnehmen will.

Dr. Heiner Geißler

Einleitung

Das Alte liegt in Agonie, das Neue wird unter Schmerzen geboren

Die Menschheit steht vor einer Vielzahl von Problemen. Einige davon sind konjunkturell bedingt, andere sind struktureller Art. Sie zwingen uns, über radikale Entscheidungen nachzudenken und diese auch tatsächlich zu treffen. Insbesondere drei dieser Probleme sind besondere Herausforderungen: die schwerwiegende soziale Krise, der Klimawandel und die Nicht-Nachhaltigkeit des Systems Erde insgesamt.

Die weltweite soziale Krise schwelt schon lange; sie hat direkt mit der immer noch auf der ganzen Welt herrschenden Produktionsweise zu tun, nämlich der kapitalistischen. Deren Dynamik führt zu einer beschleunigten Akkumulation von Reichtum in der Hand weniger auf Kosten einer erschreckenden Ausplünderung der Natur und der Verarmung der großen Mehrheit der Menschheit. Diese Krise nimmt zu; die Hungernden und alle, die wirtschaftlich „vernachlässigbar" sind, lassen sich nicht länger mundtot machen.

Die Unmenschlichkeit, Grausamkeit, Erbarmungslosigkeit und Lebensfeindlichkeit dieses Systems muss entlarvt werden. Es weist eine selbstmörderische Tendenz auf und wenn es nicht überwunden wird, manövriert es womöglich das gesamte System Leben in eine Sackgasse hinein und löscht möglicherweise große Teile der Gattung Mensch aus.

Das zweite schwerwiegende Problem sind die klimatischen Veränderungen, die sich in extremen Naturereignissen bemerkbar machen: Wirbelstürme, Verstärkung von Phänomenen wie „El Niño" und Flutkatastrophen einerseits sowie Dürrekatastrophen andererseits. Diese Veränderungen weisen auf eine nicht mehr rückgängig zu machende Tatsache hin: Die Erde hat sich gewandelt, wir befinden uns bereits inmitten einer globalen Erwärmung, die zum großen Teil das Ergebnis jahrhundertelangen gewaltsamen Eingreifens des Menschen in die Natur ist. Die Produktion von Treibhausgasen hat die Durchschnittstemperatur auf dem Planeten bedrohlich ansteigen lassen. Bis zu einer Erwärmung um 2 Grad Celsius ist das System Erde noch beherrschbar, indem man Anpassungsstrategien an die Veränderungen verfolgt und die schädlichen Auswirkungen eindämmt. Wenn wir jedoch nicht genug unternehmen, um den Zustand der Erde zu stabilisieren, und die Durchschnittstemperatur um 3 bis 4 Grad Celsius ansteigt, dann wird – nach Aussage von ernst zu nehmenden

Forschungseinrichtungen – Leben nicht länger möglich sein. Einige Menschen werden in bestimmten Regionen, sozusagen Oasen oder rettenden Häfen, überleben, doch die übrige Erde wird verwüstet und von Leichen bedeckt sein.

Niemals zuvor stand die Menschheit als ganze vor einer ähnlichen Entscheidung: Entweder wir ändern uns radikal oder wir nehmen die Verwüstung der lebendigen Vielfalt der Erde und unsere Vernichtung in Kauf. Die Erde wird weiter bestehen, aber ohne uns.

Es ist wichtig zu verstehen, dass nicht die Erde das Problem ist. Problematisch ist unser aggressives und nicht kooperatives Verhältnis zur Erde, zu ihren Rhythmen und Dynamiken. Die Erde wird zu einem neuen Gleichgewicht finden, möglicherweise, indem die Biosphäre reduziert und Lebewesen ausgelöscht werden, die Menschen nicht ausgenommen.

Das dritte Problem ist die fehlende Nachhaltigkeit beim Umgang mit der Erde. Wir wissen heute, dass die Erde ein lebendiger Großorganismus ist, der auf subtile und intelligente Weise alle für das Leben notwendigen Elemente in ein harmonisches Verhältnis zueinander bringt, damit beständig Leben hervorgebracht und erneuert wird und alles für den Erhalt dieses Lebens Erforderliche gewährleistet wird.

Die exzessive Ausbeutung der natürlichen Ressourcen, von denen viele erneuerbar, andere jedoch nicht erneuerbar sind, führt möglicherweise dazu, dass es der Erde nicht länger gelingt, sich mittels ihrer eigenen inneren Mechanismen selbst zu reproduzieren und zu regulieren. Die Menschheit konsumiert zurzeit 30 Prozent mehr als das, was die Erde wiederherstellen kann. Das heißt, wir konsumieren heute das, was wir erst morgen und übermorgen konsumieren dürften. Dieser nicht nachhaltige Umgang mit der Erde macht sich in Form zahlreicher Ungleichgewichte bemerkbar, die sich in allen Teilen des Planeten feststellen lassen. Es ist ein zunehmender Verlust an Böden zu verzeichnen, ein Verlust an gesunder Luft, an Gewässern, an Wäldern, an lebenden Arten, an Ozeanen, in denen Leben möglich ist, und an der Fortpflanzungsfähigkeit der Menschen selbst. Wenn diese Entwicklung nicht aufhört – wie wird dann die Zukunft des Lebens aussehen und wie werden sich die Bedingungen ändern, die es der Erde ermöglichen, uns eine großzügige Mutter zu sein?

All das verlangt uns eine Veränderung des Paradigmas der Zivilisation ab. Unter dem derzeit herrschenden Paradigma kann die Welt nicht weiter bestehen. Wir wären auf Dauer mit dem Unwägbaren konfrontiert. Eine Veränderung der Zivilisation bedeutet in grundlegender Weise einen Neuanfang, ein neues, synergetisches Verhältnis, ein Verhältnis der gegenseitigen Zugehörigkeit von Erde und Menschheit, das Leben von Werten, die dem Bereich des Spirituellen zugehören, etwa Achtsamkeit, Respekt, Zusammenarbeit, Solidarität, Mitleid, friedliches Miteinander der unterschiedlichen Kulturen, die Liebe zur konkreten Verfasstheit der menschlichen Existenz (*Conditio humana*) wie etwa die Öffnung auf die transzendenten Dimensionen hin, die den Sinn unseres Dasein auf dieser Erde und den letztgültigen Sinn des Universums betreffen.

Ohne Spiritualität, das heißt ohne eine neue, radikale Seinserfahrung und ohne das Sich-Hineinbegeben in die Ursprungsquelle allen Seins, aus dem ein neuer Hoffnungshorizont entsteht, wird uns gewiss kein geordneter Übergang gelingen.

Wir stehen vor einer Schwierigkeit, die bewältigt werden wird: Das Alte besteht noch immer fort und das Neue wird unter Schmerzen geboren. Doch es wird geboren werden und eine andere, bessere Geschichte einleiten.

„Die Erde bewahren – das Leben schützen. Wie wir dem Ende der Welt entgehen"[1] – diese Worte bringen unsere Besorgnis und unsere Hoffnung gleichermaßen zum Ausdruck. Die hier behandelten Themen gehen auf Überlegungen zurück, die ich im Lauf der letzten Jahre angestellt habe. In dieser Zeit habe ich an zahlreichen nationalen und internationalen Gesprächsforen teilgenommen, die Sehnsüchte der sozialen Bewegungen vernommen und an der Redaktion wichtiger Texte mitgewirkt wie zum Beispiel der *Erd-Charta* oder der *Universalen Erklärung des Gemeinwohls der Erde und der Menschheit*, die sich als inspirierende Quelle für Prinzipien und Werte eines zivilisatorischen Neubeginns verstehen.

Wir erleben Zeiten der Dringlichkeiten, die uns zu denken geben. Die drohenden Gefahren müssen uns veranlassen, „Archen Noah" zu bauen, die uns alle retten können. Ich biete hier meinen

---
1 So lautet der Titel des portugiesischen Originals dieses Buches.

bescheidenen Beitrag für alle, die sich mit der gegenwärtigen Lage der Erde nicht abfinden wollen und noch immer glauben, dass der Aufbau einer Welt des „guten Lebens" im Bereich unserer Möglichkeiten liegt: einer Welt in Harmonie mit allen Lebewesen, mit den Energien der Natur und vor allem in einem kooperativen Verhältnis zu allen Menschen in tiefer Ehrfurcht vor der Mutter Erde.

Leonardo Boff

Erstes Kapitel

Integrale Ökologie – die Mutter Erde: Würde und Rechte

1. Wir alle sind Afrikaner

Wann immer Zivilisationen in eine Krise geraten, beginnen sie, Rückschau zu halten, und suchen in der Vergangenheit nach Inspiration für die Zukunft. Wir befinden uns heute inmitten einer Krise von planetarischem Ausmaß, die alle Kulturen und sämtliche Völker betrifft. Diese Krise kann einen Sprung auf ein höheres Stadium der Menschwerdung hin bedeuten, doch ebenso auch eine verheerende Tragödie für unsere gesamte Gattung. An einem Punkt solcher radikaler Weichenstellung ist es angebracht, unsere ältesten Wurzeln und jenen keimhaften Anfang zu erkunden, an dem wir aufgehört haben, Primaten zu sein, und dazu übergegangen sind, Menschen zu werden. Hier müssen Lehren zu finden sein, die uns nützlich sein können.

Paläontologen und Anthropologen stimmen darin überein, dass das Abenteuer der Menschwerdung vor etwa 7 Millionen Jahren in Afrika seinen Anfang genommen hat. Die Menschwerdung schritt in zunehmendem Tempo fort und durchlief die Stufen des *Homo habilis*, des *Homo erectus*, des *Homo neandertalense* bis hin zum *Homo sapiens* vor etwa 100.000 Jahren. Von Afrika aus breitete sich der *Homo sapiens* vor 60.000 Jahren nach Asien hin aus, vor 40.000 Jahren kam er nach Europa und vor 30.000 Jahren auf den amerikanischen Kontinent.

Afrika ist nicht nur in geografischem Sinn unser Ursprung. Afrika ist der erste Archetyp und bestimmt die Gesamtheit der Spuren und Eindrücke in der Seele des Menschen, die bis heute als unauslöschliche Informationen weiterwirken, ähnlich wie die im genetischen Code fixierten Informationen. In Afrika hat der Mensch seine ersten Wahrnehmungen gemacht, in Afrika haben sich die zahlenmäßig zunehmenden neuronalen Verbindungen miteinander vernetzt (Entwicklung des Gehirns), blitzten die ersten Gedanken auf, verstärkte sich die „Jugendlichkeit" (das heißt ein Prozess, der an einen Jugendlichen erinnert, der sich durch Flexibilität und Lernfähigkeit auszeichnet) und bildete sich die soziale Komplexität aus, die die Entstehung der Sprache und der Kultur ermöglichte. Jeder Einzelne von uns Menschen trägt den Geist Afrikas in sich.

Ich sehe drei Hauptachsen des Geistes Afrikas, die eine Therapie für unsere globale Krise sein können.

Die erste ist die *Mutter Erde.* Unsere Vorfahren sind vor den ausgedehnten Weiten Afrikas erschrocken und eine tiefe Gemeinschaft mit der Erde eingegangen. Sie fühlten die wechselseitige Verbundenheit, die alle Dinge miteinander pflegen. Sogar viel später, als die Afrikaner Opfer der kolonialen Ausbeutung wurden, verloren sie ihr kindliches Verhältnis zur Mutter Erde nicht. Für dieses Verhältnis zur Mutter Erde steht beispielhaft die kenianische Friedensnobelpreisträgerin Wangari Mathai. Sie hat den Preis dafür erhalten, dass sie die Pflanzung von Millionen von Bäumen veranlasst und damit der Erde wieder zu mehr Vitalität verholfen hat. Diesen Geist der Erde müssen wir uns wieder aneignen, um Gaia, unsere Mutter und unser einziges gemeinsames Haus, zu retten.

Die zweite Achse ist die *relationale Matrix* oder Beziehungsmatrix (ein Fachterminus der Anthropologie). Die Afrikaner benutzen das Wort *ubuntu;* es bedeutet „Kraft, die alle miteinander vereint", wodurch die Gemeinschaft der Menschen gebildet wird. Das heißt: Ich selbst werde Mensch mittels der Gesamtheit der Verbindungen mit dem Leben, mit der Natur, mit den anderen Menschen und mit dem Göttlichen. Auch die Quantenphysik und die neue Kosmologie zeigen die Interdependenz, die wechselseitige Abhängigkeit aller Dinge voneinander. Für den afrikanischen Geist liegt diese Interdependenz klar zutage.

Zu dieser Gemeinschaft gehören auch die Toten. Sie kommen nicht in einen jenseitigen Himmel, denn der Himmel ist kein geografischer Ort, sondern vielmehr eine Seinsweise dieser unserer Welt. Die Toten verbleiben als Ratgeber und Wächter der heiligen Traditionen mitten im Volk. Sie sind nicht abwesend, sie sind lediglich unsichtbar.

Die dritte Achse bilden die *Rituale.* Bedeutende Erfahrungen im persönlichen Leben, im Gemeinschaftsleben und im Rhythmus der Jahreszeiten werden mit Riten gefeiert, mit Tänzen, Musik und szenischen Aufführungen mit Masken, die als Träger kosmischer Energie gelten. In den Riten finden die guten und schlechten Kräfte zu einem Gleichgewicht, in ihnen erfährt der Sinn des Lebens seine Vertiefung.

2. Zeitalter des Menschlichen: Geist, Materie und Leben

Versuche einer historischen Gesamtschau sind häufig willkürlich. Das gilt auch für die hier vorliegende. Doch diese Versuche dienen dem Bedürfnis nach Orientierungspunkten, die uns helfen, uns selbst und unsere eigene Geschichte zu verstehen. Wir unternehmen also eine Art Lektüre eines Blinden, der nur die wichtigen (in der Blindenschrift erhabenen) Punkte erfasst.

Ich sehe drei große Verläufe, die wahrhafte Zeitalter darstellen und für die Beziehungen des Menschen zur Natur und zum Universum bezeichnend sind.

Das erste Zeitalter ist das des *Geistes*. Es hat die ursprünglichen und alten Kulturen geformt. Die Menschen fühlten sich von Kräften beeinflusst, die im Kosmos am Werk sind, und von numinosen und allgegenwärtigen Realitäten umgeben, die ihnen Schutz und Sicherheit boten. Dies war die schamanische Erfahrung des Geistes, der alle Dinge durchdrang, eine *mystische Einheit* mit allen Lebewesen bewirkte und das Gefühl der Zugehörigkeit zu einer stets größeren Welt vermittelte.

Große Symbole, Riten und Mythen verhalfen dieser Ursprungserfahrung zu leibhaftigem Ausdruck. Damals entstand die Projektion von bildhaften Vorstellungen des Göttlichen. Diese Bilder bezeichneten auch – wobei sie stets Bilder blieben – Energiezentren des Lebens und der Natur, zu denen der Mensch sich verhalten und deren Anruf er vernehmen konnte. Allen Erscheinungsweisen der *Conditio humana*, den Daseinsbedingungen des Menschen, verlieh das Geistige Sinn. Dieses Zeitalter prägt unser kollektives Unbewusstes bis heute. Den geistigen Hintergrund in unserem Leben kann kein Säkularismus, Agnostizismus oder Atheismus auslöschen.

Das zweite Zeitalter ist das der *Materie*. Die Menschen entdeckten die physische Kraft der Materie und der Natur und sahen sie nicht mehr als Abbild des Göttlichen an. Die Materie diente dem Nutzen des Menschen. Der Ackerbau der Jungsteinzeit vor 10.000 Jahren ist eine typische Erscheinung dieses Zeitalters. Im Zeitalter der Materie entstanden Siedlungen, Städte, die ersten Staaten und Reiche und mit ihnen Gesetze, die Bürokratie, Hierarchien und Kriege.

Die Gründungsväter der wissenschaftlichen Methode wie René

Descartes oder Francis Bacon formulierten den theoretischen Rahmen dieses Zeitalters, demzufolge die Natur über kein Bewusstsein verfügt und deshalb nach menschlichem Gutdünken genutzt werden kann. Sie ist lediglich *res extensa*, eine Sache, die vorhanden, messbar und quantifizierbar ist. In immer schnellerem Rhythmus griff der Mensch im Lauf des Industrialisierungsprozesses in die Natur ein. Inzwischen ist er bis in die atomare und subatomare Welt, in den Bereich der Gene und mit der Nanotechnologie in den Bereich der kleinsten Strukturen vorgedrungen.

Der Mensch hat sich eine ungeheure Machtfülle angeeignet, und zwar vor allem eine zerstörerische Gewalt, deren wohl erschreckendste Seite sich in Bau und Abwurf der Atombomben auf Hiroshima und Nagasaki zeigt. Diese Macht gefährdet die Biosphäre zutiefst und kann letztlich die Gattung Mensch von der Erde tilgen.

Im Zeitalter der Materie wurden und werden die spirituellen und psychischen Kräfte des vorhergehenden Zeitalters als Magie und Aberglauben betrachtet und als solche bekämpft. Die Konzentration auf diese Erfahrung führte zu Profanität und Säkularisierung. Was zählt, ist die Welt und nicht Gott und das sogenannte „Übernatürliche".

Im Zeitalter der Materie wird Gott als weltlos vorgestellt mit der Folge eines Weltbilds ohne Gott. Die Gewinnung von Energie aus Materie führt zur Beherrschung der Natur und hat die grenzenlose Ausbeutung ihrer Reichtümer unter dem Vorzeichen der privaten Anhäufung von Reichtum bar jeder gesellschaftlichen Solidarität zur Folge.

Zurzeit überschreiten wir in unserer Produktions- und Konsumgier die Grenzen der Tragfähigkeit der Erde; wir verfügen über die Mittel, uns selbst völlig auszulöschen. Doch zugleich sind ein neuer Sinn für Verantwortung und das Erfordernis einer neuen Ethik der Achtsamkeit entstanden.

Gegenwärtig stehen wir vor dem Eintritt in das Zeitalter des *Lebens*. Das Leben vereint Materie und Geist. Wenn die Materie nicht im Gleichgewicht ist und zudem ein Stadium hoher Komplexität erreicht hat, kann sich Leben entwickeln. Das Leben bricht so als ein „kosmischer Imperativ" hervor, wie manche Biologen und Astrophysiker annehmen.

Voraussetzung für das Hervorbrechen des Lebens ist ein eng geknüpftes Netz wechselseitiger Abhängigkeiten des Physikalischen und Chemischen, der Biosphäre und Hydrosphäre, der Atmosphäre und Geosphäre. All das steht mit dem Leben in Verbindung, ob nun als dessen Vorbedingung oder als dessen Umfeld. Dem Leben kommt also der zentrale Stellenwert zu. Die Ausbildung einer Gemeinschaft des Lebens beruht darauf, dass alle Lebewesen, auch der Mensch, einen genetischen Code zur Grundlage haben, der aus 20 Aminosäuren und den vier Nucleotiden besteht.

Innerhalb der Gemeinschaft aller Lebewesen kommt dem Menschen, da er über Bewusstsein und Intelligenz verfügt, eine besondere Aufgabe zu: Er soll der Gärtner und Arzt des Lebens sein. Ihm fällt es zu, das Leben Gaias sicherzustellen, die Artenvielfalt zu erhalten und sich selbst und allen übrigen eine Zukunft zu garantieren. Darin besteht die Herausforderung in der heutigen Situation der globalen Erwärmung.

Das Zeitalter des Lebens ist bedroht. Es ist höchst dringlich, die Bedingungen seines Weiterbestands und seiner Weiterentwicklung aufrechtzuerhalten. Das Leben, und nicht das Wachstum, muss das große planetarische und auch nationale Projekt sein. Wer diesen Wechsel der Perspektive nicht nachvollzieht, betrügt sich selbst, so wie es die großen Wirtschaftsmächte tun, die eher daran interessiert sind, das Wirtschafts- und Finanzsystem zu retten als das Leben und die Bedingungen für die Vitalität der Erde.

Wir stehen gemeinsam vor der biblischen Weisheit: „Leben und Tod lege ich euch vor. Wähle also das Leben, auf dass du mitsamt deinen Nachkommen das Leben haben kannst" (5. Mose 30,19). Entweder wählen wir das Leben und verhelfen dem Zeitalter des Lebens zu neuer Kraft oder wir werden Unsagbares und Unvorstellbares erleben.

Die Sozialanthropologie hat auf die Bedeutung der Riten und Gemeinschaftsfeste aufmerksam gemacht. Mittels solcher Riten und Feste stellt die Gesellschaft ihre Beziehungen wieder her, die sich im Lauf der Zeit erschöpft haben; durch Riten und Feste wird sozialer Zusammenhalt erzeugt und der Geschenkcharakter des Lebens erfahren.

Nicht alles ist Mühe und Kampf. Es gibt die Feier des Lebens, der Großartigkeit des Universums, die Wiedergewinnung des kollektiven Gedächtnisses und die Erinnerung an die erfolgreiche Überwindung von Bedrohungen. Wenn wir den Geist Afrikas wieder leibhaftig erstehen lassen, dann muss die Krise keine Tragödie sein, sondern kann zu einem reinigenden Übergang zu einer neuen Etappe des Bewusstseins und der Geschichte werden.

3. Ökologischer Alarm: Wandel oder Untergang

Die Sackgassen, in die der Begriff „nachhaltige Entwicklung" führt

Der Ausdruck „nachhaltige Entwicklung" wurde vom Brundtland-Bericht an die UNO aus dem Jahr 1992 geprägt und fand in alle offiziellen Dokumente der internationalen Organisationen und in die Regierungspolitik der Länder, ja selbst in Leitbilder von Unternehmen Eingang. Von Anfang an jedoch wurde der Begriff aufgrund der Widersprüchlichkeit seiner beiden Wortbestandteile kritisiert, die ja einen diametralen Gegensatz zum Ausdruck bringen. Doch es geht nicht nur um Begriffe. Hinter den Begriffen verbirgt sich ja eine Dynamik des Wachstums- bzw. Entwicklungsprozesses, die mit der Nachhaltigkeit in Konflikt gerät.

Die Kategorie „Entwicklung" ist der real herrschenden Ökonomie entlehnt, nämlich der kapitalistischen, die sich heute über weltweit miteinander verbundene Märkte organisiert. Ihre innere Logik basiert auf der systematischen und unbegrenzten Ausbeutung aller Ressourcen der Erde. Die kapitalistische Ökonomie verfolgt folgende drei fundamentalen Ziele: die Produktion zu vermehren, den Konsum um ein Vielfaches zu steigern und Reichtum hervorzubringen. Bis heute bildet diese Trias das Ziel der Regierungspolitik aller Länder. Wehe dem Land, das nicht Jahr für Jahr gute Wachstumsraten seines Bruttoinlandsprodukts verzeichnet!

Diese Logik hat eine langsame, aber stetige Erschöpfung der natürlichen Ressourcen, eine Zerstörung der Ökosysteme und eine beträchtliche Dezimierung der lebendigen Artenvielfalt zur Folge. 3000 lebendige Arten verschwinden pro Jahr von der Erde.

Im Vergleich dazu sterben im normalen Evolutionsprozess jährlich lediglich 300 Arten aus.

Auf der gesellschaftlichen Ebene erzeugt die Logik der kapitalistischen Ökonomie wachsende soziale Ungleichheiten, denn sie orientiert sich nicht an Kooperation und Solidarität, sondern an Wettbewerb und an der völlig ungehemmten Konkurrenz. Mehr als die Hälfte der Menschheit lebt in Armut.

Dieses Modell, das sich heute weltweit durchgesetzt hat, geht vom Glauben an zwei Unendlichkeiten aus, nämlich die Unendlichkeit der vorgeblich unbegrenzten Ressourcen der Erde, die wir weiterhin endlos ausbeuten können, und die Annahme, dass das Wachstum grenzenlos sein kann und Jahr für Jahr auf ewig positive Raten verzeichnet.

Doch beides ist eine Illusion. Die Erde ist nicht grenzenlos. Sie ist vielmehr ein kleiner Planet mit begrenzten Ressourcen, von denen viele nicht erneuerbar sind. Und auch das Wachstum kann nicht unendlich fortschreiten, denn es kann nicht universalisiert, also für die gesamte Menschheit verallgemeinert werden. Um dieses Ziel zu erreichen, wären nach Berechnungen drei weitere solche Planeten erforderlich.

Zunehmend wird uns bewusst, dass der Planet Erde die Gier und die Gewalt dieses Produktions- und Konsumprozesses nicht länger erträgt. Einige Analytiker, zum Beispiel Eric Hobsbawm aus historischer Perspektive und James Lovelock in seiner Eigenschaft als Naturwissenschaftler, behaupten: Entweder ändern wir die Richtung oder uns könnte das Schicksal der Dinosaurier ereilen.

Zum ersten Mal in der Geschichte verfügt die Menschheit über die Mittel für ihre völlige Selbstzerstörung, und zwar in Form von chemischen, biologischen und Atomwaffen. Die Folgen der Atombombenabwürfe auf Hiroshima und Nagasaki und der Unfälle in den Atomkraftwerken in Tschernobyl und Fukushima lassen die schreckliche Wirklichkeit einer völlig verwüsteten und für Menschen nicht bewohnbaren Erde erahnen. Natürlich wird ein großer Teil des Gesamtsystems Leben (95 Prozent davon sind unsichtbar), der sich aus Mikroorganismen, Bakterien, Pilzen und Viren zusammensetzt, gleichgültig gegenüber unserem Schicksal weiterexistieren. Wir aber wären aus der Evolutionsgeschichte verbannt.

Die gegenwärtige Krise ist systematischer und paradigmatischer Natur. Sie verlangt nach einem alternativen Zivilisationsentwurf, der sich vom herrschenden unterscheidet – wenn wir Gaia retten und der Menschheit eine Zukunft eröffnen wollen.

Der andere Bestandteil des Terminus „nachhaltige Entwicklung", nämlich die Nachhaltigkeit, stammt aus den Lebenswissenschaften, näherhin der Biologie und der Ökologie. Nachhaltigkeit deutet darauf hin, dass im Evolutionsprozess und innerhalb der Dynamik der Natur selbst wechselseitige Abhängigkeiten, Beziehungsgeflechte, Gegenseitigkeit und die Logik der Kooperation vorherrschen. Sie ermöglichen, dass alle Lebewesen zusammenleben, sich gemeinsam entwickeln und sich gegenseitig unterstützen, um am Leben zu bleiben und die Artenvielfalt zu garantieren. Die Nachhaltigkeit lebt von einem dynamischen Gleichgewicht, das offen ist für die Integration von Neuem und für die Fähigkeit, das Chaos in neue Ordnungen zu verwandeln. Ilya Prigogine spricht in diesem Zusammenhang von dissipativen Strukturen.

Artikel 10 der Biodiversitäts-Konvention aus dem Jahr 1992 versucht zu definieren, was unter nachhaltiger Nutzung natürlicher Ressourcen zu verstehen ist. Die der biologischen Vielfalt zugrunde liegenden Elemente sollen nur in der Weise und in einem solchen Zeitrhythmus genutzt werden, dass es langfristig nicht zur Dezimierung der Artenvielfalt kommt. Die Nutzung soll den Bedürfnissen und Wünschen der gegenwärtigen und der künftigen Generationen entsprechen.

Diese Auffassung steht faktisch in Konflikt mit der tatsächlich herrschenden Dynamik der Wirtschaft. „Entwicklung" und „Nachhaltigkeit" stehen jeweils für eine Logik, die der jeweils anderen entgegengesetzt ist und ihr widerstreitet. Die Begriffe liegen im Streit miteinander. Der Ausdruck „nachhaltige Entwicklung" als globaler Vorschlag, die weltweite Krise zu bewältigen, ist nichts als ein Köder.

Im Jahr 2005 veröffentlichte die UNO einen von mehr als 2000 Wissenschaftlern vorgelegten Millenniumsbericht zur Bestandsaufnahme der Ökosysteme. Er beschreibt besorgniserregende Szenarien: „Die menschlichen Aktivitäten verändern von Grund auf und in vielen Fällen irreversibel die Vielfalt des Lebens auf dem Planeten Erde ... Die Projektionen in die Zukunft und die

Szenarien deuten darauf hin, dass dieses Ausmaß an menschlichen Eingriffen in Zukunft weitergeht bzw. sich noch beschleunigen wird ... Es ist unwahrscheinlich, dass das heutige Niveau der Artenvielfalt weltweit aufrechterhalten werden kann, wenn die Grundlage bloße Nützlichkeitserwägungen sind."
Weiter weist das Dokument auf Probleme hin, die die Zukunft aller aufs Spiel setzen können: „Wie lange noch werden die Ökosysteme des Planeten das anmaßende Handeln des Menschen ertragen? Wie wird die Zukunft aussehen, wenn die jetzigen Produktions- und Konsummuster beibehalten werden?"

Bei aller Kritik ist es wichtig anzuerkennen, dass der Begriff „nachhaltige Entwicklung" auch nützlich sein kann. Er erlaubt, in begrenzten Regionen und genau abgesteckten Ökosystemen eine Art von Entwicklung qualitativ zu bestimmen. Es ist also möglich, das natürliche Kapital zu bewahren, zu einer vernünftigen Nutzung der Ressourcen zu kommen und die Regenerationsfähigkeit des gesamten Ökosystems zu erhalten. Beispielsweise kann der Amazonas-Regenwald erhalten und ein schonender Umgang mit seinen natürlichen Reichtümern entwickelt werden, sodass er seine Integrität bewahren und den Bedürfnissen dieser und künftiger Generationen entsprechen kann. Dazu sind globalen Strategien erforderlich, die den gesamten Planeten mitsamt all seinen Ökosystemen mit einbeziehen. Dagegen bringt das gegenwärtig herrschende utilitaristische, nur am Nutzen orientierte, verheerende konsumistische Paradigma ein Maß an ökologischer und sozialer Unausgewogenheit hervor, das für das System Erde unerträglich ist.

Aufgrund dieser düsteren Feststellungen wächst zunehmend die Überzeugung, dass die Krise mit politischen und technischen Mitteln allein nicht zu bewältigen ist. Politik und der Einsatz von Technik sind zwar notwendig, sie bekämpfen aber insgesamt bloß die Symptome. Die Lösung erfordert die Vereinigung weltweiter Kräfte um das Gravitationszentrum einer neuen ethischen Sensibilität, neuer Werte, anderer gesellschaftlicher Naturverhältnisse und neuer Produktions- und Konsummuster. Mit einem Wort: Dringend erforderlich ist ein neues Paradigma des Zusammenlebens von Natur, Erde und Mensch, das dem Leben den zentralen Stellenwert einräumt, seine natürliche und kulturelle Vielfalt erhält und die physikalisch-chemisch-ökologische

Grundlage des Weiterbestandes und der weiteren Koevolution des Lebens sicherstellt.

Die Notwendigkeit einer neuen Ethik

Genau hieraus leitet sich die Frage nach der *Ethik* ab. Wie niemals zuvor in der Geschichte des Denkens gewinnt das Wort *Ethos* in seiner ursprünglichen Bedeutung Aktualität. „Ethos" stammt aus dem Griechischen und bedeutet *menschliche Bleibe*, also jenen Teil der Natur, den wir reservieren, organisieren und pflegen, um ihn zu unserem Lebensraum zu machen. Ethos ist der Ausgangspunkt dafür, dass wir Wurzeln schlagen, unsere Beziehungen etablieren und jenes Gefühl entwickeln können, das für das menschliche Glück so entscheidend ist: „uns zu Hause fühlen".

Heute meint *Ethos* nicht mehr nur das Zuhause, in dem wir wohnen, die Stadt, in der wir leben, das Land, zu dem wir gehören. *Ethos* ist das gemeinsame Haus, der Planet Erde. Was ist zu tun, damit dieses einzige gemeinsame Haus alle beherbergen kann, damit es sich von den Wunden erholen kann, die wir ihm im Lauf von Jahrhunderten zugefügt haben, dass es lebendig bleibt und seine Unversehrtheit und Schönheit bewahrt?

Eine solche Ethik kann nicht von oben verordnet werden. Sie muss sich aus dem Wesen des Menschen heraus entwickeln. Sie muss von allen erfasst werden und praktiziert werden, ohne dass es ausdrücklicher komplexer Vermittlungen bedarf, die eher verwirren als überzeugen. Ein solches Ethos setzt eine neue Sichtweise voraus, die einer neuen Ethik und ihren Werten gute Gründe liefert.

Im Folgenden beziehe ich mich auf zwei Dokumente, die bereits einen gewissen Grad an offizieller Zustimmung erfahren haben. Sie können für das Thema Ethik und für die neue Nachhaltigkeit als Leitfaden dienen.

Das erste Dokument hat internationalen Charakter; es wurde von der UNESCO im Jahr 2000 angenommen: die *Erd-Charta*. Dieses Dokument stellt die Erde, das Leben und die Menschheit in den Mittelpunkt der politischen, wirtschaftlichen und spirituellen Anliegen. Das zweite, aus Lateinamerika stammende Dokument ist Ausdruck des Denkens der Umweltminister Lateinamerikas und der Karibik. Es stammt aus dem Jahr 2002 und trägt den Titel *Manifest für das Leben. Für eine Ethik der Nachhaltigkeit* (Mexiko 2003). Beide Dokumente weisen zahlreiche Übereinstimmungen mit den Millenniumszielen der UNO auf.

In der Einleitung zur Erd-Charta kommt die Tragweite des Problems deutlich zum Ausdruck: „Die Grundlagen globaler Sicherheit sind bedroht." Diese Situation verpflichtet uns, „in weltweiter Verantwortung zu leben und uns mit der gesamten Weltgemeinschaft genauso zu identifizieren wie mit unseren Gemeinschaften vor Ort". Die Situation ist von solcher Dringlichkeit, dass die Menschheit vor der Wahl steht: „Entweder bilden wir eine globale Partnerschaft, um für die Erde und füreinander zu sorgen, oder wir riskieren, uns selbst und die Vielfalt des Lebens zugrunde zu richten." Und weiter heißt es: „Für das ethische Fundament der entstehenden Weltgemeinschaft brauchen wir dringend eine gemeinsame Vision von Grundwerten" (Erd-Charta, 8-9).

Eine neue Optik für eine neue Ethik

Diese *Ethik* muss einer neuen *Optik* entspringen. Anderenfalls leitet sie kein neues Paradigma ein und stellt lediglich eine Verbesserung der alten Lebensweise dar. Die neue Optik kann folgendermaßen beschrieben werden: „Die Menschheit ist Teil eines sich ständig fortentwickelnden Universums. Unsere Heimat Erde bietet Lebensraum für eine einzigartige und vielfältige Gemeinschaft von Lebewesen. Naturgewalten machen das Dasein zu einem herausfordernden und ungewissen Ereignis, doch die Erde bietet gleichzeitig alle wesentlichen Voraussetzungen für die Entwicklung des Lebens ... Jeder Mensch ist mitverantwortlich für das gegenwärtige und zukünftige Wohlergehen der Menschheitsfamilie und für das Leben auf der Erde. Der Geist menschlicher Solidarität und die Einsicht in die Verwandtschaft alles Lebendigen werden gestärkt, wenn wir in Ehrfurcht vor dem Geheimnis des Seins, in Dankbarkeit für das Geschenk des Lebens und in Bescheidenheit hinsichtlich des Platzes der Menschen in der Natur leben" (Erd-Charta, 7-8).

Erde, Leben und Menschheit sind Ausdrucksformen des einen umfassenden Evolutionsprozesses, der vor mehr als 13 Milliarden Jahren begonnen hat. Erde, Leben und Menschheit bilden eine einzige komplexe und in sich vielfältige Wirklichkeit. Davon haben die Astronauten Zeugnis gegeben, als sie die Erde von ihren Raumschiffen aus betrachteten: Erde, Biosphäre und Menschheit können nicht unterschieden werden, sie bilden eine einzige leuchtende Einheit. Alles ist lebendig. Die Erde ist Gaia. Der Mensch (auf Lateinisch *homo*, etymologisch von *humus*, das heißt: fruchtbare Erde) ist nichts anderes als die Erde selbst, die fühlt, denkt, liebt, Sorge trägt und Ehrfurcht empfindet. Erde und Menschheit haben denselben Ursprung und dasselbe Geschick.

Die Bestimmung des Menschen als eines, der in Besitz von Bewusstsein, Intelligenz und Willen zur Liebe ist, besteht darin, Hüter der Erde und Gärtner dieses prächtigen Gartens Eden zu sein.

Diese Berufung ist dringlicher denn je, denn Erde, Leben und Menschheit sind krank und in ihrer Unversehrtheit bedroht. Wir verfügen über die Voraussetzungen, das planetarische Projekt Mensch zu zerstören und einen großen Teil der Biosphäre zu vernichten. Deshalb ist zwingend ein neues Verhaltensmuster erforderlich, das sich durch Achtsamkeit, Mitverantwortung, Kooperation und einen solidarischen Gebrauch der Güter der Erde auszeichnet. Diese Eigenschaften können uns vor einem tragischen Schicksal bewahren. Wir müssen, wie die Erd-Charta betont, auf allen Feldern menschlichen Handelns eine nachhaltige Lebensweise entwickeln. Dieses neue zivilisatorische Prinzip ist eine verheißungsvolle Vision für die Zukunft des Lebens.

Anstatt von einer „nachhaltigen Entwicklung" zu sprechen, kommt es viel eher darauf an, die Nachhaltigkeit der Erde, des Lebens, der Gesellschaft und der Menschheit praktisch sicherzustellen. Das *Manifest für das Leben* formuliert: „Die Ethik der Nachhaltigkeit stellt das Leben über wirtschaftliche, politische oder praktisch-instrumentelle Interessen. Die Ethik der Nachhaltigkeit ist eine Ethik der ständigen Erneuerung des Lebens, aus dem alles hervorgeht, wächst, dann schwächer wird, stirbt und wieder zu neuem Leben erwacht."

Das Resultat dieses neuen ethischen Verhaltensmusters ist, was wir zurzeit am meisten suchen: der Friede. Die Erd-Charta definiert Frieden zutreffend als „die Gesamtheit dessen ..., das geschaffen wird durch rechte Beziehungen zu sich selbst, zu anderen Personen, anderen Kulturen, anderen Lebewesen, der Erde und dem größeren Ganzen, zu dem alles gehört" (Erd-Charta, 15). Die Menschheit muss diesen Schritt in eine andere Zukunft gehen. Die aktuelle Situation ist eine Krise, jedoch noch keine Tragödie. Wie in anderen Fällen wird sie in eine neue Etappe der Verwirklichung des Lebens und seines Geschicks einmünden.

4. Die Erde als Gaia: eine ethische und spirituelle Herausforderung

Eine neue Betrachtungsweise der Wissenschaften[2]

Viele Wissenschaftler gehen heute davon aus, dass die Erde nicht einfach als eine tote Bühne anzusehen ist, auf der das Leben stattfindet, sondern dass sie selbst als ein lebendiger Großorganismus aufgefasst werden muss. So formuliert etwa James Lovelock: „Das ganze Spektrum der lebendigen Dinge auf der Erde, von den Walen bis zu den Viren und von den Eichen bis zu den Algen, könnte so betrachtet werden, als bilde es eine einzige lebendige Einheit, die in der Lage ist, die Erdatmosphäre zu manipulieren, um sie ihren Gesamtbedürfnissen anzupassen, und die mit Fähigkeiten und Kräften ausgestattet ist, die weit jenseits der Fähigkeiten und Kräfte ihrer Bestandteile liegen" (zitiert bei Goldsmith, 123).

Ebenso geht Lynn Margulis davon aus, dass die Erde selbst über Regulationsmechanismen verfügt, die die Bedingungen für das Leben auf dem Planeten aufrechterhalten: „Die Gaia-Hypothese behauptet, dass die Bedingungen auf der Erdoberfläche von den Lebensaktivitäten reguliert werden ... Diese Aufrechterhaltung der Umwelt wird von der Größe und den Stoffwechselaktivitäten der Summe aller Organismen, das heißt der Lebewesen, beeinflusst. Die Hypothese setzt voraus, dass sich, wenn das Leben vernichtet würde, die Bedingungen auf der Erdoberfläche in den Zustand des Mars und der Venus verändern würden. Ob-

---

2 In Anlehnung an Hathaway/Boff, 261-270.

wohl die genauen Mechanismen der Kontrolle der Erdoberfläche kaum noch verstanden werden, müssen sie Wechselwirkungen zwischen annähernd dreißig Millionen Arten von Organismen umfassen" (zitiert bei Joseph, 86).

Die kooperativen Dynamiken, wie sie in der Evolution der Biosphäre der Erde zutage treten, haben James Lovelock und Lynn Margulis zu der Hypothese veranlasst, dass das Klima des Planeten, seine Ozeane und die Zusammensetzung seiner Atmosphäre tatsächlich von lebendigen Organismen reguliert werden, die in koordinierter Weise zusammenwirken, um die für das Leben notwendigen Bedingungen aufrechtzuerhalten. Nach der Theorie, die die breiteste Akzeptanz findet, vollzieht sich diese Koordination über komplexe kybernetische Rückkoppelungsschleifen. Dieses lebenserhaltende System umfasst die gesamte Biosphäre (oder Ökosphäre), das heißt seine lebenden Organismen und das Wasser, die Luft und den Boden, mit denen das Leben in Wechselwirkung steht. James Lovelock geht so weit zu behaupten, dass dieses System in Wahrheit wie ein einziger Organismus funktioniert. Margulis und Lovelock bezeichnen dieses Wesen als „Gaia", ein Begriff, der sich vom Namen der griechischen Erdgöttin ableitet.

In vieler Hinsicht kann man die Beziehung zwischen der Biosphäre und dem Planeten als Ganzem mit einem Baum vergleichen. Nur in einer dünnen äußeren Schicht des Baumes finden sich lebendige Zellen, 97 Prozent des Baumes bestehen aus totem Holz. In ähnlicher Weise ist die Biosphäre eine dünne Schicht, die über den Planeten gezogen ist – dünner als eine Farbschicht, wenn der Planet ein Basketball wäre. Die Biosphäre besteht aus biologischen Organismen und dem Gestein, dem Boden, der Luft, den Ozeanen, Flüssen und Wasserläufen, die den Lebensraum der Organismen bilden. Die Biosphäre reicht bis zu den Tiefen der Ozeane, etwa 7 Kilometer in die Erdkruste hinein und fast 10 Kilometer in die Atmosphäre.

„Genauso wie die Rinde eines Baumes seine dünne Schicht aus lebendigem Gewebe vor Schaden bewahrt, ist das Leben auf der Erde von der Schutzschicht der Atmosphäre umgeben, die uns gegen das ultraviolette Licht und andere schädliche Einflüsse abschirmt und dafür sorgt, dass die Temperatur des Planeten gerade richtig ist, damit Leben gedeihen kann. Weder die Atmosphäre über uns noch die Gesteine unter uns sind lebendig, aber beide werden in erheblichem Maße von lebenden Organismen gestaltet und umgewandelt, genauso wie die Rinde und das Holz des Baumes" (Capra, 244).

Die Biosphäre wirkt als ein integrierendes lebendiges System, das größer ist als die bloße Summe ihrer Teile. Lovelock schreibt: „Als ein gesamtplanetarisches Wesen verfügt Gaia über Eigenschaften, die sich nicht notwendigerweise aus dem Wissen über einzelne Arten oder Populationen von zusammenlebenden Organismen erschließen" (Lovelock, 1991 43). Aus Systemperspektive ist die Selbstregulierung als eine Eigenschaft dieser integralen Größe anzusehen.

Darin spielen Bakterien eine Schlüsselrolle. Im Lauf der Geschichte des Planeten sind mehr als 99 Prozent aller Arten ausgestorben. Im Gegensatz dazu hat das bakterielle Netz während der Milliarden Jahre, seit es Leben auf dem Planeten gibt, überlebt und eine Schlüsselrolle bei der Regulierung der Bedingungen gespielt, die für das Leben notwendig sind: „Nach Margulis ist der Begriff eines planetarischen autopoetischen Netzwerkes insofern gerechtfertigt, als alles Leben in ein selbstorganisierendes Netz aus Bakterien eingebettet ist. Dazu gehören auch kunstvolle Netzwerke von sensorischen und Steuerungssystemen, die wir gerade erst zu erkennen beginnen. Myriaden von Bakterien, die im Boden, in den Gesteinen und in den Meeren ebenso wie im Inneren aller Pflanzen, Tiere und Menschen leben, regulieren ständig das Leben auf der Erde" (Capra, 246).

Die selbstregulierende Aktivität der Ökosphäre ist ein gewichtiges Argument. Wenn wir Gaia als eine lebendige Größe betrachten, dann ist die Atmosphäre einer semipermeablen (halbdurchlässigen) Zellmembran vergleichbar, die bestimmte Substanzen (zum Beispiel das Sonnenlicht) eindringen lässt und andere (schädliche Strahlung, die meisten Meteoriten) draußen hält.

Man könnte natürlich zutreffend einwenden, dass viele Planeten ohne Leben ebenfalls eine Atmosphäre haben. Doch die Erdatmosphäre ist insofern einzigartig – wenigstens in unserem Sonnensystem und was das Wenige betrifft, was wir von anderen Sternsystemen wissen –, als sie weit entfernt ist von einem chemischen Gleichgewicht. Ohne die ständige Aktivität des Lebens würde sich die Erdatmosphäre völlig anders zusammensetzen.

Sowohl die Venus als auch der Mars zum Beispiel besitzen Atmosphären, die hauptsächlich aus CO_2 bestehen (96,5 bzw. 95 Prozent), während CO_2 in der Erdatmosphäre nur 0,03 Prozent ausmacht. Stickstoff kommt in der Atmosphäre des Mars und der Venus nur zu etwa 3 Prozent vor, während er 79 Prozent der Erdatmosphäre bildet. Auf dem Mars und auf der Venus gibt es nur Spuren von Sauerstoff, seine Konzentration in der Erdatmosphäre beträgt 21 Prozent (Lovelock 1991).

Ohne das Leben wäre die Erdatmosphäre der Atmosphäre des Mars und der Venus sehr ähnlich. Tatsächlich reagiert freier Sauerstoff so leicht mit anderen Gasen und chemischen Substanzen, dass sein Bestand auf der Erde nur durch seine ständige Produktion mittels der Fotosynthese aufrechterhalten wird. In ähnlicher Weise ist freier Stickstoff das Ergebnis bakterieller Aktivität. Andererseits haben biologische Organismen Möglichkeiten entwickelt, CO_2 aus der Atmosphäre zu entfernen, und zwar hauptsächlich durch die unterirdische Lagerung von Kohlenstoff (in Form von Erdöl und Kohle, die durch die Erwärmung und Kompression alter Organismen entstanden sind) und durch die Bindung in Gestein (in Form von Kalziumkarbonat, also Kalkstein, der sich aus den am Meeresgrund lagernden Schalen des Planktons zusammensetzt).

Die Entfernung von CO_2 aus der Atmosphäre war ein entscheidender Grund dafür, dass die Erde im Lauf der letzten 4 Milliarden Jahre eine relativ konstante Oberflächentemperatur aufrechterhalten hat, obwohl die Sonne in diesem Zeitraum um 30 bis 50 Prozent wärmer geworden ist. Anfangs bildete das CO_2 eine schützende Treibhausdecke, die die Entwicklung von Leben auf dem Planeten ermöglichte. Wäre das CO_2 von den lebenden Organismen nicht nach und nach entfernt worden, würde die Erdtemperatur heute 240 bis 340 Grad Celsius erreichen, also wesentlich mehr als die Temperaturen auf der Venus. Die Durchschnittstemperatur auf der Erde beträgt gegenwärtig 13 Grad Celsius.

Einen weiteren wichtigen Mechanismus für die Regulierung der Temperatur bilden die großen tropischen Regenwälder, die allerdings zunehmend von unserem Planeten verschwinden. Tropische Regenwälder geben riesige Mengen Wasser in Form von Wasserdampf ab, aus denen Wolken entstehen, die das Sonnenlicht in den Weltraum reflektieren. Die tropischen Regenwälder bilden gewissermaßen die Klimaanlage der Erde. Wenn wir für die bereitgestellte Kühlung bezahlen müssten, so müssten wir jedes Jahr ca. 450 Billionen Dollar aufbringen (Lovelock 1991).

Es scheint sicher, dass Gaia neben der Temperatur und dem CO_2-Gehalt auch den Sauerstoffgehalt der Atmosphäre reguliert. Fiele dieser zu sehr ab, könnten zahlreiche Lebensformen nicht weiter existieren. Stiege er hingegen nur um wenige Prozentpunkte an, wären spontan entstehende Brände die Folge; ein Gutteil der Biosphäre würde in Feuersturm und Rauch zerstört. Doch trotz der ständigen Fotosynthese erreicht der Sauerstoffgehalt niemals eine gefährliche Konzentration.

Die Freisetzung von Sauerstoff in die Atmosphäre hat zur Bildung der Ozonschicht geführt, die das Leben schützt, indem sie die schädliche ultraviolette Strahlung abhält. Vor der Bildung dieses Schutzschildes war das Leben auf die Ozeane beschränkt. Indirekt hat also die Freisetzung von Sauerstoff durch die Fotosynthese der Organismen die notwendigen Bedingungen für das Leben auf dem Festland bewirkt.

Anscheinend kann das Leben in den Ozeanen auch den Salzgehalt des Wassers regulieren. Die Ozeane des Planeten weisen über einen Verlauf von mehr als 3,5 Milliarden Jahren einen nahezu konstanten Salzgehalt auf. Wenn die Salzkonzentration um nur 3,5 Prozent zunähme, könnten die meisten Organismen im Meer nicht überleben. Doch den Ozeanen wird beständig zusätzliches Salz zugeführt, und zwar durch die Verwitterung von Gestein und die Bodenerosion. Salz wird vom Regen ausgeschwemmt und gelangt über die Flüsse in die Ozeane. Durch die ständig hinzukommende Salzmenge müsste sich der derzeitige Salzgehalt der Meere in nur 8 Millionen Jahren verdoppeln. Wie kommt es, dass der Salzgehalt der Ozeane aber nahezu konstant bleibt? Die dafür verantwortlichen Prozesse sind nicht völlig geklärt, man nimmt jedoch an, dass Mikroorganismen insofern eine Rolle spielen könnten, als sie Lagunen vom Meer abtrennen, in denen das Wasser verdunstet, und auf diese Weise Salz aus dem Meer auf das Festland befördern (Sheldrake). Es scheint keineswegs zufällig, dass der Salzgehalt der Ozeane innerhalb einer engen Bandbreite konstant gehalten wird, die das Gedeihen von Leben ermöglicht.

Auch das stete Vorhandensein von Wasser auf dem Planeten ist wahrscheinlich das Ergebnis von Lebensprozessen. Wasser und CO_2 reagieren mit den Oxiden im Basaltgestein und bringen so eine Reihe von Karbonaten hervor. In diesem Prozess wird freier Wasserstoff in die Atmosphäre freigesetzt, der theoretisch völlig von der Erde verschwinden würde, da er als leichtes Element von der Anziehungskraft der Erde allein nicht in der Atmosphäre gehalten werden kann. David Suzuki und Amanda McConnell sind der Auffassung, dass während etwa der ersten Milliarde Jahre der Erdgeschichte alles Wasser hätte verloren gehen können. Glücklicherweise haben lebende Organismen dies verhindert: „Als die Pflanzen die Fotosynthese entwickelten und als Nebenprodukt Sauerstoff erzeugten, wurde ein Teil des Wasserstoffs des Wassers im Kohlenstoffring der Glukose eingelagert; auf diese Weise wurde Wasserstoff auf dem Planeten zurückgehalten. Zusätzlich wurde der freie Wasserstoff, der durch die Oxidation von Eisen im Gestein entstand, als Energiequelle von Bakterien ausgebeutet. Sauerstoff, Wasserstoff und Schwefel reagieren chemisch miteinander, in der Folge entstehen Wasser und Wasserstoffsulfide mit verfügbarer Energie. Die Kräfte des Lebens könnten also sehr wohl die Austrocknung des Planeten verhindert haben, indem sie den für das Wasser erforderlichen Wasserstoff einfingen und ihn daran hinderten, sich ins Weltall zu verflüchtigen" (Suzuki/McConnell 58-59).

Nicht nur die Erdatmosphäre und die Ozeane wurden und werden durch das Leben geformt und reguliert, sondern auch das Gestein und der Boden. Kalkstein selbst ist ein Nebenprodukt der Schalen von kleinen Meeresorganismen. Er ist schwer genug, um langsam in der Erdkruste zu versinken. Womöglich spielt der Druck auf die Erdkruste, den dieser Prozess erzeugt, eine Rolle bei den fortgesetzten geologischen Aktivitäten der Erde und vielleicht sogar bei der Bildung der Kontinente. Einer weiteren Hypothese zufolge könnte das Vorhandensein von Granit – einem Gestein, das zumindest in unserem Sonnensystem einzig auf der Erde vorkommt und sich entscheidend auf die Bildung der Kontinente auswirkt – ebenfalls von Lebensprozessen abhängig sein. Minik Rosing (zitiert bei McLeod) nimmt an, dass die Fotosynthese dabei eine entscheidende Rolle gespielt haben könnte, indem sie genügend Energie für die chemischen

Prozesse verfügbar gemacht hat, die zur Entstehung von Granit geführt haben. Konkret könnte dafür die Aktivität mikrobischer Lebensformen verantwortlich sein, die nahe bei thermischen Erdöffnungen leben und Basalt in Illite und smektischen Ton zerteilen. Beides trägt zur Bildung von Granit bei. Da Granit leichter ist als der in der Erdkruste vorkommende Basalt, steigt er an die Oberfläche und trägt zur Bildung einer stabilen Kontinentalschicht bei.

Das Ausmaß, in dem Lebensprozesse zur Bildung des Gesteins der Erde beigetragen haben, ist noch umstritten. Hingegen steht fest, dass sich der Boden zu einem sehr großen Teil der Schöpfung durch das Leben verdankt. Boden lässt sich mit Recht als lebendig bezeichnen. Jeder Kubikzentimeter Boden enthält Milliarden von tierischen und pflanzlichen Mikrolebewesen, darunter Bakterien (1 Milliarde pro Gramm), Pilze (bis zu 1 Million pro Gramm), Algen (100.000 pro Gramm), Fadenwürmer (100 pro Gramm) und Erdwürmer (bis zu 300 pro Kubikmeter). Suzuki und McConnell schreiben: „Fast der gesamte Stickstoff, der für das Leben unentbehrlich ist, muss durch die Aktivität von Stickstoff bindenden Mikroorganismen verfügbar gemacht werden, von denen die meisten im Boden leben. Der Boden ist ein Mikrokosmos mit all den Beziehungen der umfassenderen Welt. Im Element Erde vereinigen sich die anderen drei Elemente – Luft, Wasser und Energie –; gemeinsam bewirken sie die Vitalität des Lebens ... Die Organismen im Boden bilden einen überproportional großen Anteil an der gesamten Vielfalt des Lebens. In dieser dunklen, wimmelnden Welt stellen winzige Raubtiere ihrer Beute nach, grasen kleine Pflanzenfresser die Algen ab, Tausende von im Wasser lebenden Mikroorganismen drängen sich in einem einzigen Wassertropfen und Pilze, Bakterien und Viren spielen auf dieser unsichtbaren Bühne ihre jeweilige Rolle. Mit ihrem Leben und ihrem Tod schaffen diese Organismen die Struktur und Fruchtbarkeit des Bodens und erhalten sie aufrecht; sie tragen Sorge für dieses geheimnisvolle lebenschaffende Material, von dem sie und wir fundamental abhängig sind" (80-81).

Die im Boden lebenden Organismen bilden einen sehr großen Teil der Biomasse auf dem Festland, aber auch weit unter der Erdoberfläche. Selbst in aus vier Kilometer Tiefe genommenen Steinproben konnten zahlreiche Mikroorganismen nachgewiesen werden. Suzuki und McConnell sprechen deshalb davon, dass sogar die Felsen der Erde selbst in gewissem Sinne lebendig sind.

Für die Gaia-Theorie sprechen starke Gründe; ein wissenschaftlicher Konsens ist jedoch noch nicht erreicht. Die verschiedenen Versionen der Theorie finden unterschiedliche Akzeptanz. Die Auffassung, dass das Leben zahlreiche nichtbiotische Aspekte der Erde wie die Atmosphäre und die Ozeane wesentlich beeinflusst hat, ist wahrscheinlich für die meisten Wissenschaftler akzeptabel. Diese Auffassung könnte man als *schwache Gaia-Theorie* bezeichnen.

Einer weitergehenden Position – man könnte sie *moderate Gaia-Theorie* nennen – zufolge verändert die Biosphäre tatsächlich ihre Umwelt. Organismen und deren Lebensräume ko-evolvieren zusammen. Diese Spielart der Gaia-Theorie ist stärker umstritten, findet jedoch ebenfalls breite Unterstützung.

Weitaus umstrittener ist die *starke Gaia-Theorie*. Sie behauptet, dass lebendige Organismen, die kollektiv zusammenwirken, in gewisser Weise tatsächlich ihre Umwelt so regulieren und kontrollieren, dass die für das Leben nötigen Bedingungen gesichert und vielleicht sogar optimiert werden. Die Hypothesen dieser starken Version der Gaia-Theorie sind durch wissenschaftliche Experimente nicht zu beweisen, so lautet der Haupteinwand. Die Hypothesen der Gaia-Theorie sind in der Tat keine streng wissenschaftliche Theorie. Das bedeutet jedoch nicht, dass sie unwahr sein muss. In vielerlei Hinsicht scheint sie die Erklärung zu sein, die am deutlichsten den uns bekannten Fakten entspricht.

Ein weiterer Einwand bezieht sich auf die wissenschaftlichen Vorbehalte gegenüber allem, was auf eine zweckgerichtete Aktivität bei nichtmenschlichen Organismen hindeutet. Die Behauptung, dass Organismen in irgendeiner Weise zusammenarbeiten, um ein Ziel zu erreichen, ist für die traditionelle Wissenschaft eine echte Herausforderung. James Lovelock versucht, diesem Einwand mit einem einfachen mathematischen Modell („Daisy World") zu begegnen. „Daisy World" ist ein Planet mit zwei Arten von Gänseblümchen: weißen (die Wärme reflektieren) und schwarzen (die Wärme absorbieren). Sie regulieren die Oberflächentemperatur mittels natürlicher Auslese. Wenn der Planet abkühlt, vermehren sich die schwarzen Gänseblümchen stärker als die weißen, da sie Hitze effektiver absorbieren, was wiederum den Planeten erwärmt (da er weniger Sonneneinstrahlung reflektiert). Wenn der Planet zu heiß wird, werden die weißen, Hitze reflektierenden Gänseblümchen begünstigt und ihr Reflektieren kühlt den Planeten ab. Dieses Modell soll auf einfache Weise zeigen, wie kybernetische Rückkoppelungsschleifen die regulierende Aktivität Gaias erklären könnten.

Die Auseinandersetzungen um die Gaia-Theorien werden zusätzlich durch die unterschiedliche Begrifflichkeit verkompliziert. Lovelock beispielsweise spricht oft von Gaia als einer lebenden Größe oder sogar von einem lebendigen Organismus. Viele Wissenschaftler, darunter auch Margulis, lehnen diese Ausdrucksweise ab. Was ist in diesem Fall mit Organismus gemeint? Muss ein Organismus nicht in der Lage sein, sich selbst zu vermehren? Margulis hält daran fest, dass die Erde einfach ein höchst komplexes System ist, eine „Reihe von sich miteinander in Wechselwirkung befindlichen Ökosystemen, die ein einziges großes Ökosystem auf der Erde bilden. Punktum" (1998, 120). Sie gesteht jedoch zu, dass „sich die Oberfläche des Planeten auf bestimmte, eingeschränkte Weise als ein psychologisches System verhält", das in gewissem Sinne „am besten als lebendig betrachtet" werden könnte (1998, 123).

Ich halte den Gedanken, dass Gaia die Bedingungen reguliert, die das Gedeihen des Lebens ermöglichen, für evident und betrachte sie als wirklich lebendige Größe, die in gewisser Weise mit einem Organismus oder vielleicht mit einem irgendwie gearteten Großorganismus vergleichbar ist. Während die traditionelle Wissenschaft die komplexe, in höchstem Maße koordinierte Tätigkeit unseres lebendigen Planeten weiterhin auf eine Reihe von kybernetischen Rückkoppelungsschleifen oder – noch schlimmer – auf Zufallsereignisse reduzieren mag, erscheint mir die Aktivität der Erde ihrem Wesen nach tatsächlich als zweckgerichtet in dem Sinne, dass sie die notwendigen Bedingungen für das Leben auf unserem Planeten aufrechtzuerhalten strebt.

Ein besonders verblüffendes Beispiel dieser Art von Aktivität lässt sich am Schwefelzyklus ablesen. Schwefel ist für lebende Organismen ein lebensnotwendiges Element, doch auf dem Festland geht Schwefel (in Form von Sulfationen) durch die fließenden Gewässer ständig verloren. Die Schwefelvorräte wären auf den Kontinenten der Erde tatsächlich schon seit langer Zeit erschöpft, wenn sie nicht durch große Mengen Dimethylsulfid ersetzt würden, das von vielen Meeresorganismen produziert wird. Lovelock gibt zu bedenken: „Warum in aller Welt sollten sich Meeresalgen irgendwo im offenen Ozean um Gesundheit und Wohlergehen von Bäumen, Giraffen und Menschen draußen an Land scheren?" (Lovelock 1991, 192) Er bietet stattdessen als Erklärung einen möglichen evolutionären Prozess an, der Algen dazu veranlasst haben könnte, Dimethylsulfide freizusetzen. Doch damit ist dieser Prozess bei anderen Meeresorganismen nicht angemessen erklärt. Lovelock gesteht auch durchaus zu, dass das Vorhandensein von auf dem Festland lebenden Organismen wiederum das Leben im Meer fördert, weil sie das Verwittern des Gesteins begünstigen und dadurch verstärkt lebensnotwendige Nahrungsmittel ins Meer abfließen.

Könnte das nicht ein Beleg für etwas sein, das in der Tat wie Altruismus anmutet, oder wenigstens für eine Art kooperative Koevolution, die eine umfassendere Sicht des Ganzen erfordert? Könnte es nicht sein, dass alle lebenden Organismen auf geheimnisvolle Weise zusammenwirken, um tatsächlich die Lebensbedingungen auf dem Planeten zu optimieren? Von diesem Standpunkt aus erscheint der Beitrag von auf dem Festland lebenden Organismen für Meeresorganismen und umgekehrt völlig logisch. Zumindest die Systemtheorie würde behaupten, dass ein lebendiges System wie die Erde auf eine Weise funktioniert, die sowohl achtsam als auch intelligent ist. Capra behauptet, dass diese Art von Achtsamkeit keinen Gesamtentwurf oder übergeordneten Zweck erfordert. Doch selbst wenn kein Entwurf oder Ziel vonnöten ist, scheint mir sehr wohl eine allgemeine Art von Zweckgerichtetheit vorhanden zu sein, und zwar im Sinne des Strebens nach Aufrechterhaltung der für das Leben notwendigen Bedingungen und der Bewegung in Richtung immer größerer Komplexität, Vielfalt und Gemeinschaft.

Im Hinblick auf eine gesellschaftsverändernde Praxis ist die stark mythische Qualität der Gaia-Theorie bedeutsam. Sie kann dazu beitragen, Menschen zur Arbeit an der Heilung des Planeten zu motivieren. Die Vorstellung von der Mutter Erde rührt an unsere mythischen Wurzeln und kann deshalb eine heilige, ehrfurchtsvolle Haltung unserer Heimat gegenüber wachrufen. Im Bezugsrahmen von Gaia sehen wir uns wesentlich als Teil einer umfassenderen Gemeinschaft des Lebens, die zusammenwirkt, um die Bedingungen aufrechtzuerhalten, die das Gedeihen und die Entwicklung von Leben ermöglichen. Dies weckt einen Sinn für Verantwortung und für die Verbundenheit mit einem größeren Ganzen, dem wir als Teil angehören.

Gleichzeitig liegt, wie Deborah Du Nann Winter betont, jedoch auch eine Gefahr in der Vorstellung von Gaia als weiblich: „Die Ausdrücke *Mutter Erde* und *Gaia* (sofern die Menschen um Gaias Weiblichkeit innerhalb der griechischen Mythologie wissen) werden auch unsere unbewussten sexistischen Haltungen bezüglich des Rangs und der Fähigkeiten von Männern und Frauen mitschleppen. Wenn Mütter und Frauen als unendlich großzügig, aufmerksam und fürsorglich betrachtet werden, dann werden wir eher dazu geneigt sein, die Regenerationskraft des Planeten zu überschätzen. Im Gegensatz dazu wird die Auffassung von der Natur als liederlichem, widerspenstigem Weib, wie sie Freud und die Denker der Aufklärung vertreten haben, unsere Versuche bestärken, ‚sie' zu kontrollieren und zu beherrschen" (Winter, 253).

Doch erledigen sich diese Einwände nicht in dem Maße, wie wir unsere alten Stereotypen von Frauen und der Natur überwinden? Es besteht gewiss keine Notwendigkeit, sich die Erde weiblich oder männlich vorzustellen. Zudem haben zahlreiche traditionelle Völker, die die Erde Mutter genannt haben, sowohl der Erde als auch den Frauen hohen Respekt gezollt. Ob wir uns Gaia nun als weiblich vorstellen oder nicht – die Personifizierung dient dazu, die lebendige Größe, für die sie steht, realer werden zu lassen. Dadurch liegt sogar eine spirituelle Dimension nahe. Die Gaia-Theorie hat dazu beigetragen, die Vorstellungskraft einer großen Anzahl von Menschen zu beleben. Leider befremdet sie auch manche Wissenschaftler, die dieser Theorie vermutlich gerade wegen ihrer mythischen Gestalt nur geringe Aufmerksamkeit widmen.

Vom Standpunkt einer verändernden Praxis aus erlaubt die Gaia-Perspektive, Themen und Probleme in einen größeren Kontext einzuordnen und auf diese Weise Situationen neu zu sehen. Im Falle unserer gegenwärtigen Klimakrise müssen wir den vom Menschen verursachten Anstieg der Treibhausgasemission im Licht der gesamten Geschichte Gaias betrachten. Die Organismen der Erde haben in den vergangenen 3 bis 4 Milliarden Jahren CO_2 aus der Atmosphäre entfernt, damit die Erdtemperatur nicht ansteigt. Aus der Perspektive Gaias können niedrige Temperaturen als Vorteil betrachtet werden: Während der Eiszeiten tauchten mit dem Absinken des Meeresspiegels große Landflächen auf, was eine weitere Ausbreitung der Regenwälder in den Tropen und damit eine größere Artenvielfalt ermöglichte. Im Einklang mit dem Absinken der Treibhausgaskonzentration in der Atmosphäre haben sich Pflanzen für ihr Überleben an immer niedrigere CO_2-Konzentrationen angepasst.

Doch innerhalb eines kurzen Augenblicks der Erdgeschichte, in etwa zwei Jahrhunderten, haben Menschen den lange unterirdisch gelagerten Kohlenstoff in Form von Kohle und Erdöl gefördert und durch Verbrennung wieder der Atmosphäre zugeführt. In diesem Zeitraum haben wir einen Klimawandel initiiert. In den letzten 50 Jahren ist die globale Temperatur bereits um 1 Grad Celsius angestiegen, wahrscheinlich steigt sie in den nächsten 50 Jahren um 1 bis 2 weitere Grade und gegen Ende des 21. Jahrhunderts sogar um 3 bis 4 Grad an. Die heutigen Temperaturen liegen durchschnittlich nur um 5 Grad Celsius höher als während der letzten Eiszeit. Dieser Unterschied scheint gering. Doch durch Rückkoppelungseffekte kann der Schaden, den wir bereits angerichtet haben, im Lauf der Zeit noch wesentlich größer werden. Aus der Perspektive Gaias ist völlig klar, dass wir auf wahrhaft rücksichtslose Weise handeln und die Arbeit zunichtemachen, die das Lebensnetz in Hunderten von Millionen Jahren geleistet hat – und zwar innerhalb eines Zeitraums, der nach planetarischem Maßstab gerade einem Augenblick entspricht.

Wir können kaum davon ausgehen, dass Gaia in der Lage sein wird, die idealen Bedingungen für die Menschheit aufrechtzuerhalten, solange wir weiter so handeln wie jetzt. Die Menschheit steht in der Gefahr, sich selbst und eine Vielzahl anderer Arten zu zerstören, wenn sie sich der Tatsache nicht bewusst wird, dass sie nur ein Teil eines viel größeren Ganzen ist, eines Ganzen, mit dem wir kooperativ zusammenarbeiten müssen, wenn wir wirklich auf diesem Planeten gedeihen wollen. Wenn wir dieser Herausforderung gerecht werden und unsere eigene Rolle in der umfassenderen Evolution, in der Zwecksetzung Gaias und sogar im gesamten

Kosmos verstehen, dann können wir auch auf eine Weise zu leben und zu handeln lernen, die zum kollektiven Wohlbefinden unseres gesamten Planeten beiträgt.

Wir selbst sind Erde, die fühlt, liebt und Ehrfurcht empfindet

Der Mensch ist selbst Erde in einem fortgeschrittenen Stadium ihrer Entwicklung. Mit dem Menschen begann gewissermaßen die Erde selbst bewusst zu fühlen, zu denken, zu lieben, sich um andere zu sorgen und Ehrfurcht zu empfinden.

Die Erde ist ein generatives Prinzip. Sie ist die Mutter, die empfängt, austrägt und zur Welt bringt. So entsteht der Archetyp der Erde als *Großer Mutter, Pacha Mama* und *Nana*. In derselben Weise, wie sie alles hervorbringt und die geeigneten Bedingungen für das Leben schafft, nimmt sie auch alles wieder in ihren Schoß auf (Moltmann-Wendel, 406-420; Moltmann 1993, 420-430).

Doch die Erde hat nicht nur uns Menschen hervorgebracht, sondern auch Myriaden von Mikroorganismen, die 90 Prozent des gesamten Lebensnetzes ausmachen, und Insekten, welche die wichtigste Biomasse für die Artenvielfalt bilden (Wilson 2006). Die Erde hat die Gewässer erzeugt und den Grünmantel mit seiner unermesslichen Vielfalt an Pflanzen, Blüten und Früchten. Sie hat die Vielzahl von Lebewesen, Landtieren, Vögeln und Fischen hervorgebracht, die unsere Gefährten in der heiligen Einheit des Lebens sind, denn wir alle teilen mit den 20 Aminosäuren und vier Nucleotiden dasselbe genetische Alphabet. Für sie alle hat die Erde die Bedingungen der Entwicklung, Erhaltung und Ernährung geschaffen. Sich selbst als Erde zu empfinden heißt, sich in die irdische Gemeinschaft hineinzubegeben, in die Welt unserer Brüder und Schwestern einzutauchen, wie dies Franziskus von Assisi in seiner kosmischen Mystik beispielhaft gelebt hat.

Jeder von uns muss diese Erfahrung der radikalen Gemeinschaft mit der Erde von Neuem machen, um zu seinen irdischen Wurzeln zurückzukehren und seine eigene Identität zu stärken. Aus der tiefen Erfahrung der Mutter Erde wird wie selbstverständlich die Erfahrung Gottes als einer unendlich zärtlichen und sich erbarmenden Mutter erwachsen. Diese Erfahrung wird uns zusammen mit der Erfahrung eines grenzenlos liebenden und gütigen Vaters dafür öffnen, das Geheimnis Gottes in umfassenderer und ganzheitlicherer Weise zu erfassen.

Zunehmend findet die Auffassung Eingang in das kollektive Bewusstsein, dass der Planet Erde unser gemeinsames Haus ist, das einzige, das wir haben, um darin zu wohnen. Deshalb ist es wichtig, die Erde zu pflegen, sie für alle bewohnbar zu machen, in ihrer Großzügigkeit zu erhalten und in ihrer Unversehrtheit und ihrem Glanz zu bewahren. Daraus entsteht ein von allen geteiltes Weltethos, das imstande ist, die Menschen ungeachtet ihrer kulturellen Unterschiede zu einen, da sie sich tatsächlich als Söhne und Töchter der Erde empfinden und sie wie ihre eigene Mutter lieben und achten.

5. Die Erde als Subjekt von Würde und Rechten

Am 22. April 2009 billigte die Generalversammlung der UNO einstimmig den Gedanken, die Erde als Mutter Erde zu bezeichnen. Das ist revolutionär für unsere Sichtweise des Planeten und unser Verhältnis zu ihm. Es ist eine Sache, von Erde zu sprechen, die, wenn es uns gelegen erscheint, gekauft, verkauft und wirtschaftlich ausgebeutet werden kann. Aber es ist eine ganz andere Sache, von Mutter Erde zu reden, denn die Mutter kann man nicht verkaufen, kaufen oder ausbeuten, sondern man liebt sie, sorgt für sie und ehrt sie. Der Erde solche Qualitäten zuzusprechen bedeutet, zu akzeptieren, dass sie ein Subjekt von Würde und eine Trägerin von Rechten ist.

Argumente für die Rechte der Mutter Erde

Fünf wissenschaftliche und philosophische Gründe veranlassen uns, die Erde als Mutter und folglich als Subjekt von Würde und Rechten zu betrachten.

Der *erste Grund* bezieht sich auf das hohe Alter der kulturübergreifenden Traditionen im Westen wie im Osten, die die Erde stets als Mutter, Magna Mater, Nana, Tonantzin, Pacha Mama usw. aufgefasst haben. Insbesondere die alten Völker sehen die

Erde nach wie vor als Teil des Universums, bringen ihr nach wie vor kultische Verehrung entgegen und empfinden nach wie vor Respekt und Ehrfurcht vor ihr. Noch immer haben sie ein klares Bewusstsein davon, dass sie von der Erde alles empfangen, was sie zum Leben brauchen. Aus diesem Grund empfinden sie sich als ihre Söhne und Töchter und sie als ihre großzügige und fruchtbare Mutter.

Der *zweite Grund* ist wissenschaftlicher Natur. Den Wissenschaften vom Leben und von der Erde wird zunehmend bewusst, dass sich der Planet Erde wie ein lebendiger Großorganismus verhält, denn er reguliert auf subtile und harmonische Weise das Physikalische, Chemische und Biologische so, dass er stets in der Lage ist, alle Lebensformen hervorzubringen und in ihrem Fortbestand zu erhalten. Wissenschaftler wie James Lovelock, Lynn Margulis, Elisabet Sahtouris, José Lutzemberger und andere haben empirische Daten erhoben, die die These stützen, dass sich die Erde selbst organisiert und selbst reguliert, wie dies alle lebenden Organismen tun. In den Siebzigerjahren des vorigen Jahrhunderts wurde die Gaia-Theorie als Hypothese vorgeschlagen, ab 2001 gilt sie als wissenschaftliche Theorie, nachdem die Wissenschaftsgemeinschaft die Triftigkeit der vorgelegten wissenschaftlichen Argumente anerkannt hatte. Man spricht von der Gaia-Theorie – eine Bezeichnung, die auf die griechische Gottheit zurückgeht, die die Erde in ihrer herrlichen Vitalität repräsentierte.

Wie bereits dargestellt, ist unsere heutige Atmosphäre nicht nur das Ergebnis von physikalischen und chemischen Mechanismen und der bestimmenden Kräfte des Universums. Sie ist zugleich ein Produkt des Lebens selbst, das in Wechselwirkung mit seiner Umwelt einen geeigneten Lebensraum für sich selbst geschaffen hat und auf diese Weise weiter existieren konnte. Die Atmosphäre wurde zur Biosphäre, zu jener zarten Hülle, die die Erde in 30 bis 40 Kilometern Höhe umgibt. Die Atmosphäre ist ein Produkt des Lebens selbst. Das ständige synergetische Zusammenwirken der lebenden Organismen mit allen Elementen der Erde sorgt für die Aufrechterhaltung der Bedingungen für die Vitalität und Regeneration des Planeten, der auf diese Weise die Vielfalt der lebendigen Arten in sich birgt und erhält.

Wenn es sich so verhält, dann können wir sagen: Es gibt nicht nur Leben auf der Erde, sondern die Erde selbst ist lebendig, ein äußerst komplexer Großorganismus, der sich aus wechselseitigen Verknüpfungen jeglicher Ordnung, die der Erde selbst angehören, und Verbindungen mit dem Sonnensystem und dem gesamten Universum zusammensetzt.

Der Mensch muss das Leben lieben, umsorgen und stärken und wenn es schwach wird, für seine Wiederherstellung sorgen. Das Leben darf nicht von Aggression und Auslöschung bedroht werden und deshalb ist es nicht erlaubt, das Leben zu einer Ware zu machen, die der Spekulation preisgegeben ist. Das Leben ist heilig. Daher ist die lebendige Erde, die Mutter Erde, ein Subjekt, dem Würde zukommt. Sie ist Trägerin von Rechten, die das Recht einschließen, anerkannt und respektiert zu werden. Alles, was existiert und lebt, hat einen Wert in sich selbst. Unabhängig vom Nutzen für den Menschen ist es wert fortzubestehen und hat das Recht zu leben.

Der *dritte Grund* ist die Einheit von Erde und Menschheit. Dieses Erbe haben uns die Astronauten von ihren Raumschiffen aus übermittelt (der sogenannte *Overview-Effekt*). Von den Raumschiffen oder vom Mond aus haben sie staunend und tief ergriffen die Erde von außerhalb ihrer selbst betrachtet. Aus dieser Perspektive besteht kein Unterschied mehr zwischen der Erde und der Menschheit. Beide bilden eine leuchtende, blau-weiße Einheit. Das Leben im Allgemeinen, das Leben der Menschen im Besonderen und die Biosphäre sind keine einander entgegengesetzten Größen. Sie bilden ein organisches und komplexes Ganzes, das sich aus dem System Leben und dem System Erde zusammensetzt. Das beweist, dass die Erde tatsächlich lebendig ist, und weil sie Leben hervorbringt, muss sie als Mutter aller Lebewesen, als die universale Eva, betrachtet werden.

Der *vierte Grund* ist kosmologischer Art: Die Erde und das Leben sind Ereignisse innerhalb des umfassenden Evolutionsprozesses des Universums. Man geht allgemein davon aus, dass das gesamte Universum, alle Seinsformen, die Galaxien, die Sterne, das Sonnensystem, die Erde und jeder Mensch in potenzieller Form und als grundsätzliche Möglichkeit bereits in diesem winzigen, mit Energie und Information aufgeladenen Punkt enthalten waren, der in einem Augenblick außerhalb der Zeit explodiert ist. Der Urknall, die erste Singularität, fand vor 13,7 Milliarden Jahren statt. Die Energien und die ersten sich bildenden Partikel (Hadronen, Topquarks) breiteten sich nach allen Richtungen hin aus, schufen die Raumzeit und initiierten den Prozess der Ausdehnung, Selbstorganisation und Selbstschöpfung des Universums. Die Energien, die ursprünglichen Elemente und die Gase verdichteten sich und brachten die großen roten Sterne („rote Riesen") hervor, in deren Innerem wie in einem Hochofen im Lauf von Abermillionen Jahren alle chemischen Elemente gebildet wurden, aus denen das Universum besteht. Als sie explodierten, schleuderten sie diese Elemente in alle Richtungen. Daraus gingen in einem ständigen Prozess der Ausdehnung und Selbstregulierung die ersten Sterne hervor, die Sonne, die Planeten und die Erde mit allem, was sie enthält. Wir alle sind Söhne und Töchter des kosmischen Staubs. Das Universum hat noch nicht aufgehört zu entstehen, es befindet sich immer noch in Kosmogenese.

Vor 4,5 Milliarden Jahren entstand die Erde als dritter Planet des Sonnensystems. Innerhalb des Evolutionsprozesses der Erde selbst bildeten sich immer höhere Komplexitäten und Ordnungen heraus, bis hin zu jenem Stadium, das die Entstehung von Leben vor 3,8 Milliarden Jahren – wahrscheinlich im Inneren eines Urozeans – ermöglichte. In einem fortgeschrittenen Stadium der Evolution des Lebens entstand im Zuge der Vergrößerung der inneren Komplexität vor ca. 7 Millionen Jahren das menschliche, bewusste und intelligente Leben. In den letzten 10.000 Jahren betrat der *Homo sapiens* die Szene der Evolution. Wir sind dessen Erben, uns sind eine hohe Komplexität der Hirnentwicklung und kreative Fähigkeiten eigen.

Zusammenfassend können wir sagen: Die Erde ist ein Moment im Evolutionsprozess des Universums. Das Leben ist ein Moment innerhalb der Evolution der Erde. Und das menschliche Leben ist ein Moment in der Evolution des Lebens insgesamt. Doch damit das Leben dauerhaft bestehen und sich fortpflanzen kann, bedarf es energetischer, physikalischer, chemischer und die Information betreffender Voraussetzungen. Deshalb können wir das Leben selbst nur verstehen, wenn wir den gesamten Prozess der Evolution des Universums, der dem Leben vorausgegangen ist, in das System Leben miteinbeziehen. Das Leben ist an die gesamte vorausliegende Geschichte geknüpft und gleichzeitig offen für die weitergehende Evolutionsgeschichte.

Der Mensch ist der bewusste und mit Intelligenz ausgestattete Teil der Erde selbst. Deshalb ist er die Erde selbst, die fühlt, denkt, liebt, sich um andere sorgt und Ehrfurcht empfindet. Es herrscht heute Konsens darüber, dass der Mensch – als Mann und Frau – Würde besitzt und Subjekt von Rechten und Pflichten ist. Diese Überzeugung findet in verschiedenen internationalen Erklärungen und Konventionen Ausdruck. Wenn wir von der Annahme ausgehen, dass der Mensch Erde in ihrer bewussten und intelligenten Erscheinungsform *ist*, dann müssen wir zugleich davon ausgehen, dass die Erde selbst an dieser Würde und diesen Rechten partizipiert. Deshalb ist die Erde Subjekt von Würde und Rechten.

Schließlich rechtfertigt es ein *fünfter Grund*, der Erde Würde und Rechte zuzusprechen. Er leitet sich vom relationalen und von Informationen geprägten Charakter des gesamten Universums und allen Seins ab. Die Materie hat nicht nur Masse und Energie. Sie besitzt eine dritte Dimension, nämlich ihrer Fähigkeit, ständig Informationen miteinander zu verknüpfen und auszutauschen. Vom ersten Augenblick an, als sich Hadronen und Topquarks bildeten, traten diese miteinander in Verbindung und tauschten Informationen aus.

Dieser relationale Charakter hält sich in allen Seinsformen durch, sodass die Quantenphysiker die These formulieren konnten: „Alles hat mit allem zu tun, an allen Punkten und in jedem Moment." Das Universum ist mehr als die Summe aller existierenden und potenziell existierenden Seinsformen. Es ist die Gesamtheit aller Beziehungen und Beziehungsgeflechte mitsamt den Informationen, die diese enthalten. Alles ist Beziehung und nichts kann außerhalb der Beziehung existieren. Das grundlegende Gesetz des Universums lautet: wechselseitige Abhängigkeit von allem mit allem, universale Kooperation, die das Prinzip der natürlichen Auslese relativiert.

Aufgrund der Tatsache, dass sich alle Seinsformen im Prozess der Kosmogenese befinden, miteinander verbunden und Träger von Information sind – wie dies beispielsweise in den Informationen zum Ausdruck kommt, die der genetische Code enthält –, haben alle Seinsformen eine Geschichte. Jede Seinsform besitzt ihre je eigene Art, sich in Beziehung zu setzen, Informationen aufzunehmen und weiterzugeben. Deshalb lässt sich in allen

Seinsformen, inklusive den allereinfachsten, etwa einem Mineral oder einem Bakterium hohen Alters, ein gewisser Grad an Subjektivität feststellen. Deshalb gibt es keinen *prinzipiellen*, sondern lediglich einen *graduellen* Unterschied zwischen der Subjektivität aller Seinsformen und der des Menschen. Alle sind wechselseitig miteinander verbunden (prinzipiell), wiewohl jede einzelne Seinsform diese wechselseitige Verbundenheit auf ihre Weise aktualisiert (graduell). Unsere Subjektivität ist höchst komplex und bewusst, in den übrigen Seinsformen ist sie auf deren jeweils besondere Weise präsent und weniger komplex.

Dieser relationale und von Information geprägte Charakter der Wirklichkeit, der Subjektivität und Geschichte zukommen, eröffnet die Möglichkeit, den Begriff der juristischen Person auf Seinsformen, insbesondere die Erde, auszudehnen. Der Erklärung der Menschenrechte kommt das Verdienst zu, zum Ausdruck zu bringen, dass allen Menschen Rechte zukommen, wenn auch die Annahme, dass nur die Menschen Rechte haben, ein Mangel ist. Die Frauen, die Indigenas und die Schwarzen mussten lange warten und hart dafür kämpfen, bis ihre Rechte anerkannt und garantiert wurden.

Dasselbe geschieht nun in Bezug auf die Rechte der Erde, der Natur und der übrigen Seinsformen. Es wird international hart darum gerungen, dass die Tiere, Pflanzen, Ozeane, andere Gewässer und schließlich alle Ökosysteme in die Konzeption der Rechte einbezogen werden und ihnen die Würde autonomer und in Beziehung stehender Seinsformen zugesprochen wird. Ich hoffe, dass die wiederholt geäußerte Vision des bolivianischen Präsidenten Evo Morales Wirklichkeit wird: Das 21. Jahrhundert wird das Jahrhundert der Rechte der Mutter Erde, der Natur und aller Seinsformen der Schöpfung sein.

Im Lichte dieser ganzheitlichen Betrachtungsweise kann auch die Demokratie nicht länger anthropozentrisch und soziozentrisch verstanden werden, als ob die Menschen und die Gesellschaft ohne die Natur und außerhalb der Erde leben könnten. Sie sind Teile dieses umfassenden evolutionären Ganzen und mit diesem zusammen bilden sie die Gemeinschaft des Lebens und die Gemeinschaft der Erde. Die neuen Bürger, nämlich die Lebewesen, die Grünflächen der Erde, die Gewässer und die Landschaften müssen in die erweiterte Demokratie aufgenommen werden. Diese Wirklichkeiten konstituieren unsere gesellschaftliche Existenz. Ohne sie wären wir nicht im vollen Sinne Mensch. Wir müssen zu einer soziokosmischen Demokratie gelangen, zu einer Biokratie und einer Kosmokratie.

Einige Rechte der Erde im Einzelnen

Im Folgenden gebe ich einen Überblick über die wichtigsten Rechte der Erde, der zwangsläufig fragmentarisch bleiben muss. Eine gute Orientierung bietet der Präsident Boliviens, der Indio Evo Morales, der am meisten über die gesellschaftlichen und politischen Aspekte dieser Frage gearbeitet hat. In seiner berühmten Rede am 22. April 2009 vor der Generalversammlung der UNO klagte er die im Folgenden genannten Rechte ein. Sie wurden von der Weltversammlung der Völker, die vom 20. bis 22. April 2010 in Cochabamba (Bolivien) stattgefunden hat, in die Charta der Rechte der Mutter Erde aufgenommen. 35.000 Menschen aus 142 Ländern waren dort zusammengekommen. Vor der UNO hatte Evo Morales gefordert:

– das Recht auf Regeneration der Lebensfähigkeit der Mutter Erde,
– das Recht auf Leben für alle Lebewesen, insbesondere für die vom Aussterben bedrohten,
– das Recht auf ein sauberes Leben, denn die Mutter Erde hat das Recht, frei von Kontamination und Verschmutzung jeglicher Art zu leben,
– das Recht auf ein gutes Leben, das allen Bürgern zugestanden wird,
– das Recht auf Harmonie und auf ein Gleichgewicht aller Dinge, die der Mutter Erde angehören,
– das Recht, mit der Mutter Erde und mit dem Ganzen, dem wir als Teil angehören, in Verbindung zu treten.

Diese Vision verfügt über die innere Kraft, einen dauerhaften Frieden mit der Mutter Erde zu etablieren, der die Grundlage für den Frieden unter den Völkern ist. Die Erde wird dabei nicht mehr bloß als ein Rohstofflager angesehen, das einige Wenige zu ihrer Bereicherung ausbeuten mit der Folge der Verarmung anderer. Sie ist die großzügige Mutter, die alle am Leben erhält und ernährt.

Aufgrund der Tatsache, dass die Mutter Erde Rechte hat, haben wir, ihre Söhne und Töchter, ihr gegenüber Pflichten: Wir müssen für ihre Lebenskraft, ihre Unversehrtheit, ihr Klima und ihr Gleichgewicht Sorge tragen. Nur so wird sie weiterhin das tun, was sie ohne Gegenleistung Abermillionen Jahre lang getan hat.

Mit der Anerkennung der Würde der Erde und ihrer Rechte beginnt eine neue Zeit, eine Zeit der Biozivilisation, in der die gegenseitige Zugehörigkeit von Erde und Menschheit, ihr gemeinsamer Ursprung und ihr gemeinsames Geschick anerkannt werden.

6. Ein menschliches Armageddon?

In der apokalyptischen Literatur ist Armageddon der mythische Ausdruck für den letzten Kampf zwischen Gott und den bösen Geistern, zwischen Christus und dem Antichristen. Gehen wir dem Armageddon entgegen? Die gegenwärtigen düsteren Szenarien veranlassen Biologen, Bioanthropologen und Astrophysiker zu der Behauptung, dass das Verschwinden der Gattung *Homo sapiens/demens* noch im Lauf dieses Jahrhunderts möglich ist. Diese pessimistische Sicht vertritt auch James Lovelock, der von einer Dezimierung der Weltbevölkerung auf wenige Milliarden bis zum Jahr 2100 ausgeht (Lovelock 2008, 91). Die zunehmende Bevölkerungszahl auf der Welt in Verbindung mit den Folgen des Klimawandels scheinen diese Prophezeiungen zu stützen. Die Menschheit brauchte bis zum Jahr 1850, um die Milliardengrenze zu erreichen. Die Zeitspannen, in denen eine weitere Milliarde hinzukam, wurden immer kleiner. Von 75 Jahren (zwischen 1850 bis 1925) verringerten sie sich auf nunmehr fünf Jahre. Voraussagen gehen davon aus, dass es um das Jahr 2050 bereits 10 Milliarden Menschen auf der Erde geben wird. Ist das ein Triumph für die Gattung Mensch oder eine Gefährdung der gesamten Menschheit?

Angesichts von in naher Zukunft absehbar 9 bis 10 Milliarden Menschen weltweit mit schnell ansteigenden Konsumansprüchen stellt sich die Frage, wie viele Menschen unser Planet überhaupt nachhaltig ernähren kann, auf dramatische Weise: Alleine die in Bezug auf „westliches Konsumniveau" rasant aufholenden Staaten China und Indien haben mit 2,5 Milliarden Menschen mehr als doppelt so viele Einwohner wie die traditionellen Industrieländer der EU, die USA, Kanada, Russland und Japan zusammen (1,1 Milliarden Menschen). Gerade wenn wir jedem Menschen das gleiche Recht auf ein gutes Leben und eine entsprechende Nutzung der Natur zubilligen, kommen wir um die Frage nicht herum, wie vielen Menschen die Erde mit ihren Ressourcen eigentlich ein „gutes Leben" bieten kann.

Modellrechnungen, denen zufolge auch noch 10 Milliarden Menschen ausreichend ernährt werden können, sind anzuzweifeln. In den Extrapolierungen dieser Rechnungen wird in der Regel davon ausgegangen, was mit den Mitteln der heutigen, nicht nachhaltigen und sehr energieintensiven Landwirtschaft möglich ist. Nach dem „Peak Oil", das heißt nach dem Erdölfördermaximum, wird diese Art von Agrikultur jedoch überhaupt nicht mehr möglich sein. Allein für die energieintensive Produktion von Kunstdünger werden nicht ausreichend Ressourcen zur Verfügung stehen. Durch den Klimawandel werden in großem Ausmaß fruchtbare Böden verloren gehen. Abgesehen davon würde die Erde mit dieser Bevölkerungszahl kaum noch natürliche Lebensräume besitzen.

Die Frage des Bevölkerungswachstums ist allerdings in erster Linie an die Länder zu adressieren, die den größten Ressourcenverbrauch pro Kopf zu verzeichnen haben! Überbevölkert sind in erster Linie die Länder, die sich pro Kopf einen Naturverbrauch und Schadstoffausstoß leisten, der um ein Vielfaches höher ist als der von Menschen in armen Ländern wie Bangladesch oder Burkina Faso. Deutschland beispielsweise hat eine Bevölkerungsdichte von ca. 230 Einwohnern pro km², die EU von ca. 150 und China von etwa 133 Einwohnern pro km². Wir müssen uns klar machen, dass 230 Personen auf einem Quadratkilometer nicht nachhaltig leben können – ganz sicher nicht bei den derzeitigen Konsumansprüchen. Die Menschen in Deutschland nehmen für ihren Konsum riesige Flächen auf der ganzen Welt in Anspruch, von wo sie Rohstoffe und landwirtschaftliche Produkte importieren. Es muss uns bewusst sein: 100.000 Millionäre fügen dem Planeten so viel Schaden zu, wie dies 10 Milliarden afrikanische Bauern täten!

Auf dem Weg zu einem nachhaltigen Wirtschaften ist es eine zentrale Frage, wie das Bevölkerungswachstum eingedämmt oder gar eine Bevölkerungsminderung erreicht werden kann. Es sind deshalb sämtliche Möglichkeiten zu prüfen, wie die Menschen auf nicht-repressive Weise davon überzeugt werden können, weniger Kinder zu bekommen. Dies gilt nicht nur für die industriell aufholenden oder andere Länder der „Dritten Welt", sondern gerade auch für die ressourcenverbrauchsintensiven „alten" Industrieländer. Eines der wichtigsten Instrumente einer solchen Bevölkerungspolitik ist die weltweite Emanzipation der Frauen und die Überwindung patriarchalischer Strukturen.

Wie steht die Theologie einer möglichen Auslöschung der Gattung Mensch gegenüber? In einem Wort würde sie sagen: Wenn der Mensch sein planetarisches Abenteuer zum Scheitern bringt, dann ist das ohne Zweifel eine unermessliche Tragödie. Aber es wäre dennoch keine absolute Katastrophe. Die Christen bekennen, dass das letzte Wort nicht der Tod ist, sondern vielmehr die Auferstehung. Sie bedeutet keine Reanimation von Leichen, sondern die volle Verwirklichung der Potenziale des Menschen, eine wahrhaftige Revolution innerhalb des Evolutionsgeschehens.

Wir weigern uns anzunehmen, dass das menschliche Schicksal nach Millionen Jahren der Evolution für die kommenden Generationen in absolutem Elend bestehen sollte. Möglicherweise wird es einen Sprung nach vorn geben, wie ihn schon Pierre Teilhard de Chardin im Jahr 1933 angekündigt hat: das Hereinbrechen der *Noosphäre*, das heißt jenes Stadiums des Bewusstseins und des Verhältnisses zur Natur, von dem eine neue Konvergenz des Geistes und der Herzen ausgeht und das auf diese Weise eine neue Etappe der menschlichen Evolution einleitet (siehe unten, S. 214).

Aus dieser Perspektive betrachtet wäre die gegenwärtige Situation keine Tragödie, sondern eine Krise. Die Krise klärt, reinigt und verhilft zur Reife. Sie verheißt einen neuen Anfang, stellt verheißungsvolle Geburtswehen dar und keineswegs die Schmerzen einer Abtreibung.

Was zu einem Ende gelangen könnte, ist nicht das menschliche

Leben schlechthin, sondern die gegenwärtige Art menschlichen Lebens, die durch und durch unvernünftig und von einem libidinösen Verhältnis zu Krieg und Massenzerstörung geprägt ist. Wir müssen die Arbeit für eine menschliche Welt in Angriff nehmen, die das Leben achtet, die Gewalt delegitimiert, allem Sein mit Achtsamkeit und Mitleid begegnet, wahre Gerechtigkeit übt und dem Geheimnis der Welt, das wir Ursprungsquelle oder Gott nennen, Ehrfurcht entgegenbringt.

7. Kann der Kapitalismus im Selbstmord enden?

Seit der Jungsteinzeit, deren Beginn etwa 10.000 Jahre zurückliegt, waren die Umweltbedingungen der Erde mehr oder weniger stabil. Das lässt sich mithilfe der Analyse der Eisschichten im Permafrostboden nachweisen. Die große Veränderung setzte mit dem Prozess der Industrialisierung ein, insbesondere mit der industriellen Entwicklung nach dem Zweiten Weltkrieg und mit dem beschleunigten Wachstum der Erdbevölkerung. Seither wurden jährlich Milliarden Tonnen von Treibhausgasen, unter anderem Kohlendioxid und Methan, in die Atmosphäre freigesetzt, bis sie nicht mehr auf natürliche Weise (durch die CO_2-senkenden Ozeane und Wälder) absorbiert werden konnten. Darin ist die Hauptursache der Erderwärmung zu sehen. Dabei handelt es sich um keinen neuen natürlichen Zyklus, sondern um ein durch menschliches Handeln verursachtes Geschehen.

Die meteorologische Weltorganisation hat theoretische Modelle entwickelt, die uns einigermaßen verlässliche Vorhersagen ermöglichen. Ihr zufolge bewegt sich der weltweite Temperaturanstieg von heute bis zum Jahr 2100 zwischen 1,8 Grad Celsius und 6 Grad Celsius. Vermutlich wird er zwischen 2 und 3 Grad Celsius betragen, möglicherweise aber auch 4 Grad Celsius erreichen. Wenn Letzteres eintrifft, wäre das System Leben mitsamt der Gattung Mensch massiv bedroht.

Der Meeresspiegel wird anfangs zwischen 20 und 60 cm ansteigen. Wenn sich das Abschmelzen des Grönlandeises und der Polkappen beschleunigt, könnte er um sieben Meter ansteigen! Die Folgen wären für zahlreiche Inselstaaten und Hunderte von Küstenstädten katastrophal. Die Folgen des Klimawandels bleiben nur einigermaßen beherrschbar, wenn wir ab sofort erhebliche Investitionen (etwa 460 Milliarden Dollar jährlich) aufbringen, um die Erdtemperatur zu stabilisieren. Ohne eine solche kollektive Anstrengung würden etwa 20 bis 30 Prozent der Tier- und Pflanzenarten verschwinden, die Zahl der menschlichen Opfer ginge ins Unermessliche. Die Dürrekatastrophen, die Ausbreitung der Wüsten und die Versalzung der Böden würden etwa 3 Milliarden Menschen von der Trinkwasserversorgung abschneiden, die Zahl der Hungernden würde um weitere 600 Millionen ansteigen. Es gäbe zwischen 150 und 200 Millionen Klimaflüchtlinge, die ihr Todesurteil nicht passiv hinnehmen und in die Regionen eindringen würden, die die besten Lebensbedingungen aufweisen.

Letztlich können diese bedrohlichen Szenarien nur abgewendet werden, wenn wir unsere Art, zu produzieren und zu konsumieren, radikal ändern. Es geht um eine zivilisatorische Veränderung, die den politischen Willen aller Länder und die Zusammenarbeit aller wirtschaftlichen und zivilgesellschaftlichen Kräfte erfordert. Der kollektive politische Wille muss dabei klare Prioritäten formulieren und klare allgemeine Richtlinien vorgeben.

Die große Gefahr geht nach Meinung zahlreicher Experten und einer breiten Masse der Bevölkerung von der Logik des kapitalistischen Systems aus, das sich weltweit durchgesetzt hat. Die kapitalistische Wirtschaft beruht auf dem Konkurrenzprinzip der verschiedenen Marktteilnehmer: Individuen, Unternehmen und Nationalstaaten. Sie stehen unter intensivem Wettbewerbsdruck. Um sich darin zu behaupten, das heißt als Akteur zu überleben, ist jeder Teilnehmende dazu gezwungen, einen erheblichen Teil des Mehrwerts für die Kapitalakkumulation aufzuwenden, um seinen Marktanteil zu sichern und auszuweiten. Unter diesen Konkurrenzbedingungen kann massive Kapitalvernichtung nur dann vermieden werden, wenn die Wirtschaft insgesamt wächst. Ein auf Dauer angelegtes Wachstum ist die Grundvoraussetzung für die Aufrechterhaltung dieses Wirtschaftssystems. Mit seiner Verabsolutierung der Marktbeziehungen und dem Konkurrenzprinzip macht der Kapitalismus den Zwang zur Profitsteigerung zum Selbstzweck. Damit entfaltet sich eine Eigendynamik über die Köpfe der Beteiligten hinweg, die sich in den allseits bekannten „Sachzwängen" niederschlägt: Produktionskosten möglichst niedrig halten, technische Innovationen um jeden Preis, Erzeugung künstlicher Bedürfnisse usw. Um sich von den natürlichen Beschränkungen der Kapitalverwertung (zum Beispiel der nur begrenzt zur Verfügung stehenden Arbeitskraft) zu befreien, muss sich das Verhältnis von Kapital und Arbeit ständig zugunsten des Kapitals verschieben. Die Tendenz, menschliche Arbeitskraft zunehmend durch Maschinen zu ersetzen, ist in der Logik des Kapitalismus selbst angelegt. Damit beschleunigt sich aber auch der Verbrauch von Energie und anderen materiellen Ressourcen.

Hinzu kommt, dass mit der Ausweitung der kapitalistischen Produktion auch der Konsum der Bevölkerung entsprechend steigen muss, damit der Mehrwert überhaupt realisiert werden kann. Da die erzeugten Konsumgüter immer anspruchsvoller und Ausdruck der neuesten Technologien sind, wird auch der Konsum immer „kapitalintensiver" und bedingt einen wachsenden Bedarf an Energie und Rohstoffen. Dem evangelischen Theologen Helmut Gollwitzer ist vermutlich zuzustimmen, wenn er sagt: „Wird ... heute angesichts objektiv sichtbar werdender ‚Grenzen des Wachstums' eine wirtschaftliche Wachstumsbeschränkung gefordert, so muss gesehen werden, dass dies eine das kapitalistische System aufhebende Forderung ist" (Gollwitzer, 40).

Wir müssen also die fatale Logik dieses Wirtschaftssystems transzendieren und schrittweise überwinden. Auf allen Ebenen müssen politische Regulierungen (etwa des Energie- und Rohstoffangebots), demokratisch ausgehandelte Vorgaben und Quotenvergaben an die Stelle der puren marktwirtschaftlichen Konkurrenz treten. Vor allem die für die Menschen lebenswichtigen Bereiche müssen privaten Profitinteressen entzogen und öffentlich verwaltet und kontrolliert werden.

Viele Menschen fürchten, dass der Kapitalismus zum Selbstmörder werden könnte und uns alle mit in den Abgrund reißt, wenn er seiner eigenen Logik überlassen bleibt. Er wird eher sterben und andere ins Verderben stürzen wollen, bevor er eine Niederlage erleidet. Hoffen wir, dass das Leben die Logik des Todes überwindet.

8. Wann hat unser Irrweg seinen Anfang genommen?

Wir stehen heute vor der dringenden Notwendigkeit, einen dauerhaften Frieden mit der Erde zu etablieren. Seit Jahrhunderten befinden wir uns mit der Erde im Krieg. In den letzten Jahrzehnten ist dieser Krieg zu einem totalen Krieg geworden, denn mithilfe der neuen Technologien greifen wir sie an allen Fronten an: in der Luft, am Boden, im Meer, im Inneren der Materie und im Herzen des Lebens. Auf tausenderlei Weise versuchen wir, ihre Kräfte zu beherrschen und den höchstmöglichen Vorteil für uns herauszuschlagen. Wir haben Siege errungen, doch zu einem so hohen Preis, dass sich die Erde nun gegen uns zu wenden scheint. Wir haben keinerlei Chance, gegen sie zu gewinnen. Im Gegenteil: Es gibt Anzeichen dafür, dass wir uns ändern müssen, sonst könnte die Erde unter dem wohltuenden Licht der Sonne weiter existieren – jedoch ohne uns. Die Erde kann ohne uns leben, ja ohne uns kann sie sogar besser leben. Wir jedoch können ohne die Erde nicht existieren.

Es ist Zeit, Bilanz zu ziehen und uns zu fragen: Wann hat dieses feindselige Verhältnis zur Erde seinen Anfang genommen?

Die Mehrzahl der Wissenschaftler geht davon aus, dass die Entwicklung vor etwa 10.000 Jahren mit der neolithischen Revolution (Jungsteinzeit) begonnen hat, als die Menschen sesshaft wurden, Siedlungen und Städte bauten, den Ackerbau erfanden und mit künstlicher Bewässerung und Viehhaltung begannen. Dies ermöglichte es ihnen, dem ständigen Mangel und der Mühe zu entrinnen, Tag für Tag durch Jagd und Früchtesammeln für die notwendige Nahrung sorgen zu müssen. Mit der neuen Produktionsform wurde die Lagerung von Lebensmitteln eingeführt. Sie war Voraussetzung für das Aufstellen militärischer Heere, für die Kriegsführung und die Entstehung von Imperien. Doch zugleich geriet das Verhältnis zwischen Natur und Mensch aus dem Gleichgewicht, die Eroberung des Planeten begann. Sie hat in unseren Tagen mit der Technifizierung und „Verkünstlichung" praktisch aller unserer Beziehungen zur Umwelt ihren Höhepunkt erreicht.

Vermutlich hat dieser Prozess viel früher eingesetzt und die Anthropogenese selbst zuinnerst begleitet. Drei Etappen im Verhältnis von Mensch und Natur lassen sich unterscheiden:

Die erste Etappe ist bestimmt von *Interaktion*. Der Mensch interagierte mit der Umwelt, ohne in sie einzugreifen, indem er von allem profitierte, was ihm die Natur im Überfluss anbot. Zwischen Natur und Mensch herrschte überwiegend ein harmonisches Gleichgewicht.

Die zweite Etappe ist von der *Intervention* geprägt. Sie fällt mit der Epoche zusammen, in der vor etwa 2,4 Millionen Jahren der *Homo habilis* (das heißt der „geschickte" Mensch, der sich durch Werkzeuggebrauch auszeichnete) die Bühne betrat. Dieser unser Vorfahr begann, in die Natur einzugreifen, indem er erste rudimentäre Werkzeuge benutzte, etwa ein Stück Holz oder einen Stein, um sich besser zu verteidigen oder sich Dinge in seiner Umgebung anzueignen. Es kam zu einer anfänglichen Störung des ursprünglichen Gleichgewichts. Der Mensch stellte sich über die Natur.

Die dritte Etappe ist die der *Aggression*. Sie fällt mit der neolithischen Revolution zusammen, auf die ich weiter oben bereits eingegangen bin. Hier tat sich ein Weg auf, die Eroberung der Natur stark zu beschleunigen. Auf die neolithische Revolution folgten weitere Revolutionen: die industrielle, die atomare, die gentechnische, die informationstechnologische, die der Automatisierung und die nanotechnologische. Die Instrumente der Aggression wurden jedes Mal ausgeklügelter; der Mensch ist bis in den subatomaren Bereich und in den genetischen Code eingedrungen.

Im Verlauf dieses gesamten Prozesses vollzog sich eine tiefgreifende Verschiebung im Verhältnis des Menschen zur Natur. Vom Anfangsstadium, in dem sich der Mensch als Teil der Natur in diese einfügte, verwandelte sich der Mensch in ein Wesen außerhalb und über der Natur. Seine Absicht ist es, sie zu beherrschen und sie – um einen Ausdruck von Francis Bacon, einem Begründer der wissenschaftlichen Methode, zu gebrauchen – so zu behandeln, wie der Handlanger der Inquisition sein Opfer behandelt: sie auf die Folter zu spannen, bis sie alle ihre Geheimnisse preisgibt. Diese Methode herrscht in den Universitäten und Forschungslaboratorien weithin vor.

Der Erde als Gaia (Großorganismus) gelingt es nicht allein, ihre Selbstregulierung aufrechtzuerhalten. Der Stress kann sich verallgemeinern und die Gestalt von Katastrophen annehmen.

Wir müssen unseren Irrtum einsehen: den Irrtum, uns von der Natur entfernt und vergessen zu haben, dass wir selbst Erde sind, dass sie die einzige Heimat ist, die wir haben, und dass es unsere Aufgabe ist, für sie zu sorgen. Dazu müssen wir die Technologie einsetzen, die wir entwickelt haben, doch diese muss in ein Paradigma der Synergie und des Wohlwollens integriert sein, das die Grundlage für den ewigen Frieden ist, von dem Immanuel Kant geträumt hat.

Die Technologie ist unserem Wesen so stark eingeschrieben, dass sie Teil unserer konkreten Natur geworden ist. Es hat keinen Sinn mehr, sich die menschliche Existenz ohne alle Instrumente vorzustellen, die wir benutzen, um unsere Lebensmittel zu produzieren, unser Gesellschaftsleben zu organisieren und unseren Geist mittels des breit gefächerten Instrumentariums der Pädagogik und mittels der Kommunikationsmittel zu kultivieren, die uns miteinander in Kontakt bringen. Wir entdecken, dass wir essenziell kulturelle Wesen sind.

Wir verfügen von unserer biologischen Ausstattung her über kein spezialisiertes Organ, wie es die Tiere haben. Wir haben nicht einmal einen bestimmten Lebensraum. Wir müssen unser Überleben sichern, indem wir in die Umwelt eingreifen und technische Instrumente erfinden, die unsere Organe verlängern.

Es geht nicht darum, ob wir in die Prozesse der Natur eingreifen oder nicht. Wir haben immer interveniert. Es geht um die Frage, auf welche Weise wir dies tun. Es geht darum, das rechte Maß zwischen der Befriedigung unserer Bedürfnisse und dem Ausmaß der Eingriffe einzuhalten, damit die notwendige Harmonie erhalten bleibt, um beiden Seiten den Fortbestand in Synergie und Frieden zu ermöglichen.

Dieses rechte Maß ist verloren gegangen. Das hat uns in eine globale Sackgasse hineinmanövriert. Wenn wir nicht wieder herausfinden, setzen wir unsere Zukunft aufs Spiel. Die Erde ist eine großzügige Mutter. Doch sie kann auch denen eine zornige Stiefmutter sein, die ihre Rhythmen und ihre Natur nicht respektieren. Wir haben die Wahl: Entweder wir erneuern den Bund des Zusammenlebens und der gegenseitigen Hilfe oder wir laufen Gefahr, nicht weiter auf diesem herrlichen Planeten zu existieren, der dazu bestimmt ist, unsere Heimat zu sein.

9. Wiedererlangen, was wir verloren haben

Während der Konferenz der Vereinten Nationen zu Umwelt und Entwicklung im Jahr 1992 in Rio de Janeiro veröffentlichten 1600 Wissenschaftler, darunter 102 Nobelpreisträger, den *Appell der Wissenschaftler der Welt an die Menschheit*. Darin heißt es: „Die Menschen und die Welt der Natur befinden sich auf einem Kollisionskurs. Die Aktivitäten der Menschen missachten auf gewaltsame und zuweilen irreversible Weise die Umwelt und die lebenswichtigen Ressourcen. Es bedarf dringend grundlegender Veränderungen, wenn wir die Kollision vermeiden wollen, auf die unser gegenwärtiger Kurs unweigerlich zusteuert." Die Verfasser dieser Worte waren einsame Rufer in der Wüste. Heute ist der Appell von Rio de Janeiro aktueller denn je, denn es ist nicht länger zu übersehen, dass die empirischen Daten auf schwerwiegende Bedrohungen für das System Leben hinweisen.

Angesichts der ökologischen Krise können wir zwei Haltungen an den Tag legen: die Fehler aufzeigen, die wir begangen haben und die uns in die gegenwärtige Situation gebracht haben, oder uns ganz neu die Werte, die Träume und die Erfahrungen aneignen, die wir hinter uns gelassen haben. Sie können für die Erfindung des Neuen von Nutzen sein. Ich gebe dieser zweiten Haltung den Vorzug. Es kommt also darauf an, die Gegenwart neu zu beschreiben. Ich benenne im Folgenden zehn entscheidende Punkte, kann sie hier jedoch nicht vertiefen.

Erstens geht es darum, anzuerkennen, dass die Erde Mutter ist. Zeugnis dieser Anerkenntnis sind, wie weiter oben bereits ausgeführt, die offiziellen Äußerungen der UNO vom 22. April 2009. Die Erde ist ein Großorganismus, der Gaia genannt wird und der alle physikalisch-chemischen und biologischen Elemente miteinander in Beziehung setzt, um sich selbst zu schaffen, zu regenerieren und sich am Leben zu halten. Die Erde ist allerdings ein endlicher Großorganismus und – einem Raumschiff gleich – ein geschlossenes System mit knappen Ressourcen.

Der *zweite* Punkt betrifft die Wiedergewinnung des Prinzips der Rückbindung. Alle Seinsformen, insbesondere die Lebewesen, hängen wechselseitig voneinander ab und sind Ausdruck der Vitalität des Ganzen, nämlich des Systems Erde. Deshalb teilen wir alle dasselbe Schicksal.

Der *dritte* Punkt zielt darauf, zu verstehen, dass die globale Nachhaltigkeit nur dann gewährleistet ist, wenn wir die natürlichen Kreisläufe respektieren, mit den nicht erneuerbaren Ressourcen vernünftig umgehen und der Natur Zeit lassen, die erneuerbaren Ressourcen wiederherzustellen.

Der *vierte* Punkt betrifft den Wert der Artenvielfalt, denn sie garantiert das Leben als ganzes, indem sie die Kooperation aller mit allen mit dem Ziel des gemeinsamen Überlebens bestimmt.

Der *fünfte* Punkt bezieht sich auf den Wert der kulturellen Unterschiede, denn alle Kulturen geben Zeugnis von den vielfältigen Formen, die das Wesen des Menschen annehmen kann, und sie alle bereichern uns, da alles im Menschen auf Komplementarität hin angelegt ist.

Der *sechste* Punkt betrifft die Forderung, dass Wissenschaft unter Berücksichtigung des Gewissens betrieben und ethischen Kriterien unterworfen wird, damit ihre Errungenschaften eher dem Leben und der Menschheit als dem Markt dienen.

Siebtens gilt es, das Monopol der Wissenschaft als der einzigen anerkannten Denkform zu überwinden und die Alltagsweisheit, die Weisheit der alten Kulturen und der bäuerlichen Welt wertschätzen zu lernen, denn sie helfen uns auf der Suche nach globalen Lösungen.

Der *achte* Punkt betrifft die Würdigung dessen, was im unscheinbar Kleinen enthalten ist und von unten her kommt, denn darin können globale Lösungen liegen, wie es der „Schmetterlingseffekt" auf schöne Weise illustriert.

Neuntens gilt es, der Gleichheit und dem Gemeinwohl den zentralen Stellenwert einzuräumen, denn von den menschlichen Errungenschaften müssen alle profitieren und nicht wie heute nur 18 Prozent der Menschheit.

Der *zehnte Punkt*, der möglicherweise die Voraussetzung für alle anderen ist, ist die Forderung, die Gründe des Herzens, die Gefühle und die vom Herzen geleitete Vernunft wieder ins Recht zu setzen. Sie wurden vom rationalistischen Modell verbannt, in ihnen liegen jedoch die Werte, der Respekt, die Zusammenarbeit und die Liebe verborgen.

Diese Punkte beziehen sich auf grundlegende menschliche Erfahrungen, die nicht leichtfertig preisgegeben werden dürfen, denn sie umfassen Werte, die unsere Träume beflügeln, unsere

Fantasie nähren und uns vor allem zu einer alternativen Praxis motivieren können.
Wir sind Wesen, die vergessen und sich wieder erinnern können. Stets können wir an dem wieder anknüpfen, was keine Gelegenheit hatte, verwirklicht zu werden, und ihm nun eine Chance mit hoher Priorität einräumen. Womöglich werden wir auf diese Weise einen Ausweg aus der gegenwärtigen entscheidenden Krise finden.

10. Der grenzenlose Respekt vor allem Sein

Wenn wir wie die alten Völker und viele moderne Wissenschaftler anerkennen, dass Gaia eine großzügige Mutter und der Ursprung allen Lebens auf ihr ist, dann müssen wir der Erde denselben Respekt und dieselbe Verehrung entgegenbringen wie unseren eigenen Müttern. Zu einem großen Teil geht die derzeitige weltweite ökologische Krise auf den systematischen Mangel an Respekt gegenüber Natur und Erde zurück.

Respekt bedeutet auch, anzuerkennen, dass es jede Seinsform von sich aus verdient zu existieren, und zwar allein aufgrund der Tatsache, dass es sie gibt und dass sie damit etwas vom Sein selbst und jener Ursprungsquelle von Energie und Möglichkeiten zum Ausdruck bringt, aus der alle Seinsformen hervorgehen und zu der sie alle zurückkehren (sogenanntes *Quantenvakuum*). In einer religiösen Sichtweise ist jedes Seiende Ausdruck des Schöpfers selbst. Wenn wir den inneren Wert der Seinsformen erfassen, entsteht in uns das Gespür für Achtsamkeit und Verantwortung ihnen gegenüber, damit sie weiter bestehen und weiter an der Evolution teilnehmen können.

Die alten Kulturen bezeugen die Ehrfurcht angesichts der majestätischen Erhabenheit des Universums, den Respekt vor der Natur und jedes ihrer einzelnen Teile.

Der Buddhismus, der sich selbst nicht als Glaube, sondern als Weisheitslehre, als Weg des Lebens in Harmonie mit dem Ganzen versteht, lehrt tiefen Respekt insbesondere vor allem, was leidet (Mitleid). Er entwickelte das Feng-Shui, die Kunst, das Haus und sich selbst in Harmonie mit allen Elementen der Natur und mit dem Tao zu gestalten.

Für den Respekt steht im Christentum beispielhaft Franziskus von Assisi (1181/82–1226). Sein frühester Biograf, Thomas von Celano (1229), bezeugt, dass er mit Respekt über Steine gelaufen ist, im Bewusstsein, dass Christus „Eckstein" genannt wurde. Zärtlich sammelte er die Schnecken ein, damit sie nicht zertreten werden. Im Winter gab er den Bienen gesüßtes Wasser, um sie vor dem Tod durch Kälte und Hunger zu bewahren. Hier haben wir es mit einer anderen Weise, die Welt zu bewohnen, zu tun: gemeinsam mit den Dingen, im Zusammenleben mit ihnen und nicht in Überheblichkeit und dem Streben, sie zu beherrschen.

Von äußerster Aktualität ist Albert Schweitzer (1875–1965). Er hat eine großartige Ethik der Ehrfurcht vor allem Sein und vor dem Leben in all seinen Formen ausgearbeitet. Er war ein bedeutender Bibelwissenschaftler und ein berühmter Organist. Von einem Tag auf den anderen gab er sein bisheriges Leben auf, studierte Medizin und kümmerte sich fortan um Leprakranke in Lambarene (Gabun).

In einem Brief betonte er, dass wir keine Missionare brauchen, um die Afrikaner zu bekehren, sondern Menschen, die bereit sind, für die Armen das zu tun, was getan werden muss, wenn die Bergpredigt und die Worte Jesu von irgendeinem Wert sein sollen. Wenn das Christentum das nicht in die Tat umsetzt, verliert es nach Schweitzers Überzeugung seinen Sinn.

In seinem Hospital inmitten des tropischen Regenwalds schrieb er in der Zeit zwischen den Behandlungen mehrere Bücher über die Ethik des Respekts. Das Hauptwerk ist *Ehrfurcht vor dem Leben*. Eine zentrale Stelle lautet: „Die Grundidee des Guten besteht also darin, dass sie gebietet, das Leben zu erhalten, zu fördern und zu seinem höchsten Wert zu steigern ... Dies ist das denknotwendige, universelle, absolute Grundprinzip des Ethischen" (Schweitzer 1994, 73 und 52).

Für Schweitzer bestand die Begrenzung der herrschenden Ethiken darin, dass sie sich nur auf den Menschen konzentrieren und andere Lebensformen außer Acht lassen. Mit einem Wort: „Nur die Ethik des Erlebens der ins Grenzenlose erweiterten Verantwortung gegen alles, was lebt, lässt sich im Denken begründen" (Schweitzer 1994, 52).

Daraus lassen sich die Verhaltensweisen des tiefen Mitgefühls und der Achtsamkeit ableiten. In einer Predigt ruft er seine Zuhörer auf: „Halte deine Augen offen, damit du die Gelegenheit nicht versäumst, wo du Erlöser sein darfst! Geh nicht achtlos an dem armen Insekt, das ins Wasser gefallen ist, vorüber, sondern ahne, was es heißt: mit dem Wassertod ringen. Hilf ihm mit einem Haken oder einem Hölzchen heraus, und wenn es sich dann die Flügel putzt, so wisse, es ist dir etwas Wunderbares widerfahren: das Glück, Leben gerettet zu haben – im Auftrage und in der Machtvollkommenheit Gottes gehandelt zu haben. Der Wurm auf der harten Straße, auf die er sich verirrt hat, verschmachtet, weil er sich nicht einbohren kann. Lege ihn aufs weiche Erdreich oder ins Gras! ‚Was ihr getan habt einem dieser Geringsten, das habt ihr mir getan' – dies Wort Jesu gilt nun für uns alle, was wir auch der geringsten Kreatur tun" (Schweitzer 1968, 55).

Diese Ethik des Respekts ist grundlegend, gerade im gegenwärtigen Augenblick, da sich die Mutter Erde in einer gefährlichen Stresssituation befindet, und angesichts der Heftigkeit des Ausbeutungsprozesses, in dessen Verlauf wir ihr alle ihre Güter und Dienste bis zu ihrer totalen Erschöpfung abverlangen, wie beispielsweise bei den fossilen Energien und den Trinkwasservorkommen.

11. Das Herz wiedergewinnen

Zweifellos erfordert die globale ökologische Krise technische Lösungen, die verhindern können, dass die globale Erwärmung 2 Grad Celsius überschreitet, was für die gesamte Biosphäre desaströs wäre. Doch Technik ist nicht alles und auch nicht die Hauptsache. In Anlehnung an Galileo Galilei können wir sagen: „Die Wissenschaft lehrt uns, wie der Himmel funktioniert, aber sie lehrt uns nicht, wie man in den Himmel kommt." Ebenso lehrt uns die Wissenschaft, wie die Dinge funktionieren, aber sie verfügt von sich aus nicht über die Voraussetzungen, uns zu sagen, ob sie gut oder schlecht sind. Hierfür müssen wir auf ethische Kriterien zurückgreifen, denen die wissenschaftliche Praxis selbst unterworfen werden muss. Wie weit kommen wir mit rein technischen Lösungen, um Gaia in der Weise ins Gleichgewicht zu bringen, dass sie uns erlaubt, weiterhin auf ihr zu leben, und um die Lebensbedingungen der übrigen Lebewesen zu sichern?

Wird sie die Eingriffe, die wir vorgenommen haben, erkennen und integrieren oder abwehren, wie dies Lebewesen tun, wenn wir ihnen Chemikalien verabreichen? Die technischen Eingriffe müssen einem neuen, weniger aggressiven Paradigma der Produktion, der gleichmäßigeren Verteilung, eines verantwortlichen Konsums und eines Umgangs mit den Abfällen entsprechen, der die Ökosysteme nicht schädigt.

Hierfür müssen wir eine Dimension wiedererlangen, die von der Moderne zutiefst beeinträchtigt worden ist. Die Moderne baut auf der analytischen und instrumentellen Vernunft und der technisch orientierten Wissenschaft auf, die methodisch nach möglichst scharfer Trennung zwischen Subjekt und Objekt strebt. All das, was vom Subjekt her kommt, wie Emotionen, Gefühle, Empfindsamkeit, mit einem Wort: das *Pathos*, würde den analytischen Blick auf das Objekt trüben. Solche Dimensionen müssen nach der Logik der Moderne unter Verdacht gestellt, kontrolliert, ja sogar zurückgedrängt werden.

Nun hat es sich aber ereignet, dass die Wissenschaft selbst diese reduktionistische Haltung überwunden hat – ob durch die Quantenphysik in der Interpretation von Bohr und Heisenberg oder in der Biologie durch Humberto Maturana und Francisco J. Varela oder schließlich durch die psychoanalytische Tradition, die von der Existenzphilosophie Heideggers, Sartres und anderer Unterstützung erfahren hat. Diese Strömungen zeigen auf, dass das Subjekt unausweichlich ins Objekt einbezogen ist. Vollkommene Objektivität ist eine Illusion. An der Erkenntnis sind stets die Interessen des Subjekts beteiligt. Mehr noch: Wir sind zu der Überzeugung gekommen, dass die Grundstruktur des Menschen nicht Vernunft ist, sondern vielmehr Gefühl und Empfindsamkeit.

Daniel Golemann hat mit seiner Schrift *Die emotionale Intelligenz* den Beweis dafür erbracht, dass die Emotion der Vernunft vorausliegt. Dies wird verständlicher, wenn wir bedenken, dass wir Menschen nicht einfach nur das „*animal*" *rationale*, das vernunftbegabte „Tier" sind, sondern das vernunftbegabte Säugetier! Als vor über 125 Millionen Jahren die Säugetiere die Bühne betraten, setzte sich mit ihnen das limbische System des Gehirns durch, das für das Gefühl, für die Fürsorge und das liebevolle Verhalten zuständig ist. Die Mutter empfängt das Kind, trägt es in sich aus und nach der Geburt umgibt sie das Kind mit Fürsorge und Liebkosungen. Erst in den letzten 3 bis 4 Millionen Jahren entstanden die Hirnrinde und mit ihr das abstrakte Denken, Begrifflichkeiten und die rationale Sprache.

Die große Herausforderung der Gegenwart besteht darin, dem Ältesten in uns den zentralen Stellenwert einzuräumen: dem Gefühl und der Empfindsamkeit. Es kommt darauf an, das Herz wiederzuerlangen. In ihm liegt unser Zentrum, unsere Fähigkeit zu tiefen Empfindungen, der Sitz der Gefühle und Werte. Damit reduzieren wir die Vernunft nicht, sondern wir integrieren sie als etwas, das unverzichtbar ist für die Unterscheidungsfähigkeit und die Rangordnung der Gefühle, ohne dass sie diese ersetzt. Alle Gedanken sind von Gefühl durchdrungen. Nur diejenigen von ihnen sind wirkmächtig, die im Herzen verankert sind.

Wenn wir heute nicht lernen, die Erde als Gaia zu empfinden, sie nicht so lieben, wie wir unsere Mutter lieben, und nicht so für sie sorgen, wie wir für unsere Kinder sorgen, werden wir kaum Rettung erlangen. Ohne die Empfindsamkeit, die Liebe und das Mitgefühl werden sich die an der Technik orientierten Wissenschaften als unzulänglich erweisen. Doch eine mit Gewissen und ethischen Grundsätzen betriebene Wissenschaft kann befreiende Auswege aus unserer zivilisatorischen Krise finden.

12. Argumente für die Erde als Mutter[3]

Ich möchte mit der eindringlichen Warnung beginnen, die die Erd-Charta im Jahr 2000 ausgesprochen hat: „Wir stehen an einem kritischen Punkt der Erdgeschichte, an dem die Menschheit den Weg in ihre Zukunft wählen muss ... Wir haben die Wahl: Entweder bilden wir eine globale Partnerschaft, um für die Erde und füreinander zu sorgen, oder wir riskieren, uns selbst und die Vielfalt des Lebens zugrunde zu richten" (Erd-Charta, 7-8).

Die Finanz- und Wirtschaftskrisen sind besorgniserregend, die Krise der Nicht-Nachhaltigkeit der Erde, wie sie am 23. Sep-

---

[3] Dieses Kapitel ist der Text meiner Rede vor der 63. UNO-Vollversammlung am 22. April 2009, die ich als Vertreter Brasiliens und Sprecher für die „Erd-Charta" gehalten habe. Ich gebe den Text hier in Gänze wieder, auch wenn er einiges wiederholt, was an anderer Stelle in diesem Buch schon gesagt wurde.

tember 2008 offenbar wurde, ist hingegen bedrohlich. Die Wissenschaftler, die die Tragfähigkeit der Erde erforschen, sind dazu übergegangen, den Ausdruck *Earth Overshoot Day* zu gebrauchen. Das ist jener Tag, an dem der Naturverbrauch, der uns in einem Jahr gemessen an Nachhaltigkeitskriterien zur Verfügung stünde, bereits vor Ende des Jahres überschritten wird. Genau an diesem Tag im September 2008 wurde festgestellt, dass die Erde ihre Fähigkeit zur Erneuerung der Ressourcen, die wir zum Leben brauchen, um 30 Prozent überschreitet.

Nun brauchen wir zwei Erden, um die Art von Bedürfnissen zu befriedigen, die sich aus unserer Zivilisation ergeben. Doch bis wann soll das so weitergehen?

Wie sollen wir also die Nachhaltigkeit der Erde gewährleisten, da sie ja die Grundlage von allem und all unserer Initiativen ist, die wir angesichts der weltweiten uns bedrängenden Probleme ergreifen können und müssen: der Ernährungskrise, der Energiekrise und der Klimakrise? Uns steht keine Arche Noah zur Verfügung, die einige retten könnte und alle übrigen dem Untergang überließe. Entweder retten wir uns alle oder wir gehen alle zusammen unter.

In diesem Kontext erinnere ich an die klugen Worte des derzeitigen Generalsekretärs der UNO, Ban Ki-moon, die ich einem Artikel entnehme, den er zusammen mit Al Gore verfasst und der weltweite Verbreitung gefunden hat: „Wir können es nicht zulassen, dass das unmittelbar Dringende zulasten des Wesentlichen geht." Das unmittelbar Dringende ist es, das ökonomische Chaos zu ordnen, und das Wesentliche ist es, die ökologischen Voraussetzungen für den Weiterbestand der Erde zu garantieren, damit sie ihrerseits unser Leben und das aller anderen Lebewesen gewährleisten kann. Um diesen zentralen Stellenwert hervorzuheben, um zu versuchen, das Wesentliche zu retten, und um allen Menschen sowie der Erde selbst Liebe zu bezeigen, wird die Resolution vorgeschlagen, an jedem 22. April den *Internationalen Tag der Mutter Erde* zu feiern.

Wenn diese Resolution hoffentlich angenommen wird, dann wird dies innerhalb der gesamten Menschheit die Achtsamkeit, den Respekt, die Zusammenarbeit, das Mitgefühl und die Verantwortung gegenüber der Erde und der Zukunft des Systems Leben stärken.

Wir haben nicht viel Zeit und wir verfügen auch nicht über genügend Weisheit, die wir uns im Lauf der Zeit angeeignet hätten. Deshalb müssen wir gemeinsam und sehr schnell Überlebensstrategien entwickeln. Im Namen der Erde, unserer Mutter, ihrer leidenden Söhne und Töchter und aller übrigen Mitglieder der Gemeinschaft des Lebens, die von der Auslöschung bedroht sind, bitte ich Sie, diese Resolution anzunehmen.

Um eine Entscheidung in diesem Sinne zu erleichtern, nehme ich mir die Freiheit, einige Gründe vorzutragen, die uns dazu veranlassen, die Erde wahrhaftig unsere Mutter zu nennen.

An erster Stelle sprechen die ältesten Zeugnisse aller Völker und der bedeutendsten Religionen dafür, im Osten wie im Westen. Sie alle bekräftigen, dass die Erde stets als die *Große Mutter, als Terra Mater, Inana, Tonantzin* und *Pacha Mama* verehrt wurde.

Die indigenen Völker sind der festen Überzeugung, dass die Erde die Gebärerin des Lebens und deshalb großzügige und fruchtbare Mutter ist. Nur ein Lebewesen kann Leben in seiner ungeheuren Vielfalt hervorbringen – von den Myriaden mikroskopischer Lebewesen bis hin zu den komplexesten Lebensformen. Die Erde ist in der Tat die universale Eva.

Diese Sichtweise war viele Jahrhunderte lang bestimmend. Sie bildete die Grundlage für eine Beziehung des Respekts und der Ehrfurcht der Erde gegenüber. Newton, Descartes und Bacon führten eine andere Interpretation ein. Die Erde wird nun nicht mehr als eine lebendige Größe angesehen, sondern nur noch als eine Sache, der Ausdehnung zukommt (*res extensa*), ohne Leben und ohne Intelligenz. Diese Sichtweise führt zu der Einstellung, man müsse die Erde auf die Folter spannen, wie es die Handlanger der Inquisition mit ihren Opfern getan haben, bis sie auch noch ihr letztes Geheimnis preisgibt. Schutzlos ist sie der Ausbeutung ihrer Ressourcen durch die nach Reichtum und Wohlstand strebenden Menschen ausgeliefert.

Die Mutter Erde, der Respekt entgegenzubringen ist, wird nunmehr als wilde Erde angesehen, die man bändigen muss. Sie ist nichts anderes mehr als ein großer Behälter mit unendlichen Ressourcen, die der Mensch verbrauchen kann.

Innerhalb dieses Paradigmas stellte sich die Frage nach den Grenzen der Tragfähigkeit des Systems Erde zunächst nicht, ebenso wenig die Frage nach der Knappheit der nicht erneuerbaren Ressourcen. Man ging davon aus, dass die natürlichen Ressourcen unerschöpflich sind und dass wir unbegrenzt weiter in die Zukunft voranschreiten können. Heute sind wir uns dessen bewusst, dass die Erde endlich ist und ihre Ressourcen begrenzt sind. Ein endlicher Planet kann kein Projekt der Unendlichkeit ertragen. Die zwei Unendlichkeiten in der Fantasie der Moderne haben sich als Illusionen erwiesen. Weder sind die Ressourcen unerschöpflich noch ist der Fortschritt unbegrenzt, denn er ist nicht universalisierbar, das heißt verallgemeinerbar. Wenn wir für die gesamte Menschheit den Wohlstand durchsetzen wollten, den die reichen Länder genießen, müssten wir, wie Berechnungen ergeben haben, über mindestens drei weitere Planeten wie die Erde verfügen.

Die Vertreter der Moderne waren in ihrem Verhältnis zur Erde stets von der Sorge bestimmt: Wie kann ich innerhalb der kürzestmöglichen Zeit und mit den geringsten Investitionen einen höheren Gewinn erzielen? Das Ergebnis dieser Gier nach noch mehr Profit ließ ein Archipel des Reichtums inmitten eines Ozeans des Elends entstehen.

Das Entwicklungsprogramm der Vereinten Nationen aus dem Jahr 2008 bestätigt: Die reichsten 20 Prozent der Weltbevölkerung konsumieren 82,4 Prozent aller Reichtümer der Welt, während sich die ärmsten 20 Prozent mit lediglich 1,6 Prozent zufriedengeben müssen. Es ist ein schreiendes und kriminelles Unrecht, dass eine verschwindende Minderheit ein Monopol am Verbrauch der Güter hält und die Prozesse der Produktion kontrolliert, die die Verwüstung der Natur, den Mangel an Solidarität mit den gegenwärtigen und zukünftigen Generationen und die Verdammung der großen Mehrheit der Menschen zu Elend und vorzeitigem Tod zur Folge haben. Keine Gesellschaft kann für sich in Anspruch nehmen, gerecht und friedliebend zu sein, solange sie auf einer solchen sozialen Ungleichheit und Unmenschlichkeit basiert. Nicht ohne Grund werden die globale Erwärmung und die Ungleichgewichte des Systems Erde hauptsächlich diesem Typ der Organisation von Gesellschaft und Wirtschaft zugeschrieben.

Wenn wir auf menschliche Weise zusammenleben wollen, bedarf es eines anderen Stils, den Planeten zu bewohnen, eines Stils, dessen bestimmendes Zentrum das Leben, die Menschheit und die Mutter Erde sind. In einer solchen Lebensweise lautet die zentrale Sorge: Wie können wir in Harmonie mit der Erde und mit den anderen leben und produzieren, während wir das Wohl der gegenwärtigen und künftigen Generationen anstreben? Wie können wir mit weniger mehr Leben verwirklichen? Allein dieses neue zivilisatorische Paradigma respektiert die Mutter Erde und gewährleistet ihre Unversehrtheit und Vitalität.

In diesem Kontext entsteht von Neuem die Sichtweise der Erde als Mutter. Es handelt sich nicht mehr um die altertümliche Sichtweise der indigenen Völker, sondern um eine wissenschaftlich gesicherte Feststellung. James Lovelock und Lynn Margulis haben in den Siebzigerjahren des letzten Jahrhunderts den Nachweis erbracht, dass die Erde ein lebendiger Großorganismus ist, der ständig alle für das Leben notwendigen Elemente so miteinander in Beziehung setzt, dass sie sich dauerhaft in der Lage findet, Leben zu erhalten und zu erneuern.

Während Abermillionen Jahren hat sich der für das Leben so entscheidende Sauerstoffgehalt in der Atmosphäre bei 21 Prozent gehalten. Der für das Wachstum verantwortliche Stickstoff hielt das Niveau von 79 Prozent. Der Salzgehalt der Ozeane blieb konstant bei 3,4 Prozent. Ebenso verhielt es sich mit allen übrigen Komponenten, die den Erhalt des Systems Leben garantieren.

Es gibt nicht Leben *auf* der Erde, sondern die Erde selbst *ist* lebendig, ein Großorganismus, der sich selbst reguliert, um das Gleichgewicht zu erhalten, das dem Leben förderlich ist. Dieser Großorganismus wurde Gaia genannt, nach der griechischen Göttin, die die Vitalität der Mutter Erde zum Ausdruck bringt.

Um zu zeigen, in welcher Weise die Erde tatsächlich lebendig ist, verweise ich auf eine Feststellung von Edward O. Wilson: „In weniger als einer Handvoll Erde leben etwa 10 Milliarden Bakterien, die 6000 verschiedenen Arten angehören." Die Erde ist in der Tat Mutter und Gaia, der Ursprung der gesamten Artenvielfalt.

Der Mensch ist die Erde selbst, die in einem fortgeschrittenen Stadium ihrer Evolution und ihrer Komplexität zu fühlen, zu denken und zu lieben begonnen hat. Deshalb ist der Mensch die Erde, die aufrecht geht, weint, singt, denkt, liebt und heute nach Fürsorge und Schutz schreit.

Der Blick der Astronauten bestätigt diese Symbiose von Menschheit und Erde. Von ihren Raumschiffen aus riefen sie der Menschheit zu: „Von hier oben sieht man diesen leuchtenden blau-weißen Planeten und nimmt keinen Unterschied wahr zwischen Erde und Menschheit. Sie bilden eine einzige Größe. Wir dürfen uns weniger als Völker, Nationen und Ethnien verstehen, sondern vielmehr als Söhne und Töchter der Erde. Wir sind die zu Bewusstsein erwachte und mit Verstand begabte Erde selbst."

Wenn wir indessen die Erde nicht von außen und von Weitem, sondern aus der Nähe und von innen her betrachten, wird uns bewusst, dass unsere Mutter ans Kreuz geschlagen wurde. Sie trägt das Antlitz der Dritten und Vierten Welt, denn sie wird systematisch angegriffen und verletzt. Fast die Hälfte ihrer Söhne und Töchter leidet Hunger, ist krank und zu einem vorzeitigen Tod verurteilt.

Deshalb ist die Sozialpolitik vieler Länder zugunsten der Bedürftigsten ein Zeichen der konkreten Liebe zur Mutter Erde. Dazu zählen die Projekte *Fome Zero* („Null Hunger") und *Bolsa Familia* des ehemaligen brasilianischen Präsidenten Luiz Ignácio „Lula" da Silva. In weniger als acht Jahren wurde 50 Millionen Menschen die Würde wiedergegeben. Sie können sich nun dreimal am Tag als aktive Bürger fühlen.

Es ist unsere Pflicht, die Erde vom Kreuz herabzuholen, ihre Verletzungen zu versorgen, sie zu heilen und zu neuem Leben zu erwecken. Wir halten ein wertvolles Dokument in unseren Händen, eines der schönsten und inspirierendsten Dokumente am Beginn des 21. Jahrhunderts, nämlich die Erd-Charta. Sie ist aus den Beratungen von mehr als 10.000 Menschen aus 46 Ländern und aus Vorschlägen von allen möglichen Gruppen hervorgegangen: indigene Gemeinden, Gemeinschaften der Armen, Kirchen, Universitäten, Forschungszentren usw. Sie wurde im Jahr 2003 von der UNESCO als ein „Instrument der Bildung und ethischer Referenztext für die nachhaltige Entwicklung" angenommen.

Die Erd-Charta versteht die Erde als lebendig und als unser gemeinsames Zuhause. Sie schlägt Lösungen vor, die der Erde eine hoffnungsvolle Zukunft garantieren können, wenn wir sie mit Verständnis, Mitgefühl und Liebe behandeln, wie es unserer Großen Mutter gebührt.

Hoffentlich kann diese Charta an einem nicht allzu fernen Tag der Generalversammlung der UNO vorgelegt, diskutiert, erweitert und in die Allgemeine Erklärung der Menschenrechte integriert werden. Auf diese Weise hätten wir ein einziges Dokument über die Würde der Erde mitsamt ihren Ökosystemen und über die Würde eines jeden einzelnen Menschen.

Für das Ziel, all dies Wirklichkeit werden zu lassen, genügt die rationale und instrumentelle Vernunft der technikorientierten Wissenschaften nicht. Es ist hoch an der Zeit, sie durch die emotionale Vernunft des Herzens zu bereichern, von der aus Werte, die wesentliche Achtsamkeit, Mitgefühl, Liebe, die großen Träume und Utopien entwickelt werden, die die Menschheit motivieren, rettende Lösungen zu finden.

Diese emotionale Vernunft wird uns die Erde als Mutter empfinden lassen und uns dazu bringen, sie zu lieben, zu respektieren und vor Gewalt und Vernichtung zu schützen. Unsere Aufgabe innerhalb des Ganzen der Seinsformen und Lebewesen besteht darin, dieses heilige Erbe, das uns vom Universum anvertraut ist, zu hegen und zu pflegen.

Zum Schluss erlaube ich mir, einen Vorschlag zu machen. Wenn diese Resolution, den 22. April als Tag der Mutter Erde zu begehen, angenommen ist, schlage ich vor, dass in der Kuppel über dem Saal dieser Versammlung ein Globus befestigt wird, eines dieser wunderschönen Bilder der Erde, wie sie von außerhalb gemacht wurden, damit in uns stets ein tiefes Gefühl des Berührtseins und der Verehrung erweckt werde. Wenn wir ihn anschauen, werden wir daran denken, dass dies unser einziges gemeinsames Haus ist, unsere großzügige Mutter, die uns auf der Suche nach den besten Wegen für sie, für uns, für die gesamte Gemeinschaft des Lebens und aller Seinsformen, die sie beherbergt, begleitet und erleuchtet.

Mein Vorschlag reicht noch weiter, wenn Sie erlauben: Am 22. April jedes Jahres sollen an allen Orten, in Schulen, Fabriken, Büros, Laboratorien, Unternehmen und Parlamenten die Arbeiten stillstehen und eine Schweigeminute eingehalten werden, um an unsere Mutter Erde zu denken, unsere Dankbarkeit für all das, was sie uns gewährt, zu erneuern und von Neuem unseren Vorsatz zu fassen, uns um sie zu kümmern, sie zu respektieren und sie so zu lieben, wie wir unsere Mütter lieben und für sie sorgen.

Ich bin davon überzeugt, dass es mit der Erde nicht weitergehen kann wie bisher. Sie kann ihre Entwicklungsbahn weiter durchlaufen, allerdings auch ohne uns. Die Lösung für die Erde wird nicht vom Himmel fallen. Sie wird das Ergebnis einer Koalition der Kräfte sein, die sich um die Werte und humanitäre ethische Prinzipien zusammenschließen, die der Erde das verlorene Gleichgewicht und ihren ursprünglichen Glanz wiedergeben können.

Wir können und müssen die mögliche kollektive Tragödie in eine Krise verwandeln, die uns läutert und reinigt, uns reifer und weiser macht, um innerhalb der kurzen Zeitspanne, die uns gegeben ist, in Würde auf diesem Planeten zu leben. Auf diese Weise werden wir uns als Söhne und Töchter der Freude im Schoß der Großen Mutter fühlen, die uns aufnimmt und uns Leben gibt.

Zweites Kapitel

Spiritualität der Erde: Es gibt keinen Himmel ohne die Erde

1. Tiefenökologie[4]

Die Tiefenökologie beschäftigt sich ebenso wie andere ökologische Denkansätze mit der gegenwärtigen Zerstörung der Biosphäre der Erde und mit den Möglichkeiten einer Wiederherstellung der Lebenssysteme des Planeten. Doch sie geht deutlich über manche „oberflächlichen" Formen ökologischen Denkens hinaus, die die Menschen dazu motivieren wollen, die „Umwelt" zu retten, weil diese für den Menschen irgendwie nützlich sei. In der Sichtweise der Tiefenökologie haben andere Lebensformen und Ökosysteme einen Wert in sich, unabhängig vom Nutzen oder ästhetischen Wert für die Menschen. Die Tiefenökologie hält zahlreiche Arten des Engagements für die Umwelt für *anthropozentrisch*, das heißt auf den Menschen als Mittelpunkt ausgerichtet, denn sie betrachten die Welt immer noch so, als wären die Menschen der Maßstab aller Werte und die Spitze einer hierarchisch vorgestellten Schöpfung.

Die Tiefenökologie stellt bereits die Vorstellung von einer „Umwelt" unabhängig von der Menschheit infrage. Die Menschheit wird als ein Teil der Welt der Natur betrachtet, als ein Teil des umfassenderen „Netzes des Lebens". Dies gilt sowohl für eine physikalische als auch für eine eher spirituelle oder psychologische Ebene. Wenn wir die Luft, das Wasser und den Boden vergiften, dann vergiften wir uns selbst. Wenn wir die Schönheit und Vielfalt der planetarischen Gemeinschaft verkommen lassen, dann machen wir auch unser Menschsein ärmer. Wendel Berry schreibt: „Die Welt, die uns umgibt, die um uns ist, ist auch in uns. Wir sind aus ihr gemacht; wir essen, trinken und atmen sie; sie ist Bein von unserem Bein und Fleisch von unserem Fleisch" (zitiert bei Hawken, 215).

Die Tiefenökologie versucht, über die symptomatische Herangehensweise mancher Varianten des Umweltdenkens hinauszugehen und die tiefer liegenden Wurzeln der ökologischen Krise aufzuspüren: „Die Tiefenökologie erkennt, dass nichts weniger als eine vollständige Revolution in unserem Bewusstsein dauerhaft von Nutzen sein wird, um die Lebenssysteme unseres Planeten zu erhalten" (Seed u.a.).

---

[4] In Anlehnung an Hathaway/Boff, 63-67.

Das Bewusstsein revolutionieren

Worin besteht nun diese „Revolution im Bewusstsein"? Arne Naess (1912–2009), von dem die Idee der Tiefenökologie ursprünglich stammt, behauptet, ihre beiden entscheidenden Elemente seien *Selbst-Verwirklichung* und *biosphärische Gleichheit*. Selbst-Verwirklichung besagt, dass die Menschen mit der gesamten Ökosphäre zutiefst verbunden sind. Menschen stehen nicht neben oder über dem umfassenderen Netz des Lebens. Alle Organismen, auch die Menschen, werden als „Knotenpunkte im biosphärischen Netz oder Feld intrinsischer Beziehungen" betrachtet (Arne Naess, zitiert bei Roszack, 320). Selbst-Verwirklichung entspringt daher einer tiefen Empathie und dem Mitgefühl, das uns mit allen Lebewesen verbindet. Naess beschreibt diesen Zusammenhang folgendermaßen: „Im Stadium der Reife werden Menschen Freude erleben, wenn andere Lebensformen Freude erleben, und Kummer, wenn andere Lebensformen Kummer erleben" (zitiert bei Kheel, 135). Gleichzeitig werden wir aufgrund dieser tiefen Verbundenheit von der Vielfalt und Mannigfaltigkeit der Arten und Ökosysteme der Erde bereichert: „Die Selbst-Verwirklichung, die wir erfahren, wenn wir uns mit dem Universum identifizieren, wird noch verstärkt durch die Vermehrung der Art und Weise, wie Individuen, Gesellschaften und sogar Arten und Lebensformen sich selbst verwirklichen. Je größer also die Vielfalt, umso größer die Selbst-Verwirklichung ... Die meisten Menschen, die sich mit Tiefenökologie beschäftigen, haben – gewöhnlich in der Natur – das Gefühl, dass sie mit etwas Größerem als ihrem eigenen Ego, ihrem eigenen Namen, ihrer Familie, ihren besonderen Eigenschaften als Individuum in Verbindung stehen ... Ohne diese Identifikation wird kaum jemand leicht dahin gelangen, sich auf Tiefenökologie einzulassen" (Devall/Sessions, 76).

Biosphärische Gleichheit entspringt einer ähnlichen Weltauffassung. Jedes Lebewesen und jedes Ökosystem hat ein unveräußerliches Daseinsrecht, das nicht von der Nützlichkeit für die Menschheit abhängt. Natürlich kann es sein, dass ein Organismus den anderen töten muss, um selbst zu überleben, doch kein Organismus (auch nicht der Mensch) hat das Recht, andere ohne einen Grund zu zerstören, und kein Organismus hat das Recht, eine ganze Art auszurotten. Die Menschen mögen töten, um Grundbedürfnisse zu befriedigen, sie mögen der Erde entnehmen, was nötig ist, um ihre Gesundheit und Würde sicherzustellen, aber sie haben nicht das Recht, die Artenvielfalt zu zerstören, um Kapital und Reichtümer anzuhäufen oder unnötigen Luxus zu produzieren.

Letztlich bedeutet dies auch, dass Menschen davon absehen müssen, andere Arten und andere Menschen beherrschen zu wollen: „Ökologisches Bewusstsein und Tiefenökologie stehen in scharfem Widerspruch zur herrschenden Weltsicht der technisch-industriellen Gesellschaften, die die Menschen als isoliert und in grundlegender Weise getrennt vom Rest der Natur, als ihr überlegen und für den Rest der Schöpfung zuständig betrachten. Doch die Auffassung, dass die Menschen getrennt von der übrigen Natur sind und über ihr stehen, ist lediglich Teil umfassenderer kultureller Denkmuster. Tausende Jahre lang war die westliche Kultur vom Gedanken der Herrschaft besessen: der Herrschaft der Menschen über die nichtmenschliche Natur, der Männer über die Frauen, der Reichen und Mächtigen über die Armen, des Westens über die nichtwestlichen Kulturen. Ein tiefenökologisches Bewusstsein ermöglicht es uns, diese falschen und gefährlichen Illusionen zu durchschauen" (Devall/Sessions, 65-66).

Kritik am Anthropozentrismus

Vom Standpunkt der Tiefenökologie aus gesehen ist die Grundhaltung des *Anthropozentrismus* die Wurzel der ökologischen Krise. Der Anthropozentrismus kann als die Überzeugung definiert werden, dass nur der Mensch einen Wert in sich habe. Alles andere auf der Welt ist dagegen von relativem Wert und nur insofern von Bedeutung, als es den Interessen des Menschen dient. Der Anthropozentrismus trennt uns vom Rest der planetarischen Gemeinschaft. Wir betrachten uns als über den anderen Kreaturen stehend. Den Rest der Biosphäre reduzieren wir auf eine von uns getrennte Umwelt.

Der Anthropozentrismus bildet das innere Wesen unseres derzeitigen antiökologischen theoretischen und praktischen Verhältnisses zur Wirtschaft. Wir sprechen von „Rohmaterial", „natürlichen Ressourcen", ja sogar von „Sorge um die Umwelt". Bereits diese unser Grundverständnis bestätigende Sprache verrät, dass die nichtmenschliche Welt dem Menschen zu Diensten sein und ihm zur Verfügung stehen soll.

Die meisten von uns haben diese Auffassung nie ernsthaft infrage gestellt. Es erscheint uns ganz selbstverständlich, die Menschheit als irgendwie oberhalb oder außerhalb des Rests der Erdgemeinschaft anzusiedeln. Wir meinen, das Recht zu haben, die Erde zu gebrauchen, auch wenn dies anderen Lebensformen schadet oder sie tatsächlich ausrottet.

Manche Menschen verharren in der Überzeugung, dass wir anthropozentrisch sein und dabei trotzdem andere Lebensformen schützen können. Und es liegt tatsächlich auf der Hand: Um die Gattung Mensch zu erhalten, müssen wir die Natur wenigstens zum Teil schützen. Doch es erhebt sich unmittelbar die Frage: Wie viel Natur muss erhalten werden und den Verlust welcher Arten können wir uns leisten? Dies führt letztlich zu einer „Rutschbahn"; wir kommen in ein Fahrwasser, das zusammen mit vielen anderen Teilen der Erdgemeinschaft die Menschheit bedroht.

Und mehr noch: Was ausreichend sein mag, um ein begrenztes Überleben der Menschheit zu ermöglichen, könnte dennoch nicht genug sein, um Liebe, Schönheit und kulturelle Leistungen aufrechtzuerhalten. Der ökologische Kulturhistoriker (bzw. „Geologe") Thomas Berry (1914–2009) betont, dass die Menschen nur auf einem Planeten in die Evolutionsgeschichte eintreten konnten, der so schön ist wie der unsere. Es scheint wesentlich auf die Schönheit der Erde anzukommen, wenn wir das bewahren sollen, was wir an der Menschheit am meisten schätzen.

In gewisser Hinsicht mögen einige der oben angeführten Argumente selbst anthropozentrisch erscheinen. Doch auf einer anderen Ebene ist es auch eine Anerkennung unserer gegenseitigen Verbundenheit mit allem Leben, wenn wir den Standpunkt vertreten, dass Menschen andere Lebensformen im weitesten und umfassendsten Sinne brauchen. Letztlich aber ist der Anthropozentrismus, wie Warwick Fox erläutert, sowohl irrational als auch einengend, und zwar aus folgenden Gründen: Er stimmt mit der naturwissenschaftlichen Realität nicht überein. Weder unser Planet noch die Menschheit kann als das Zentrum des Universums betrachtet werden. Die Biosphäre der Erde ist ein dynamisches Ganzes, innerhalb dessen die Menschen in Abhängigkeit von allen anderen Arten existieren. Wir können uns auch nicht als die Krone der Schöpfung betrachten. Die Evolution ist ein Phänomen, das sich in Verzweigungen ausbreitet, und keine hierarchische Pyramide.

Anthropozentrische Einstellungen haben sich in der Praxis als katastrophal erwiesen. Sie haben uns dazu geführt, im schnellsten Tempo seit der kosmischen Katastrophe, die das Verschwinden der Dinosaurier bewirkte, Ökosysteme und Lebensformen zu zerstören.

Der Anthropozentrismus ist keine logisch stringente Auffassung, denn es gibt keine scharfe Trennlinie zwischen uns und anderen Arten – weder in evolutionärer noch in physischer Hinsicht. Unser eigener Körper ist in Wahrheit eine symbiotische Gemeinschaft: Andere Organismen wie etwa Hefepilze und Bakterien in unserem Darm, die uns helfen, unsere Nahrung zu verstoffwechseln, und die wichtige Vitamine erzeugen, machen fast die Hälfte unseres Trockengewichts aus.

Anthropozentrismus ist moralisch verwerflich, weil er nicht mit einer wirklich offenen Einstellung gegenüber der Erfahrung vereinbar ist. Er ist im Kern eine egoistische Haltung, die uns in einer Illusion gefangen hält und uns gegenüber der Wahrheit blind macht.

Der Anthropozentrismus mag uns „natürlich" erscheinen, doch er verleugnet die ökologische Einsicht, dass wir in grundlegender Weise auf das gesamte Netz des Lebens bezogen und von diesem abhängig sind. Wir können nicht ohne die Erde existieren; wir sind Teil eines größeren Ganzen. Es gibt keine „Umwelt" außerhalb von uns. Wir tauschen beständig Materie mit unserer Umgebung aus, atmen Sauerstoff ein und nehmen Wasser und Nährstoffe auf, die einstmals Teil anderer Kreaturen waren. Alles Leben auf Erden hat denselben genetischen Codierungsmechanismus. Alle anderen Lebewesen sind „unsere Beziehungen".

Es ist also unsere Aufgabe, von einem Anthropozentrismus zu einer „biozentrischen" bzw. „ökozentrischen" Perspektive überzugehen. Der Anthropozentrismus ist seinem Wesen nach eine *egozentrische* Geisteshaltung. Doch wir sind dazu aufgerufen, unser Empathievermögen auf alle Lebewesen auszudehnen, ja sogar auf den Boden, die Luft und das Wasser, die ebenfalls ein Teil von uns sind.

Eine anthropoharmonische Alternative

Stephen Scharper schlägt als Alternative zur anthropozentrischen Geisteshaltung eine „anthropoharmonische" vor. Anstatt die „Natur zu erobern", müssen sich die Menschen in Harmonie mit der umfassenderen Ökosphäre entwickeln. Wir müssen deshalb nicht bestreiten, dass der Mensch in gewisser Hinsicht einzigartig auf Erden ist. Wir sollten unsere Einzigartigkeit feiern und dabei unsere Abhängigkeit von allen anderen Kreaturen anerkennen. Es heißt auch nicht, dass Menschen niemals andere Lebensformen töten dürfen, denn es gibt tatsächlich keine andere Möglichkeit zu überleben, als andere Organismen aufzuzehren.

Eine anthropoharmonische Ethik zu leben meint, tiefen Respekt und Liebe gegenüber allem Leben zu entwickeln. Es heißt, damit aufzuhören, Herrschaft auszuüben, zu manipulieren und die Erde zu verbrauchen und zu verschmutzen, als ob sie unser Privateigentum wäre. Und es heißt, nicht mehr zu verbrauchen, als für ein Leben in Würde und Gesundheit nötig ist – und folglich damit aufzuhören, nach grenzenloser Akkumulation zu streben.

Nach Arne Naess' Überzeugung fordert uns die Tiefenökologie letztlich dazu heraus, neu zu definieren, was es heißt, Mensch zu sein. Dabei geht es nicht darum, dass wir unsere Identität verleugnen (sie ist ja der einzigartige Anteil, den wir an der sich entfaltenden Evolution haben), sondern vielmehr darum, sie in den umfassenderen Kontext des „ökologischen Selbst" zu stellen. Eine solche Umorientierung muss weit über die Ebene der bloß verstandesmäßigen Akzeptanz hinausgehen, sie muss jede Facette unseres Seins und Handelns durchdringen. Insbesondere fordert sie die Menschheit auf, das Streben nach Erwerb, Konsum und Herrschaft aufzugeben, da dieser Weg niemals zur echten Verwirklichung des Menschseins führen kann. Stattdessen müssen wir Sicherheit, Liebe und Gemeinschaft in Harmonie mit der umfassenderen Ökosphäre anstreben. Diese Art von Bekehrung zu einer neuen Ethik ist eine tiefgehende Herausforderung und zugleich eine Herausforderung, die die Menschheit zu einer erfüllteren Lebensweise führen könnte.

2. Der kosmische Christus[5]

In der Heiligen Schrift der Juden und Christen scheinen Schöpfung und Kosmos auf den ersten Blick eine untergeordnete Rolle zu spielen. Im Zentrum steht die Erfahrung Gottes in der konkreten Geschichte und erst ausgehend von dieser Erfahrung und der geforderten Alleinverehrung Jahwes wird dessen Verhältnis zur Welt überhaupt reflektiert. Erst aus dem Bekenntnis zu Jahwe als Herrn der Geschichte folgt das Bekenntnis zum Schöpfer und Vollender des Universums, gleichsam als die Voraussetzung seiner Geschichtsmächtigkeit. Wie eng der biblische Gott an die geschichtliche Erinnerung geknüpft ist, kommt bereits in der Einleitung zum Dekalog (den Zehn Geboten) zum Ausdruck: „Ich bin Jahwe, dein Gott, der dich aus Ägypten geführt hat, aus dem Sklavenhaus ..." (5. Mose 5,6). Gott definiert sich hier selbst, indem er sich als der Urheber einer geschichtlichen Befreiungstat in Erinnerung ruft! Diese Exoduserfahrung, in der sich Jahwe als ein parteiischer Gott für die Unterdrückten erwiesen hat, bildet das bleibende Moment innerhalb der biblischen Gotteserfahrung überhaupt. Die Parteinahme für die Schwachen, das Eintreten für Recht und Gerechtigkeit und die letztendliche Durchsetzung eines solidarischen Verhältnisses der Menschen zueinander durchziehen die prophetischen Schriften und die sogenannten „Geschichtsbücher" der Bibel wie ein roter Faden.

Im Neuen Testament erfährt dieses Gottesverständnis eine Radikalisierung. Für Christen ist Gott keine nebulöse Idee, sondern wer Gott ist, lässt sich an einer konkreten menschlichen Geschichte ablesen: an der konkreten Praxis und am Geschick Jesu von Nazaret. Der Gottesgedanke gewinnt hier Eindeutigkeit: Jesu Wort und Tat zeigen Gott als den bedingungslos liebenden Vater, den Jesus „Abba", also Papa, nennt, als den, der sich zu-

---

5 Vgl. dazu ausführlich Boff, O Evangelho do Cristo cósmico (erscheint auf Deutsch: Kevelaer 2012).

allererst an die Armen, Unterdrückten und Schwachen wendet, die seine bevorzugten Kinder sind, als denjenigen, der die Sünder aufnimmt. Jesu Reich-Gottes-Praxis brachte ihn unweigerlich in Konflikt mit den Mächtigen. Sein Kreuzestod war die Konsequenz seiner Verheißung des Reiches Gottes für die Armen, Sünder und Gewaltlosen. Mit dem Bekenntnis zu seiner Auferweckung bringen Christen zum Ausdruck, dass Jesus nicht gescheitert ist, sondern dass Gott diese Lebenspraxis bestätigt hat. In ihm ist endgültig und unüberholbar offenbar geworden, wer Gott ist.

Ein unscheinbarer Wanderprediger am Rande der damaligen Welt, auf einem Planeten, der seinerseits wiederum nur ein Staubkörnchen im unermesslichen Weltall ist, hat demnach universale Bedeutung! Der Sinn und die Bestimmung der gesamten Schöpfung sollen in diesem am Weltmaßstab gemessenen scheinbar bedeutungslosen Schicksal offenbar werden! Die Liebesgesten, die zärtliche Hinwendung zu Kranken, Armen und Sündern, die Predigt Jesu und sein Schicksal als Folteropfer des römischen Imperiums sollen nicht nur als letztes Wort über die menschliche Geschichte gelten, sondern den endgültigen Sinn des Evolutionsprozesses des gesamten Kosmos offenbaren! Wie lässt sich das verstehen?

Bereits das Neue Testament hat sich mit dieser Frage auseinandergesetzt und versucht, die universale Bedeutung Jesu mithilfe der damaligen hellenistischen Philosophie verständlich zu machen. Das Johannesevangelium etwa greift auf den aus der Stoa stammenden Begriff „Logos" zurück, der nicht nur „Wort" bedeutet, sondern die Verstehbarkeit und Ordnung der Welt insgesamt zum Ausdruck bringt. In den Paulusbriefen bzw. den deuteropaulinischen Briefen (also den Schriften, die wahrscheinlich nicht von Paulus stammen, aber seine Autorität in Anspruch nehmen) wird der auferstandene und erhöhte Christus als das Haupt des gesamten Kosmos bezeichnet. So etwa in dem berühmten Hymnus im Philipperbrief (den Paulus bereits als älteres Überlieferungsstück übernimmt): Der zunächst in Gottgleichheit für sich bestehende Gottessohn entäußert sich selbst, nimmt Knechtsgestalt an und wird schließlich als absoluter und kosmischer Herr erhöht (Philipper 2,6-11). Im Kolosserbrief wird Christus als der Erstgeborene vor allen Dingen bezeichnet, in dem, durch den und für den alle Dinge ihr Dasein und ihren Bestand haben (Kolosser 1,16-17). Er ist das Haupt des Kosmos (Epheser 1,10; Kolosser 2,9) und in ihm findet alles sein Ziel (1. Korinther 8,6).

Im 20. Jahrhundert war es vor allem der große Theologe, Mystiker und Naturwissenschaftler (Paläontologe) Pierre Teilhard de Chardin, der ausgehend vom naturwissenschaftlichen Befund ein neues Verständnis für die kosmische Dimension Jesu Christi erschloss. Teilhard de Chardin gelang eine faszinierende Synthese zwischen dem biblischen Schöpfungsglauben und einem evolutiven Weltverständnis. Er zeigte überzeugend auf, dass sich die Evolution des Lebens und des Menschen nicht einfach durch die simplen Mechanismen von Zufallsmutationen und natürlicher Auslese erklären lassen, sondern dass klare Evolutionslinien erkennbar sind, die in Richtung von mehr Komplexität, Interiorität (Innerlichkeit, Selbstgegebenheit), Bewusstheit, Freiheit und Liebes- und Gemeinschaftsfähigkeit weisen. Diese Linien der aufsteigenden, auf das Transzendente hin offenen Evolution konvergieren letztlich in einem „Punkt Omega", den er mit Christus gleichsetzt. In Christus erreicht also das Evolutionsgeschehen sein letztes Ziel. Es ist von einer Entelechie getragen (das heißt von einem „Telos", also „Ziel", das im Inneren dieses Prozesses selbst stets am Werk ist). Die Kosmogenese mündet demnach in die Biogenese, diese in die Anthropogenese und deren Vollendung liegt in der Christogenese, also der Christus-Werdung. Teilhard de Chardin prägte für diese kosmische Verwurzelung Jesu Christi den Ausdruck „christisch". Schöpfung und Mensch besitzen objektiv eine „christische" Dimension, sind also objektiv von dem geprägt und durchdrungen, was in der Person Jesu Christi zum Bewusstsein kommt und subjektiv Gestalt gewinnt.

Von daher wäre es falsch, Jesus Christus in seiner besonderen Bedeutung als isoliert von den übrigen Menschen zu sehen. Hier ist das „wahrer Mensch" der Definition des Konzils von Chalkedon absolut ernst zu nehmen. In Jesus Christus kommt das in besonders dichter Weise zum Ausdruck, was Menschsein überhaupt ausmacht. Sein besonderes Gottesverhältnis ist letztlich nur die Radikalisierung der „Gottfähigkeit" des Menschen selbst. Der Mensch selbst ist letztlich nur als das auf das Absolute hin offene Wesen zu begreifen, dessen Daseinsvollzüge insgesamt von seinem Bezug zur Transzendenz getragen und ermöglicht sind. Das „wahrer Mensch" gilt aber ebenso für die leibliche Dimension. Und wie wir alle ist der Mensch Jesus letztlich das Ergebnis des langen Prozesses der kosmischen Evolution. Auch für ihn gilt wie für uns alle, dass seine konkrete leiblich-materielle Existenz sich jenem Prozess verdankt, der mit dem „Urknall" seinen Anfang nahm, jenem winzigen Punkt an Energie und Information, in dem das gesamte Universum, wie es sich später entfalten sollte, potenziell enthalten war. Die Elemente, die seinen Körper ausmachten, das Eisen in seinem Blut, das den Sauerstoff band und transportierte, der Stickstoff, ohne den es kein Wachstum gegeben hätte, Phosphat und Calcium usw. wurden allesamt durch die Explosion jener großen roten Sterne ins All geschleudert.

Als Mensch ist Jesus Christus wie wir alle das Produkt der Entstehung des Lebens von den einfachsten Bakterien angefangen bis zum *Homo sapiens*. Jesus von Nazaret ist also nicht nur das Produkt seiner unmittelbaren Umwelt, der Verhältnisse im Palästina seiner Zeit, einer Randregion des römischen Imperiums, sondern letztlich des atemberaubenden Prozesses der Kosmogenese selbst. Er ist als Individuum ein Knoten im vielfältig verschlungenen Beziehungsgeflecht, das unser Universum ausmacht. Und eben dies ist die Grundlage dafür, dass dieser konkreten menschlichen Geschichte kosmische Bedeutung zugesprochen werden kann, dass behauptet werden kann, dass sich hier der Sinn der Evolution des Kosmos selbst realisiert und offenbart.

Allerdings – und das ist für den Dialog des Christentums mit den anderen Religionen höchst bedeutsam – eröffnet uns dieser Verstehenszugang auch die Möglichkeit, die Person Jesu Christi auf nichtexklusive Weise zu begreifen. Wenn es zutrifft, dass in Jesus Christus das in besonders dichter Weise in Erscheinung tritt, was im Kosmos selbst als Möglichkeit angelegt ist, kann man davon ausgehen, dass sich diese Möglichkeit auch andernorts in ähnlich dichter Weise realisieren kann. Der historische Jesus, so können wir im Anschluss an Teilhard de Chardin sagen, schöpft nicht alle Möglichkeiten aus, die im „Christischen" enthalten sind. Es ist damit zu rechnen, dass dieses Christische auch in anderer Gestalt erscheint. Die theologische Möglichkeit dieses Gedankens hat bereits der Kirchenvater Augustinus erschlossen. In apologetischer Absicht gegenüber dem Heidentum macht er deutlich, dass das Christentum umfassender ist als seine konkrete historische Erscheinungsweise. So schreibt er an einen heidnischen Philosophen: „Das, was nun den Namen christliche Religion erhält, hat zuvor schon immer existiert und hat auch am Beginn des Menschengeschlechts nicht gefehlt, bis Christus dann im Fleische kam. Erst seither begann man, die wahre Religion, die schon immer existierte, die christliche zu nennen." In all jenen Menschen, in denen der letzte Sinn des Kosmos so klar aufleuchtet, dass er imstande ist, Orientierung zu geben, können wir also ebenso Erscheinungsweisen des „kosmischen Christus" erkennen, wie es der historische Jesus war. So dürfen wir mit dem bekannten brasilianischen Yoga-Meister Hermógenes sprechen:

Ich bat Krishna um Segen
und Christus segnete mich.
Ich betete zu Christus
und Buddha war es, der mich erhört hat.
Ich rief Buddha an
und es war Krishna, der mir antwortete.

3. Spiritualität im Geschäftsleben

Jemand, der sich im Sinne eines ursprünglichen Denkens engagiert und sich um das Schicksal der Menschheit und unseres gemeinsamen Hauses sorgt, muss den Mut haben zu fordern: Bringt nicht nur, wie es der herrschenden Tendenz entspricht, Kontrollen und Regulierungen des Finanzkapitals auf den Weg, um aus der Krise herauszukommen. Das sind Heilmittel, die nicht an die Wurzel des derzeitigen Chaos reichen. Nehmt eine Ökonomie der radikalen Veränderungen in Angriff. Diese werden uns, wenn wir sie zustande gebracht haben, vor einer globalen Tragödie bewahren. Stattdessen zieht ihr es aber vor, die Illusion zu schüren, dass in kurzer Zeit alles wieder seinen normalen Gang gehen kann. Doch es läuft nicht so, wie ihr wollt.

Tatsache ist, dass sich das System und die Kultur des Kapitalismus nicht mehr um das gesellschaftliche Leben der Menschheit scheren. Die zahlreichen Krisen sind Erscheinungsformen einer einzigen Krise: der spirituellen Krise. Das Spirituelle ist nicht mit den Religionen und den Kirchen gleichzusetzen. Im Gegenteil: Wir müssen diese vom Spirituellen her kritisieren. Das gilt insbesondere für die römisch-katholische Kirche, die unter Papst Benedikt XVI. eine erschreckende spirituelle Krise durchmacht. Man betrachte nur den Mangel an Mitgefühl, den der Papst bei seiner Afrikareise angesichts der in einigen Ländern verheerend wütenden Aids-Epidemie an den Tag gelegt hat.

Wir bedürfen der Spiritualität in all unseren Lebensbereichen, auch im Geschäftsleben. Wenn ich von Spiritualität spreche, meine ich damit ein neues Lebensgefühl, einen neuen gemeinsamen Traum, der aus gemeinsamen Werten wie der Kooperation, der Solidarität, dem Respekt vor allem Sein, der Achtsamkeit gegenüber allem Leben, der Harmonie mit der Natur, der Liebe zur Mutter Erde und der Vielfalt der Erscheinungsweisen des Heiligen entspringt.

Eine Gesellschaft und eine Wirtschaft werden nur dann nachhaltig sein, wenn die Verantwortlichen und die Bürger von einer gewissen Spiritualität durchdrungen und von Werten und Prinzipien geleitet sind, die ungeachtet der damit verbundenen Schwierigkeiten den Herausforderungen der Krise gerecht werden. Es geht darum, diese Herausforderungen mutig anzunehmen, denn es handelt sich um die Erfordernisse dieses bestimmten historischen Moments und nicht um die Interessen der Philister aus der Wall Street, die uns vorsätzlich ins Desaster geführt haben. Sie nehmen – wenn auch widerstrebend – Kontrollen hin, solange diese die Dynamik des freien Marktes und die Logik der Kapitalakkumulation nicht infrage stellen. Sie wollen dasselbe wie zuvor, nur mit größerer Sicherheit.

Neue Werte und aufkeimende konkrete Beispiele überzeugen. Ich erwähne hier das Beispiel des japanischen Unternehmers Yazaki, das die Quantenphysikerin Danah Zohar und Ian Marshall in ihrem wertvollen Buch *SQ – Spirituelle Intelligenz* erzählen. Yazaki hatte ein kleines Unternehmen geerbt. Er expandierte in die ganze Welt und erreichte alles, was er wollte: Erfolg, Reichtum, die Achtung der Mitmenschen und eine Familie. Doch er fühlte, dass ihm etwas fehlte. Eine große innere Leere nagte an ihm. Man empfahl ihm, ein Zen-Kloster aufzusuchen. Hier verbrachte er unter Anleitung eines angesehenen Zen-Meisters eine

Woche mit Meditation. Er begegnete seinem tiefen Ich und dessen Verbindung mit dem Ganzen. Ihm wurde bewusst, dass sich die materiellen Güter als illusorisch erwiesen, da sie keine Erfüllung schenken, sondern ihm nur materielle Befriedigung verschafften.

Als er das Kloster verließ, hatte er einen anderen Blick auf die Dinge gewonnen. Er begann die Schönheit eines blühenden Kirschbaums und eine reife Aprikose in ihrer natürlichen Schlichtheit wahrzunehmen. In seiner Autobiografie schrieb er: „Die Menschen haben das Ich von der Welt, die Natur von der Menschheit und das eigene Ich von dem der anderen abgetrennt. Deshalb gerieten sie in dem Bemühen, ihre Leere auszufüllen, in die Falle der Illusionen. Und sie werden zu wehrlosen Opfern eines Schreckensszenarios aus Selbstbetrug, Scheinheiligkeit und Heuchelei."

Die spirituelle Erfahrung veranlasste ihn nicht, sein Geschäft aufzugeben. Er verlieh diesem vielmehr einen anderen Sinn. Er änderte den Namen des Unternehmens und nannte es „Felicissimo", das ist in den romanischen Sprachen der Superlativ von „glücklich" (lateinisch: felix). Der Gewinn wurde der Vermehrung des menschlichen Glücks, des eigenen wie des Glücks der anderen, gewidmet. Er nahm an der UN-Konferenz für Umwelt und Entwicklung in Rio de Janeiro im Jahr 1992 teil, um seine Kenntnisse in Bezug auf Umweltprobleme zu vervollständigen. Einen großen Teil seines Vermögens steckte er in Stiftungen, die Bildung und Ökologie fördern. Am Schluss seines Buches sagt er: „Auf diese Weise zu dienen heißt, Gott zu dienen." Mit ihm wurde die Krise gemeistert und die Menschheit hat einen kleinen Sprung in die richtige Richtung gemacht.

4. Das Universum als Entwurf: kein Nullsummenspiel

In den Wissenschaften und innerhalb der philosophischen Reflexion flammt immer wieder eine Diskussion auf, die auch in unserem Alltagsleben eine Rolle spielt. Wenn wir die Dinge in der Welt so betrachten, wie sie sind – ob nun die Katastrophen sozialer oder ökologischer Art mit Tausenden von Opfern oder auch unser eigenes Leben voller Widersprüche, mit seltenen glücklichen Augenblicken und langen Perioden von Schwierigkeiten –, dann fragen wir uns: Hat denn das Leben überhaupt einen Sinn? Ist das nicht alles ein Spiel voller Widersprüche, in dem sich Verbrechen mit Tugenden vermischen, in dem sich List mit Großzügigkeit und Heuchelei mit Aufrichtigkeit paaren?

Nicht selten stoßen wir auf Menschen, die sich zunächst ausgesprochen liebenswürdig geben, sich dann aber aus der Nähe betrachtet als eigenwillig und oftmals höchst autoritär erweisen. Wir pflegen zu sagen, so sei eben die Verfassung des Menschen (*Conditio humana*), die uns zu *sapientes* und *dementes* (zu Weisen und Törichten) zugleich mache. Tatsächlich leiden wir unter der Koexistenz dieser inneren Widersprüche. Wird das immer so bleiben? Wird es uns in unserem Leben gelingen, es so wie Gott zu machen, der auf krummen Zeilen gerade schreibt?

Vor diesen bangen Fragen sind auch religiöse Menschen, sogar ausgesprochen gebildete, nicht gefeit. Der Glaube entreißt den Gläubigen diesen Finsternissen nicht. Das stellen auch die Mystiker wie etwa Johannes vom Kreuz fest, der von der „dunklen Nacht der Sinne" spricht, in der alle Freuden des Lebens verschwinden und Dürre sich in der Seele breitmacht. Doch das ist nur der Anfang. Dieser ist „furchtbar und schrecklich", wie Johannes vom Kreuz sagt, denn er taucht die Seele in die Erfahrung der Hölle und der völligen Abwesenheit Gottes.

Wer über genügend Geduld und Hartnäckigkeit verfügt und weiterhin an die Sonne selbst glaubt, die von der Nacht verschlungen und von der Dunkelheit gefangen gehalten wird, dem werden Freude und Erquickung zuteil, die bereits die Vorwegnahme dessen bedeuten, was wir Himmel nennen. Doch wie lange dauert das und welchen Preis haben wir dafür zu zahlen!

Diese Frage wird heute im Denken der modernen Kosmologie häufig aufgeworfen. Renommierte Wissenschaftler vertreten die Meinung, dass das Universum keine Richtung kennt. Es ist schlicht und einfach ohne jeden Sinn. Andere hingegen – ich nenne hier nur den aus Großbritannien stammenden Freeman Dyson – bezeugen: Je mehr wir das Universum erforschen und die Details seines Aufbaus studieren, desto mehr liegt zutage, dass das Universum auf irgendeine Weise gewusst haben muss, dass wir unterwegs waren. Das anthropische Prinzip besagt in der Tat: Wenn sich in den allerersten kleinsten Augenblicken nach dem Urknall für einen unvorstellbar winzigen Bruchteil einer Sekunde nicht ein fein abgestimmtes Verhältnis zwischen der Anziehungskraft und der Kraft der Ausdehnung eingestellt hätte, dann hätte es die Voraussetzungen dafür nicht gegeben, dass sich Materie bildete. Folglich wären auch das Leben und damit der Mensch nicht möglich gewesen.

Wenn wir rückblickend den Evolutionsprozess betrachten, der nun schon 13,7 Milliarden Jahre lang währt, können wir nicht leugnen, dass es eine aufsteigende Linie in Richtung immer größerer Komplexität, immer mehr Leben und immer mehr Subjektivität gibt, die das Denken, Fühlen, Lieben und die Sorge für andere ermöglicht.

Der bekannte Denker Robert Wright spricht in diesem Zusammenhang vom „Nicht-Nullsummenspiel". Wenn man langfristig alles in die Bilanz mit einbezieht, dann bringen nach Wrights Überzeugung Situationen, die unter dem Strich nicht Null ergeben, auf Dauer mehr positive als negative Summen hervor. Mit anderen Worten: Es gibt unleugbar eine Gerichtetheit der Geschichte, die stets einen Ausschlag zugunsten von Sinn und gegen das Absurde bewirkt. Dieses Minimum an Positivem, das unter dem Strich eben nicht Null ergibt, ist die Grundlage für die Hoffnung auf einen glücklichen Ausgang für das Universum und für unser eigenes problembeladenes Leben.

Der Kampf zwischen Chaos und Kosmos, zwischen Gerechtigkeit und Unrecht geht weiter, doch am Ende wird das Pendel zugunsten des Sieges des Kosmos und der Gerechtigkeit ausschlagen. Ist dies nicht die tiefste Sehnsucht des Menschen und der unbezwingbare Impuls des Herzens?

5. Die Freisetzung der Utopie

Angesichts des gegenwärtigen Gefühls der Verlassenheit, das unter den Menschen um sich greift, ist es dringend an der Zeit, den befreienden Sinn der Utopie wiederzuerlangen. Wir leben im Zentrum einer Zivilisationskrise planetarischen Ausmaßes. Jede Krise birgt sowohl Chancen zur Veränderung als auch die Gefahr des Scheiterns. In der Krise vermischen sich Angst und Hoffnung, besonders jetzt, da wir uns bereits im Prozess der globalen Erwärmung befinden.

Wir bedürfen der Hoffnung. Diese findet ihren Ausdruck in der Sprache der Utopien. Es liegt in deren Natur, dass sie nie ganz Wirklichkeit werden. Doch sie bewirken, dass wir unseren Weg weitergehen. Der irische Dichter Oscar Wilde hat treffend formuliert: „Eine Weltkarte, die keine Utopie enthält, darf nicht einmal angeschaut werden, denn sie ignoriert das einzige Land, an dem die Menschheit immer anlegt, um darauf zu einem noch besseren Land aufzubrechen." Und der brasilianischen Dichter Mário Quintana bemerkt: „Wenn die Dinge unerreichbar sind, was soll's! Das ist kein Grund, sie nicht zu wollen. Wie traurig wären unsere Wege, wenn es da nicht die verzaubernde Gegenwart der Sterne gäbe!"

Die Utopie steht nicht im Gegensatz zur Wirklichkeit, sie gehört vielmehr zu ihr, denn die Wirklichkeit besteht nicht nur aus dem, was vorhanden ist, sondern auch aus dem, was potenziell in ihr steckt und sich eines Tages realisieren kann. Die Utopie entsteht aus dem Nährboden der Möglichkeiten, die in der Geschichte und in jedem einzelnen Menschen angelegt sind.

Der deutsche Philosoph Ernst Bloch hat den Ausdruck *Prinzip Hoffnung* geprägt. Unter dem Prinzip Hoffnung, das mehr ist als die Tugend der Hoffnung, versteht er das unerschöpfliche Potenzial des menschlichen Lebens und der Geschichte, das es ermöglicht, zu jeder konkreten Realität, zu den Begrenzungen von Raum und Zeit, zu politischen Modellen und den Einschränkungen des Lebens, des Wissens, des Wollens und Liebens *nein* zu sagen.

Der Mensch sagt *nein*, weil er zuvor bereits ein *Ja* gesprochen hat: Ja zum Leben, zu dessen Sinn, zur Gerechtigkeit gegenüber den Armen, zu den Träumen und der ersehnten Fülle. Wenn realistisch betrachtet die vollkommene Fülle auch nicht am Horizont der geschichtlichen Konkretisierungen aufleuchtet, so hört der Mensch dennoch nicht auf, sie mit einer nie nachlassenden Hoffnung herbeizusehnen.

Hiob konnte, als er schon fast im Todeskampf lag, noch zu Gott schreien: „Selbst wenn du mich tötest, so hoffe ich immer noch auf dich." Die Erzählung vom irdischen Paradies in 1. Mose 2-3 ist ein Hoffnungstext. Es handelt sich nicht um einen Bericht von einer verloren gegangenen Vergangenheit, nach der wir uns immer noch zurücksehnen, sondern er ist vielmehr eine

Verheißung, eine Hoffnung auf eine Zukunft, der wir entgegengehen. Bloch hat dazu festgestellt: „Die wahre Genesis liegt nicht am Anfang, sondern am Ende."

Erst am Ende des Evolutionsprozesses werden die Worte der Schrift wahr: „Und Gott sah, dass alles gut war." Solange wir uns noch mitten im Evolutionsprozess befinden, ist nichts gut, sondern nur verbesserungsfähig.

Das Wesen des Christentums besteht nicht darin, die Menschwerdung Gottes zu bekennen. Das tun auch andere Religionen. Es besteht vielmehr in der Behauptung, dass die Utopie (wörtlich übersetzt: das, was keinen Ort hat) zur Eutopie (zu einem guten Ort) wird. Dort wird nicht nur der Tod besiegt sein, was noch nicht viel wäre, sondern alle im Menschen verborgenen Möglichkeiten werden hervorbrechen. Das ist der theologische Sinngehalt von Auferstehung, die selbstverständlich wesentlich mehr ist als die Wiederbelebung eines Leichnams wie bei Lazarus.

Jesus ist der „neue Adam", wie Paulus sagt, der Mensch im Verborgenen, der nun offenbar wird. Doch er ist nur der Erste unter vielen Brüdern und Schwestern, wir werden ihm nachfolgen, wie Paulus ergänzt.

Im gegenwärtigen düsteren weltweiten Kontext eine solche Hoffnung zu verkünden ist nicht ohne Bedeutung. Diese Hoffnung verwandelt die mögliche Tragödie von Erde und Menschheit durch die sozialen und ökologischen Bedrohungen in eine läuternde Krise. Die Hoffnung gibt uns keine Gewissheit. Doch sie gibt der wohl begründeten Alternative Nahrung, dass wir einen gefährlichen Übergang wagen, dass das Leben gesichert ist und dass sich der Planet noch erholen wird.

Sinntragende Menschengruppen, die Religionen und christlichen Kirchen müssen eine solche Hoffnung von den Dächern der Häuser verkünden. Über Jesu Grab ist kein Gras gewachsen. Im Durchgang durch die Krise des Karfreitags der Kreuzigung triumphierte das Leben. Deshalb kann die Tragödie nicht das letzte Wort haben. Es ist ein Drama, doch mit gutem Ausgang. Das letzte Wort hat das Leben im strahlenden Glanz der Sonne.

6. Die wahre Alternative: Leben oder Auferstehung

Ostern (Pascha) ist das zentrale Fest für Juden und Christen. Die Juden feiern – feiern heißt aktualisieren – den Auszug aus der Sklaverei in Ägypten ins Gelobte Land, den Durchgang durch das Rote Meer und die Entstehung eines organisierten Volkes aus einer anonymen Masse. Die entscheidende Gestalt ist Mose, der Befreier und Gesetzgeber, der etwa 1250 Jahre vor unserer Zeitrechnung geboren wurde. Er führte die Menschenmasse zur Freiheit und formte das Volk Gottes aus ihr.

Auch für die Christen ist Ostern ein Übergang (Pascha). Die zentrale Gestalt ist Jesus von Nazaret. Gefeiert wird der Übergang von seinem Tod zum Leben, von seiner Passion zur Auferweckung, vom alten Adam zum neuen Adam, von dieser erschöpften Welt zur neuen Welt in Gott.

Für alle Übergänge finden sich Riten, die von der Anthropologie intensiv erforschten sogenannten *rites de passage*. Teil jedes Übergangs ist ein Vorher und ein Nachher. Es ereignet sich ein Bruch. Diejenigen, die den Übergang vollziehen, verändern sich. Der Ritus der Geburt zum Beispiel feiert den Bruch zwischen der Zugehörigkeit zur natürlichen und der Zugehörigkeit zur kulturellen Welt. Das kommt in der Namensgebung zum Ausdruck. Die Taufe feiert den Übergang von der kulturellen zur übernatürlichen Welt, das heißt den Übergang zwischen dem Zustand, Kind seiner Eltern zu sein, und der Gotteskindschaft. Die Hochzeit ist ein weiterer Übergangsritus: In ihr vollzieht sich der Übergang vom Junggesellendasein mit allen Freizügigkeiten, die zu dieser Lebensphase gehören, zum Leben als Ehemann und Ehefrau mit allen Verantwortlichkeiten, die das gemeinsame Leben mit sich bringt. Der Tod stellt einen weiteren großen Übergang mit einem entsprechenden Ritus dar: den Übergang aus der Zeit in die Ewigkeit, von den Begrenzungen der Raumzeit in die völlige Offenheit des Unendlichen, von der Welt in Gott.

Wenn wir recht sehen, weist das gesamte Leben des Menschen eine österliche Struktur auf. Es besteht aus Krisen, die Übergänge, Läuterungs- und Reifungsprozesse bedeuten. Auf der Zeitachse betrachtet erkennt man den Übergang von der Kindheit zur Jugend, von der Jugend zum Erwachsensein, vom Erwachsensein zum Alter (heute bevorzugt man den Ausdruck „dritter Lebensabschnitt"), vom Alter zum Tod, vom Tod zur Auferstehung und von der Auferstehung zum nicht mit Worten zu beschreibenden Eingehen ins Reich der Dreifaltigkeit, wie die Christen glauben.

Es handelt sich um echte Übergänge mit all den Risiken und Gefahren, die zu diesem Phänomen gehören. Manche Übergänge führen in den Abgrund, andere leiten zum Gipfel. Doch Ostern bringt etwas Neues mit. Dies ist dem Philosophen Georg Wilhelm Friedrich Hegel an einem Karfreitag im Tübinger Stift, wo er studierte, aufgegangen. Hegel zufolge offenbart Ostern die objektive Dialektik der Wirklichkeit: These, Antithese und Synthese. Das Leben ist die These. Der Tod ist die Antithese. Die Auferstehung ist die Synthese. Die Synthese ist ein Prozess, in dem alle Negativitäten in eine neue, höhere Positivität hinein aufgenommen und aufgehoben sind. So wie das Negative nie absolut negativ ist, ist auch das Positive nicht schlechthin positiv. Beide sind im jeweils anderen enthalten, bergen Widersprüche in sich und bilden ein dynamisches Spiel des Lebens und der Geschichte. Doch alles mündet in eine höhere Synthese ein.

Vielleicht ist das der große Beitrag, den das jüdisch-christliche Pascha für alle in Bedrängnis und alle, die nach dem Sinn des Lebens und der Geschichte fragen, leisten kann. Nicht die Gefangenschaft ist das endgültige Schicksal, sondern die Befreiung, nicht der Tod ist die letzte Bedeutung der Dinge, sondern das Leben und die Auferstehung. Auf diese Weise wird die Geschichte stets offen sein.

Zu Recht hat der Dichter und Prophet Bischof Pedro Casaldáliga gesagt: „Nach der endgültigen Synthese des Paschas Christi ist es uns nicht mehr erlaubt, traurig zu leben. Jetzt lautet die wahre Alternative: Leben oder Auferstehung."

7. Franziskanische Liebe

Wer hätte vorhersehen können, dass ein Mensch, der vor mehr als 800 Jahren gelebt hat, für all diejenigen, die ein neues Einvernehmen mit der Natur suchen und von einer weltweiten Verbrüderung träumen, zum entscheidenden Bezugspunkt geworden ist? Die Rede ist von Franziskus von Assisi (1181/82–1226), der zum Patron des Umweltschutzes ernannt worden ist. Er verkörpert Werte, die wir verloren haben, wie zum Beispiel das verzauberte Staunen angesichts der Herrlichkeit der Natur, die Ehrfurcht vor allem Sein, das höfliche Zuvorkommen im Umgang mit jedem Menschen und das Gefühl der geschwisterlichen Verbundenheit mit jedem Geschöpf wie auch der Sonne und dem Mond, dem wilden Wolf und dem Leprakranken, den er zärtlich umarmt.

Franziskus lebte eine gelungene Synthese zwischen äußerer Ökologie (Umwelt) und innerer Ökologie (Befriedung) in einem solchen Maß, dass er zum Archetyp eines zärtlichen und geschwisterlichen Humanismus wurde, der in der Lage ist, alle Unterschiede in sich aufzunehmen. Wie Hermann Hesse sagte: „Franziskus hat in seinem Herzen den Himmel mit der Erde verheiratet und mit der Glut des ewigen Lebens unsere irdische und sterbliche Welt entflammt." Die Menschheit darf stolz darauf sein, eine solche historische und universale Gestalt hervorgebracht zu haben. Er repräsentiert das Neue, wir hingegen das Alte.

Die Faszination, die er seit seiner Zeit bis in unsere Tage ausübte, geht darauf zurück, dass er die Gründe des Herzens wieder ins Recht gesetzt hat, dass er dem Gefühl wieder einen zentralen Stellenwert beigemessen und die Beziehungen zwischen den Menschen und innerhalb des Kosmos mit Zärtlichkeit erfüllt hat. Nicht ohne Grund taucht in seinen Schriften das Wort „Herz" 42mal, das Wort „Verstand" hingegen nur einmal auf, das Wort „Liebe" 23mal im Vergleich zu „Wahrheit", die nur zwölfmal vorkommt. Von „Barmherzigkeit" ist 26mal die Rede, von „Intellekt" hingegen nur einmal. Er war der „Bruder Immerfroh", wie ihn seine Mitbrüder nannten. Deshalb ließ er das strenge Christentum der Wüstenväter, das liturgisch geprägte Christentum der Mönche, das hieratische und formale Christentum des päpstlichen Palastes und der Kurie, das gelehrte Christentum der Buchkultur der scholastischen Theologie hinter sich. In ihm kommt ein Christentum der Fröhlichkeit und des Gesangs, der Leidenschaft und des Tanzes, des Herzens und der Poesie zum Vorschein. Im Erwachsenenalter bewahrte er sich in kindlicher Ungetrübtheit die Unschuld, die diesem beschwerlichen irdischen Dasein Frische, Reinheit und etwas Zauberhaftes verleiht. In ihm erscheinen die Menschen nicht „als Söhne und Töchter der Bedürftigkeit, sondern als Söhne und Töchter der Freude" (G. Bachelard). Darin liegt die unermessliche Bedeutung der Seinsweise des *Poverello* für den ökologischen Geist unserer Zeit, der es an Erstaunen und Zauber fehlt.

Ich war einmal an einem 4. Oktober, dem Festtag des hl. Franziskus, in Assisi, jener kleinen weißen Stadt am Fuße des Berges Subasio, und feierte die franziskanische Liebe mit dem folgenden Lied, das ich hier veröffentlichen möchte:

Jedes Seiende umarmen,
zur Schwester und zum Bruder werden,
dem Gesang des Vogels auf dem Zweig lauschen,
in allem einen Herzschlag vernehmen,
der im Stein, ja sogar im Schmutz pulsiert,
wissen, dass alles einen Wert hat und nichts vergeblich ist
und dass man selbst den lieben kann, der nicht liebt,
sich von Zärtlichkeit und Mitgefühl erfüllen lassen
für das kleine Tier, das um Hilfe ruft,
selbst mit dem wilden Wolf ins Gespräch kommen
und mit dem Leprakranken zusammenleben, ihn küssen
und sich aus Freude zum Narren machen,
die Armut als seine Braut empfinden
und die ganze Welt mit Gefühl umfassen:
Das ist die franziskanische Liebe, die höchste Freude!

8. Die Achse der Liebe: Rumi und Franziskus von Assisi

Die vielen Zeiten

Die Geschichte setzt sich aus zahlreichen unterschiedlichen Zeittypen zusammen. Jede Zeit hat ihre epochale Konjunktur und begründet unterschiedliche Geschichten. Das trifft auch auf das Phänomen der mystischen Erfahrung zu.

Die kosmologische Zeit gehorcht der Dynamik der Evolution, die einerseits mehr und mehr in einer sich beschleunigenden Ausdehnung begriffen ist und sich andererseits selbst schafft, sich in sich selbst sammelt (Teilhard de Chardin spricht von „Einrollung"), die Komplexität, neue Ordnungen und die unermessliche Vielfalt der Seinsformen hervorbringt, bis das Bewusstsein in Erscheinung tritt, aus dem Schöpfungen entspringen, die über das hinausgehen, was der Evolution eingeschrieben ist.

Die mit Chronometern gemessene Zeit ist stets konstant; für sie zählen die Inhalte und die aufeinanderfolgenden Ereignisse wenig. Die alten Griechen nannten diesen Zeittyp *chrónos*. Daher stammt unser Wort Chronologie, das die Aufzählung von Ereignissen in ihrer zeitlichen Reihenfolge meint. Der französische Philosoph Henri Bergson nennt diesen Typ schlicht und einfach *temp*, die Zeit.

Darüber hinaus gibt es die dichte Zeit, in der ein keimhafter Anfang liegt. Das ist jener Moment, in dem die Uhrzeit als solche stehen zu bleiben scheint und die Intensität des Ereignisses eintritt und subjektiv erlebt wird. Die Verliebten verstehen diese Sprache: Die Zeit der Liebesbegegnung und der Ekstase verschwindet, um einer Erfahrung der völligen Konzentration und Verwirklichung Platz zu machen. Es kann jedoch auch das Gegenteil eintreten: das Warten auf die geliebte Person, deren Flugzeug vom Radar verschwunden ist, und das Warten auf Informationen, die niemals ankommen; das Warten auf eine medizinische Diagnose, die klären kann, ob eine Krankheit tödlich oder heilbar ist. Diese Zeit ist endlos, voller Ungeduld und verwirrend.

Die alten Griechen nannten diese Art von Zeit *kairós*, ein Wort, für das unsere Sprache keine Entsprechung kennt. Es ist die in höchstem Maße dichte Zeit, die eine andere Geschichte begründet und einen neuen Horizont erschließt. *Kairós* war die Auferstehung Jesu, die die zerstreuten Jünger zurückkommen ließ und zum Ursprung des Christentums wurde. Oder auch die Erleuchtung des Sidharta Gautama, die ihn zum Buddha werden ließ und seinen spirituellen Weg, den Buddhismus, begründete. Der Buddhismus ist eher eine bestimmte Art der Weisheit als eine Religion. Der schon genannte Philosoph Henri Bergson nennt diese Art von Zeit *durée*, die konzentrierte Dauer der Uhrzeit. In dem Buch *El Gaucho Martín Fierro* des argentinischen Schriftstellers José Hernández heißt es prägnant: „Die Zeit ist das Warten auf das, was kommen muss."

Es gibt noch eine weitere Art von Zeit. Sie bedeutet eine

Wende im Zeitverlauf und begründet neue, lange Epochen der Menschheitsgeschichte, die sich durch eine gewisse Gleichförmigkeit und eine bestimmte Ausrichtung der Ereignisse auszeichnen. Der deutsche Philosoph Karl Jaspers nennt sie *Achsenzeit*. Damit will er der Tatsache Rechnung tragen, dass plötzlich und gleichzeitig in verschiedenen großen Kulturen eine radikale Wende erfolgt. In diesen radikalen Umbrüchen vollzieht sich das Hereinbrechen eines neuen Bewusstseinsstandes der Menschen, es tauchen neue Botschaften auf, neue Werte treten in Erscheinung und eine andere geschichtliche Konstellation nimmt ihren Anfang.

Eigenartigerweise trat fast zur selben Zeit, um das 6. Jahrhundert vor unserer Zeitrechnung, in Griechenland das philosophische Denken in Erscheinung, das dann mit Sokrates, Platon und Aristoteles einen ersten Höhepunkt erreichte, als sich in Israel die Stimme der Propheten vernehmen ließ, die einen neuen Bund Gottes nicht nur mit dem Volk, sondern mit dem Herzen eines jeden Menschen verkündeten. Damit machen die Propheten Gott für das Schicksal des Menschen verantwortlich. Und in Indien hatte Sidharta Gautama unter dem Baum seine Erleuchtung, die ihn zum Buddha werden ließ. Das veränderte die spirituelle Geschichte des Ostens von Indien aus über China und Japan für immer. In China traten die großen Meister wie Tschuang Tse und andere hervor. In Zentralamerika tauchten bei den Mayas und Inkas große Weise und Dichter auf, die diese Völker mit einer neuen Sinngebung ausstatteten. Sie alle sind Ausdrucksweisen der *Achsenzeit*.

Der deutsche Philosoph Hegel bezieht sich auf ein ähnliches Zeitphänomen, das eine neue Lesart der Zeit erschließt, den *Weltgeist*. In seiner Philosophie stellt er fest, dass die Geschichte dialektisch, das heißt in Widersprüchen verläuft, die nach einem Gleichgewicht auf der Ebene einer höheren Synthese streben. Es gibt Augenblicke, in denen nach großen Spannungen, nach langem Hin und Her und leidvollen Dunkelheiten ein grundlegendes Phänomen wie eine Art Offenbarung hervortritt. Dieses stellt eine Synthese dar, die imstande ist, eine neue Geschichte mit paradigmatischen Gestalten, anderen Werten und einer besonderen Spiritualität zu begründen.

Für Hegel ist das die Erscheinung des *Weltgeists*. Geist ist jene geheimnisvolle und souveräne Energie, die den Lauf des Kosmos, des Lebens und des Bewusstseins lenkt und alle Erscheinungen auf eine letzte, nicht mehr überbietbare Synthese hin orientiert. Der Exodus der Juden aus der Sklaverei Ägyptens, der von der charismatischen Gestalt des Mose angeführt wurde, die prophetische Kraft des Jesaja, die Geburt, das Handeln, der Tod und die Auferstehung Christi, das philosophisch-theologische Werk des Augustinus und später der mittelalterlichen Kirchenlehrer wie Thomas von Aquin oder auch der Furor der europäischen Aufklärung am Ursprung der Moderne und letztlich die Atombomben über Hiroshima und Nagasaki, die die Selbstzerstörung der Gattung Mensch ins Blickfeld rücken – all diese Phänomene sind unzweideutig Erscheinungsweisen des *Weltgeistes*. Es ist Aufgabe der Denker, diesem Geist aufmerksam nachzuspüren, um den Sinn der Geschichte und der in ihr enthaltenen Botschaft zu erfassen.

Die Achsenzeit

Die vorigen Ausführungen dienen dazu, die historische und religiöse Bedeutung der Gestalten Dschalal ad-Din ar-Rumi (1207–1273) und Franziskus von Assisi erfassen zu können. Beide waren Mystiker und hervorragende Dichter. Sie lebten fast im selben historischen Zeitabschnitt – Rumi im Mittleren Osten im Gebiet der heutigen Länder Afghanistan, Iran und Türkei und Franziskus in der Toskana in Mittelitalien. Beide sind bemerkenswerte Erscheinungsweisen der Achsenzeit oder des Weltgeistes. Ihre Sendung ist kairologischer Art, denn auf sie ist es zurückzuführen, dass ihre Lebenszeit keimhaft geworden ist, zur ernährenden Saat für Tausende von Menschen bis in unsere heutigen Tage.

Rumi und Franziskus sind sich nie begegnet. Und doch haben sie aus ein und derselben Inspiration heraus gelebt, dieselbe Erfahrung der Verliebtheit gemacht und beide haben in sich den großzügigen Strom der Liebe zum Durchbruch kommen lassen. In ihnen war derselbe Geist am Werk – wie übrigens auch in anderen Dichtern und Mystikern wie den Hunderten tanzender Derwische, Hafiz und Ibn Arabi, Dante Alighieri, in den

Chevaliers d'amour (mit ihren *cantilenae amatoriae*) in der Region Langue d'Oc und der Provence im Süden Frankreichs. Sie alle sind Ausdrucksweisen der Achse der Liebe, die in all ihren Erscheinungsweisen hervorgebrochen ist und in tausendfacher Weise besungen wurde, besonders in poetischer Weise. Das Herz, das Gefühl, die Zärtlichkeit, die Emotion nahmen den zentralen Platz ein und nicht die Vernunft, die Argumentation und der Beweis. *Eros* und *pathos* erlangten den Primat gegenüber *logos* und *ratio*. In dieser Hinsicht erweisen sich Rumi und Franziskus als verwandte Seelen und Zeugen eines anderen Geistes in der Welt: der Achse der Liebe, die plötzlich auftaucht.

Diese Liebe macht in Wahrheit die ursprüngliche Erfahrung der Mystiker aus, sie kennt keine religiösen und kulturellen Grenzen. Sie ist allgegenwärtig. Ein Text des Muslim Ibn Al'Arabi (1165–1240) legt Zeugnis von dieser Erfahrung ab: „Es gab eine Zeit, in der ich meinen Nächsten von mir wies, wenn seine Religion nicht so war wie die meine. Nun hat sich mein Herz bekehrt und ist zu einem aufnahmebereiten Boden für jede Weise der Religion geworden: Es ist die Wiese der Gazellen, die Klausur der christlichen Mönche, Göttertempel, Kaaba der Pilger, Gesetzestafeln und Suren des Koran. Und zwar deshalb, weil ich mich zur Religion der Liebe bekenne und dorthin gehe, wohin sie mich trägt. Denn die Liebe ist mein Credo und mein Glaube."

Alles beginnt mit einer Begegnung

So erhaben und transzendent die Liebe auch erscheinen mag – sie wird stets in der Begegnung mit einem Geliebten oder einer Geliebten vermittelt. Für Franziskus[6] wird dies in allen zeitgenössischen biografischen Texten bezeugt, zum Beispiel von der *Legenda Perusina* und anderen. Er macht es spannend: Den Freunden gesteht er, dass er in eine wunderschöne Frau verliebt ist. Erst danach sagt er, um wen es sich dabei handelt: Es ist die „Frau Armut". Die Schrift *Speculum Perfectionis* („Spiegel der Vollkommenheit") feiert in einer überaus poeti-

---

6 Zu Franziskus und zu den hier erwähnten Textzeugnissen vgl. Boff, Franz von Assisi und die Liebe Gottes zu den Armen, Kevelaer 2010.

schen Sprache die Hochzeit zwischen Franziskus und der Frau Armut. Diese Erfahrung wird konkret gelebt in der Begegnung mit dem Aussätzigen und in der Entscheidung, mitten unter den Menschen am Rande zu leben, sie zu umarmen, aus demselben Napf mit ihnen zu essen und sie sogar zu küssen. Dieses liebevolle Überströmen geht auf die Liebe seines Lebens, Clara von Assisi, über. Nur selten findet sich in der Geschichte des Christentums eine so dichte, menschliche, zärtliche und spirituelle Liebe zwischen einem Mann und einer Frau wie die zwischen Franziskus und Clara. Weiter wird diese Liebe auf den gekreuzigten Christus und auf alle Gekreuzigten übertragen, denen er auf seinem Weg begegnet und die er „meine Christusse" nennt. Schließlich weitet er diese Erfahrung der liebenden Begegnung auf die gesamte Schöpfung aus und macht sich zu deren Bruder.

Thomas von Celano beschreibt in seiner Franziskus-Biografie diese Erfahrung folgendermaßen: „Wie erheiterte doch die Blumenpracht seinen Geist, wenn er ihre reizende Gestalt sah und ihren lieblichen Duft einsog! ... Und wenn er eine große Anzahl von Blumen fand, predigte er ihnen und lud sie zum Lob des Herrn ein, gleich als ob sie vernunftbegabte Wesen wären. So erinnerte er auch Saatfelder und Weinberge, Steine und Wälder und die ganze liebliche Flur, die rieselnden Quellen und alles Grün der Gärten, Erde und Feuer, Luft und Wind in lauterster Reinheit an die Liebe Gottes und mahnte sie zu freudigem Gehorsam. Endlich nannte er alle Geschöpfe ‚Bruder' und erfasste in einer einzigartigen und für andere ungewohnten Weise mit scharfem Blick seines Herzens die Geheimnisse der Geschöpfe; war er doch schon zur Freiheit der Herrlichkeit der Kinder Gottes gelangt."

Der deutsche Philosoph Max Scheler bezeichnet in seinem wenig bekannten, aber grundlegenden Werk *Wesen und Formen der Sympathie* (1926) Franziskus als das bemerkenswerteste Beispiel des Verhältnisses von *Eros* und *Agape* im Westen: „Es handelt sich um *eine einzigartige Bewegung von ‚Eros' und ‚Agape'* (einer in den Amor Dei und Amor in Deo ganz tief eingesenkten Agape) in einer urtümlich heiligen und genialischen Seele – und schließlich um eine Art so restloser *Durchdringung* beider, die das größte und erhabenste Beispiel gleichzeitiger ‚Vergeistigung des Lebens' und ‚Verlebendigung des Geistes' darstellt, das mir bekannt geworden ist. Nie wieder in der Geschichte des Abendlandes ist eine Gestalt der sympathetischen Gemütsmächte wieder erreicht worden, wie sie im hl. Franziskus bestand. Nie wieder auch die Einheit und Geschlossenheit ihrer gleichzeitigen Betätigung in Religion, Erotik, sozialem Wirken, Kunst, Erkenntnis. Das ist vielmehr die allgemeine Signatur aller Folgezeiten, dass das, was in Franziskus zur Einheit gebunden ist, sich in eine wachsende *Vielheit* von ‚Gestalten' des Gemütes und Herzens zerlegt – in verschiedene ‚Bewegungen' und in verschiedene *einseitige* Betätigungsfelder auseinandertritt."

Diese Seinsweise des Franziskus, die sich am Liebevollen orientiert, erlangt heute eine besondere Bedeutung, denn der aktuelle Kontext ökologischer Gefährdung verlangt dringend nach neuer Sympathie für die Natur, nach einer wahren zärtlichen Hingabe und einer liebevollen Sorge gegenüber der Erde, unserer Mutter. Anderenfalls wird es uns nicht gelingen, ihr eine hoffnungsvolle Zukunft zu gewährleisten. Wir haben es mit dem Hereinbrechen der Achsenzeit der Liebe zu tun.

Ähnliches lässt sich über Rumi[7] sagen. Er war ein gelehrter Theologe und widmete sich mit Eifer den spirituellen Übungen. Alles änderte sich, als er der geheimnisvollen Gestalt des umherziehenden Derwischs Shams aus Tabriz begegnete. Es war eine überwältigende Begegnung, in der Sufi-Tradition spricht man von einer „Begegnung zweier Ozeane".

Wir wissen nicht genau, was sich zwischen den beiden wirklich ereignet hat. Der wichtigste Biograf Rumis, Aflâki, erzählt, dass sie „sich drei Monate lang Tag und Nacht zurückzogen und im Fasten des *vesal* verharrten (der Einheit mit dem geliebten Gegenstand): Kein einziges Mal gingen sie hinaus und niemand hatte den Mut oder war in der Lage, ihre Einsamkeit zu stören."

Doch es bestand ein solcher Einklang, eine solche Empathie, eine solche Gemeinschaft und Vereinigung, dass daraus eine Achsenzeit der Liebe hervorging. Der geliebte Mensch Shams (im Arabischen: „Sonne") ermöglichte das Sich-Versenken in den göttlichen Geliebten. Die zwei Geliebten verschmolzen auf

---

[7] Zu Rumi vgl. vor allem Maulana Dchelaladdin Rumi, Von Allem und vom Einen. Aus dem Persischen und Arabischen von Annemarie Schimmel, München 1988. Die hier zitierten Gedichte sind leider nicht in deutscher Übersetzung verfügbar.

solche Weise, dass es in dem berühmten Buch *Diwan des Shams aus Tabriz* (Diwan meint Gedichtesammlung) schwierig ist, zu unterscheiden, wann Rumi von Gott und wann er von Shams spricht. Im Grunde kennt die einzige Bewegung der Liebe keine Aufspaltungen, sondern vereint alle Dinge, führt sie von Neuem zusammen und verbindet alle in einer letzten und radikalen Einheit, die so schön im Gedicht *Ich bin Du* zum Ausdruck kommt:

Du, der Du Djelaleddin kennst, Du, o Eines in Allem,
sag, wer ich bin: Sag: Ich bin Du.

Nach dem geheimnisvollen Verschwinden Shams' führt Rumi seine mystisch-liebevolle Identifikation mit dem Goldschmied Zarbuk und nach dessen Tod mit dem Schüler Chelebi fort. Diese Erfahrung der Einheit ist so schöpferisch, dass sie es Rumi ermöglichte, seine berühmten Gedichte zu schreiben, unter anderem das *Rubaiyat* („Gesang über die Gottesliebe") und das umfangreiche *Masnavi* (ein Gedicht von reflexiv-theologischem Charakter) mit fünfundzwanzigtausend Versen. Alle Gedichte Rumis sind nicht bloß Meditationen über den Geliebten. Sie sind dessen Konkretisierungen.

José Jorge de Carvalho, ein Experte der Sufi-Mystik und Übersetzer der mystischen Gedichte des Diwan des Shams aus Tabriz, stellt mit Nachdruck fest: „Im Akt der liebenden Hingabe repräsentiert der (menschliche) Geliebte nicht den (göttlichen) Geliebten, sondern er vergegenwärtigt ihn." Rumi bezeugt es selbst: „Glücklich der Augenblick, in dem wir uns im Palast niederlassen, zwei Leiber, zwei Gesichter, eine einzige Seele – du bist ich."

Die Trunkenheit und Verrücktheit der Liebe

Neben vielen anderen Ähnlichkeiten zwischen Rumi und Franziskus entspricht besonders eine der Erfahrung der Liebe: die Trunkenheit und die Verrücktheit. Über Franziskus wird berichtet, dass er, trunken vor Liebe, durch die Straßen und Felder gelaufen ist und gerufen hat: „Die Liebe wird nicht geliebt, die Liebe wird nicht geliebt!" Und er verkündete die Liebe Gottes, die in jeder winzigen Spalte des Lebens und in jeder noch so kleinen Spur der Schöpfung verborgen ist, im Vogel, der singt, im kleinen Tier, das mit Mühe den Weg zu überqueren versucht, in Schwester Sonne und Bruder Mond. Bonaventura schreibt in seiner Biografie, dass Franziskus von einem *spiritus ebrius* der Emotion und des Gefühls beherrscht gewesen sei. Mit Gefühl, trunken von der vorbehaltlosen Liebe zu allen Dingen und zu Gott, tanzte er, ergriff er zwei Stöcke und machte eine imaginäre Geige daraus. Er hatte seine Freude daran, provenzalische Liebeslieder zu singen, und das bis in die letzten Augenblicke seines Lebens. Die Biografen berichten: *cantando mortuus est* – „singend ist er verstorben".

Die Liebe zu Christus war so radikal, dass er sich mit ihm identifizierte. Auf geheimnisvolle Weise empfing er die Stigmata, die Wundmale des Gekreuzigten.

Diese Trunkenheit der Liebe erweckt den Anschein von Verrücktheit. Franziskus verstand sich tatsächlich als ein Verrückter. Vor allen versammelten Brüdern und in Anwesenheit des päpstlichen Gesandten sagte er: *„Deus voluit quod ego essem novellus pazzus in huius mundi* – Gott wollte, dass ich ein neuer Verrückter in dieser Welt sei." Bei dieser Verrücktheit handelt es sich nicht um eine Krankheit, die geheilt werden könnte. Es ist eine höchst authentische Seinsweise, eine alternative Lebensweise, die einen neuen Sinn und neue Werte in sich birgt, die die Grenzen dessen überschreiten, was innerhalb der Kategorien des herrschenden Systems vernünftig und normal ist. Diese Verrücktheit begründet eine neue Normalität. Die Orthodoxen Kirchen kennen jenen Typ von Heiligen, die „Gott-Verrückte" genannt werden. Es sind diejenigen, die wie Franziskus jenseits der anerkannten Richtlinien leben und von einer vollkommenen Selbstentäußerung Zeugnis geben, die eine vollkommene Hingabe ermöglicht. Die heilige Xenia wird in Russland als Prototyp der „Gott-Verrückten" angesehen, denn ihr Leben ähnelte dem des Franziskus: Sie war vollkommen mittellos und diente den Verlassenen auf den Straßen.

Rumi durchlief denselben Weg. Trunken von der Liebe, die er zusammen mit Shams aus Tabriz erfuhr, „lebte er", so berichtet sein Sohn und erster Biograf Sultan Walad, „wie ein Verrückter" und einer, „der vor Liebe verrückt geworden ist". In einem Gedicht aus dem Buch Rubaiyat sagt Rumi:

*Heute bin ich nicht trunken, ich bin die Tausende von
Trunkenen der Erde.
Ich bin verrückt und liebe die Verrückten heute.*

Als Ausdruck dieser göttlichen Verrücktheit führte er den *sama* ein, den ekstatischen Tanz, der den Menschen auf der Suche nach Gott darstellt. Man tanzt, indem man sich um seine eigene Achse dreht, die für die Sonne steht. Jeder tanzende Derwisch, wie die Tanzenden genannt werden, fühlt sich wie ein Planet, der um die Sonne kreist und unwiderstehlich von ihr angezogen wird, bis er selbst zur Sonne wird. In einem berühmten Text schreibt Rumi:

*Der Geliebte leuchtet wie die Sonne
und der Verliebte tanzt wie ein Atom.
Wenn das Frühlingslüftchen der Liebe weht,
dann fängt jeder Zweig, der nicht dürr ist, zu tanzen an.*

Diese Trunkenheit der Liebe wird von zahlreichen Mystikern bezeugt, zum Beispiel von Teresa von Avila (1515–1582) und Johannes vom Kreuz (1542–1591), die sie als einen Moment auf dem Weg zur mystischen Vereinigung mit Gott betrachten: „Die in den Geliebten verwandelte Geliebte."

In der Geschichte der Mystik weltweit finden wir kaum Liebesgedichte von solcher Unmittelbarkeit, Empfindsamkeit und Leidenschaft wie die, die Rumi erlebt und niedergeschrieben hat – ob es nun um die Liebe in ihrer Gegenwart oder in ihrer Abwesenheit geht. Wir gewinnen den Eindruck einer Fuge mit einer Vielzahl von Motiven, die kommen und gehen und alle Erscheinungsweisen der Liebe, der Sehnsucht, der Leidenschaft, des Schmerzes der Trennung und des Festes der Gegenwart zum Ausdruck bringen. In einem Lied aus dem *Rubiyat* singt Rumi:

*In diesem Frühling ist der Geliebte nicht bei mir.
Für mich gibt es keine Feste und keine Freude.
Man könnte sagen, dass der Garten keine Blüten mehr hat,
sondern Dornen;
dass uns aus den Wolken statt des Regens Steine herabfallen.*

Ein anderes Mal sagt er:

Und du bist nicht hier, die vielen Zerstreuungen taugen nichts.
Und da, wo du bist, wozu taugen sie da?

Du, einzige Sonne, komm! Ohne dich verwelken die Blumen, komm! Ohne dich ist die Welt nichts als Staub und Asche. Dieses Festmahl, diese Freude, ohne dich sind sie völlig leer, komm!

Wegen seiner Schlichtheit und Dichte im Ausdruck der Liebe ist das folgende Gedicht aus dem *Rubaiyat* eines der schönsten:

Deine Liebe gelangte bis zu meinem Herzen und ging glücklich wieder fort.
Sie zog das Kleid der Liebe an, doch wiederum ging sie fort.
Schüchtern bat ich sie, bei mir zu bleiben, wenigstens ein paar Tage.
Sie setze sich zu mir und vergaß zu gehen.

Dieses Gedicht erinnert uns an den berühmten Vers XI des Geistlichen Liedes von Johannes vom Kreuz:

Eil', deine Gegenwart mir zu enthüllen,
lass mich vom Anblick deiner Schönheit sterben;
denn sieh, mein Liebesschmerz ist nur zu stillen,
wenn du den dichten Schleier hebst, den herben,
und mich den Anblick lässt deiner Gestalt erwerben.
(Johannes vom Kreuz, 1952, 11)

Zum Schluss soll, um die Achse der Liebe deutlich zu machen, noch einmal Rumi das Wort haben:

Es ist die Zeit der Liebe:
Der Geliebte durchläuft mich wie das Blut in den Adern und in der Haut.
Von mir bleibt nichts als ein Name,
alles, was bleibt, ist Er.

Das Phänomen der Mystik ist eine Herausforderung für alle Analytiker, die nur zur Vernunft Zuflucht nehmen. Auf dem Weg der Vernunft bleibt die Mystik unverständlich. Doch wenn wir uns der Wirklichkeit des Geistes öffnen, jener Dimension, in der sich der Mensch selbst als Teil des Ganzen, als unendlicher Entwurf und als unaussprechliches Geheimnis entdeckt, dann ist die Mystik die angemessenste Sprache, um diese Erfahrung in ihrer Radikalität zum Ausdruck zu bringen. Der Philosoph Ludwig Wittgenstein bemerkt in seinem *Tractatus logico-philosophicus:* „Das Unaussprechliche zeigt sich, es ist das Mystische." Und er schließt mit folgendem lapidaren Satz: „Wovon man nicht reden kann, darüber muss man schweigen." Das ist es, was die Mystiker tun. Sie hüllen sich in vornehmes Schweigen oder sie singen in Worten, die uns zu ehrfurchtsvollem Schweigen führen.

Diese radikale Erfahrung vereint Rumi mit Franziskus. Selbst wenn sie geografisch sehr weit voneinander entfernt waren, so waren sie sich doch in der leidenschaftlichen Erfahrung der Liebe sehr nah.

9. Das Christentum und das Schicksal des Menschen

Das Christentum ist nicht als ein unberührbares Fossil oder Museumsstück zu verstehen. Wir sollten es vielmehr als einen lebendigen Archetyp betrachten, der in jeder Generation neue und letztlich unbegrenzte Möglichkeiten hervorbringt. In diesem Sinne ist die Frage berechtigt: Was kann das Christentum zusammen mit anderen spirituellen Wegen an Gutem zur Erhaltung der Unversehrtheit der Schöpfung und zu einer hoffnungsvollen Zukunft der Menschheit beitragen? Im Folgenden seien einige Perspektiven aufgezeigt.

Vor allem anderen bietet das Christentum etwas an, auf das niemand und keine Gesellschaft verzichten können: eine Utopie als Grundlage für Sinn und Erfüllung. Die christliche Utopie verheißt Folgendes: Das Ende des Universums und der Menschheit wird ein gutes Ende sein. Wir gehen keiner Katastrophe entgegen, sondern einer Verwandlung. Nicht Kreuz und Tod haben das letzte Wort, sondern die Auferstehung und das Leben. Jesus nannte diese Utopie Reich Gottes. Sie bedeutet eine grundlegende Revolution, die bewirkt, dass alle Dinge das in ihnen verborgene

Potenzial verwirklichen und so in einen absoluten Sinn eingehen, den wir Gott nennen.

Doch es gibt nicht nur die Utopie des Gottesreichs. Es herrscht auch die Anti-Utopie, das Anti-Reich. In Wirklichkeit wird das Reich Gottes in Konfrontation mit dem Anti-Reich errichtet. Die Kräfte des Anti-Reiches entfernen und trennen den Menschen von seiner wesenhaften Utopie. Das Anti-Reich verwirklicht sich in historischen Bewegungen und Menschen, die Diskriminierung, Hass und Mechanismen des Todes miteinander verbinden. Hier wird der unablässige Kampf zwischen dem Symbolischen und dem Diabolischen[8] ausgetragen. Angesichts dieses Kampfes bezeugt das Christentum: So stark sich das Diabolische auch geben mag – es wird ihm letztlich nicht gelingen, die Oberhand zu behalten. Das Symbolische verweist das Wirken des Diabolischen nicht nur in seine Schranken, sondern es erweist sich auch als fähig, in der Konfrontation mit ihm zu wachsen und es auf diese Weise zu überwinden. Das christliche Kreuz ist Ausdruck der Koexistenz des Diabolischen (Hass) und des Symbolischen (Beweis der Liebe).

Diese Struktur des dialektischen Miteinanders von Diabolisch und Symbolisch (Chaos und Kosmos) durchdringt die Wirklichkeit insgesamt sowie das Christentum selbst. Das Christentum umfasst Negationen und Widersprüche. Die theologische Tradition hat immer davon gesprochen, dass die Kirche *casta meretrix* sei, eine „keusche Hure": keusch, weil sie die Dimension des Geistes lebt, und Hure, weil sie so oft der Dimension des Fleisches verfällt.

Trotz dieses Widerspruchs, der der Wirklichkeit zugehört, können wir zuversichtlich in die Zukunft blicken und müssen dies nicht mit Schrecken tun. Das Licht hat mehr Recht auf seiner Seite als die Finsternis. Der Weg ist nach vorne und nach oben offen. Und er ist verheißungsvoll.

---

8 In diesem Zusammenhang ist der ursprüngliche Sinn der aus dem Griechischen stammenden Begriffe zu beachten: *symbállein* heißt „zusammenfügen", *diabállein* „durcheinanderwerfen". Von daher leiten sich die Begriffe „Symbol" und „Diabolos" ab. Letzterer ist also wörtlich der „Durcheinanderwerfer". Symbol meinte ursprünglich zwei Hälften einer auseinandergebrochenen Tontafel, die als Erkennungszeichen dienten, wenn sich die Bruchstellen aneinanderfügten. Hier meine ich Grundtendenzen der Wirklichkeit, die vom Beginn des Kosmos an am Werk sind und alle Ebenen der Wirklichkeit, einschließlich der menschlichen Psyche, durchziehen.

Die Grundlage für den letztendlichen Sieg dieser Utopie besteht in dem Faktum, dass sich Gott selbst durch seine Menschwerdung in dem Juden Jesus von Nazaret in unseren Evolutionsprozess hineinbegeben hat. Gott ist Mensch geworden, arm und ausgegrenzt. Von der Inkarnation her ist alles göttlich, weil alles von Gott angenommen wurde. Was Gott angenommen hat, dem hat er auch Ewigkeitswert verliehen. Das Universum und die Menschheit gehören unwiderruflich der Wirklichkeit Gottes selbst an. Auch wir sind Gott in der Weise der Teilhabe (*participatio*). Also sind wir von all unseren Irrungen unwiderruflich geheilt.

Die Wahrheit dieser Utopie erweist sich in der Auferweckung des Gekreuzigten. Doch Auferweckung bedeutet keine Wiederbelebung eines Leichnams, keine Rückkehr ins frühere sterbliche Leben, wie es bei Lazarus der Fall war, der schließlich von Neuem gestorben ist. Auferweckung ist eine Revolution innerhalb der Evolution: Die Auferweckung bringt den Menschen ans Ende der Geschichte, um ihn seiner absoluten Verwirklichung entgegenzuführen. Deshalb kommt sie der Konkretisierung der Utopie des Reiches Gottes in diesem konkreten Menschen Jesus von Nazaret gleich. Sie stellt eine Vorwegnahme und Realisierung dessen im kleinen Maßstab dar, was in Zukunft die strahlende Wirklichkeit aller und auch des gesamten Universums sein wird, dessen Teil wir sind. Der im Evolutionsprozess verborgene Mensch wird zum offenbar gewordenen Menschen an seinem glücklichen Ziel.

Wir alle werden auferstehen. Folglich leben wir nicht, um zu sterben. Wir sterben vielmehr, um zur Auferstehung zu gelangen, um mehr, besser und für immer zu leben. Die Auferstehung ist die Antwort auf die tiefste Sehnsucht des Menschen: den Tod zu überwinden und für immer in Fülle zu leben. Allein diese Tatsache offenbart mit guten Gründen die Bedeutung des Christentums als universales menschliches Phänomen.

Das Ereignis der Auferstehung hat natürlich die Frage aufgeworfen: Wer ist dieser, an dem sich die Utopie verwirklicht hat? Genau hier begann der Prozess der Deutung Jesu vonseiten seiner Jünger. Sie begannen, ihn Meister, Herr, Christus und Sohn Gottes zu nennen. Da keiner dieser Begriffe das Ganze seines Geheimnisses zu erfassen imstande war, wagten sie es, ihn Gott zu nennen, Gott, der inmitten unseres Elends Mensch geworden ist. Und hier verstummten sie ehrfurchtsvoll, denn es wurde ihnen klar, dass sie ein Mysterium mithilfe eines anderen Mysteriums erklären wollten. Kühnheit des Glaubens. Dies ist das Verständnis der Jünger und aller christlichen Kirchen.

Und wie hat Jesus sich selbst verstanden? Die sichersten Hinweise legen nahe, dass er das Bewusstsein besaß, Sohn Gottes zu sein. Folgerichtig nannte er Gott Vater, häufig auch Abba: Das ist Kindersprache und bedeutet „mein lieber Papi". Die Eigenschaften, die er diesem Vater beimaß, sind sämtlich mütterlich, denn Gott hat Mitgefühl, er sorgt sich um jedes einzelne Haar auf unserem Haupt, er erweist sich als unendlich barmherzig und liebt alle ohne Unterschied, auch Undankbare und Böse. Gott-Vater ist mütterlich, bzw. Gott-Mutter ist väterlich.

Indem Jesus sich als den Sohn Gottes entdeckte, ließ er auch uns entdecken, dass wir Söhne und Töchter Gottes sind. Dies ist die höchste Würde, die allen Menschen, und wenn sie auch noch so wenig gelten, zugesprochen wird, selbst denen, die sich nicht zum christlichen Glauben bekennen.

Als Söhne und Töchter Gottes sind wir einander Geschwister. Diese universale Geschwisterlichkeit ist die Basis für die Liebe, für die Achtsamkeit, für kooperative Beziehungen, für Integration und schließlich für den Traum der Demokratie als universalen Wertes.

All diese Vorzüge verwirklichten sich weder in einem Kaiser auf dem Höhepunkt seiner Macht noch in einem Priester während der Ausübung seines heiligen Amtes, sondern in einem einfachen Arbeiter aus der Provinz, arm und unbekannt, im Zimmermann oder Bauarbeiter Jesus. Dies war Gottes Weg, Mensch zu werden. Selber arm traf Jesus eine Option für die Armen und nannte sie „selig". Nicht deshalb, weil sie eifrig und gut wären, sondern weil er sie unabhängig von ihrer Moralität als die bevorzugten Adressaten des befreienden Handelns Gottes betrachtet. Als Gott des Lebens und Quelle des Lebens entscheidet sich Gott von ganzem Herzen für die, die am wenigsten Leben haben. Um das Reich Gottes Wirklichkeit werden zu lassen, beginnt er bei ihnen und dann öffnet er sich für die übrigen. Deshalb konnte Jesus (sinngemäß) sagen: Nur von ihnen aus wird das Evangelium zur Frohen Botschaft der Befreiung.

Jesus hat nicht nur eine Option für die Armen getroffen, sondern er identifizierte sich mit ihnen. Deshalb verbirgt er sich als oberster Richter hinter ihnen. „Was ihr dem Geringsten meiner Geschwister getan habt, das habt ihr mir getan und was ihr an ihm oder ihr unterlassen habt, das habt ihr an mir zu tun versäumt" (Matthäus 25,40.45). Die Frage der Armen ist zentral, von ihr leiten sich die Kriterien der wahren Kirche ab. Eine Kirche, die den Armen nicht den zentralen Stellenwert einräumt und sich die Sache der Gerechtigkeit für die Armen nicht zu eigen macht, verwaltet nicht das Erbe Jesu.

Wenn sich jemand als Sohn Gottes weiß und Gott seinen Vater nennt, dann betrifft das das Gottesverständnis selbst. Ein Mensch kann nur in der Kraft des Geistes sagen, er sei Sohn Gottes. Gott existiert also nicht in Einsamkeit, sondern er ist Gemeinschaft von Vater, Sohn und Geist. Das meint das Christentum, wenn es von Dreieinigkeit spricht. Es will Gott nicht vervielfachen, denn Gott ist immer einer und einzig. Der Einzige vervielfältigt sich nicht. Wir befinden uns hier nicht auf dem Gebiet der Mathematik. Die Dreizahl bringt den Archetyp vollkommener Gemeinschaft zum Ausdruck. Wenn Gott einer allein wäre, würde das Einsamkeit bedeuten. Da er dreieinig ist, herrscht Gemeinschaft aller mit allen. Die Drei bedeutet in diesem Zusammenhang weniger eine Zahl, sondern die Behauptung, dass die Bezeichnung „Gott" Unterschiede enthält, die einander nicht ausschließen, sondern einschließen, die einander nicht entgegengesetzt sind, sondern eine Gemeinschaft bilden. Die Unterscheidung geschieht im Hinblick auf die Einheit.

Wenn die letzte Wirklichkeit Beziehung und Gemeinschaft ist, dann versteht sich von selbst, was uns die Quantenphysik und die zeitgenössische Kosmologie lehren: dass alles Beziehung ist und nichts außerhalb der Beziehung existiert. Alles kommuniziert mit allem an allen Orten und unter allen Umständen, denn alles ist Sakrament des Gottes, der Gemeinschaft der Personen ist.

Diese Lehraussagen bedeuten nichts, wenn sie nicht zur Erfahrung werden und ein neues Bewusstsein begründen. Das Christentum ist weniger etwas, das man mit dem Verstand begreift, als vielmehr etwas, das emotional gelebt wird. Gemeinsam mit anderen spirituellen Traditionen der Menschheit hilft es uns, die heilige Flamme zu nähren, die wir tragen. Wir sind keine Umherirrenden im Tal der Tränen, sondern unter dem Licht und der Wärme dieser Flamme fühlen wir uns auf dem Berg der Seligpreisungen, als Söhne und Töchter der Freude.

10. Christus und Buddha umarmen einander

Das Verhältnis von Buddhismus und Christentum lässt sich auf zweierlei grundlegende Arten ergründen. Die erste nimmt beide als bereits in historisch-gesellschaftlicher Form vorliegende Größen hin. Die Untersuchung zeigt die Unterschiede, Widersprüche und Ähnlichkeiten auf.

Der andere Zugang versucht, den Buddhismus und das Christentum als Ergebnis eines tiefer liegenden Prozesses zu verstehen, betrachtet ihre Existenz also als etwas Geschaffenes. Buddhismus und Christentum sind die Ergebnisse einer vorausliegenden Energie, die in der Geschichte stets wirkt und in den beiden Religionen jeweils eine der möglichen Formen ihrer Konkretisierung findet. Buddhismus und Christentum haben ihre Daseinsberechtigung nicht aus sich selbst heraus. Beide verweisen auf eine tiefere Wirklichkeit. Sie erklären nichts, sondern müssen eher selbst erklärt werden. Dieser Weg ist der des ursprünglichen Denkens, wie wir es bei den radikalen Denkern in Ost und West vorfinden.

Ein Sutra aus der alten indischen Weisheitstradition veranschaulicht das: „Was das Denken denken lässt, kann nicht gedacht werden." Das heißt: Das Denken lebt aus einer Energie heraus, die es dem Denken ermöglicht hervorzubrechen. Diese Energie ist die stets vorhandene Grundlage des Denkens. Sie bleibt stets außerhalb, aber sie ermöglicht das Denken allererst.

Ähnlich verhält es sich mit Christentum und Buddhismus. Sie leben von etwas, was beiden vorausliegt. Sie entstehen aus einer Energie heraus, die zur existenziellen Erfahrung wird und wesenhaft Geheimnis aus dem heraus ist, was unnennbar und nicht zu entschlüsseln ist. Die unterschiedlichen Weisen, auf diese Wirklichkeit zu reagieren und ihr konkret Ausdruck zu verleihen, machen das aus, was wir Buddhismus oder Christentum nennen.

Möglicherweise kann uns die neue Kosmologie als Metapher dafür dienen, was diese letzte Realität bedeutet. Kosmologische

Theorien besagen, dass alles aus dem Urknall hervorgegangen ist. Doch vorher gab es das Quantenvakuum – das mit einem Vakuum nichts zu tun hat –, jenen Hintergrund von Energie, aus dem alles kommt und zu dem alles zurückkehrt. Er ist der „nährende Abgrund allen Seins". Für die Wissenschaft ist er durchaus erkennbar. Er ist das „Voraus" all dessen, was existiert. Doch was war vor diesem „Voraus"? Die Antwort „Nichts" trifft nicht zu, denn aus dem Nichts wird nichts. Es musste jemanden geben, der den Anfang von allem begründet hat, aus dem sich das Universum konstituierte. Dieses dem „Voraus" Vorhergehende trägt die Züge des Geheimnisses, des nicht Enträtselbaren und des Unnennbaren.

Die Religionen und spirituellen Traditionen nennen nun eben die letzte Wirklichkeit das „nicht Enträtselbare, Undefinierbare und das Geheimnis". Diese Wirklichkeit erhält auch den Namen Tao, Buddha, Allah, Olorum, Shiva, Jahwe, Christus und Gott.

Buddhismus und Christentum sind beide gleichermaßen aus der Erfahrung dieser letzten Wirklichkeit hervorgegangen. Sie wird als eine Gegenwart erfahren, die ausstrahlt, fasziniert und hinreißt bis zur Ekstase. Die Tatsache, dass der Mensch diese Gegenwart erfassen kann, die sich im ganzen Universum und in jedem Seienden anfanghaft zeigt, bedeutet für ihn einen evolutiven Vorteil.

Im Buddhismus spricht man vom Prinzip Buddha oder von der „Buddhaheit" (*buddhata*). Sie ist in jedem Seienden vorhanden. Das Christentum spricht von Christus als „Prinzip" (griechisch: *arché*, Ursprung; vgl. Kolosser 1,18) und vom kosmischen Christus, der „alles in allem" ist (Kolosser 3,11). Es ist der Christus, der in jedem geschaffenen Sein gegenwärtig ist.

Wenn ein Zen-Buddhist nach dem Wesen Buddhas fragt, dann fragt er nicht nach historischen Daten oder nach Lehren, sondern nach der zeitlosen und ewigen letzten Wirklichkeit, die in allen Seienden gegenwärtig ist und ihren höchsten Ausdruck in Sidharta Gautama gefunden hat. Wenn ein Christ im radikalen Sinne nach Christus fragt, dann will er etwas von Gott wissen, der in allen Seinsformen gegenwärtig ist und einen Fleisch gewordenen Ausdruck in Jesus von Nazaret gefunden hat.

In diese Wirklichkeit einzutauchen bedeutet, die höchste Glückseligkeit (*Nirwana*) auf dem Weg der Erleuchtung (*sato-*

ri) oder das Reich Gottes durch die Identifikation mit Christus („Nicht ich lebe, sondern Christus lebt in mir"; Galater 2,20) zu erlangen. Das Ziel einer jeden Seinsform und einer jeden Person ist es, mit dieser höchsten Wirklichkeit („der in den Geliebten verwandelten Geliebten" des Johannes vom Kreuz) zu kommunizieren und in sie einzugehen. Die höchste Wirklichkeit ist in ihrem ungeschuldeten Geschenkcharakter stets da. Es liegt an uns, sie anzurufen, uns für sie bereit zu machen und zu öffnen, damit sie zu uns gelangen kann. Von daher rührt die Notwendigkeit einer bestimmten Form und der verschiedenen spirituellen Wege.

Sowohl der Buddhismus als auch das Christentum nehmen ihren Ausgangspunkt bei der Erfahrung des Verfalls der konkreten Daseinsbedingungen des Menschen (*Conditio humana*) in Form des Leids (Buddhismus) oder der Sünde (Christentum). Diese Erfahrung verlangt nach Befreiung, entweder durch völlige Entäußerung (Buddhismus) oder durch wirkliche Umkehr (Christentum).

Wenn wir den Geist von allem völlig frei machen, dann lassen wir zu, dass die letzte Wirklichkeit in erfahrbarer Weise in uns erscheint. Dann werden wir gewahr, dass sie das innerste Wesen jeglicher Seinsform ist. Der Christ wird, wenn er sich mit Christus vereinen will, dessen Strahlkraft in allen Seinsformen erkennen, die in ihm und durch ihn geschaffen sind (Kolosser 1,16).

Für den Buddhismus ist das Mitleid (*karuna*) von grundlegender Bedeutung, auf dass niemand für sich allein gelassen leiden muss. Der Bodhisattva, derjenige, der die Erleuchtung erlangt hat, verzichtet darauf, ins Nirwana einzugehen, um wiedergeboren zu werden und mit allem Seienden, das leidet, solidarisch zu sein. Für das Christentum sind die bedingungslose Liebe, sogar gegenüber dem Feind, und das Mitleid mit dem, der am Wegrand liegt, grundlegend.

Die Energie der Buddhaheit ermöglichte es, dass Gautama zum Buddha wurde, so wie die Energie des Christusseins oder des „Christischen" (P. Teilhard de Chardin) Jesus von Nazaret zum Christus werden ließ. Diese Energien sind in Wahrheit ein und dieselbe Energie: Gott-Energie, die in den Dingen und Menschen in der Geschichte am Werk ist und sich in ihr offenbart und die die Dinge und Menschen erlöst und zu sich emporhebt, auf dass sie so ihre höchste Verwirklichung finden.

11. Wie kann man nach Auschwitz von Gott und vom Menschen denken?

Die christliche Lesart der Geschichte macht eine Dialektik des Widerspruchs offenbar. Das Reich Gottes – die Utopie Jesu – wird stets in Opposition zum Anti-Reich errichtet. Deshalb gibt es stets Märtyrer, Verfolgungen, fatale Konfrontationen. Eine andere Spielart dieser Dialektik stellt die Konfrontation zwischen Christus und denen, die ihm nachfolgen, einerseits und dem Antichristen und seiner Gefolgschaft andererseits heraus. Die Christen setzen darauf, dass der letzte Sieg von Christus und dem Reich Gottes errungen wird. Doch das ist nur im eschatologischen Sinne zu verstehen, das heißt, es gilt für das Ende der Menschheitsgeschichte und des Universums. Bevor die Geschichte zu ihrer Erfüllung gelangt, findet ein unaufhörlicher Kampf statt, der keine Ruhepause kennt. In manchen Situationen scheint es, als würde der Antichrist die Partie gewinnen und das Anti-Reich sich mit seiner Organisation etablieren. Das sind Zeiten furchtbarer Heimsuchungen, der Verzweiflung, aber auch des Widerstands und der Hoffnung entgegen allem Anschein.

Im 20. Jahrhundert war die Menschheit mit einer der klarsten Ausprägungen des Antichristen und des Anti-Reiches konfrontiert. Sie benutzte die Sprache und die Symbole des Christentums selbst, um die Völker zu unterjochen und die Inspirationskraft des Christentums zu missbrauchen. Bereits die christlichen Schriften warnen davor, dass der Antichrist alle Waffen Christi selbst in pervertierter Weise benutzen wird, um als der Retter der Welt zu erscheinen.

Genau dies vollzog sich bei einer der schrecklichsten Ausdrucksgestalten des Antichristen im Nazi-Projekt der sogenannten „Endlösung". Hitler und Himmler planten damit die vollständige Ausrottung aller Juden in Europa. Die Unmenschlichkeit der Vernichtungslager, insbesondere von Auschwitz im heutigen Polen, flößt Schrecken ein.

Dadurch wurde der Glaube der Juden und Christen heftig erschüttert. Die Frage lautet: Wie kann man nach Auschwitz Gott denken? Bis heute sind die Antworten unzulänglich, die beispielsweise der jüdische Philosoph Hans Jonas und die christlichen Theologen Johann Baptist Metz und Jürgen Moltmann versucht haben. Sie geben letztlich auf die Klage keine Antwort, die Papst Benedikt XVI. bei seinem Auschwitz-Besuch im Jahr 2008 so treffend formuliert hat: „Gott, wo warst du, als diese Verbrechen begangen wurden? Warum hast du nicht eingegriffen? Warum hast du geschwiegen?"

Die Frage ist noch radikaler zu stellen: Wie kann man nach Auschwitz, nach dem Holocaust, den Menschen denken, ganz zu schweigen von dem Genozid, der im Zuge der kolonialen Invasion Lateinamerikas im Zeichen von Kreuz und Schwert erfolgte und in dessen Verlauf Millionen unschuldiger Indigenes getötet wurden; ganz zu schweigen auch von der Unmenschlichkeit der Sklaverei, die über Jahrhunderte andauerte und unter dem wohlwollenden Blick der Christen gedieh?

Gewiss gehört das Unmenschliche zum Menschen. Doch wie viel Unmenschlichkeit hat in der Menschheit Platz? Das gedanklich ausgearbeitete Projekt, die Menschheit neu zu gestalten, war völlig skrupellos. An der Spitze musste die arisch-germanische Rasse stehen, einige sollten in die zweite und dritte Kategorie eingestuft und andere versklavt oder schlicht ausgerottet werden. Himmler, der Schöpfer dieses Plans, formulierte am 4. Oktober 1943 folgendermaßen: „Dies ist ein Ruhmesblatt unserer Geschichte, wie kein anderes jemals geschrieben werden wird."

Hitlers Nationalsozialismus nahm in vollem Bewusstsein eine vollständige Umkehrung der Werte vor. Verbrechen wurden für ihn zu Tugend und Ehre. Hier zeigen sich Merkmale der Apokalypse und des Antichristen.

Das aufwühlendste Buch, das ich in meinem Leben je gelesen und das ich bis heute nicht verarbeitet habe, ist *Rudolf Höß, Kommandant in Auschwitz. Autobiographische Aufzeichnungen.* Während der zehn Monate seiner Gefangenschaft in den Jahren 1946 und 1947, in denen er von den polnischen Behörden in Krakau verhört und schließlich zum Tod verurteilt wurde, hatte er Zeit, äußerst detailliert und mithilfe einer Länderliste zu beschreiben, wie er mehr als 1 Million Juden in die Gaskammern geschickt hatte. In Auschwitz wurde eine Tötungsfabrik errichtet, die tagtäglich Tausende von Leichen produzierte, was selbst die Exekutoren erschreckte. Es herrschte die „Banalität des Bösen", von der Hannah Arendt gesprochen hat.

Doch das Erschreckendste ist das Profil seiner Persönlichkeit.

Er verband den Massenmord nicht etwa mit Gefühlen der Perversität, des diabolischen Sadismus oder der puren Brutalität. Im Gegenteil: Er war zärtlich zu Frau und Kindern, ein Naturliebhaber, mit einem Wort: ein normaler Kleinbürger. Am Schluss, kurz vor seinem Tod, schrieb er: „Mag die Öffentlichkeit ruhig weiter in mir die blutdürstige Bestie, den grausamen Sadisten, den Millionenmörder sehen – denn anders kann sich die breite Masse den Kommandanten von Auschwitz gar nicht vorstellen. Sie würde doch nie verstehen, dass der auch ein Herz hatte, dass er nicht schlecht war" (Höß, 151). Je unbewusster das Böse getan wird, desto perverser ist es.

Verwirrend ist Folgendes: Wie kann sich eine solche Unmenschlichkeit neben der Menschlichkeit entfalten? Vermutlich kommt hier die Kraft der blinden Ideologie und der totalen Unterwerfung unter den Führer ins Spiel. Die Person Höß identifizierte sich mit der Funktion als Lagerkommandant und umgekehrt. Und Person und Kommandant identifizierten sich mit der Gestalt des Führers. Das war eine einzige Angelegenheit. Er erhielt den Befehl des Führers, die Juden zu vernichten, und folgerte daraus: „Ich stellte damals keine Überlegungen an – ich hatte den Befehl bekommen – und hatte ihn durchzuführen. Ob diese Massenvernichtung der Juden notwendig war oder nicht, darüber konnte ich mir kein Urteil erlauben, so weit konnte ich nicht sehen. Wenn der Führer selbst die ‚Endlösung der Judenfrage' befohlen hatte, gab es für einen alten Nationalsozialisten keine Überlegungen, noch weniger für einen SS-Führer. ‚Führer befiehl, wir folgen' – war keinesfalls eine Phrase, kein Schlagwort für uns. Es war bitterernst gemeint" (Höß, 120). Der leiseste Zweifel wurde als Verrat an Hitler gewertet.

Doch das Böse hat Grenzen und Höß verspürte sie am eigenen Leib. Es verbleibt immer ein verborgener Rest an Menschlichkeit, auch im schlimmsten Mörder. Höß selbst erzählt von zwei in ihr Spiel vertieften Kindern. Ihre Mutter wurde in die Gaskammer verbracht. Die Kinder wurden ebenfalls gezwungen, dorthin zu gehen. Höß kommentiert den Vorfall: „Den um Erbarmen flehenden Blick der Mutter, die bestimmt wusste, was geschieht, werde ich nie vergessen" (Höß, 128). Er machte eine unwirsche Handbewegung und der diensthabende Unterführer brachte sie ins Gas. Doch er gesteht, dass viele der an den Morden Beteiligten so viel Unmenschlichkeit nicht ertragen konnten und sich umbrachten. Er dagegen blieb kalt und grausam.

Hier zeigt sich ein extremer Fundamentalismus, der in totalitären Systemen und in blindem Gehorsam seinen Ausdruck findet: sei es auf politischer, religiöser oder ideologischer Ebene. Die Folge ist die Produktion des Todes der anderen.

Diese Fundamentalismen aber grassieren heute überall auf der Welt. In ideologischer Verblendung werden Kämpfer zu menschlichen Bomben; gläubige Anhänger des neoliberalen Denkens der Alternativlosigkeit und der vom Markt dominierten Gesellschaft sehen ungerührt zu, wie Millionen Menschen infolge des Profitstrebens um jeden Preis und der Überausbeutung an Hunger und Krankheiten sterben. Auch sie sind Mörder im Sinne des Antichristen.

Im Inneren des Christentums selbst stößt man auf Formen eines radikalen Fundamentalismus, der andere dämonisiert, öffentlich die Geschwisterlichkeit aufkündigt und in einigen Fällen so weit führt, dass im Namen christlicher Dogmen und des christlichen „Gottes" Gewaltverbrechen verübt werden. Hier stehen Teile des Opus Dei ebenso wie fundamentalistische Juden, die zusammen mit nordamerikanischen evangelikalen Christen an das unmittelbar bevorstehende Armageddon glauben.

Es ließen sich zahlreiche Beispiele dafür anführen, wo die Unmenschlichkeit hervorbricht. Nur indem wir das Menschliche mithilfe dessen stärken, was uns zu Menschen macht, nämlich mithilfe der Liebe, der Solidarität und des Mitgefühls, können wir unserer Unmenschlichkeit Grenzen setzen und das Herrschaftsgebiet des Antichristen und des Anti-Reichs eindämmen.

12. „Resilienz" und ökologisches Drama

Die globale Erwärmung hat unzweifelhaft begonnen. Die Situation ist im Hinblick auf die Zukunft des Planeten und der Menschheit dramatisch. Nicht nur ökologische Initiativen sind in höchstem Maß wachgerüttelt, sondern auch große Unternehmen und die Länder sowohl des Zentrums als auch der Peripherie.

Wir leben in Zeiten der drohenden Gefahr, denn es ist nicht auszuschließen, dass die Erde plötzlich in einen chaotischen Zustand gerät. Bevor dieser Zustand wieder schöpferische Kraft erlangt, können sich Katastrophen von nie gekanntem Ausmaß ereignen, die die Biosphäre schädigen und Hunderte Millionen von Menschen dahinraffen. Ich sehe in der jetzigen Situation keine Tragödie mit desaströsem Ausgang, sondern eine Krise, die läutert, als Schlacke hinter sich lässt, was nebensächlich ist, und einen Kern von Werten, Visionen und alternativem Handeln freilegt, der als Grundlage für einen zivilisatorischen Neubeginn dienen muss. Die klimatischen Veränderungen sind eine Krise des Übergangs zu einer höheren Stufe der Verwirklichung von Mensch und Natur. Es liegt an uns, dafür zu sorgen, dass die Klimakrise nicht zur Tragödie wird.

In diesem Kontext hat das Konzept der *Resilienz* seinen Platz. Dieser Begriff ist nicht sehr gebräuchlich, wird aber in bestimmten Denkrichtungen zunehmend benutzt. Ursprünglich stammt der Begriff aus der Metallurgie und der Medizin. In der Metallurgie meint er die Eigenschaft von Metallen, die großem Druck ausgesetzt waren und ohne Deformierungen wieder ihre ursprüngliche Gestalt annehmen können. In der Medizin, näherhin in der Osteologie, meint Resilienz die Fähigkeit der Knochen, nach schweren Brüchen wieder korrekt zusammenzuwachsen. Von diesen Fachgebieten her fand der Begriff auf anderen Feldern Anwendung, zum Beispiel in der Erziehungsarbeit, der Psychologie, Pädagogik und der Ökologie der Unternehmensführung. Mittlerweile wird er für alle lebendigen Phänomene verwendet, in denen Fluktuationen, Anpassungsprozesse, Krisen und die Überwindung von Situationen des Scheiterns und von Stresssituationen zu verzeichnen sind.

Resilienz umfasst zwei Komponenten: Der erste Aspekt bezieht sich auf den Widerstand angesichts von Widrigkeiten und die Fähigkeit, in großen Herausforderungen und bei starkem Druck die eigene Unversehrtheit zu bewahren. Die zweite Komponente meint die Fähigkeit, den Sprung nach oben zu schaffen, aus den Niederlagen zu lernen und in schöpferischer Weise die negativen Aspekte in neue Chancen und Vorteile zu verwandeln. Mit einem Wort: Alle komplexen, anpassungsfähigen Systeme sind ab einem bestimmten Niveau resiliente Systeme, auch die Menschen und das gesamte System Erde.

Die Krisen, die aus der globalen Erwärmung, aus der Trinkwasserknappheit, aus dem Rückgang der Artenvielfalt und der Kreuzigung der Erde entstehen – diese Erde trägt das Antlitz der Dritten Welt und hängt an einem Leidenskreuz –, dürfen nicht so sehr als ein Scheitern betrachtet werden, sondern müssen als Herausforderung zu substanziellen Veränderungen in den Blick genommen werden, die unser Leben im einzigen gemeinsamen Haus der Erde bereichern werden. Zu resignieren und nichts zu tun ist die schlechteste Haltung, die wir einnehmen können, denn sie bedeutet einen Verzicht auf die Resilienz und auf schöpferische Auswege.

Entsprechende Studien zeigen: Um resilient im positiven Sinne zu sein, müssen wir vor allem eine emotionale Verbundenheit pflegen. Auf die Erde bezogen bedeutet das, dass wir mit Verständnis, Mitgefühl und Liebe für sie sorgen müssen. Wir müssen ihren Schmerzen Linderung verschaffen, indem wir vernünftig und zurückhaltend mit ihren Ressourcen umgehen und auf alle Gewalt gegen ihre Ökosysteme verzichten. Der Norden muss den Rückzug von seiner Konsumgier in Richtung Nachhaltigkeit antreten, um dem Süden eine nachhaltige Entwicklung in Harmonie mit der Gemeinschaft des Lebens zu ermöglichen. Dass das Leben zahlreiche verheerende Katastrophen durchgemacht, sich darin stets als resilient erwiesen und ein Wachstum an Artenvielfalt erlebt hat, gibt Anlass zu Optimismus.

Es ist entscheidend, einen utopischen Horizont zu entwerfen, der unseren Alternativen Sinn verleiht. Alternativen werden das Neue gestalten, das uns allesamt rettet. Es ist wichtig, inmitten eines kranken Umfelds die Gesundheit zu erhalten. Dann wird Gaia ebenfalls gesundheitsfördernd und wohlwollend mit allen umgehen.

13. Die zentrale Rolle der Frauen für den christlichen Glauben

Die römisch-katholische Kirche ist weltweit eine der rückständigsten Institutionen, was die Befreiung der Frau betrifft. Sie schließt sie von allen Leitungsfunktionen aus. Für die Frau gibt es nicht sieben Sakramente, sondern nur sechs, denn die Priesterweihe wird ihr verweigert. Man argumentiert, dass Jesus nur Männer ausgewählt habe und dass deshalb bis ans Ende der Welt ausschließlich Männer in der Kirche zu entscheiden hätten. Nicht ohne Grund herrschen im römischen Katholizismus Zentralismus, Patriarchalismus und Machismus. Die römisch-katholische Kirche trennt das, was Gott im Schöpfungsakt verbunden hat (1. Mose 1,27).

Diese Strukturen sind diskriminierend und ungerecht und deshalb fehlt ihnen jede Existenzberechtigung. Sie können nicht auf die Unterstützung Gottes zählen. Im Gegenteil: Das Christentum hat drei strikt theologische und dem Christentum selbst immanente Argumente aufzubieten, die es zum großen Förderer der Würde und der herausragenden Stellung der Frau werden lassen könnten. Die androzentrische und patriarchalische Blindheit verhindert jedoch, dass das ganz offensichtlich Christliche erkannt wird. Die herrschenden Strukturen gehen nicht, wie man vorgibt, auf Glaubens- oder theologische Gründe zurück, sondern auf pure Ideologie.

Das *erste Argument* lautet: Nur als Mann und Frau gemeinsam sind die Menschen die Offenbarung Gottes in der Welt. Auf der ersten Seite der Bibel spricht Gott: „Lasst uns den Menschen machen nach unserem Bild und Abbild, als Mann und Frau lasst ihn uns schaffen" (1. Mose 1,27). Also gibt es in Gott etwas Weibliches und Männliches, das sich in Mann und Frau widerspiegelt.

Wir haben nur dann eine integrale Erfahrung Gottes, wenn wir stets beide, Mann und Frau, auf unserem Weg zum Absoluten miteinander verbinden. Wenn wir die Frau ausschließen, haben wir ein reduziertes und entstelltes Gottesbild. Ohne die Frau gibt es kein angemessenes Verständnis Gottes. Indem der Katholizismus die Frau ausgrenzt, behindert er die Menschen auf ihrer Gottsuche und letztlich verdunkelt er Gott.

Das *zweite Argument* lautet: Als sich Gott der Welt in Menschengestalt offenbart hat, begann er bei der Frau. Ich will diese Behauptung erläutern. Das Christentum bezeugt, dass Gott den Menschen nicht nur Licht und Wahrheit geschenkt hat. Er gab sich selbst hin, um in unserer Mitte zu wohnen.

Gemeinhin denken die Christen dabei an die Inkarnation des Gottessohnes im Menschen Jesus von Nazaret. Doch die Inkarnation ist nicht die erste Selbsthingabe Gottes an die

Menschheit. Davor steht die Selbsthingabe des Heiligen Geistes an Maria aus Nazaret. Im Lukasevangelium heißt es: „Der Heilige Geist wird über dich kommen und die Kraft des Allerhöchsten wird über dir ihr Zelt aufschlagen und deshalb wird der in dir Gezeugte Sohn Gottes genannt werden" (Lukas 1,35). Ein anderer Name für den Geist, der zu Maria gekommen ist, ist „die Kraft des Allerhöchsten". Er wird über der Frau Maria sein Zelt aufschlagen. Das hier benutzte griechische Wort lautet *episkiásei*. Es ähnelt dem Wort, das Johannes benutzt, um die Menschwerdung des Sohnes zum Ausdruck zu bringen: *eskénosen* (er schlug sein Zelt auf). Beide Worte haben die Wurzel *skené*, was im biblischen Griechisch Zelt oder Wohnstatt bedeutet.[9]

Der Sinn ist also folgender: Der Geist kommt über dich und bleibt für immer in dir. Diese Einwohnung des Geistes ist so intim, dass sie die Frau Maria zur Höhe des Göttlichen emporhebt. Deshalb heißt es folgerichtig: „... der in dir Gezeugte [wird] Sohn Gottes genannt werden." Nur eine, die zu Gott emporgehoben wurde, kann einen Sohn Gottes gebären. Das heißt also: Um sich der Welt hinzugeben, hat Gott zuerst eine Frau gewählt, um in ihr seine Bleibe zu finden. Von ihr aus strahlt er in die ganze Menschheit hinein aus.

Nach übereinstimmender Meinung aller christlichen Kirchen ist der Sohn, der in Maria gezeugt wurde und heranwuchs, der Sohn des Vaters selbst, der nun Mensch geworden ist. Das bedeutet: In einem bestimmten Augenblick der Geschichte nimmt eine Frau den Platz des Zentrums von allem ein. Sie ist die Trägerin des Geistes und gleichzeitig des ewigen Sohnes, der sich im zeitlichen Sohn, Jesus, der in ihrem Leib heranwächst, inkarniert.

Sie und nur sie allein ist der Tempel, in dem die Fülle der Gottheit wohnt: der Geist und der vom Vater gesandte Sohn. Sie finden Wohnstatt in einer einfachen Frau aus dem jüdischen Volk, Maria (Miriam) aus Nazaret. Ohne diese Frau hat das Gebäude des Christentums keinen Bestand.

Das *dritte Argument* lautet: Das entscheidende Faktum des Christentums und der gesamten Menschheitsgeschichte ist der endgültige Sieg des Lebens über den Tod. Dieser Sieg wird zuerst

---

9 Das neutestamentliche Griechisch lehnt sich hier an ein hebräisches Wort mit den gleichen Konsonanten an: Schechina (hebräisch: das Wohnen) meint Gott, der inmitten seines Volkes wohnt.

von einer Frau bezeugt, von Maria aus Magdala (Markus 16,9). Für die Christen endet das Leben nicht mit dem Tod, sondern mit der Auferstehung.

Die Auferstehung ist ungleich mehr als die Wiederbelebung eines Leichnams. Sie ist die volle Verwirklichung aller Potenziale des Menschen. Sie ist der an das Ziel und den Höhepunkt des Evolutionsprozesses gelangte Mensch. Dieses Ereignis vollzieht sich in der Auferstehung Jesu und wird von einer Frau, von Maria Magdalena, bezeugt. Sie war die Apostelin der Apostel, wie Bernhard von Clairvaux sagte, denn sie war es, die den Jüngern Jesu die Auferstehung des Meisters kundtat. Dass das Fundament des Christentums und der Kirche der Glaube an die Auferstehung ist, war stets unstrittige Lehre. Ohne diesen Glauben gäbe es weder Christentum noch Kirche. Wenn dem aber so ist, warum gesteht man dann den Frauen, die Jesus nie verlassen haben, nicht den zentralen Platz zu? Im Gegensatz zu den Männern standen sie am Kreuz, weinten beim Grab, bereiteten den Leichnam zur Bestattung vor, bestatteten ihn und gaben Zeugnis von Jesu Auferstehung.

Alles spricht dafür – der gesunde Menschenverstand, die Gleichheit der Geschlechter, die Gerechtigkeit innerhalb menschlicher Beziehungen und die Theologie –, die Frau in höchstem Maße zu würdigen. Zusammen mit dem Mann ist die Frau Hüterin des Heiligen gleich einer Lampe, die niemals erlischt.

Lediglich ein Christentum, das seine eigene ursprüngliche Großartigkeit verleugnet und Opfer des kulturellen Patriarchalismus des Westens geworden ist, kann die Frauen ausgrenzen und ihres unschätzbaren Beitrags berauben, durch den sie die gesamte Menschheit bereichern können.

Das Frauenforum in Peking, das von der UNO organisiert worden ist, war für von diesen Ideen inspirierte Christen eine Gelegenheit, zum ersten Mal auf Weltebene gegen die Diskriminierung vonseiten der Kirchen zu protestieren. Zugleich fanden sie in ihren echtesten Traditionen Motive, um die Würde der Frau und damit auch die des Mannes vor den Augen der gesamten Menschheit ins Recht zu setzen.

14. Aktualität des Zen-Buddhismus angesichts der gegenwärtigen Krise

Hinter den Finanz- und Wirtschaftskrisen steht eine Krise des Paradigmas der westlichen Zivilisation, die sich bereits seit dem 16. Jahrhundert durch das Projekt der Kolonialisierung der neu entdeckten Länder über die ganze Welt ausgebreitet hat. Dieser Zivilisationstyp ist vom Willen zur Herrschaft eines individuellen bzw. kollektiven Subjekts über andere, über die Völker und die Natur bestimmt. Seine wichtigste Waffe ist die instrumentell-analytische Rationalität, die die Wirklichkeit ausmisst, um sie besser zu kennen und sie so leichter unterwerfen zu können.

Nachdem wir uns fünfhundert Jahre lang dieser Art von Rationalität bedient haben, die ihre unleugbaren Vorteile mit sich gebracht und in der politischen Ökonomie des Kapitalismus ihre klarste Konkretisierung gefunden hat, stellen wir nun den hohen Preis fest, den sie uns abverlangt: die globale Erwärmung, die zum Großteil auf den unbegrenzten Industrialismus zurückgeht, und eine vorhersehbare ökologische und menschliche Katastrophe.

Nach meiner Überzeugung sind alle Anstrengungen, die diesem herrschenden Paradigma verhaftet bleiben und nicht darüber hinausgehen, unzulänglich und nicht geeignet, die Situation zu verbessern. Sie werden immer nur „Mehr vom Selben" bleiben. Wir müssen uns grundlegend ändern, um nicht unterzugehen. Jetzt ist es Zeit, uns von anderen Zivilisationen inspirieren zu lassen, die eine wohltuendere Weise praktiziert haben, den Planeten zu bewohnen. Was gestern gut war, kann auch heute noch seinen Wert haben.

Als einen möglichen Bezugspunkt wähle ich den Zen-Buddhismus, vor allem, weil er auf den gesamten Osten Einfluss ausgeübt hat. Der Zen-Buddhismus ist in Indien entstanden. Über China gelangte er nach Japan und erfasste dann wichtige gesellschaftliche Schichten im Westen und in der ganzen Welt. Zen ist keine Religion. Es handelt sich um eine Weisheit, eine Weise, sich so mit allen Dingen ins Verhältnis zu setzen, dass dabei stets das rechte Maß, die Überwindung der Dualismen und der harmonische Einklang mit dem Ganzen angestrebt werden.

Als Erstes hebt der Zen-Buddhismus das Ich von seinem

Thron. Dieses Ich ist die Grundlage für den westlichen Individualismus und Anthropozentrismus. Für den Zen-Buddhismus ist das Ich niemals von der Natur getrennt, es ist vielmehr Teil des Ganzen. Dann entthront er die konventionelle Vernunft und zeigt, dass es eine höhere Art von Vernunft gibt, die es verschmäht, der Wirklichkeit nur mit Begriffen und Formeln beizukommen. Im Gegensatz dazu konzentriert sie sich mit höchstmöglicher Aufmerksamkeit auf die direkte Erfahrung der Wirklichkeit in der Weise, wie diese sich zeigt.

„Was ist Zen?", fragte ein Schüler den Meister. Und dieser gab zur Antwort: „Die alltäglichen Dinge; wenn du Hunger hast, iss; wenn du schläfrig bist, dann schlaf." „Aber tun das nicht alle normalen Menschen?", entgegnete der Schüler. „Nun", antwortete der Meister, „die normalen Menschen denken, während sie essen, an andere Dinge, und wenn sie schlafen, machen sie kein Auge zu, weil sie voller Sorgen sind."

Was hat diese Antwort zu bedeuten? Sie meint, dass wir im Akt des Essens vollständig da sein und uns beim Schlafen ganz dem Schlaf widmen sollten. So meinte bereits die Mystikerin Teresa von Avila: „Wenn Truthahn, dann Truthahn, wenn Fasten, dann Fasten!" Dies ist die Haltung des Zen. Sie beginnt damit, dass man die alltäglichsten Dinge wie Atmen, Gehen, einen Teller Leeren mit größter Aufmerksamkeit verrichtet. So gibt es keine Dualität mehr: Wir sind ganz in dem, was wir tun. Deshalb folgen wir der inneren Logik der Wirklichkeit, ohne in sie eingreifen zu wollen. Sie mit dem Höchstmaß an Aufmerksamkeit anzunehmen macht uns ganz, denn wir zerstreuen uns nicht mithilfe von Vorstellungen und Worten.

Diese Haltung fehlte dem globalisierten Westen. Wir zwingen stets unsere Logik der Logik der Dinge auf. Wir wollen herrschen. Und es kommt der Moment, an dem die Dinge sich auflehnen, wie wir zurzeit feststellen. Wenn wir wollen, dass uns die Natur nützlich ist, dann müssen wir ihr gehorchen.

Wir werden nicht aufhören, zu produzieren und Wissenschaft zu betreiben, doch wir werden dies äußerst bewusst und in Einklang mit dem Rhythmus der Natur tun. Menschen aus dem Osten und aus dem Westen, Christen und Buddhisten können Zen so nutzen, wie große und kleine Fische im selben Ozean miteinander leben können. Zen ist eine andere Art, zu denken und zu leben, die unsere in der Krise befindliche Kultur bereichern und uns helfen kann, einen integrativeren Weg zu finden.

Betrachten wir genauer, wie der Zen-Buddhismus im Alltag gelebt werden kann. Ganz grundsätzlich gilt: Er ist keine Theorie oder Philosophie. Er ist vielmehr eine Praxis des täglichen Lebens, die sich in die Tradition der großen Weisheitslehren der Menschheit einreiht. Zen kann von den unterschiedlichsten Menschen gelebt werden, von einfachen Hausfrauen, Geschäftsleuten und Angehörigen unterschiedlicher Glaubensüberzeugungen.

Für den Zen-Buddhismus stellt, wie ich bereits betont habe, nicht die für unsere westliche Kultur so wichtige Vernunft den Mittelpunkt dar, sondern das Bewusstsein. Für in der westlichen Tradition denkende Menschen ist das Bewusstsein etwas Mentales, Verstandesmäßiges. Für den Zen-Buddhismus verfügt jeder Sinn des Körpers über sein Bewusstsein: der Gesichtssinn (Auge), der Geruchssinn, der Geschmackssinn, das Gehör und der Tastsinn. Ein sechster Sinn ist die Vernunft.

Alles ist darauf konzentriert, mit der größtmöglichen Aufmerksamkeit ein jedes Bewusstsein zu aktivieren, wobei die Dinge des alltäglichen Lebens den Ausgangspunkt bilden. Eine Zen-Haltung einzunehmen heißt, jede Nuance des Grüns wahrzunehmen, jedes Geräusch zu vernehmen, jeden Geruch zu empfinden, jede Berührung zu bemerken und auf den Gang der Vernunft in ihrem endlosen Fluss zu achten. Deshalb baut Zen auf der Konzentration, der Aufmerksamkeit, der Achtsamkeit und der ganzen Hingabe an das auf, was man tut. So kann es zum Beispiel Zen sein, eine Katze aus dem Sessel aufzuscheuchen oder die Hunde aus dem Zwinger zu holen und sie in den Garten laufen zu lassen.

Es wird erzählt, dass ein Samurai-Krieger nach einer Schlacht einen Zen-Meister aufsuchte und ihn fragte: „Was ist der Himmel und was die Hölle?" Der Meister gab zur Antwort: „Für Leute, die Waffen tragen wie du, verschwende ich keine Minute." Der Samurai geriet in Zorn, zog sein Schwert und sagte: „Dafür könnte ich dich in diesem Augenblick töten, ohne Scham zu empfinden." Darauf erwiderte der Meister ruhig: „Genau das ist die Hölle." Der Samurai sackte angesichts der Ruhe des Meisters in sich zusammen, steckte das Schwert in die Scheide und machte sich davon. Und der Meister rief ihm hinterher: „Und das ist der Himmel."

Der Zen-Methode kommt es auf die vollständige Integration der Person in die Wirklichkeit an, in der sie lebt. Wir finden uns inmitten von unterschiedlichen Dingen vor und ordnen unser Leben.

Zen strebt nach der Leere. Doch diese Leere ist nicht leer. Sie ist der freie Raum, in dem alles Gestalt gewinnen kann. Deshalb dürfen wir nicht an dieses oder jenes gebunden bleiben. Als ein Schüler den Meister fragte: „Wer sind wir?", antwortete er schlicht, indem er ins Universum hinaus deutete: „Wir sind all das." Du bist der Planet, der Baum, der Berg, die Straße, das gesamte Universum.

Wenn wir uns vollkommen auf solche Wirklichkeiten konzentrieren, dann identifizieren wir uns mit ihnen. Doch das ist nur möglich, wenn wir leer sind und zulassen, dass die Dinge völlig von uns Besitz ergreifen. Dann sind wir mit dem Ganzen eins. Dieser Weg erfordert viel Disziplin. Es ist alles andere als leicht, die Fluktuationen eines jeden einzelnen Bewusstseins zu überschreiten und ein einheitsgebendes Zentrum zu schaffen.

Dieses Streben nach der ursprünglichen Einheit hat eine kosmologische Grundlage. Heute wissen wir, dass alle Seinsformen aus den chemischen Elementen hervorgehen, die sich im Inneren der großen roten Sterne gebildet haben, bevor sie explodierten. Wir alle waren einst in dem weißglühenden Inneren dieser Sterne vereint. Wir verfügen über ein kosmisches Gedächtnis von dieser unserer Abstammung. Und wir wissen auch, dass wir dieselbe genetische Codierung haben wie alle anderen Lebewesen. Wir entstammen einem Urbakterium, das vor 3,8 Milliarden Jahren in Erscheinung getreten ist. Wir alle bilden die eine und heilige Gemeinschaft des Lebens.

Zen lädt dazu ein, auf der Suche nach einem einheitsstiftenden Zentrum eine innere Reise anzutreten. Diese Reise ist allen Menschen möglich. Sie ist zuweilen länger und beschwerlicher als die zum Mond oder ins Innere der Erde.

15. Yin und Yang: das Gleichgewicht, das wir brauchen

In der Tradition des Tao betrachtet man die Geschichte als dialektisches und komplementäres Spiel zweier Prinzipien: Yin und Yang. Die Kräfte Yin und Yang liegen allen menschlichen und kosmischen Phänomenen zugrunde. Auf der Suche nach Verständnis und einem Ausweg aus der globalen Krise kann uns diese ganzheitliche Betrachtungsweise der Weisen aus dem Fernen Osten möglicherweise inspirieren.

Um sich diese beiden Prinzipien vorzustellen, kann man einen Berg zum Ausgangspunkt nehmen. Der von Schatten bedeckte Nordhang ist Yin; das bedeutet im Chinesischen Schatten und entspricht der Dimension der Erde. Es kommt in den Eigenschaften der *anima*, des Weiblichen in Männern wie in Frauen, zum Ausdruck: Achtsamkeit, Zärtlichkeit, Annahme, Kooperation, Intuition und Empfänglichkeit für die Geheimnisse des Lebens.

Das Yang bezeichnet die Leuchtkraft der Südseite und entspricht der Dimension des Himmels. Es gewinnt Gestalt im *animus*, den männlichen Eigenschaften in Mann und Frau wie Arbeit, Wettbewerb, Kraftanwendung, Objektivierung der Welt, Analyse und diskursive sowie technische Vernunft.

Die tausendjährige Weisheit des Taoismus lehrt, dass sich diese beiden Kräfte in einem Gleichgewicht befinden müssen, damit der Gang der Dinge dynamisch und harmonisch verläuft. Es kann vorkommen, dass eine Kraft die Vorherrschaft über die andere hat, doch es kommt darauf an, dass im zeitlichen Verlauf insgesamt das prekäre Gleichgewicht zwischen beiden angestrebt wird.

Yin und Yang verweisen beide auf eine ursprünglichere Energie zurück, einen Kreislauf, in dem beide enthalten sind: das Shi. Shi ist die kosmische Energie, die alles im Sein hält, durchdringt und bewegt. Manche Theologen afrobrasilianischer Religionen nennen diese Energie das universale Axé; es hat dieselben Funktionen wie das Shi. Christen sprechen vom *Spiritus Creator*, dem Schöpfergeist, der die gesamte Schöpfung erfüllt und in Dynamik versetzt. Die modernen Kosmologen beziehen sich auf die kosmologische Konstante, die Grundenergie, die jenen unvorstellbar winzigen Punkt hervorgebracht hat, der sich aufblähte und danach im Urknall explodierte und der dem gesamten Universum seinen Ursprung verliehen hat. Nach dieser unermesslichen Explosion entfaltete sich die Grundenergie in die vier Grundkräfte, die stets zusammenwirken und allen Ereignissen zugrunde liegen: die Gravitation, die elektromagnetische Kraft, die starke und die schwache Kernkraft. Diese Kräfte lassen sich nicht theoretisch erklären.

Unsere westliche globalisierte Kultur hat mit dieser integrativen und dynamischen Sichtweise gebrochen. Sie betont das Yang so sehr, dass das Yin blutarm wird. Sie hat es zugelassen, dass das Rationale das Emotionale zurückdrängt, dass sich die Wissenschaft mit der Spiritualität verfeindet, dass die Macht das Charisma verleugnet, dass die Konkurrenz gegenüber der Kooperation vorherrscht und dass die Ausbeutung der Natur die Sorge um sie und den ihr geschuldeten Respekt außer Acht lässt. Dieses Ungleichgewicht hat den Anthropozentrismus, den Patriarchalismus, die spirituelle Verarmung, die materialistische Kultur und die aktuelle globale ökologische Krise bewirkt.

Nur durch die Integration des Yin, der *anima*, der Logik des Herzens (B. Pascal), der Welt der Werte und einen Ausgleich der Exzesse des Yang, des *animus*, also des Herrschaftsgeistes, können wir die nötigen Kurskorrekturen vornehmen und unserem planetarischen Projekt eine neue Richtung geben.

In der abendländischen Tradition bringen wir dasselbe Phänomen von Yin und Yang mithilfe zweier mythologischer Gestalten zum Ausdruck: Apollon und Dionysos. Die Dimension Apollon steht für die Ordnung, die Vernunft, die Disziplin, mit einem Wort: für das Gesetz des Tages, auf dessen Grundlage die organisierte Gesellschaft errichtet ist. Die Dimension Dionysos steht für die Freiheit gegenüber den Gesetzen, für den Mut, Verbote zu übertreten, für die Feier der Lebensfreude und den Beginn von etwas Neuem, mit einem Wort: für das Gesetz der Nacht, jenem Moment, in dem die Zensuren wegfallen und alles grau und undefiniert erscheint.

Zurzeit erleben wir eine ganz besondere vom Exzess geprägte Situation. Das Zusammenwirken von Yin und Yang, von Apollon und Dionysos ist uns abhandengekommen. Wenn wir kein Gleichgewicht finden, kann sich alles ereignen, sogar eine menschengemachte Katastrophe. Wir bedürfen einer verrückten

Weisheit, die eine neue Synthese zwischen diesen beiden Polen ermöglicht, um einen neuen Weg zu finden, der uns eine Zukunft garantiert.

16. Von der Möglichkeit des Glücks in diesem Leben

Glück ist eines der am meisten ersehnten Güter des Menschen. Doch es kann weder auf dem Markt noch an der Börse oder bei den Banken erworben werden. Dennoch ist rund um das Glück eine ganze Industrie entstanden. Mit Versatzstücken aus Wissenschaft und Psychologie versucht man, eine unfehlbare Formel für „das Leben, von dem Sie schon immer geträumt haben", zu finden. Doch konfrontiert mit dem unerbittlichen Lauf der Dinge erweist sich dieses Versprechen als unhaltbar und als Täuschung. Interessanterweise spürt die Mehrzahl derer, die das Glück suchen, dass sie es nicht in der bloßen Wissenschaft oder der Technik finden können. Sie wenden sich an Vertreter einer Religion, suchen spirituelle Zirkel oder charismatische Gruppen auf, suchen Rat bei irgendeinem Guru, lesen das Horoskop oder setzen sich mit dem I-Ging auseinander. Sie sind sich dessen bewusst, dass die Entstehung von Glück keine Sache der analytischen oder berechnenden Vernunft ist, sondern der empfindsamen Vernunft und der emotionalen Intelligenz. Denn das Glück muss von innen heraus entstehen, aus dem Herzen und dem Empfinden.

Man kann das Glück nicht auf direktem Weg ansteuern. Wer dies versucht, wird fast immer unglücklich sein. Das Glück entsteht aus etwas ihm Vorausliegendem: aus dem Wesen des Menschen und einem Gespür für das rechte Maß in allem.

Das Wesen des Menschen besteht in der Fähigkeit zur Beziehung. Der Mensch ist ein Knotenpunkt in einem Netz von Beziehungen, eine Art Wurzelstock, dessen Wurzeln nach allen Richtungen verlaufen. Er verwirklicht sich nur dann selbst, wenn er ständig seine allseitige Relationalität aktiviert und mit dem Universum, der Natur, der Gesellschaft, den Menschen, mit seinem eigenen Herzen und mit Gott in Beziehung tritt. Diese Beziehung zum Anderen ermöglicht ihm Austausch, Bereicherung und Verwandlung. Aus diesem Spiel von Beziehungen geht das Glück hervor bzw. auch Unglück nach Maßgabe der Qualität dieser Beziehungen. Außerhalb der Beziehung ist Glück nicht möglich.

In Beziehung zu sein allein genügt jedoch nicht. Es kommt auch darauf an, einen tiefen Sinn für das rechte Maß innerhalb der konkreten Daseinsbedingungen des Menschen, der *Conditio humana,* zu leben. Die *Conditio humana* umfasst Erfüllung und Scheitern, Gewalt und Zärtlichkeit, Monotonie des Alltags und überraschende Ereignisse, Gesundheit, Krankheit und letztlich den Tod.

Glücklich zu sein heißt, in diesen polaren Beziehungen das rechte Maß zu finden. Daraus erwächst ein schöpferisches Gleichgewicht: nicht zu pessimistisch die Schattenseiten wahrnehmen und nicht zu optimistisch die hellen Seiten sehen. Es geht darum, in konkretem Sinne realistisch zu sein, die Unvollkommenheit des menschlichen Lebens in schöpferischer Weise anzunehmen und Tag für Tag zu versuchen, auf krummen Linien gerade zu schreiben.

Glücklichsein hängt von dieser Haltung ab, insbesondere dann, wenn wir vor unverrückbaren Grenzen stehen, zum Beispiel Scheitern und Tod. Es bringt uns nicht weiter, dagegen zu revoltieren oder zu resignieren. Alles wird jedoch anders, wenn wir schöpferisch sind und aus den Grenzen Quellen der Energie und des Wachstums machen. Dieses Verhalten ist Resilienz: die Kunst, aus Schwierigkeiten und aus dem Scheitern Vorteile zu ziehen.

Hier hat ein spiritueller Sinn des Lebens seinen Ort, ohne den das Glück mittel- und langfristig keinen Bestand hat. Unter einer solchen Perspektive wird deutlich, dass der Tod nicht der Feind des Lebens ist, sondern ein Sprung in eine andere, höhere Ordnung. Wenn wir uns in der geöffneten Hand Gottes wissen, dann werden wir ruhig und heiter. Sterben heißt, in die Quelle einzugehen. Pedro Demo, ein brasilianischer Denker, schreibt in seiner dreibändigen *Dialektik des Glücks:* „Wenn es auch nicht funktioniert, den Himmel auf die Erde zu holen, so können wir den Himmel der Erde wenigstens näher bringen." Darin besteht das schlichte mögliche Glück, das wir als gefallene Söhne und Töchter Adams und Evas mit Mühe erringen können.

Was heißt es jedoch genau, glücklich zu sein und sich glücklich zu fühlen? Wir können diese Frage nicht zum Verstummen bringen. Wie kann man in einer unglücklichen Welt glücklich sein oder sich glücklich fühlen? Mehr als die Hälfte der Weltbevölkerung leidet und lebt unterhalb des Armutsniveaus. Die Menschen sind von Erdbeben, Tsunamis, Orkanen, Überschwemmungen und Dürrekatastrophen bedroht. Die globale Erwärmung ist eine schwerwiegende Bedrohung der Stabilität des Planeten und der Zukunft der Menschheit. Ist es angesichts dieser Aussichten möglich, glücklich zu sein?

Diese Widersprüche beeinträchtigen die Glückssuche nicht. Die Suche nach Glück ist von Dauer, obwohl es so selten zu finden ist. Das veranlasst uns zu einem kritischen, nicht naiven Diskurs über die Chancen eines möglichen Glücks.

Wie bereits ausgeführt, ist Glück von Dauer nur möglich, wenn es dem relationalen Charakter des Menschen entspringt. Glück kann nur anhalten, wenn wir lernen, das rechte Maß inmitten der Widersprüche der *Conditio humana* anzustreben. Glücklich ist der, dem es gelingt, das Leben so, wie es ist, anzunehmen und auf krummen Linien gerade zu schreiben.

Pedro Demo, meiner Meinung nach einer der schärfsten Denker Brasiliens, unterscheidet zwei Zeiten des Glücks: die *vertikale* und die *horizontale* Zeit. Die *vertikale* Zeit meint den intensiven, ekstatischen und zutiefst erfüllten Augenblick: die erste Begegnung der Liebe, die Erfahrung, in einem schwierigen Wettbewerb bestanden zu haben, die Geburt des ersten Kindes. Hier *erlebt* der Mensch das Glück. Es ist ein höchst erfüllender Augenblick, doch er geht vorüber.

Die *horizontale* Dimension erstreckt sich auf den Alltag und die Routine mit ihren Begrenzungen. In Weisheit mit den Grenzen umzugehen, zu verstehen, wie man sich angesichts der Widersprüche verhält, aus jeder Situation das Beste zu machen – dies bewirkt, dass der Mensch glücklich *ist*.

Zur Verdeutlichung kann die Ehe als Beispiel dienen. Alles beginnt mit der Verliebtheit, der Leidenschaft und der Idealisierung ewiger Liebe, die dazu führt, dass zwei Menschen zusammenleben möchten. Dies ist die Erfahrung des *Erlebens* von Glück. Doch im Lauf der Zeit weicht die intensive Liebe der Routine und der Wiederholung ein und derselben Art von Beziehung mit ihrem natürlichen Abnutzungsprozess. Angesichts dieser in einer Zweierbeziehung normalen Situation müssen die beiden lernen, miteinander zu sprechen, Dinge zu tolerieren, zu verzichten und die Zärtlichkeit zu kultivieren, ohne die die Liebe sich abschwächt bis hin zur Gleichgültigkeit. Hier entscheidet sich, ob der Mensch glücklich *sein* kann oder unglücklich *ist*.

Um über die Zeit hinweg glücklich zu *sein*, bedarf es des *Einfallsreichtums* und der *praktischen Weisheit*. Einfallsreichtum ist die Fähigkeit, mit der Routine zu brechen: einen Freund zu besuchen, ins Theater zu gehen, ein Programm außer Haus zu planen. Zur praktischen Weisheit gehört es, Fragen zu entschärfen, Grenzen leichten Herzens anzunehmen, zu wissen, dass sich Herz auf Schmerz reimt. Wer das nicht tut, wird für den Rest des Lebens unglücklich sein.

Das *Erleben* von Glück ist ein flüchtiger Augenblick. Glücklich*sein* ist ein Zustand von Dauer. Dieser Zustand setzt sich fort, weil er immer wieder von Neuem geschaffen und genährt wird. Jemand kann Glück erleben, ohne glücklich zu sein. Das heißt, er kann die intensive Erfahrung des Glücks (flüchtiger Moment) machen, wenn er zum Beispiel dem Bruder wieder begegnet, der knapp dem Tod entronnen ist oder der nach langer Zeit im Ausland wieder nach Hause zurückkehrt. Ebenso kann jemand glücklich *sein* (andauernder Zustand), wenn er ein relativ harmonisches Leben führt, ohne Glück zu *erleben* (flüchtiger Augenblick), das heißt, ohne dass ihm etwas Hinreißendes und Überraschendes widerfährt.

Glücklichsein hat Anteil an unserer Unvollkommenheit. Niemals ist das Glück in vollem Sinne und ungetrübt vorhanden. Pedro Demo hat die wunderbare Metapher geprägt: „Glücklichsein folgt der Logik der Blume: Man kann ihre Schönheit nicht von ihrer Zerbrechlichkeit und vom Verwelken trennen."

17. „Bruttoinlandsglück"

Bhutan ist ein winziges Königreich an den Hängen des Himalaja, eingezwängt zwischen China, Indien und Tibet. Es hat kaum zwei Millionen Einwohner. Die größte Stadt ist die Hauptstadt Thimphu mit etwa 50.000 Einwohnern. Es besteht die Gefahr, dass das Land innerhalb weniger Jahre verschwindet, falls es von den Himalaja-Seen überflutet wird, die sich aufgrund der Gletscherabschmelzung füllen. Bhutan wird von einem König und von einem Mönch regiert, der nahezu die gleiche Autorität wie der König besitzt. Es gilt als eines der kleinsten und am wenigsten entwickelten Länder der Welt. Alles in allem ist die Gesellschaft in höchstem Maße integriert, patriarchalisch und matriarchalisch zugleich, da das einflussreichste Familienmitglied zum Familienoberhaupt wird.

Bhutan besitzt etwas in der Welt Einzigartiges, was allen Ländern zur Nachahmung empfohlen werden sollte: den „Index des Bruttoinlandsglücks". Für den regierenden König oder Mönch ist das, was an erster Stelle zählt, nicht das Bruttoinlandsprodukt, das alle produzierten materiellen Güter und Dienstleistungen eines Landes erfasst, sondern das Bruttoinlandsglück. Dieses ergibt sich aus den politischen Entscheidungen, einer guten Regierung, der gleichmäßigen Verteilung der Einkommen, die aus den Überschüssen einer Subsistenzlandwirtschaft stammen, der Tierzucht, der Gemüseernte, dem Verkauf von Energie an Indien, dem Fehlen von Korruption, der allgemeinen Garantie einer qualitativ hochstehenden Bildung und Gesundheitsversorgung, aus den Straßen, die die fruchtbaren Täler und die hohen Berge erschließen, insbesondere aber aus den sozialen Beziehungen der Kooperation und des allseitigen Friedens untereinander. Das alles hat Konflikte mit Nepal nicht verhindern können, doch der humanistische Anspruch des Königreiches wird aufrechterhalten. Die Ökonomie, die in der globalisierten Welt die Rolle des Goldenen Kalbes innehat, wird in Bhutan nur als ein Punkt unter anderen in Betracht gezogen.

Den Hintergrund dieses politischen Projekts bildet ein vieldimensionales Menschenbild. Es geht von der Annahme aus, dass der Mensch ein Knoten innerhalb eines Beziehungsgeflechtes ist, das sich nach allen Richtungen hin erstreckt, und dass er sehr wohl wie alle Lebewesen einen Hunger nach Brot verspürt, dass er aber in erster Linie vom Hunger nach Kommunikation und friedlichem Zusammenleben getrieben ist – Dinge, die nicht auf dem Markt oder an der Börse erworben werden können. Die Rolle der Regierung besteht darin, auf das Leben der Bevölkerung in der Vielfalt seiner Dimensionen zu achten. Die Frucht dessen ist der Friede. In der unübertroffen prägnanten Definition der

Erd-Charta ist der Friede „die Gesamtheit dessen ..., das geschaffen wird durch rechte Beziehungen zu sich selbst, zu anderen Personen, anderen Kulturen, anderen Lebewesen, der Erde und dem größeren Ganzen, zu dem alles gehört" (Erd-Charta, 15).

Das Glück und der Friede gedeihen nicht auf der Grundlage der materiellen Reichtümer und der überflüssigen Dinge, die uns unsere materialistische, armselige Zivilisation bietet. Sie sieht im Menschen nur den Produzenten und Konsumenten. Der Rest interessiert sie nicht. Deshalb haben wir so viele verzweifelte Reiche und von ihren Familien verhätschelte Jugendliche, die mitten im Überfluss keinen Sinn mehr erkennen und nur im Suizid einen Ausweg sehen. Das Gesetz des herrschenden Systems lautet: „Wer nicht hat, will haben; wer hat, will mehr haben; wer mehr hat, sagt, dass es niemals genug ist." Wir vergessen, dass die menschlichen Beziehungen, die Freundschaft, die Liebe, die Großzügigkeit, das Mitgefühl und der Respekt uns glücklich machen – Wirklichkeiten, die einen Wert und doch keinen Preis haben. Das Drama besteht darin, dass diese menschlich verarmte Zivilisation im Begriff ist, in ihrer Gier nach immer mehr Gewinn den Planeten zu zerstören, während die Anstrengungen sich darauf konzentrieren müssten, mit der Natur und den anderen Menschen in Harmonie zu leben.

Bhutan ist ein schönes Beispiel dafür, dass dies möglich ist. Ein Armer aus unseren Basisgemeinden hat eine kluge Beobachtung gemacht: „Es gibt Menschen, die so arm sind, dass sie nichts als Geld besitzen." Und notorisch unglücklich sind diese Menschen ebenfalls.

18. Sinn für Humor und Fest

Es sind keine guten Zeiten zu Beginn des 21. Jahrhunderts. Die Menschheit hat mehrheitlich schlechte und mittelmäßige Führungspersönlichkeiten. Fast alle Religionen sind von den Krankheiten des Fundamentalismus, der Überheblichkeit und des Dogmatismus befallen – Teile der römisch-katholischen Kirche nicht ausgenommen, die vom Kulturpessimismus des derzeitigen Papstes Benedikt XVI. infiziert sind.

Ist in dieser Situation noch Platz für den Humor und das Fest?

Selbstverständlich. Trotz der Absurditäten des Lebens hört die Mehrheit der Menschen nicht auf, darauf zu vertrauen, dass das Leben im Grunde gut ist. Die Menschen stehen morgens auf, gehen zur Arbeit, mühen sich für die Familie ab, versuchen mit einem Mindestmaß an Anstand zu leben (im Gegensatz zu vielen Politikern, die gerade dagegen in eklatanter Weise verstoßen) und sind bereit, für Werte, die wirklich zählen, Opfer zu bringen. Was verbirgt sich hinter diesen alltäglichen Gesten? Hier wird in vorreflexiver und unbewusster Form bezeugt: Das Leben hat Sinn.

„Wir finden uns damit ab, sterben zu müssen, aber das Leben ist so schön" – so hat es der ehemalige französische Präsident François Mitterand kurz vor seinem Tod formuliert.

Soziologen wie Peter Berger oder Eric Vögelin bestehen in ihren Überlegungen mit Nachdruck darauf, dass der Mensch eine nicht zu unterdrückende Neigung zur Ordnung hat. Wo immer er auftaucht, schafft er alsbald ein existenzielles Gefüge von Ordnungen und Werten, die ihm ein Minimum an humanem und friedvollem Leben ermöglichen.

Diese zuinnerst vorhandene Gutheit des Lebens ermöglicht das Fest und den Sinn für Humor. Durch das Fest, sei es religiös oder profan, werden alle Dinge miteinander versöhnt. Von Friedrich Nietzsche stammt der Ausspruch: „Feiern heißt sagen können: Seid willkommen, ihr Dinge alle." Durch das Fest unterbricht der Mensch den eintönigen Rhythmus des Alltäglichen, legt eine Pause ein, um durchzuatmen und die Freude des freundschaftlichen Zusammenseins und der Zufriedenheit bei Speise und Trank zu leben. Beim Fest haben Essen und Trinken nicht einfach nur den praktischen Sinn, den Hunger und Durst zu stillen, sondern sie tragen dazu bei, die Begegnung zu genießen und die Freundschaft zu feiern. Beim Fest zählt nicht die Zeit, die die Uhr anzeigt. Dem Menschen ist es einen Moment lang vergönnt, die mythische Zeit einer mit sich versöhnten Welt zu erleben. Deshalb gibt es beim Fest weder Feinde noch Fremde, denn das Fest setzt die Ordnung und die Freude an der Güte der Dinge und Menschen voraus. Musik, Tanz, Liebenswürdigkeit und festliche Kleidung gehören zu einem Fest. Dadurch bringt der Mensch sein Ja zur Welt, die ihn umgibt, und sein Vertrauen auf ihre wesenhafte Harmonie zum Ausdruck.

Dieses Urvertrauen ist der Ursprung für den Sinn für Humor.

Menschen mit Humor besitzen die Fähigkeit, die Diskrepanz zwischen zwei Wirklichkeiten zu erkennen: zwischen den nackten Tatsachen und dem Traum, zwischen den Begrenzungen des Systems und der Macht der schöpferischen Fantasie. Im Humor zeigt sich ein Gefühl der Erleichterung angesichts der Begrenzungen des Lebens und sogar angesichts der Tragödien. Der Humor ist ein Zeichen des Transzendenzbezugs des Menschen, der stets über jedwede Situation hinausgelangen kann. In seinem tiefsten Sein ist er frei. Deshalb kann er lachen und sich mit Humor über die Versuche, ihn einzuengen, und über die Gewalt hinwegsetzen, mit der man ihn unterkriegen will. Nur wer imstande ist, die ernstesten Dinge zu relativieren, auch wenn er sie in ernsthaftem Engagement anpackt, kann guten Humor haben.

Die größten Feinde des Humors sind Fundamentalismus und Dogmatismus. Niemand hat je einen Terroristen lachen oder einen streng Konservativen ein Lächeln riskieren gesehen. Im Allgemeinen sind diese Leute so traurig, als gingen sie auf ihre eigene Beerdigung. Man muss sich nur ihre zerfurchten Gesichter anschauen.

Letztlich ist das verborgene Wesen des Humors eine religiöse Haltung, wenn diese auch in einer säkularisierten Welt vergessen scheint. Denn der Humor sieht alle Dinge angesichts der letzten Wirklichkeit in ihrer Unzulänglichkeit. Der Humor und das Fest machen deutlich, dass es immer eine Sinnreserve gibt, die es uns noch zu leben und zu lachen ermöglicht.

19. Der Geist kommt vor dem Missionar

Einer der Effekte des Prozesses der Globalisierung – die weit über ihren wirtschaftlich-finanziellen Aspekt hinausgeht – ist die Begegnung mit jeglicher Art von spirituellen und religiösen Traditionen. Es hat sich ein regelrechter Markt für symbolische Güter etabliert, auf dem die verschiedenen Zeremonien, Riten, esoterischen Vorstellungen und Lehren angeboten werden, um die Nachfrage einer wachsenden Zahl von Menschen zu befriedigen, die im Allgemeinen den übertriebenen Materialismus, Rationalismus, Konsumismus und die Oberflächlichkeit unserer herkömmlichen Kultur satthaben.

Hinter diesem Phänomen steht das Streben des Menschen, verstanden und beachtet zu werden. Das Spirituelle und das Mystische kehren ungeachtet der Prognosen der Meister des Zweifels wie Marx, Freud und Nietzsche mit erneuter Kraft zurück. Sie offenbaren eine vergessene Dimension des Menschen, die von der Moderne eher als ein pathologisches Phänomen und nicht als Ausdruck der Gesundheit des Menschen betrachtet wurde. Besonders die Religionswissenschaften haben die Daseinsberechtigung dieser Dimension erkannt. Sie hat ihren Sitz in der empfindsamen Vernunft des Herzens, die die wissenschaftlich-berechnende Vernunft nicht ersetzt, wohl aber ergänzt. Darin entstehen die großen Träume und die Leitsterne, die unserem Leben Orientierung geben. Die Religion stellt den Menschen als unendlichen Entwurf vor und bietet ihm das entsprechende Ziel an, das ihn zur Ruhe kommen lässt: das Unendliche.

Christen haben im Dialog mit den Religionen besondere Schwierigkeiten. Sie halten an der Glaubensüberzeugung fest, dass das Christentum eine einzigartige Offenbarung ist und einen universalen Erlöser verkündet, nämlich Jesus Christus, den menschgewordenen Gottessohn. Bei einigen nimmt diese Glaubensüberzeugung fundamentalistische Züge an. Sie behaupten ohne Wenn und Aber, dass es außerhalb des Christentums kein Heil gebe, und wiederholen damit eine Formel aus dem Mittelalter. Dem steht die auf der Grundlage der Bibel selbst und in einer vertieften theologischen Reflexion gewonnene Überzeugung entgegen, dass alle Menschen und auch der Kosmos ständig unter dem Regenbogen der Gnade Gottes stehen. Für die ersten elf Kapitel des 1. Buchs Mose, in denen noch nicht von den Juden als dem „auserwählten Volk" die Rede ist, sind alle Völker der Erde Volk Gottes. Das bleibt bis heute gültig.

Die Heilige Schrift sagt darüber hinaus, dass der Geist das Antlitz der Erde erfüllt, die Geschichte durchläuft, die Menschen dazu bewegt, das Gute zu tun, in der Wahrheit zu leben und Gerechtigkeit und Liebe zu üben. Der Geist kommt vor dem Missionar. Dieser muss, bevor er seine Botschaft verkündet, die Werke anerkennen, die der Geist in der Welt vollbracht hat, und an diese anknüpfen.

Christus kann nicht auf Palästina beschränkt werden. Indem der Sohn in Jesus von Nazaret Menschengestalt angenommen hat,

hat er sich zugleich in den Evolutionsprozess hineinbegeben, die menschliche Wirklichkeit insgesamt erreicht und eine kosmische Dimension angenommen. Bereits der Franziskaner-Theologe Johannes Duns Scotus (um 1266–1308) hat darauf hinwiesen, dass der Sohn in der Materie und in den Ursprungsenergien des Kosmos gegenwärtig ist und dass sich seine Gegenwart in dem Maß verdichtet hat, in dem sich die Komplexität immer mehr entfaltet hat und der Grad der Bewusstheit gewachsen ist, bis sie in Jesus von Nazaret Gestalt gewonnen hat. Dieselben Gedanken finden sich auch bei dem Jesuiten Pierre Teilhard de Chardin (1881–1955).

Die Individuation des Sohnes verminderte seine göttliche und kosmische Dimension keineswegs, sodass er unter anderem Namen und anderen Gestalten, die in ihrem Leben und in ihren Werken die Nähe des Geheimnisses Gottes offenbaren, hervorbrechen konnte. Um eine gewisse „Christianisierung" zu vermeiden, können wir im Anschluss an große Traditionen von der Weisheit (*sophía*) sprechen. Sie ist bei der Schöpfung gegenwärtig, sie ist im Leben der Völker und insbesondere in den Lehren der Meister und Weisen vorhanden. Auch die Kategorie *lógos* oder „das Wort" ist gebräuchlich, das den Aspekt der Verstehbarkeit und der Ordnung des Universums zum Ausdruck bringt. Der Kosmos lebt nicht aus einer unpersönlichen Energie heraus, sondern verweist auf höchste Subjektivität und höchstes Bewusstsein.

Diese Sichtweisen verankern unser Leben in einem guten Sinnzusammenhang, der es uns ermöglicht, die Widrigkeiten dieser mühseligen Existenz zu ertragen.

20. Der Liebe eine andere Sprache verleihen

Wenn ich aufgefordert werde, über die Liebe zu sprechen, verspüre ich ein gewisses Unbehagen, denn „Liebe" ist eines der abgenutztesten Worte unserer Sprache. Im Sinne eines zwischenmenschlichen Phänomens ist es zudem weitgehend der Moralität enthoben.

Um nicht zu wiederholen, was bereits jedermann gehört hat und weiß, versuche ich für gewöhnlich eine Annäherung an das Thema, die sich von einem der größten zeitgenössischen Biologen inspirieren lässt: von dem Chilenen Humberto Maturana. Er betrachtet die Liebe als kosmisches und biologisches Phänomen. Die Liebe zeigt sich im Inneren der Dynamik der Evolution selbst, von ihren allerersten Gestaltwerdungen vor Milliarden von Jahren bis zu den komplexesten Erscheinungsweisen auf menschlicher Ebene.

Wie aber hält die Liebe Einzug ins Universum? Im Universum lassen sich zwei Arten von Verbindungen (Zusammenfügungen) von Seinsformen mit ihrer jeweiligen Umgebung ausmachen: eine notwendige und eine spontane. Die erste, notwendige, sorgt dafür, dass alle Seinsformen miteinander verknüpft und mit dem Ziel in die jeweiligen Ökosysteme eingepasst sind, ihr Überleben zu sichern. Eine andere Verbindung stellt sich hingegen spontan ein. Die Topquarks, das heißt die erste Verdichtung von Energie zu Materie, interagieren im Fluss ihres Daseins aus purem Gefallen miteinander, ohne dass dies mit ihrem Überleben zu begründen wäre. Es handelt sich um dynamische und wechselseitige Verbindungen zwischen allen Seinsformen, ob nun lebendig oder nicht. Es gibt keine Gründe für diese Verbindungen; sie finden statt, weil sie eben stattfinden. Dies ist ein ursprüngliches Ereignis der Existenz in ihrer reinen Ungeschuldetheit. Es gleicht einer Blume, die blüht, einfach weil sie blüht.[10]

Wenn sich eines mit dem anderen ins Verhältnis setzt, beispielsweise zwei Protonen, und wenn auf diese Weise ein Bezugsfeld entsteht, dann erscheint die Liebe als kosmisches Phänomen. Sie tendiert dazu, sich auszuweiten und in den Lebewesen, insbesondere den Menschen, Formen immer stärkerer wechselseitiger Verbundenheit anzunehmen. Auf der Ebene des Menschen ist diese Verbindung im Gegensatz zu den übrigen Seinsformen mehr als einfach nur spontan. Sie wird zum Entwurf der Freiheit, die den Anderen bewusst annimmt und die Liebe als den höchsten Wert des Lebens hervorbringt.

In diesem Strom tritt die Liebe in einem weiteren Sinn hervor, nämlich in der Entstehung der Gesellschaft. Die Liebe als Beziehung ist das Fundament des Phänomens Gesellschaft und

---

10 Die Interesselosigkeit und Grundlosigkeit ist interessanterweise offensichtlich auch ein Grundzug aller Mystik. Meister Eckhart spricht in diesem Sinne vom „sunder warumbe" und bei Angelus Silesius heißt es: „Die Ros' ist ohn' Warum, sie blühet, weil sie blühet ..."

nicht deren Folge. Mit anderen Worten: Die Liebe als Beziehung steht am Ursprung der Gesellschaft. Die Gesellschaft existiert, weil die Liebe existiert, und nicht umgekehrt, wie man gemeinhin glaubt. Wenn es an der Liebe als Beziehung mangelt (also am Fundament), dann wird das Soziale zerstört. Ohne Liebe nimmt das Gesellschaftliche die Gestalt von erzwungenem Zusammenhalt, von Herrschaft und Gewalt an. Deshalb wird immer dann, wenn die Verbindung und die Kongruenz zwischen den Seienden zerstört werden, die Liebe als Beziehung und damit die Fähigkeit zur Gesellschaftswerdung zerstört. Die Liebe als Beziehung ist immer eine Öffnung zum Anderen, zum Zusammenleben und zur Gemeinschaft mit dem Anderen.

Nicht der Kampf um das Überleben des Stärkeren (bzw. des am besten Angepassten) hat den Fortbestand des Lebens und der Individuen bis heute garantiert, sondern Kooperation und Liebe als Beziehung. Die Hominiden haben in dem Maß den Übergang zum Menschsein erreicht, in dem sie die Jagdbeute und die Erträge ihrer Sammlertätigkeit miteinander geteilt und sich gegenseitig ihre Gefühle mitgeteilt haben. Die Sprache, die den Menschen auszeichnet, ist aus dieser Dynamik der Liebe als Beziehung und des Teilens entstanden.

Die Konkurrenz, so betont Maturana, ist antisozial, heute genauso wie eh und je, denn sie bedeutet die Negation des Anderen, die Ablehnung des Teilens und die Zurückweisung der Liebe. Die moderne neoliberale, vom Markt dominierte Gesellschaft ist auf Konkurrenz gegründet. Deshalb ist sie ausgrenzend und inhuman und macht so viele zu Opfern, wie es gerade die aktuelle Krise verdeutlicht. Die Gesellschaft des Marktes bewirkt kein Glück, weil sie sich nicht auf die Liebe als Beziehung stützt. Die Krise von 2008 hat ihren Ursprung zum Teil in der übertriebenen Konkurrenz und im Mangel an Kooperation. Eine Gesellschaft, die einen Markt *hat,* ist in Ordnung, nicht jedoch eine Gesellschaft, die nichts als Markt *ist.*

Was zeichnet die menschliche Liebe aus? Humberto Maturana antwortet folgendermaßen: „Das spezifisch Menschliche an der Liebe ist nicht die Liebe, sondern das, was wir kraft unseres Menschseins aus der Liebe machen; es ist unsere besondere Weise, als soziale Wesen innerhalb der Sprache zusammenzuleben. Ohne Liebe sind wir keine sozialen Lebewesen."

Die Liebe ist ein kosmisches und biologisches Phänomen. Auf der Stufe des Menschlichen zeigt sie sich als ein Entwurf der Freiheit, als eine große Kraft der Einheit, der gegenseitigen Hingabe und der Solidarität. Die Menschen vereinigen sich und schaffen sich neu durch liebevolle Sprache, das Gefühl der Zuneigung und der Schicksalsgemeinschaft.

Ohne wesenhafte Achtsamkeit findet die Liebe als Beziehung nicht statt, sie erhält sich nicht, entfaltet sich nicht und ermöglicht keine geschwisterliche Verbundenheit mit den anderen Seinsformen. Nur Achtsamkeit schafft eine Atmosphäre, in der gedeihen kann, was wahrhaftig zur Menschwerdung führt: tiefes Empfinden, der Wille zu teilen und das Streben nach Liebe. So von der Liebe zu sprechen ist sinnvoll, denn sie macht uns menschlicher.

Drittes Kapitel

Ökologische Ethik: auf der Suche nach einem Weltethos

1. Wege der Ethik heute

Keine Gesellschaft, weder in der Vergangenheit noch in der Gegenwart, kam und kommt ohne Ethik aus. Als soziale Lebewesen müssen wir einen gewissen Konsens herstellen, bestimmte Handlungen unterbinden und gemeinsame Projekte entwickeln, die der Geschichte Sinn und Richtung verleihen. Die nicht immer friedliche Koexistenz zeigt, dass die aufeinandertreffenden ethischen Entwürfe nicht alle miteinander vereinbar sind. Angesichts der neuen Ära, in die die globalisierte Menschheit eingetreten ist, ist ein ethischer Mindeststandard dringlich, der die Zustimmung aller finden und damit das Zusammenleben der Völker ermöglichen kann.

Eine ständige Quelle der Ethik sind die Religionen. Sie ermutigen zu Werten, geben Verhaltensweisen vor und verleihen dem Leben des Großteils der Menschheit, die trotz des Säkularisierungsprozesses auf dem Boden einer religiösen Weltanschauung steht, einen Sinn. Es ist kaum möglich, einen ethischen Konsens allein auf dem religiösen Faktor zu begründen. Welche Religion sollte man hierfür als Bezugspunkt wählen? Die auf der Religion fußende Ethik ist hingegen von unschätzbarem Wert, wenn sie sich auf ein letztes Fundament, das Absolute, bezieht.

Die zweite Quelle ist die Vernunft. Es war das Verdienst der griechischen Philosophen, ein ethisches Gebäude auf dem Fundament von etwas Universalem errichtet zu haben, nämlich der Vernunft, die alle Menschen teilen. Die Normen der persönlichen Lebensführung nannten sie *Ethik*, diejenigen, die das gesellschaftliche Leben bestimmten, *Politik*. Deshalb ist Politik für die griechische Philosophie immer Ethik. Im Gegensatz zu heute gab es damals keine Politik ohne Ethik.

Diese rationale Ethik ist unverzichtbar, sie deckt jedoch nicht das gesamte Leben des Menschen ab mit seinen anderen Dimensionen diesseits der Vernunft, wie etwa dem Gefühlsleben, und jenseits der Vernunft, wie etwa der Ästhetik oder der spirituellen Erfahrung.

Die dritte Quelle für die Ethik ist das Begehren. Begehren ist strukturell auf Unendlichkeit hin orientiert. Es kennt keine Grenzen und ist, da von Natur aus diffus, undefiniert. Der Mensch muss dem Begehren notwendig eine Form verleihen. Aus der konkreten Art und Weise, das Begehren einzugrenzen und ihm eine Richtung zu geben, entstehen Normen und Werte. Die Ethik des Begehrens verbindet sich perfekt mit der modernen Kultur, die aus dem Begehren entstanden ist, die Welt zu erobern. Im Kapitalismus in seiner Gier, alles Begehren zu befriedigen, hat sie eine spezielle Ausdrucksform gefunden. Der Kapitalismus hat in übertriebener Weise alle Wünsche geweckt. Es gehört zum Glück dazu, dass Wünsche in Erfüllung gehen, doch ungezügelte Wunscherfüllung gefährdet die Gattung Mensch und den Planeten. Wir müssen das Begehren in etwas Grundlegenderes einbetten.

Die vierte Quelle der Ethik ist die Achtsamkeit, die in der empfindsamen Vernunft verankert und deren vernünftige Ausdrucksgestalt die Verantwortung ist. Achtsamkeit ist wesentlich mit dem Leben selbst verbunden. Ohne Achtsamkeit ist das Leben nicht von Dauer. Deshalb definiert eine philosophische Tradition aus der Antike den Menschen essenziell als ein Wesen der Achtsamkeit. Die Ethik der Achtsamkeit schützt, fördert, erhält, heilt und beugt vor. Ihrer Natur selbst nach ist sie nicht aggressiv und wenn sie in die Wirklichkeit eingreift, dann so, dass sie die guten oder schlechten Folgen dieses Tuns in Betracht zieht. Sie verleiht also allem menschlichen Tun die Dimension der Verantwortlichkeit. Achtsamkeit und Verantwortung gehen stets Hand in Hand.

Diese Ethik ist heute dringend geboten. Der Planet, die Natur, die Menschheit, die Völker, ja die gesamte Lebenswelt fordern Achtsamkeit und Verantwortung. Wenn wir diese Haltungen nicht in normative Werte übersetzen, werden wir nur schwer der Katastrophe auf allen Ebenen entgehen. Die mit der Erderwärmung einhergehenden Probleme und der gesamte Komplex der unterschiedlichen Krisen sind nur im Geist einer Ethik der Achtsamkeit und der kollektiven Verantwortung zu bewältigen.

Die Ethik der Achtsamkeit schmälert die Bedeutung der übrigen Ethiken nicht, sondern verpflichtet sie dazu, der größeren Sache zu dienen, nämlich der Rettung des Lebens und der Erhaltung des gemeinsamen Hauses in bewohnbarem Zustand.

2. Auf der Suche nach einem planetarischen Ethos

Wie nie zuvor in der Geschichte des Denkens scheint das griechische Wort *éthos* heute in seinem vollen Sinngehalt auf. Für die Griechen bedeutete *éthos* in der Grundbedeutung das menschliche Zuhause, nicht in dessen materiellem, sondern in seinem existenziellen Sinn: als jener Ausschnitt aus der Natur (*phýsis*), den wir für uns reservieren und den wir auf eine solche Weise gestalten und pflegen, dass er unser Aufenthaltsraum, der Ort wird, an dem wir uns „zu Hause", beschützt und mit allen darin Wohnenden, mit den Nachbarn und mit der umgebenden Natur in Harmonie fühlen. Die Sorgfalt, mit der wir uns um das Haus kümmern, und die Art der Beziehungen, die in diesem Haus und nach außen hin herrschen, bilden konkret das, was Ethik bedeutet. Für uns heute ist das *Ethos* im Sinne von Wohnstatt jedoch nicht mehr unser Haus im engeren Sinn, unsere Stadt oder unser Land. Der ganze Planet Erde ist zum *Ethos* im Sinne von gemeinsamem Haus geworden.

Allein diese Tatsache wirft die Frage auf: Wie muss das *Ethos* beschaffen sein, das es uns ermöglicht, als solche zusammenzuleben, die aus den unterschiedlichsten Regionen der Erde mit ihren jeweiligen Kulturen, Traditionen, Religionen und ethischen Werten stammen? Welche Optionen sind zu treffen, welchem Wertegefüge ist der Vorzug zu geben, damit die Gesellschaft, die umfassendere Gemeinschaft des Lebens und die gesamte irdische Gemeinschaft mit einem Mindestmaß an Frieden und Gerechtigkeit zusammenleben können?

Es ist dringend notwendig, eine gemeinsame Basis zu schaffen, von der aus wir einen Konsens entwickeln können, der imstande ist, unser gemeinsames Haus zu retten und wiederherzustellen, das heute durch die ökologische Verwüstung und die soziale Ungerechtigkeit auf internationaler Ebene entstellt ist, einen Konsens, der der Erde und der Menschheit auch eine Zukunft garantiert.

Die Ethik und die planetarische Phase der Menschheit

Bevor wir uns dieser aktuellen Frage zuwenden, müssen wir uns bewusst machen, dass wir in eine neue Etappe der Menschheitsgeschichte und der Geschichte der Erde selbst eingetreten sind: in die planetarische Etappe.

Wir alle teilen also ein gemeinsames Geschick und eine gemeinsame Zukunft. Wir müssen dafür sorgen, dass die gemeinsame Zukunft für die Menschen und die Erde gewährleistet ist; aufgrund der durch die Erderwärmung veränderten Situation ist diese Zukunft in Gefahr. Die Erd-Charta drückt den Zusammenhang folgendermaßen aus: „Entweder bilden wir eine globale Partnerschaft, um für die Erde und füreinander zu sorgen, oder wir riskieren, uns selbst und die Vielfalt des Lebens zugrunde zu richten" (Erd-Charta, 8).

Dieses zu schaffende *Ethos* muss die grundlegende Perspektive der Annäherung einnehmen, wie die neue Kosmologie sie nahelegt. Die Erde ist das Ergebnis eines langen Evolutionsprozesses, der nun schon 13,7 Milliarden Jahre währt. Als Planet existiert sie bereits mehr als 4 Milliarden Jahre. Auf der Erde sind die Dinge nicht einander entgegengesetzt, sondern allseitig miteinander verbunden. Die Erde ist eine physikalisch-chemische, biologische, sozioanthropologische und spirituelle komplexe Ganzheit, die all diese Ebenen so miteinander verbindet, dass sie ein umfassendes lebendiges und für die Reproduktion des Lebens förderliches System bilden.

Die Sichtweise, die uns die Astronauten vermittelt haben, bestätigt diese Auffassung. Vom Mond oder vom Weltraum aus betrachtet zeigte sich ihnen die Erde als herrliche, zerbrechliche Einheit. Sie bezeugten: Es gibt keinen Unterschied zwischen Erde und Biosphäre, Erde und Menschheit. Sie bilden eine einzige Einheit, ein organisches und systemisches Ganzes.

Die Erfahrung, die Erde von außen zu betrachten, verändert das Bewusstsein der Menschheit, wie sie auch das Bewusstsein der Astronauten verändert hat: Das Bewusstsein fühlt sich nun mit der Erde und über die Erde mit dem gesamten Kosmos verbunden.

Das Leben auf Erden und das Leben der Erde treten im Lauf ihrer Geschichte in zunehmender Komplexität in Erscheinung, als Materie, die sich selbst organisiert und sich im Lauf des Prozesses ihrer eigenen Entfaltung selbst schafft. Das menschliche Leben ist ein Unterkapitel der Geschichte des Lebens. Hier ist keine Trennung zu beobachten, sondern vielmehr Verbundenheit. Alles ist ein einziger komplexer (weil nichtlinearer), dynamischer und nach oben und nach vorne noch offener Prozess.

Mehr noch: Mit der Entstehung des „cibiotischen Menschen" (Kombination von Kybernetik und Mensch) treten wir definitiv in eine neue Phase des Evolutionsprozesses des Menschen ein. Das heißt, die Technologie ist nichts lediglich Instrumentelles und dem Menschen Äußerliches. Sie ist Teil seiner konkreten Natur geworden. Ohne den technisch-wissenschaftlichen Apparat kann man die konkrete Existenz und das Überleben des Menschen nicht mehr begreifen. Gleichzeitig entwickelt sich so etwas wie ein neues Gehirn, eine neue Hirnrinde, ein *World Wide Web*: die Verbindung aller mit allen, der individuelle Zugang zum gesamten Wissensbestand und zur von der Menschheit angehäuften Information (über das Internet und das weltweite Kommunikationsnetz). Jeder einzelne Mensch verwandelt sich in gewisser Weise zu einem Neuron des weit umspannenden Gehirns Gaias.

Ein solches Phänomen bringt uns dazu, über das moderne spaltende, atomisierende und reduzierende Paradigma hinauszugelangen. Wir müssen uns das gegenwärtige ganzheitliche Paradigma zu eigen machen, das verbindet, alles mit allem ins Verhältnis setzt, die Koexistenz des Ganzen mit den Teilen (Hologramm) sieht und der Multidimensionalität der Wirklichkeit in ihrer Nichtlinearität, mit Gleichgewichten und Ungleichgewichten, mit Chaos und Kosmos bzw. Leben und Tod die gebührende Aufmerksamkeit schenkt. Schließlich müssen alle Dinge in und über ihre öko-organisierende Beziehung zum kosmischen, natürlichen, kulturellen, ökonomischen, symbolischen, religiösen und spirituellen Umfeld betrachtet werden.

Diese Lesart hat unser Weltbild und unser Bild vom Menschen und seinem Ort im Gesamtgefüge der Seinsformen verändert. Für eine neue Musik bedarf es eines neuen Gehörs. Eine neue Optik erfordert eine neue Ethik. Wir müssen also fragen: Auf welche Art von gelebter Ethik kommt es in dieser neuen Phase an, die von manchen „Ökozoikum" oder „planetarisches Zeitalter" genannt wird?

Im Folgenden betrachte ich drei Vorschläge einer planetarischen Ethik, die zwar von verschiedenen gesellschaftlichen Orten aus entwickelt wurden, aber gleichwohl bedeutende Elemente zur Institutionalisierung eines möglichen und notwendigen Weltethos beitragen. Daran anschließend beschreibe ich einen eigenen Vorschlag.

Die Religion als Basis eines Weltethos

Ein inspirierendes Projekt hat der Schweizer Theologe Hans Küng (geb. 1928) vorgeschlagen, auf dessen Initiative die Stiftung Weltethos in Tübingen zurückgeht. Der Titel seines diesbezüglichen Hauptwerkes gibt bereits seine Hauptthese wieder: *Weltethos für Weltpolitik und Weltwirtschaft* (1997).

Für Küng geht es nicht allein darum, den kleinsten gemeinsamen ethischen Nenner zu finden, sondern vielmehr darum, einen Konsens über ein *Ethos* herzustellen, das weltweit bereits gilt. Ein solches Ethos muss realistisch und effektiv und für alle Menschen in ihren jeweiligen unterschiedlichen Kulturen verpflichtend sein. Doch wie lässt sich ein Konsens herstellen, der diese Vorgaben erfüllt? Küng antwortet vorläufig und hypothetisch: mithilfe der Religion. Anscheinend ist Religion das weltweit am stärksten verbreitete Phänomen, das als Grundlage für einen Konsens unter den Menschen dienen kann. Mit Nachdruck betont Küng: „... kein menschliches Zusammenleben ohne ein Weltethos der Nationen, kein Frieden unter den Nationen ohne Frieden unter den Religionen, kein Frieden unter den Religionen ohne Dialog unter den Religionen" (Küng 1990, 171).

Dieses Weltethos „ist nichts anderes als das notwendige Minimum gemeinsamer humaner Werte, Maßstäbe und Grundhaltungen ..., die von allen Religionen trotz ihrer dogmatischen Differenzen bejaht, ja auch von Nichtgläubigen mitgetragen werden können" (Küng 1997, 132).

Küng führt für seine These einen der bedeutendsten Theoretiker des Globalisierungsprozesses, Samuel Huntington, mit seinem umstrittenen Buch *Kampf der Kulturen* an: „In der modernen Welt ist die Religion eine zentrale, vielleicht *die* zentrale Kraft, die Menschen motiviert und mobilisiert ... Was letztlich zählt für Menschen, ist nicht politische Ideologie oder ökonomisches Interesse. Glaubensüberzeugung und Familie, Blut und Glaubenslehre sind das, womit sich Menschen identifizieren und wofür sie kämpfen und sterben" (zitiert nach Küng 1997, 162).

Ein solches auf der Religion fußendes *Ethos* hat zwei Säulen: die konkrete Wahrheit und die unabweisbare Gerechtigkeit – zwei grundlegende ethische Werte, die sich in allen Religionen finden.

Die *konkrete Wahrheit* besagt im Grunde: „Wir wollen nicht länger an der Nase herumgeführt und getäuscht werden über unsere soziale und wirtschaftliche Situation, über die wirklichen Ursachen unserer Armut und gesellschaftlichen Ausgrenzung, über den frühzeitigen Tod unserer Kinder, über das Verschwinden der Menschen, die wir lieben, über die Gefahr, die uns alle bedroht."

Die *unabdingbare Gerechtigkeit* fordert über die gelehrten akademischen Formulierungen hinausgehend: „Schluss mit Haft und Folter politischer Gefangener, Schluss mit den Privilegien im nationalen und internationalen Finanzsystem, Schluss mit der ausbeuterischen Kinderarbeit, Schluss mit dem sexuellen Missbrauch Minderjähriger, Schluss mit dem Gemetzel an Straßenkindern, Schluss mit ‚ethnischen Säuberungen' ganzer Regionen!"

Über diese Art von Wahrheit und Gerechtigkeit gibt es keine Diskussionen, sondern eine weltweite Übereinstimmung in Bezug auf Werte und gemeinsames Handeln. In formalisierter und verdichteter Gestalt umfasst dieser Konsens das Recht auf Leben, die unverletzliche Würde von Unschuldigen, die gerechte Behandlung von Gefangenen und die physische und psychische Unversehrtheit eines jeden Menschen. Dies ist die minimale Grundlage, ohne die nirgends auf der Welt ein Zusammenleben möglich ist.

In der Religion haben die Menschen das Instrument dafür gefunden, den universalen und unbedingten Charakter dieses Konsenses in Geltung zu bringen und zu gewährleisten. Die Religion begründet die Unbedingtheit und den verpflichtenden Charakter der ethischen Normen viel besser, als es die abstrakte Vernunft und der vernünftige Diskurs vermögen, die kaum überzeugen und nur für einige Teile der Gesellschaft verständlich sind, die über die theoretischen Mittel ihrer Aneignung verfügen. Die Religion ist als die am meisten verbreitete Weltanschauung in konkretem Sinne der gemeinsame Weg der großen Bevölkerungsmehrheiten und damit am meisten allgemein verbreitet und verständlich. Sie lebt vom Unbedingten her und versucht, dieses

Unbedingte als die Tiefendimension des Menschen aufzuweisen. Nur das Unbedingte kann unbedingt in die Pflicht nehmen.

Bei einer Analyse der Wirklichkeit von der religiösen Dimension abzusehen heißt, die Analyse von vornherein fehlzuleiten, die Wirklichkeit zu verkürzen und das Fundament für eine universale ethische Haltung zu schmälern. Lediglich im rationalistischen Sinne überhebliche Teile der Weltgesellschaft verachten diese Art von Argumentation – sei es, weil ihnen der Zugang zur Erfahrung des Heiligen abhandengekommen ist, sei es, weil sie dem konkreten Leben ihres eigenen Volkes entfremdet sind.

Der Kern dieser universalen Ethik ist die *humanitas,* die Verpflichtung, die Menschen human zu behandeln, und zwar unabhängig von deren Klassen- oder Religionszugehörigkeit, Alter usw. Die Religionen, wie sie sich in der Geschichte konkret entwickelt haben, haben dies in der Goldenen Regel zusammengefasst: „Was du willst, dass man dir tut, das tu auch den anderen" bzw. in negativer Formulierung: „Was du nicht willst, dass man dir tu, das füg auch keinem andern zu" (vgl. Küng 1997, 155).

Darüber hinaus lehren die Religionen: „Du sollst nicht töten." Für unsere Zeit übersetzt heißt das: „Begegne dem Leben in Ehrfurcht; entwickle eine Kultur der Gewaltfreiheit und der Achtung vor allem Leben." Sie lehren ferner: „Du sollst nicht stehlen." Ins Heute übersetzt meint das: „Handle in Gerechtigkeit und Aufrichtigkeit; fördere eine Kultur der Solidarität und eine gerechte Wirtschaftsordnung." Sie lehren weiterhin: „Du sollst nicht lügen." Das bedeutet: „Sprich und handle wahrhaftig." Schließlich lehren sie: „Du sollst nicht ehebrechen." Übersetzt heißt das: „Liebt und respektiert euch gegenseitig; verpflichtet euch zu einer Kultur der Gleichheit und Partnerschaft zwischen Mann und Frau" (vgl. Küng 1997, 155).

Die eine Weltgesellschaft (Geogesellschaft) braucht ein grundlegendes *Ethos.* Anderenfalls ist eine gemeinsame Zukunft nicht gewährleistet. Die Gefahr ist heute allumfassend, folglich muss auch die Rettung allumfassend sein. Es gibt keinen geheimen Ausgang, keine Rettung für einige Privilegierte. Entweder retten wir uns alle gemeinsam, indem wir eine weltweite Ethik etablieren, oder wir erleiden möglicherweise alle zusammen das Geschick großer Katastrophen, die bereits früher Millionen von Spezies ausgelöscht haben.

Der Beitrag Küngs ist von unschätzbarem Wert; im Konzert der weltweiten Vorschläge ist er einer der vernünftigsten und gangbarsten. Er weist aber eine innere Schranke auf. Die Mehrheit der Gesellschaften in der Welt hat ein säkulares Selbstverständnis und ein laizistisches Staatswesen. Obwohl sich die Thesen von Küng auch auf der Grundlage der Vernunft aufstellen ließen, wird er schwerlich von denen akzeptiert werden, die seine religiöse Sichtweise nicht teilen oder eine andere, nicht religiöse Entscheidung hinsichtlich des Lebenssinnes getroffen haben.

Die Armen als Ausgangspunkt für ein Weltethos

Ein anderer Vorschlag kommt von Enrique Dussel (geb. 1934), einem argentinischen Theologen, Philosophen und Historiker, der zurzeit in Mexiko lebt. Sein leider nicht ins Deutsche übersetztes Buch zu diesem Thema heißt: *Etica de la liberación en la edad de la globalización y de la exclusión*.

Dussel definiert seinen gesellschaftlichen Standort: der globale Süden, wo der Großteil der leidenden Erdbevölkerung lebt. An den wichtigsten Entwürfen eines Weltethos übt er scharfe Kritik, weil sie sich zum Großteil ihren gesellschaftlichen Standort nicht bewusst machen: das Zentrum der Macht. Von diesem zentralen Standort aus ist es schwierig, sich klarzumachen, dass es eine Peripherie und eine weltweite Ausgrenzung gibt, die Ergebnis dieser in sich geschlossenen Systeme sind, die nicht imstande sind, alle zu integrieren, und deshalb ständig Opfer erzeugen. Wie können solche Vorschläge verallgemeinert werden, wenn die Armen und Ausgegrenzten unberücksichtigt bleiben, die ja die große Mehrheit der Weltbevölkerung ausmachen? Die Verfechter einer solchen Sichtweise unterlassen es, sich im Vorfeld ein Urteil über das historisch-gesellschaftliche System, in dem sie leben, und über die Art von Rationalität zu bilden, derer sie sich bedienen. Sie nehmen als selbstverständlich an, dass ihre Realitäten von sich aus evident und unhinterfragbar sind.

Die Marginalisierten und mehr noch die Ausgeschlossenen haben einen privilegierten wissenschaftstheoretischen Standort, von dem aus alle herrschenden Systeme der Macht ethisch-kritisch beurteilt werden können. Die Schreie der Ausgeschlossenen klagen den Mangel und die Ungerechtigkeit des Gesellschaftssystems an und fordern seine Veränderung.

Wie lässt sich ein Diskurs verallgemeinern, der wirklich ohne Unterschied alle Menschen umfasst? Dussel betont nachdrücklich, dass wir nur dann wirklich Universalität erreichen, wenn wir unseren Ausgang von einer Partikularität nehmen, nämlich von den Letzten, von denen, die außerhalb stehen und negiert werden. Wenn wir von dieser Partikularität ausgehen, die quantitativ weltweit die Mehrheit bildet, können wir uns allen Übrigen öffnen und die Dringlichkeit der notwendigen Veränderungen verspüren, die in der Lage wären, eine tatsächliche Integration und Universalität zu gewährleisten. Wenn wir sie dagegen draußen lassen, werden das Ergebnis nur selektive, verschleiernde ethische Diskurse sein, die nicht universalisierbar sind und abstrakt bleiben.

Die Ethik muss also von den Anderen ausgehen, und zwar nicht von den Anderen in einem banalen Sinne, sondern von den ganz anderen Anderen, den Armen und Ausgeschlossenen, den Schwarzen und Indios, den unterdrückten Frauen und den aufgrund der unterschiedlichsten Vorurteile Diskriminierten. Diese Armen stellen mehr als eine ökonomische Kategorie dar, sie repräsentieren auch eine anthropologische Größe. Sie haben ein Gesicht. Das Gesicht der Armen offenbart sich unzweifelhaft und herausfordernd. Die Armen schreien um Hilfe, strecken ihre Hände aus und flehen: „Ich habe Hunger, gib mir zu essen." Die Stimme des Anderen zu hören heißt, ein ethisches Gewissen zu bezeugen. Das Gewissen besteht „nicht so sehr darin, die Prinzipien auf einen konkreten Fall anzuwenden, sondern darin, zu hören, auf die Stimme zu horchen, die von außerhalb her, von jenseits des Horizonts des Systems, eine Forderung an mich stellt: der Arme, der aufgrund seines *absoluten* und heiligen Rechtes als Person nach Gerechtigkeit schreit" (Dussel 1988, 47).

Das oberste und absolute ethische Prinzip lautet: „Befreie den Armen!" (Dussel 1988, 83). Dieses Prinzip ist absolut, denn es leitet die Praxis aller immer und überall. „Befreie den Armen" setzt voraus: a) die Anklage einer gesellschaftlichen Totalität, eines in sich abgeschlossenen Systems, das ausschließt und Armut erzeugt; b) Unterdrücker, die Armut und Ausgeschlossenheit erzeugen; c) die Armen, die aufgrund von Ungerechtigkeit zu Armen gemacht worden und deshalb Armgemachte sind; d) das

Bewusstsein von den Mechanismen, die Verarmung reproduzieren; e) die ethische Pflicht, solche Mechanismen aufzudecken; f) die Dringlichkeit, einen Ausweg aus dem ausschließenden System zu finden; g) schließlich die Verpflichtung, ein neues System zu schaffen, in dem tendenziell alle in Teilhabe, Gerechtigkeit und Solidarität Platz haben.

Diese Ethik nimmt bei den Armen ihren Ausgangspunkt, doch sie ist keineswegs nur eine Ethik für die Armen. Sie gilt für alle, denn vor dem Antlitz der Armgemachten kann niemand gleichgültig bleiben, alle fühlen sich betroffen. Diese Ethik ist in einem grundlegenden Sinne eine Ethik der Gerechtigkeit, indem sie die der großen Mehrheit verweigerte Anerkennung eben dieser Mehrheit zuteilwerden lässt und sie in die Gesellschaft integriert, von der sie sich ausgeschlossen fühlt. Im Hinblick darauf legt diese Ethik Prioritäten fest: Zuerst geht es darum, das Leben der Armen zu retten, dann darum, allen die notwendigen Voraussetzungen des Lebens zu garantieren (Arbeit, Obdach, Gesundheit, Bildung, Sicherheit), weiter, die Nachhaltigkeit des gemeinsamen Hauses, der Erde, sicherzustellen, und ausgehend von dieser Basis werden schließlich die Bedingungen geschaffen, um die übrigen grundlegenden Menschenrechte zu gewährleisten, wie sie in der Allgemeinen Erklärung der Menschenrechte festgeschrieben sind.

Diese Ethik besitzt unleugbar messianischen Charakter, da sie darauf abzielt, Leben zu retten, Tränen zu trocknen, Mitgefühl hervorzurufen und zur Zusammenarbeit zu ermutigen, damit sich alle als Kinder der Erde und untereinander als Geschwister empfinden. Sie konzentriert sich auf wesentliche Dinge, die mit dem Leben und dessen Voraussetzungen zu tun haben. Deshalb hat diese Ethik direkt mit der verarmten Mehrheit der Menschheit und im Sinne des Appells an das Gewissen mit allen zu tun. Es ist eine Ethik des offensichtlich Menschlichen, das für alle zu verstehen und zu verwirklichen ist. Ihre Einsichten behalten Gültigkeit, solange auch der letzte Schrei des letzten Unterdrückten im letzten Winkel der Erde noch nicht verstummt ist.

Die Erd-Charta: das Ethos, das die Erde und die Menschheit zum Mittelpunkt hat

Ein dritter, sehr weitreichender Vorschlag ist die Erd-Charta: eine Ethik, die die Erde und die Menschheit zum Mittelpunkt hat. Das Dokument der Erd-Charta ist nach der Umweltkonferenz, die 1992 in Rio de Janeiro stattfand, von unten her entstanden, an seiner Entstehung waren Tausende Menschen aus allen Teilen der Gesellschaft beteiligt.[11] Repräsentanten aus allen Kontinenten formulierten unter Beteiligung von Maurice Strong, Michail Gorbatschow, Steven Rockefeller und meiner selbst auf der Grundlage des immensen gesammelten Materials den Text der Erd-Charta. Es ist ein außergewöhnlich schönes Dokument von ethischer und spiritueller Eleganz entstanden, das von der UNESCO im Jahr 2003 als Bestandteil von Bildungsprozessen auf der ganzen Welt angenommen wurde.

In meinen Augen ist die Erd-Charta der bis dahin am besten ausgearbeitete Ausdruck des neuen ökologischen und planetarischen Bewusstseins in der Perspektive eines neuen zivilisatorischen Paradigmas. Sie nimmt ihren Ausgangspunkt bei einer integrierenden und ganzheitlichen ethischen Perspektive und betrachtet das Abhängigkeitsverhältnis von Armut, Umweltzerstörung, sozialer Ungerechtigkeit, ethnischen Konflikten, Frieden, Demokratie sowie ethischer und spiritueller Krise.

Völlig eindeutig formulieren die Autoren: „Die Erd-Charta wurde als eine Erklärung fundamentaler ethischer Prinzipien und als praktischer Leitfaden mit dauerhafter Bedeutung konzipiert, die von allen Völkern weitgehend geteilt werden. In ähnlicher Weise wie die Erklärung der Menschenrechte der Vereinten Nationen wird die Erd-Charta als universaler Verhaltenskodex dienen, um die Völker und Nationen auf eine nachhaltige Zukunft hin zu orientieren" (Carta de la Tierra 1999, 12).

Das Hauptverdienst der Charta besteht darin, dass sie die Kategorie der allseitigen Verbundenheit aller Dinge mit allen anderen zur zentralen Achse gemacht hat. Deshalb kann sie das gemeinsame Schicksal von Erde und Menschheit behaupten und

---

11 Zur Entstehungsgeschichte der Erd-Charta vgl. Boff, Die Erde ist uns anvertraut. Eine ökologische Spiritualität, Kevelaer 2010, 210-214.

erneut der Überzeugung Ausdruck verleihen, dass wir eine einzige große irdische und kosmische Gemeinschaft bilden. Der Erd-Charta liegen die von den Geowissenschaften, von der neuen Kosmologie, der Quantenphysik und der zeitgenössischen Biologie entwickelten Perspektiven und die sichersten Annahmen des ganzheitlichen Paradigmas der Ökologie zugrunde. Sie umfasst vier Teile: eine Präambel, vier Grundsätze, weitere unterstützende Aussagen und eine Schlussfolgerung.

Die Präambel behauptet, dass die Erde lebendig ist und zusammen mit der Menschheit einen Teil des umfassenden, sich entwickelnden Universums bildet. Aufgrund des Raubbaus des herrschenden Entwicklungsmodells, der in der globalen Erwärmung mündet, ist sie in ihrem dynamischen Gleichgewicht bedroht. Angesichts dieser globalen Situation haben wir die heilige Pflicht, die Lebensfähigkeit, die Artenvielfalt und die Schönheit unseres gemeinsamen Hauses zu gewährleisten. Dafür müssen wir eine neue Partnerschaft mit der Erde und einen neuen Gesellschaftsvertrag der Verantwortung gegenüber allen Menschen etablieren, die in einer spirituellen Dimension der Ehrfurcht vor dem Geheimnis des Daseins, der Dankbarkeit für das Geschenk des Lebens und der Demut angesichts des Ortes, den der Mensch innerhalb der Natur einnimmt, verwurzelt sind.

Im Folgenden gebe ich die 16 grundlegenden Prinzipien dieses neuen Weltethos wieder:

1. Achtung haben vor der Erde und dem Leben in seiner ganzen Vielfalt.
2. In Verständnis, Mitgefühl und Liebe für die Gemeinschaft des Lebens sorgen.
3. Gerechte, partizipatorische, nachhaltige und friedliche demokratische Gesellschaften aufbauen.
4. Die Fülle und Schönheit der Erde für heutige und zukünftige Generationen sichern.
5. Die Ganzheit der Ökosysteme der Erde schützen und wiederherstellen, vor allem die biologische Vielfalt und die natürlichen Prozesse, die das Leben erhalten.
6. Schäden vermeiden, bevor sie entstehen. Dies ist die beste Umweltschutzpolitik. Bei begrenztem Wissen gilt es, das Vorsorgeprinzip anzuwenden.

7. Produktion, Konsum und Reproduktion so gestalten, dass sie die Erneuerungskräfte der Erde, die Menschenrechte und das Gemeinwohl sichern.
8. Das Studium ökologischer Nachhaltigkeit vorantreiben und den offenen Austausch der erworbenen Erkenntnisse und deren weltweite Anwendung fördern.
9. Armut beseitigen als ethisches, soziales und ökologisches Gebot.
10. Sicherstellen, dass die wirtschaftlichen Tätigkeiten und Einrichtungen auf allen Ebenen die gerechte und nachhaltige Entwicklung voranbringen.
11. Die Gleichberechtigung der Geschlechter als Voraussetzung für nachhaltige Entwicklung bejahen und den universellen Zugang zu Bildung, Gesundheitswesen und Wirtschaftsmöglichkeiten gewährleisten.
12. Am Recht aller – ohne Ausnahme – auf eine natürliche und soziale Umwelt festhalten, die Menschenwürde, körperliche Gesundheit und spirituelles Wohlergehen unterstützt. Besondere Aufmerksamkeit gilt dabei den Rechten von indigenen Völkern und Minderheiten.
13. Demokratische Entwicklungen auf allen Ebenen stärken, für Transparenz und Rechenschaftspflicht bei der Ausübung von Macht sorgen, einschließlich Mitbestimmung und rechtlichem Gehör.
14. In die formale Bildung und in das lebenslange Lernen das Wissen, die Werte und Fähigkeiten integrieren, die für eine nachhaltige Lebensweise nötig sind.
15. Alle Lebewesen rücksichtsvoll und mit Achtung behandeln.
16. Eine Kultur der Toleranz, der Gewaltlosigkeit und des Friedens fördern (vgl. Erd-Charta, 9-15).

Die Charta fordert eine Änderung des Denkens und Empfindens und plädiert für ein neues Gespür für die weltweite wechselseitige Abhängigkeit und die universale Verantwortung. Zum Abschluss verleiht sie ihrem Vertrauen auf die regenerative Kraft der Erde und auf die gemeinsame Verantwortung der Menschen Ausdruck, die ihr gemeinsames Zuhause lieben und umsorgen lernen können. Die Charta schließt mit den Worten: „Lasst uns unsere Zeit so gestalten, dass man sich an sie erinnern wird als eine Zeit, in der eine neue Ehrfurcht vor dem Leben erwachte, als eine Zeit, in der nachhaltige Entwicklung entschlossen auf den Weg gebracht wurde, als eine Zeit, in der das Streben nach Gerechtigkeit und Frieden neuen Auftrieb bekam, und als eine Zeit der freudigen Feier des Lebens" (Erd-Charta, 16).

Ich wage die Behauptung, dass die Erd-Charta der mit Sicherheit integrativste, universellste und eleganteste Vorschlag für ein Weltethos ist, der bisher formuliert worden ist. Wenn die Erd-Charta weltweit angenommen wird, wird sich der Bewusstseinsstand der Menschheit verändern. Die Erde wird endlich mitsamt ihren Kindern, die mit ihr denselben Ursprung und dasselbe Geschick teilen, den zentralen Stellenwert bekommen, der ihr zusteht. Darin wird es keine Armgemachten und keinen Platz mehr für die um die Große Mutter Unbekümmerten und die ihr gegenüber Aggressiven geben. Und sie wird angesichts des neuen Stadiums der globalen Erwärmung ihr angemessenes Gleichgewicht wiedererlangen.

Mein Vorschlag einer Ethik der Achtsamkeit und Sorge[12]

Alle bisher vorgestellten Vorschläge haben ihren Wert und leisten einen Beitrag zur Entwicklung eines rettenden planetarischen Ethos.

Die Basis meines eigenen Vorschlags ist eine andere Form von Rationalität. Sie folgt der Logik des Herzens und der Empfindsamkeit. Fast alle ethischen Systeme, zumindest im Westen, zollen dem modernen Logozentrismus und Rationalismus einen hohen Tribut. Der griechische *lógos* und das cartesianische *cogito* sind eng mit den Fundamenten unserer Kultur verbunden. Die Entwicklung des philosophischen Denkens und der Geschichtsprozess selbst haben mehr und mehr gezeigt, dass die Vernunft nicht alles erklärt und begreift. Ihr vorgelagert ist etwas Tieferes und Ursprünglicheres: das *Pathos*, die Affektivität und die wesenhafte Achtsamkeit (Sorge). Darüber befindet sich die Intelligenz,

---

12 Das portugiesische „cuidado" hat mehrere Bedeutungen: Sorge, Besorgtsein, aber auch Sorgfalt, sorgsamer Umgang mit anderen. Ich versuche dem dadurch Rechnung zu tragen, dass ich je nach Kontext mit „Sorge" bzw. mit „Achtsamkeit" übersetze (d. Übers.).

das heißt die Entdeckung des Transzendenten, des Ich, das mit allem und mit dem Mysterium verbunden ist, das allem zugrunde liegt.

Darüber hinaus bezeugen das Arationale und das Irrationale, dass zusammen mit dem Kosmos auch das Chaos existiert, dass die Unordnung mit der Ordnung Hand in Hand geht. Das *demens* ist der stete Begleiter des *sapiens*, das Diabolische gesellt sich dem Symbolischen zu.

Es herrscht weitgehende Übereinstimmung, dass die Intelligenz von Empfindsamkeit, Emotionen und Affekten durchdrungen ist, denn das alltägliche Leben und die Gesellschaftsfähigkeit des Menschen weisen diese Merkmale auf. Michel Maffesoli spricht im Anschluss an Ortega y Gasset in diesem Zusammenhang vom *Ratiovitalismus*. Wir können uns auch auf die *Vernunft des Herzens* beziehen, denn hier haben die Werte, hat die Welt des Erhabenen, der Gefühle und der großen Träume ihren Sitz, die dem Leben Orientierung verleihen.

Die Grunderfahrung des menschlichen Lebens besteht im Gefühl, im Affekt und in der Achtsamkeit bzw. Sorge. Nicht der *lógos* ist die Grunderfahrung, sondern das *páthos*. *Sentio, ergo sum* (Ich fühle, also bin ich): So lautet der Satz, mit dem alles seinen Anfang nimmt. Pathos meint die Fähigkeit, zu fühlen, berührt zu werden und zu berühren. Es bildet die *Lebenswelt*, das konkrete und vorgängige Existenzial des Menschseins. Die Existenz ist niemals reine Existenz. Sie ist gefühlte Koexistenz, die von Inanspruchnahme und Sorge, von Achtsamkeit und Verantwortlichkeit in der Welt zusammen mit den Anderen, von Freude oder Traurigkeit, von Hoffnung oder Angst in Beschlag genommen ist.

Die erste Beziehung ist Beziehung ohne Distanz, zuinnerst aktive Passivität. Sie bedeutet, die Welt, die Anderen und das Ich als eine einzige und komplexe Totalität zu empfinden, und zwar innerhalb der Welt als ein Teil von ihr und zugleich als etwas von der Welt Unterschiedenes, das es erlaubt, die Welt zu sehen, zu denken und zu formen. Dies ist grundlegend ein Sein *mit* und nicht ein Stehen *über* den Dingen, es ist ein Zusammenleben innerhalb einer noch nicht ausdifferenzierten Totalität.

Martin Heidegger spricht in seinem Werk *Sein und Zeit* vom In-der-Welt-Sein als Existenzial. Das meint eine für den

Menschen konstitutive Grunderfahrung und nicht nur eine bloß geografische Zufälligkeit. Deshalb bewegen sich die bestimmenden Strukturen der Existenz um die Affektivität, die Sorge, den Eros, die Leidenschaft, das Mitgefühl, das Begehren, die Zärtlichkeit, die Sympathie und die Liebe. Dieses grundlegende Empfinden ist nicht nur eine Seelenregung, es ist viel mehr: eine existenziale Qualität, eine wesenhafte Seinsweise, die ontologische Strukturierung des Menschseins.

Das *Pathos* ist dem *Logos* nicht entgegengesetzt. Auch das Gefühl ist eine Weise der Erkenntnis, jedoch von anderer Art. Es umgreift die Vernunft, die es nach allen Seiten hin übersteigt. Biologisch ist das Pathos an das limbische System im Gehirn geknüpft, das vor mehr als 10 Millionen Jahren entstanden ist. Mit ihm brachen in unserem planetarischen System das Pathos, das Gefühl, die Sorge (Achtsamkeit) und die Liebe hervor. Das rationale Denken ist an die Hirnrinde gebunden, die erst in den letzten 7 Millionen Jahren entstanden ist.

Blaise Pascal, einer der Begründer der Wahrscheinlichkeitsrechnung und Konstrukteur von Rechenmaschinen, erkannte diese Dimension des Pathos in genialer Weise. Nach seiner Überzeugung werden die ersten Axiome des Denkens vom Herzen eingegeben und dem Herzen kommt es zu, die Prämissen zu jeder möglichen Erkenntnis der Wirklichkeit aufzustellen.

In seinem Buch *Emotionale Intelligenz* bestätigt Daniel Goleman mit empirischen Analysen, was ein bestimmter Traditionsstrang der Philosophiegeschichte behauptet, zu dem Platon, Augustinus, Bonaventura, Pascal bis hin zu Freud, Heidegger, Damasio und Maffesoli gehören: Der Geist ist verleiblicht, das heißt, die Intelligenz ist von Emotion gesättigt. Im Bereich der Emotionen wird das Universum von Bedeutungen und existenziellen Sinngebungen entworfen. Die Erkenntnis vollzieht sich durch das Pathos in einem Prozess der Sympathie, das heißt der Gemeinschaft mit dem Wirklichen, indem der Mensch mit ihm leidet und sich mit ihm freut und an seinem Geschick teilhat.

Ein solches Verständnis löst den weitgehenden Rationalismus der zeitgenössischen Kultur ab, der durch die instrumentell-analytische Vernunft die Vorherrschaft errungen hat. Es kommt darauf an, die Dimension des Herzens wiederzuerlangen, in dem die tiefen Gefühle und die Werte verankert sind. Wir müssen uns die

Vernunft des Herzens neu erschließen, die die anderen Weisen des Vernunftgebrauchs mit diesem Herzen verbindet.

Der bereits erwähnte Martin Heidegger hat hierfür eine in sich geschlossene philosophische Grundlegung geschaffen. In seinem Hauptwerk *Sein und Zeit* kommentiert er die berühmte 220. Fabel des Hyginus über die Sorge:

Als einst die „Sorge" über den Fluss ging, sah sie tonhaltiges Erdreich: Sinnend nahm sie davon ein Stück und begann es zu formen. Während sie bei sich darüber nachdenkt, was sie geschaffen, tritt Jupiter hinzu. Ihn bittet die „Sorge", dass er dem geformten Stück Ton Geist verleihe. Das gewährt ihr Jupiter gern. Als sie aber ihrem Gebilde nun ihren Namen beilegen wollte, verbot das Jupiter und verlangte, dass ihm sein Name gegeben werden müsse. Während über den Namen die „Sorge" und Jupiter stritten, erhob sich auch die Erde (Tellus) und begehrte, dass dem Gebilde ihr Name beigelegt werde, da sie ja doch ihm ein Stück ihres Leibes dargeboten habe. Die Streitenden nahmen Saturn zum Richter. Und ihnen erteilte Saturn folgende anscheinend gerechte Entscheidung: Du, Jupiter, weil du den Geist gegeben hast, sollst bei seinem Tode den Geist, du, Erde, weil du den Körper geschenkt hast, sollst den Körper empfangen. Weil aber die „Sorge" dieses Wesen zuerst gebildet, so möge, solange es lebt, die „Sorge" es besitzen. Weil aber über den Namen Streit besteht, so möge es „homo" heißen, da es aus humus (Erde) gemacht ist (Heidegger, 198).

Der Text zeigt, dass die Sorge eine besondere Seinsweise des Menschen ist. Ohne Sorge hören wir auf, Mensch zu sein. Heidegger behauptet, dass so grundlegende Wirklichkeiten wie das Wollen und Wünschen im Dasein als Sorge verwurzelt sind (Heidegger, 194). Allein von der Struktur der Sorge her entfalten sie sich als Dimensionen des Menschlichen. Die Sorge, so Heidegger, ist eine stets zugrunde liegende ontologische Seinsverfassung alles dessen, was das Menschsein ausmacht, was der Mensch plant und tut. Das Phänomen Sorge gibt den Boden vor, auf dem sich jede weltanschauliche Daseinsauslegung bewegt. Mit „Seinsverfassung" meint Heidegger: Die Sorge geht in die Wesensdefinition des Menschen ein und bestimmt die Struktur seines Handelns. Wenn er vom „Boden" spricht, „auf dem sich jede weltanschauliche Daseinsauslegung bewegt", dann bedeutet dies: Die Sorge ist die Basis für jedwede Deutung des Menschseins. Wenn wir die Sorge nicht zur Grundlage machen, wird es uns nicht gelingen, den Menschen als lebendiges und handelndes Wesen zu begreifen. Einfacher ausgedrückt: Die Sorge (Winnicot bezeichnet sie als *concern*) ist die vorgängige Bedingung dafür, dass das Sein ins Dasein gelangt, und sie ist der Kompass, der dem menschlichen Verhalten Orientierung verleiht. Wenn die Sorge nicht bereits in den allerersten Augenblicken nach dem Urknall am Werk gewesen wäre und die ursprünglichen Energien zusammen mit der ersten Materie nicht dieses in feinster Weise abgestimmte Gleichgewicht aufrecht erhalten hätten, wären nicht die Bedingungen dafür entstanden, dass die Materie und daraus die Sterne und das Leben sowie wir selbst entstehen, um über all dies sprechen zu können. Wenn wir die Sorge nicht kultivieren, dann wird unser Handeln orientierungslos, wenn nicht gar verantwortungslos.

Die Sorge begründet also ein neues *Ethos* im ursprünglichen Sinn des griechischen Wortes *éthos,* wie weiter oben bereits erläutert: als die Art und Weise, wie wir unser Haus bestellen und die Welt organisieren, in der wir zusammen mit den anderen Menschen und der Natur leben.

Der Mensch ist in grundlegender Weise ein Wesen der Sorge und Empfindsamkeit, mehr noch als ein Wesen mit Vernunft und Willen. Sorge ist ein liebevolles Verhältnis zur Wirklichkeit mit dem Ziel, deren Fortbestand zu gewährleisten und Raum für ihre Entwicklung zu schaffen. Die Sorge nimmt sich vorweg der zukünftigen Schädigungen an und heilt die vergangenen. Der Sorge entspricht im ökologischen Sinne die *Nachhaltigkeit,* die auf ein angemessenes Gleichgewicht zwischen dem vernünftigen Gebrauch dessen, was die Erde bietet, und ihrer Erhaltung für uns und die künftigen Generationen abzielt.

In alles müssen die Menschen Sorge investieren: in das Leben, den Körper, den Geist, die Natur, die Gesundheit, den geliebten Menschen, in den Leidenden und in das gemeinsame Haus. Ohne Sorge geht das Leben zugrunde.

Angesichts des Ausmaßes an Sorglosigkeit und Nachlässigkeit, das als eine Bedrohung über der Biosphäre und dem Schicksal des Menschen schwebt und Anlass für vermehrte Alarmrufe der großen ökologischen Weltorganisationen gibt, ist die Ethik der Sorge heute sicherlich am stärksten geboten.

Von dieser umfassenden Basis des Pathos, die von der Tradition des Logos bereichert ist und in der wesenhaften Sorge ihre wichtigste Ausdrucksgestalt findet, leiten sich andere ethische Dimensionen ab, die eng mit der Sorge verknüpft sind. Ich nenne hier nur die Ethik des *Mitgefühls* mit allen leidenden Lebewesen, angefangen vom Planeten als ganzem bis zu den vom Aussterben bedrohten Arten, insbesondere den Menschen, die milliardenfach großen Bedrängnissen ausgeliefert sind. Zusammen mit dem Mitgefühl erscheint die *Solidarität* bzw. *Kooperation*. Dies sind weniger Tugenden als vielmehr radikale Grundhaltungen, denn durch sie ist dem Menschen der Sprung vom Tier zum Menschsein gelungen. Bis heute bilden sie die Grundlage für jede Form von Vergesellschaftung. Schließlich gehört die *Verantwortung* zur Sorge. In ihr geben wir uns über die Konsequenzen unseres Handelns Rechenschaft. Es ist wichtig, sie zu kultivieren, damit unser Tun nicht bei vollem Bewusstsein das System des Lebens preisgibt und den Zustand von Erde und Menschheit noch verschlimmert.

Zwei Tugenden gehen mit der Ethik der Sorge einher: die Selbstbeschränkung und das rechte Maß. Die Selbstbeschränkung ist der notwendige Verzicht auf Wünsche und auf die produktivistische und konsumistische Gier, um die Unversehrtheit und Nachhaltigkeit unseres Planeten zu retten. Die Selbstbeschränkung sorgt dafür, dass die privaten Interessen nicht die Oberhand über die gemeinsamen Interessen, das Gemeinwohl, gewinnen. Sie regt eine Kultur der freiwillig gewählten Einfachheit und des solidarischen und verantwortlichen Konsums an.

Das rechte Maß ist ein wesentlicher Bestandteil aller großen ethischen und spirituellen Traditionen im Osten wie im Westen. Es liegt allen Tugenden zugrunde, denn das rechte Maß ist das relative Optimum, das Gleichgewicht zwischen dem Zuviel und dem Zuwenig. Das rechte Maß ist gerade für unsere Kultur entscheidend, denn sie ist in allen Dingen exzessiv und leidet an der Hybris (an der Überheblichkeit und Selbstüberschätzung), die von den Griechen entschieden verurteilt wurde.

Unablässig stellt sich heute die Frage: Welches ist das rechte Maß unseres Eingreifens in die Natur? Wie können wir unsere Bedürfnisse befriedigen und zugleich das natürliche Kapital erhalten, damit sich die Natur erholen und den künftigen Generationen in noch größerem Reichtum übergeben werden kann? Die Zukunft des Lebens und der Menschheit hängen von unserer Selbstbeschränkung, vom rechten Maß und von unserer Sorge ab, die wir ständig zu kultivieren haben, damit das Leben – dieses wertvollste Geschenk, das uns die Natur vermacht hat und das Gott in einem langen Evolutionsprozess hat hervorbrechen lassen – erhalten werden und seine Evolution in Richtung des „Punktes Omega" fortsetzen kann.

3. Die Dringlichkeit, die Fundamente neu zu legen

Die Kombination konjunktureller und systematischer Krisen zwingt uns zu zwei Kämpfen gleichzeitig: In einem systemimmanenten Kampf suchen wir unmittelbare Lösungen für Probleme, um Leben zu retten, Arbeitsplätze und die Produktion sicherzustellen und den völligen Zusammenbruch zu vermeiden. Der andere Kampf weist über das System hinaus. In diesem Kampf geht es um eine strenge Kritik an den theoretischen Grundlagen, die uns in das gegenwärtige Chaos hineingeführt haben, und die Arbeit an anderen Fundamenten für eine Alternative, die den Fortbestand des planetarischen Projektes des Menschen auf einer höheren Ebene ermöglicht.

Jede historische Epoche braucht einen Mythos, der Menschen anzieht, Kräfte bündelt und der Geschichte eine neue Richtung gibt. Der grundlegende Mythos der Moderne ist die *Vernunft*. Sie bringt die Wissenschaft hervor, macht sie zur Technik mit dem Ziel, in die Natur einzugreifen, und will all ihre Kräfte beherrschen. Zu diesem Zweck muss man dem Begründer der wissenschaftlichen Methode Francis Bacon zufolge die Natur so lange auf die Folter spannen, bis sie all ihre Geheimnisse preisgibt. Diese Vernunft glaubt an einen grenzenlosen Fortschritt und bringt eine Gesellschaft hervor, die autonom sein will und sich „Ordnung und Fortschritt"[13] verpflichtet. Die Vernunft bewirkt

---

13 Damit spielt Leonardo Boff auf die Aufschrift „Ordem e Progresso" (Ordnung und Fortschritt) auf der brasilianischen Flagge an. Korrekterweise müsste man den Begriff mit „Entwicklungsdiktatur" übersetzen (d. Übers.).

die Anmaßung, alles vorherzusehen, zu erzeugen, zu kontrollieren, zu organisieren und zu erzeugen. Sie nimmt sämtliche Räume in Beschlag. Andere Erkenntnisweisen hat sie an den Rand gedrängt.

Nach mehr als 300 Jahren des Lobpreises der Vernunft erleben wir nun jedoch ihren Irrsinn. Denn nur eine völlig verrückte Vernunft kann eine Gesellschaft hervorbringen, in der 20 Prozent der Weltbevölkerung 80 Prozent aller Reichtümer der Erde an sich reißen; in der die drei reichsten Menschen der Welt über mehr Aktiva verfügen als der gesamte Reichtum der 48 ärmsten Länder der Erde zusammen, in denen 600 Millionen Menschen leben; in der 257 Menschen allein mehr Reichtum anhäufen als 2,8 Milliarden Menschen, also 45 Prozent der Menschheit; in der wie in Brasilien 5000 Familien 46 Prozent des landesweiten Reichtums besitzen. Die Unvernunft der produktivistischen und konsumistischen Vernunft hat zur globalen Erwärmung geführt, die bereits deutlich sichtbar Ungleichgewichte verursacht und Tausende von Lebensformen, auch die Gattung Mensch, bedroht und sogar vernichten könnte.

Die Diktatur der Vernunft hat die Warengesellschaft entstehen lassen mitsamt ihrer typischen Kultur, einer bestimmten Lebensweise und einer bestimmten Art, zu produzieren und zu konsumieren, Wissenschaft zu betreiben, zu erziehen, zu lehren und das Individuum zu prägen. Die Menschen müssen sich der Dynamik und den Werten dieser Kultur anpassen, indem sie mittels eines Prozesses, der alles zur Ware macht, stets nach den höchsten Gewinnen streben. Diese sogenannte moderne, kapitalistische, bürgerliche, abendländische und heute globalisierte Kultur ist in die Krise geraten. Diese die Grundlagen dieser Kultur betreffende Krise findet in unterschiedlichen je aktuellen Krisen ihren Ausdruck. Es geht nicht darum, der Vernunft abzuschwören, sondern ihre Überheblichkeit, ihre Hybris, zu bekämpfen und ihre Beschränkung der Fähigkeit zum Verstehen zu kritisieren. Diese Vernunft muss heute schleunigst durch eine empfindsame Vernunft (Michel Maffesoli) ergänzt werden, durch emotionale Intelligenz (Daniel Golemann), durch die Vernunft des Herzens (Adela Cortina), durch die Bildung der Sinne (J.F. Duarte Jr.), durch die Wissenschaft mit Gewissen (Edgar Morin), durch die spirituelle Intelligenz (Danah Zohar), durch *concern* (R. Winnicott) und durch die Achtsamkeit, wie ich sie selbst seit längerer Zeit vorschlage.

Das tiefe Empfinden (*páthos*) lässt uns den Schrei der Erde und den Jammer von Millionen Hungernden hören. Nicht die kühle Vernunft, sondern die empfindsame Vernunft bewegt die Menschen dazu, diese Leidenden vom Kreuz zu holen und ihnen Leben zu geben. Deshalb ist es hohe Zeit, das herrschende Wissenschaftsmodell einer Kritik zu unterziehen, Anwendungen radikal zu untersagen, die an Profit orientiert sind und nicht dem Leben dienen, sowie das derzeitige Modell von Entwicklung zu entlarven, das nicht der Nachhaltigkeit verpflichtet ist, sondern die Erde im höchsten Maße ausplündert und Ungerechtigkeit hervorbringt.

Die Empfindsamkeit, die herzliche Zugewandtheit und die Achtsamkeit auf allen Ebenen – der Natur gegenüber, in den sozialen Beziehungen und im alltäglichen Leben – können zusammen mit der Vernunft zu einer Utopie führen, die wir mit Händen greifen können, weil sie unmittelbar in die Praxis umzusetzen ist. Diese Fundamente eines entstehenden zivilisatorischen Paradigmas geben uns Hoffnung.

4. Die Chancen der Krise nicht verspielen

Die weltweiten Wirtschafts- und Finanzkrisen sind Teil einer allgemeinen ökologischen Krise. Zwei Szenarien zeichnen sich ab: ein Szenarium der Krise und eines der Tragödie. Wenn die gesamte Konstruktion der Weltwirtschaft zusammenbräche und uns in ein völliges Chaos stürzte und als Folge Millionen von Opfern durch Gewalt, Hunger und Krieg zu beklagen wären, wäre das eine Tragödie. Dieses Szenario ist nicht auszuschließen, denn der Kapitalismus bewältigt chaotische Situationen normalerweise mittels Krieg. Er verdient an der Zerstörung und am Wiederaufbau gleichermaßen. Dies kann heute jedoch keine Lösung sein, weil ein Hightech-Krieg die Gattung Mensch ausrotten würde. Es sind nur noch regionale Kriege ohne den Gebrauch von Massenvernichtungswaffen im eigentlichen Sinne führbar.

Das andere Szenarium ist das der Krise: Nicht die Weltwirtschaft als solche wäre hier am Ende, sondern die gegenwärtige neoliberale. Das Chaos kann ein schöpferisches Chaos sein und zum Ursprung einer neuen, besseren Ordnung werden. Die Krise hätte somit eine reinigende Funktion und würde eine neue Weise von Produktion und Konsum hervorbringen.

Wir müssen nicht auf das chinesische Schriftzeichen für Krise zurückgreifen, um die Bedeutung des Wortes zu erfassen, nämlich Gefahr und Chance gleichermaßen. Es genügt, auf die Sanskrit-Wurzel der indogermanischen Sprachen zu verweisen. Das Wort „Krise" stammt aus der Sanskrit-Wurzel *kir* oder *kri*, was *reinigen* oder *säubern* heißt. Von *kri* leitet sich auch *Kritik* her. Kritik meint einen Prozess, in dessen Verlauf wir uns der Voraussetzungen, der Kontexte, der Reichweite und der Grenzen des Denkens oder irgendeines Phänomens bewusst werden. Das griechische Verb *krínein* bedeutet in seiner Grundbedeutung *unterscheiden*. Auch das Portugiesische *crisol* stammt von dieser Wurzel; es meint jenes chemische Element, mittels dessen das Gold von der Schlacke befreit wird. Das entsprechende Verb *acrisolar* heißt *läutern* oder *klären*.

Die Krise stellt also die Chance für einen kritischen Prozess dar, im Verlauf dessen das Wesentliche eine Läuterung erfährt. Allein das Echte bleibt, was nicht zum Wesen gehört, hat keinen Bestand.

Krisenzyklen sind typisch für die kapitalistische Wirtschaftsform. Niemals wurden strukturelle Einschnitte vorgenommen, die eine neue Wirtschaftsordnung begründet hätten. Man nahm vielmehr immer Zuflucht zu Anpassungsmaßnahmen, die die grundlegende ausbeuterische Logik nicht angetastet haben. Die Krise wurde also niemals wirklich überwunden, sondern es wurden lediglich deren schädliche Auswirkungen abgemildert und die Produktion wurde neu in Gang gesetzt, nur um die nächste Krise zu produzieren und damit die Aufeinanderfolge von zyklischen Krisen zu verlängern.

Die derzeitige Krise könnte eine große Chance sein, um ein anderes Paradigma für Produktion und Konsum zu etablieren. Dringend geboten sind nicht neue Regulierungen, sondern echte Alternativen. Die Finanz- und Wirtschaftskrisen lassen sich nur lösen, wenn wir die allgemeine ökologische Krise und das Problem der Erderwärmung in Angriff nehmen. Wird diese Bedingung nicht beachtet, werden auch die ökonomischen Lösungen bald nicht mehr standhalten und die Krise wird in umso größerem Ausmaß wiederkehren.

Die an den Börsen von London und New York notierten Unternehmen haben als Folge der Finanzkrise von 2008 in einem Jahr Verluste von mehr als 1,5 Billionen Dollar erlitten. Die Verluste des natürlichen Kapitals sind weit höher. Nach Angaben von Greenpeace belaufen sie sich jährlich auf 2 bis 4 Billionen Dollar. Diese Verluste entstehen durch den allgemeinen Niedergang der Ökosysteme, die Entwaldung, die Ausbreitung der Wüsten und die Trinkwasserknappheit. Die Wirtschafts- und Finanzkrise von 2008 hat weltweit Panik hervorgerufen, die zweite Krise, nämlich die unserer natürlichen Lebensgrundlagen, wurde kaum wahrgenommen. Doch diesmal können wir nicht mehr weiter *business as usual* betreiben.

Das Schlechteste, was wir tun können, ist es, die in der Krise des allgemein durchgesetzten Neoliberalismus steckende Chance nicht zu nutzen, um ein alternatives Produktionsmodell zu entwickeln, das der Erhaltung des natürlichen und des menschlichen Kapitals dient. Wir müssen von einem Paradigma einer verheerenden industriellen Produktion zu einem Paradigma der Erhaltung allen Lebens übergehen.

Diese Alternative ist unabweisbar, wie der belgische Soziologie François Houtart in einer Rede vor der Generalversammlung der UNO am 30. Oktober 2009 betont hat. In seiner Rede hat er prognostiziert: Wenn wir keine Alternative zum herrschenden ökonomischen Paradigma anstreben, werden in 15 Jahren 20 bis 30 Prozent der lebenden Arten verloren gegangen sein und Mitte des 21. Jahrhunderts wird es etwa 150 bis 200 Millionen Klimaflüchtlinge geben. Dann wird die Krise keine Chance mehr sein, sondern sie wird zur schrecklichen Gefahr.

Die derzeitige Krise bietet uns vielleicht eine der letzten Gelegenheiten, eine für die Menschen und die gesamte Gemeinschaft des Lebens wirklich nachhaltige Lebensweise zu entwickeln. Wenn wir diese Gelegenheit verstreichen lassen, könnten wir der Düsternis entgegengehen.

5. Die Kosmologie der Herrschaft in der Krise

Die Wirtschafts- und Finanzkrisen, zu denen noch die Umweltkrise kommt, haben in allen gesellschaftlichen Schichten, armen wie reichen, großes Leid verursacht. Dieses Leid veranlasst uns zu einem verstärkten Nachdenken. Es ist an der Zeit, über den wirtschaftlichen und finanziellen Aspekt der Krisen hinauszugelangen und uns den zugrunde liegenden Strukturen zuzuwenden. Anderenfalls werden die eigentlichen Ursachen der Krisen weiterhin immer dramatischere Krisen zeitigen, bis sich diese schließlich zu Tragödien planetarischen Ausmaßes entwickeln.

Um zu den Wurzeln der aktuellen Krise zu gelangen, gilt es, die klassische Kosmologie zu betrachten, die über viele Jahrhunderte Gültigkeit beanspruchte, nun aber den Veränderungen der Menschheit und auf dem Planeten nicht mehr gerecht wird. Der Beginn der klassischen Kosmologie ist spätestens vor 5000 Jahren zu datieren, als die großen Reiche entstanden. Im Zuge der Aufklärung erlebte sie eine Blütezeit; ihren Höhepunkt erreichte sie mit den heutigen an der Technik ausgerichteten Naturwissenschaften. Sie ging von einer mechanistischen und anthropozentrischen Sichtweise des Universums aus. Sie sieht die Dinge nebeneinander, ohne eine Verbindung untereinander, und von mechanischen Gesetzen gesteuert. Die Dinge haben keinen Wert in sich selbst, sondern zählen nur in den Maß, in dem sie dem Menschen zum Nutzen gereichen.

Der Mensch versteht sich als außerhalb und über der Natur stehend, er sieht sich als ihr Gebieter und Herr, der nach seinem eigenen Gutdünken über sie verfügen kann. Die klassische Kosmologie geht von der falschen Voraussetzung aus, dass der Mensch auf einem begrenzten Planeten unbegrenzt konsumieren kann, dass die fiktive Abstraktion, die Geld genannt wird, den höchsten Wert darstellt und dass der Wettbewerb und das Handeln eines jeden Einzelnen nach seinen eigenen Interessen allgemeines Wohl bewirkt. Dies sind Merkmale der Kosmologie der Herrschaft.

Die klassische Kosmologie hat zur ökologischen, zur politischen, zur ethischen und in jüngster Zeit zur ökonomischen Krise geführt. Die Ökofeministinnen haben auf den direkten Zusammenhang von Anthropozentrismus und Patriarchat aufmerksam gemacht, das den Frauen und der Natur seit der Jungsteinzeit Gewalt antut.

Seit der Mitte des 20. Jahrhunderts setzte sich ausgehend von verschiedenen Geowissenschaften, insbesondere von der weiter gefassten Evolutionstheorie, eine neue verheißungsvollere Kosmologie durch, die über das Potenzial verfügt, auf schöpferische Weise zur Überwindung der Krise beizutragen. Die neue Kosmologie sieht den Kosmos nicht als zerstückelt und als Summe toter und beziehungsloser Seinsformen, sondern betrachtet das Universum als einen Gesamtzusammenhang von miteinander in Beziehung stehenden und wechselseitig verbundenen Subjekten. Raum, Zeit, Energie, Information und Materie sind Dimensionen eines einzigen großen Ganzen. Selbst die Atome sind weniger Teilchen, sondern werden von Wellen und „Strings" her verstanden, die sich in ständiger Schwingung befinden. Der Kosmos mitsamt der Erde gleicht weniger einer Maschine, sondern eher einem lebendigen, sich selbst regulierenden Organismus, der sich anpasst, sich entwickelt und in Krisensituationen einen Sprung vollzieht mit dem Ziel eines neuen Gleichgewichts.

Die Erde ist renommierten Kosmologen und Biologen zufolge ein lebendiger Planet – Gaia –, der das Physikalische, Chemische und Biologische so miteinander verbindet, dass das Leben gefördert wird. All ihre Elemente sind derart fein aufeinander abgestimmt, dass der Schluss naheliegt, nur ein lebendiger Organismus könne dies leisten. Im Lauf der letzten Jahrzehnte – und heute auf unmissverständliche Weise – weist die Erde Stresssymptome und Anzeichen für den Verlust ihrer Tragfähigkeit auf. Sowohl das Universum als auch die Erde offenbaren einen ihnen zugrunde liegenden und sie leitenden Entwurf, der im Entstehen immer komplexerer und bewussterer Ordnungen zutage tritt.

Wir selbst bilden den bewussten und intelligenten Teil des Universums und der Erde. Aufgrund der Tatsache, dass wir über diese Eigenschaften verfügen, können wir uns den Krisen stellen, entdecken, dass bestimmte kulturelle Gewohnheiten (Paradigmen) das Stadium ihrer Erschöpfung erreicht haben, und neue Formen des Menschseins, der Produktion, des Konsums und des Zusammenlebens etablieren. Dies ist die Kosmologie der Veränderung; sie ist Ausdruck des neuen Zeitalters, des Ökozoikums.

Wir müssen uns dieser neuen Kosmologie öffnen und uns von der Überzeugung tragen lassen, dass die Energien (letztlich Ausdrucksformen der höchsten Energie), die das Universum bereits seit 13,7 Milliarden Jahren hervorbringen, auch gegenwärtig, auch angesichts unserer aktuellen Krise am Werk sind. Sie werden uns mit Sicherheit zu einem qualitativen Sprung in Richtung eines anderen Musters der Produktion und des Konsums zwingen, das uns tatsächlich retten kann, denn das entspricht der Logik des Lebens, den Lebenszyklen Gaias und den menschlichen Bedürfnissen.

6. Wem gehört die Erde?

In Brasilien wird heftig über die Internationalisierung des Amazonasgebietes bzw. die Frage diskutiert, wem dieses überaus reiche Stück des Planeten Erde eigentlich gehört. Ich kann hier auf diese Frage nicht näher eingehen, aber sie verweist auf eine andere, grundlegendere Frage, nämlich: Wem gehört die Erde?

Diese Frage lässt sich unterschiedlich beantworten. Manche Antworten sind richtig, andere unzulänglich oder falsch. Mit einer gewissen Selbstverständlichkeit könnten wir behaupten: Die Erde gehört den Menschen. Wir berufen uns dafür sogar auf die Bibel, wo es heißt: „Ich übergebe euch alles ... vermehrt euch auf der Erde und bevölkert sie" (1. Mose 9,3.7). Eigenartigerweise taucht der Mensch in der Evolutionsgeschichte erst auf, als die Erde bereits zu 99,98 Prozent fertig war. Die Menschen haben der Geburt der Erde nicht beigewohnt und die Erde bedurfte der Menschen nicht, um ihre Komplexität und Artenvielfalt hervorzubringen. Wie also kann sie den Menschen gehören? Lediglich Dummheit gepaart mit Überheblichkeit kann einen Besitzanspruch auf die Erde erheben.

Als weitere Antwort ließe sich sagen: Die Erde gehört den am zahlreichsten vertretenen Lebewesen. Dann würde sie den Mikroorganismen – den Bakterien, Pilzen und Viren – gehören, denn diese machen 95 Prozent aller Lebewesen aus. Dem Biologen Edward O. Wilson zufolge enthält eine Handvoll Erde etwa 10 Milliarden Bakterien aus 6000 verschiedenen Arten. Das vermittelt uns eine vage Vorstellung von der unermesslichen Zahl von Mikroorganismen, die alle Böden der Erde bevölkern. Sie alle haben ein größeres Anrecht auf den Besitz der Erde als wir, sei es, weil sie bereits so alt sind, sei es aufgrund ihrer Zahl oder auch aufgrund ihrer Rolle, die Lebensfähigkeit des Planeten zu gewährleisten.

Eine andere mögliche Antwort könnte lauten: Die Erde gehört der Gesamtheit der Lebewesen, die die vielen Ökosysteme bewohnen, die der Gemeinschaft des Lebens dienen, indem sie das Klima und das Verhältnis physikalisch-chemischer Elemente des Planeten regulieren. Diese gut gemeinte Antwort bleibt jedoch unzulänglich, denn sie lässt die Verbindungen der Erde zu den Energien und Elementen des Kosmos außer Acht.

Verbreitet ist die Antwort: Die Erde gehört unseren Kindern und Enkelkindern, die noch nicht geboren sind und die sie uns geliehen haben, damit wir auf ihr leben und arbeiten und sie ihnen dann wieder zurückgeben, damit sie sie ihrerseits wiederum ihren Kindern und Enkeln übergeben können usw. Die Erde gehört also allen: denen, die auf ihr gelebt haben, denen, die zurzeit auf ihr leben, und denen, die noch geboren werden.

Eine weiter gefasste Antwort besagt: Letztlich gehört die Erde dem Sonnensystem, das seinerseits wiederum unserer Galaxie, der Milchstraße, gehört, die schließlich dem Kosmos gehört. Sie ist ein Moment innerhalb eines 13,7 Milliarden Jahre andauernden Evolutionsprozesses.

Doch diese Antwort stellt uns noch nicht zufrieden, denn sie verweist auf eine letzte Frage: Und wem gehört der Kosmos? Er gehört jener grundlegenden Energie, dem Quantenvakuum, dem nährenden Abgrund aller Seinsformen, dem Ursprungsquell von allem. Diese Antwort geben für gewöhnlich die Astrophysiker und Kosmologen. Und sie ist richtig. Doch es ist noch nicht die letzte Antwort.

Es bleibt noch eine letzte Frage: Wem gehört die Grundenergie des Universums? Man könnte darauf einfach antworten: Sie gehört niemandem, sie gehört einfach sich selbst. Diese Antwort ist jedoch keine echte Antwort. Sie verweist auf die Theologie, auf Gott.

Wechseln wir die Ebene, wenden wir uns wieder unserer alltäglichen und brutalen Wirklichkeit der Geschäftemacherei zu und stellen erneut die Frage: Wem gehört die Erde? Faktisch gehört sie denen, die die Macht innehaben, die die Märkte kontrollieren, die Grund und Boden, Güter und nützliche Aspekte, Wasser, Gene, Saatgut, menschliche Organe und sogar zu Waren degradierte Menschen verkaufen und aufkaufen. Sie geben vor, die Herren der Erde zu sein, und verfügen über sie, wie es ihnen beliebt. Doch es handelt sich um lächerliche Herren, denn sie vergessen, dass sie nicht Herr ihrer selbst, weder ihrer Geburt noch ihres Todes sind.

Wem gehört die Erde? Als vernünftigste und am meisten zufriedenstellende Antwort verbleibt die der Religionen, wie sie etwa von der jüdisch-christlichen Tradition repräsentiert werden. Dieser Tradition zufolge spricht Gott: „Mein ist die Erde und alles, was sie enthält, und ihr seid meine Gäste und Mieter" (3. Mose 25,23). Allein Gott ist der Herr der Erde und er hat niemandem irgendwelche Besitztitel übertragen. Wir sind Gäste auf Zeit, Mieter und einfache Hüter der Erde, die die Aufgabe haben, sie zu dem zu machen, was sie einst war: zum Garten Eden.

7. Die Wirtschafts- und Finanzkrise: das vollkommene Loch

Ignace Ramonet, der Chefredakteur von *Le Monde Diplomatique* und einer der scharfsinnigsten Analytiker der Weltsituation, nannte die Wirtschafts- und Finanzkrise von 2008 „die perfekte Krise". Wladimir Putin bezeichnete sie 2008 in Davos als „das perfekte Unwetter". Ich meinerseits würde eher vom „perfekten Loch" sprechen.

Die Gruppe derer, die die Erd-Charta initiiert haben (unter anderen Michail Gorbatschow, Steven Rockefeller, Maurice Strong und ich selbst), hatte schon mehr als zehn Jahren zuvor gewarnt: „Wir können auf dem bisherigen Weg nicht weitermachen, so eben er auch erscheinen mag, denn in seiner Richtung vor uns klafft ein abgrundtiefes Loch." Auch das Weltsozialforum hat dies nimmermüde seit dem ersten Treffen in Porto Alegre im Jahr 2001 betont. Dann kam 2008 der Moment, an dem das Loch sich tatsächlich auftat. Große Banken, traditionsreiche Unternehmen, riesige transnationale Konzerne und 50 Billionen Dollar an Privatvermögen fielen in dieses Loch. Gleichzeitig fielen auch Millionen von Arbeitslosen weltweit in dieses Loch, sie hatten einen wahren Kreuzweg zu durchleiden.

Stephen Roach von der Bank Morgan Stanley, die ebenfalls betroffen war, gestand ein: „Die Wall Street hat sich geirrt. Die Aufsichtsbehörden haben sich geirrt. Die Ratingagenturen haben sich geirrt. Wir alle haben uns geirrt." Doch er war nicht demütig genug, zu bekennen: „Das Weltsozialforum hatte recht. Die Umweltschützer hatten recht. Große ökologische Vordenker wie James Lovelock, Edward O. Wilson, Edgar Morin, Marina Silva und so viele andere hatten recht."

Mit anderen Worten: Die „Herren der Welt" – einige meinten sogar, das „Ende der Geschichte" auszurufen – waren mit ihrem Latein am Ende, sie, die von „alternativlos" sprachen und bei ihren Wirtschaftskonzilien gebetsmühlenartig die Dogmen der perfekten Selbstregulierung der Märkte und des globalisierten Kapitalismus als des einzig gangbaren Weges wiederholten. Verwirrt und perplex taumelten sie wie Betrunkene in einer dunklen Gasse.

Das Weltsozialforum, das im Januar 2009 in Belém stattfand, konnte ohne Überheblichkeit feststellen: „Unsere Diagnose hat sich als richtig erwiesen. Wir haben noch keine Alternative anzubieten, aber es drängt sich eine Gewissheit auf: Diese Art von Welt verfügt nicht mehr über die Voraussetzungen, dass es mit ihr weitergeht, und über einen Entwurf für eine Zukunft, die für die Menschheit und die gesamte Gemeinschaft des Lebens Integration und Hoffnung bereithält." Wenn es mit dieser Welt so weitergeht, dann kann sie dem menschlichen Leben ein Ende setzen und der Pacha Mama, der Mutter Erde, schwere Wunden zufügen.

Die Ideologen dieser Welt glauben vielleicht nicht mehr an Dogmen und begnügen sich mit dem neoliberalen Katechismus. Doch sie suchen einen Sündenbock: „Nicht der Kapitalismus an sich ist in die Krise geraten. Es ist der amerikanische Kapitalismus, der Geld ausgibt, das er nicht hat, für Dinge, die das Volk nicht braucht." Einer seiner Hohenpriester, Ken Rosen von der Universität Berkeley, gestand wenigstens ein: „Das Modell der Vereinigten Staaten ist ein Irrweg. Wenn die ganze Welt dieses Modell übernommen hätte, dann würde es uns nicht mehr geben."

Doch ist es nicht genau dieses Modell, das die imperiale amerikanische Mentalität in die ganze Welt exportieren will und zu dem sich auch Barack Obama noch bekannt hat, als er in seiner Rede zur Amtseinführung sagte: „Wir werden uns für unsere Lebensweise weder entschuldigen noch werden wir darin nachlassen, sie zu verteidigen"? Er müsste sich aber sehr wohl entschuldigen, denn die USA haben die Krise von 2008 ausgelöst, die die ganze Welt ins Unglück gestürzt hat. Wenn die Menschheit darauf besteht, den *American Way of Live* auf die ganze Welt auszudehnen, läuft sie Gefahr, dass der Planet Erde insgesamt ins Wanken gerät.

Der Grund für die Krise ist jedoch nicht nur der amerikanische Kapitalismus. Als ob ein anderer Kapitalismus richtig und menschlich wäre! Der Grund liegt in der Logik des Kapitalismus selbst. Bereits Politiker wie Jacques Chirac und eine ganze Anzahl von Wissenschaftlern haben erkannt: Wenn die reichen Länder im Norden ihren Wohlstand verallgemeinern und auf die ganze Menschheit übertragen wollten, dann brauchten wir mindestens drei weitere Planeten wie unsere Erde.

Der Kapitalismus ist seiner Natur nach gierig, häuft Reichtum an und betreibt Raubbau an der Natur. Es liegt in seinem Wesen, dass er Ungleichheit schafft und es ihm an jedweder Solidarität mit der jetzigen und noch viel mehr mit den künftigen Generationen mangelt. Man nimmt dem Wolf sein wildes Wesen nicht dadurch, dass man ihn ein wenig streichelt oder seine Zähne abfeilt. Er ist von Natur aus wild. So verhält es sich auch mit dem Kapitalismus. Es kommt kaum darauf an, wo er sich entfaltet, ob in den USA, in Europa, in Japan oder auch in Brasilien. Der Kapitalismus verdinglicht alles: die Erde, die Natur, die Lebewesen und auch die Menschen. Alles ist Ware auf dem Markt und aus allem kann man ein Geschäft machen.

Diese Art, die Welt zu bewohnen, die allein von der utilitaristischen und egozentrischen Vernunft beherrscht ist, hat das perfekte Loch ausgehoben, man könnte sagen: ein wahrhaft schwarzes Loch. Millionen sind in dieses Loch gefallen oder wurden in es hineingezogen.

Es geht nicht um eine ökonomische Frage, sondern um eine moralische und spirituelle. Wir werden nur dann einen Ausweg finden, wenn wir ein anderes Verhältnis zur Natur gewinnen, uns als ein Teil von ihr verstehen und die Intelligenz des Herzens leben, die uns das Leben und jedes einzelne Lebewesen lieben und respektieren lässt. Anderenfalls werden wir weiter in dem Loch bleiben, in das uns der Kapitalismus gestoßen hat.

8. Der kürzeste Weg ins Scheitern

In den zahlreichen Reflexionen rund um den Zusammenbruch des neoliberalen Systems lassen sich drei Argumentationsmuster erkennen.

Das erste lautet: Um die sinkende Titanic zu retten, reicht es nicht einfach, am schiffbrüchigen System einige Korrekturen vorzunehmen und ein paar Regeln einzuführen. Wir brauchen einen anderen Kurs, um den Zusammenstoß mit dem Eisberg zu vermeiden: eine Art der Produktion, die sich weder allein am Gewinn noch am unbegrenzten und ausgrenzenden Konsum orientiert.

Das zweite Argumentationsmuster meint: Radikale Brüche, mit denen wir die illusionäre Erwartung verbinden, sie könnten uns in eine andere, mögliche Welt führen, taugen nichts, denn sie hätten mit Sicherheit den völligen Zusammenbruch des Systems des Zusammenlebens zur Folge. Es gäbe unzählige Opfer und es wäre keineswegs gewiss, ob aus den Ruinen eine neue, bessere Ordnung hervorgeht.

Das dritte Argumentationsmuster besagt: Grundlegend für jeden Lösungsansatz ist die Kategorie der Nachhaltigkeit. Das heißt: Das notwendige Maß an Entwicklung zur Aufrechterhaltung des menschlichen Lebens, der gesamten Gemeinschaft des Lebens und zur Erhaltung der Lebensfähigkeit der Erde kann nicht mehr den bis heute geltenden Wachstumsmaßstäben folgen. Dieses Wachstum plündert das natürliche Kapital zu stark aus und diesem Modell mangelt es an der Solidarität zwischen den Generationen.

Es kommt darauf an, ein fein abgestimmtes Gleichgewicht zu finden zwischen der Tragfähigkeit und Regenerationsfähigkeit der Erde und ihrer vielfältigen Ökosysteme einerseits und einer Entwicklung, die das menschliche Wohlbefinden und den Fortbestand des derzeitigen weltweiten Projektes als der neuen und unumkehrbaren geschichtlichen Situation sichern kann.

Dieses Bestreben setzt die Strategie des Übergangs vom herrschenden Paradigma, das keine nachhaltige Zukunft gewährleistet, zu einem neuen Paradigma voraus, das in interkultureller Zusammenarbeit entwickelt werden muss. Es bedeutet eine Neujustierung zwischen Ökonomie und Ökologie im Hinblick auf die Erhaltung des Lebens auf der Erde und den Fortbestand der Zivilisationen.

Der entscheidende „Flaschenhals" ist die Frage der Ökologie. Im Zusammenhang der politischen Vorschläge zur Überwindung der Krise wird diese Frage nur en passant gestreift. Beim Treffen der G 20 am 2. April 2009 in London, als die Instrumente definiert wurden, mit deren Hilfe Ordnung in das Chaos des Systems gebracht werden sollte, spielte die Ökologie keine Rolle, obwohl die Zusammenhänge unübersehbar sind. Die ökologischen Probleme betreffen nicht nur die Erderwärmung, sondern ebenso auch die Polareis- und Gletscherschmelze, die Versäuerung der Ozeane, die Ausbreitung der Wüsten, die Abholzung der Tropenwälder und den Wandel des Planeten zu einer Welt der Slums, verursacht durch unkontrollierte Verstädterung und strukturelle Arbeitslosigkeit. Ja mehr noch: Die erhobenen Daten weisen darauf hin, dass der Verbrauch der Menschen die Tragfähigkeit der Erde um 30 Prozent übersteigt.

Die Verwüstung der Natur und das Zerreißen des weltweiten sozialen Netzes durch Hunger und Ausgrenzung untergraben zugleich die Bedingungen dafür, dass sich das Kapital innerhalb eines neuen Zyklus reproduziert. Alles weist darauf hin, dass die Grenzen der Erde auch die endgültigen Grenzen des mehrere Jahrhunderte lang herrschenden Systems sind.

Der kürzeste Weg, der zum Scheitern aller Initiativen führt, die die Systemkrise überwinden wollen, ist die Vernachlässigung des ökologischen Faktors. Der ökologische Faktor ist keine „externe Bedingung", die als unvermeidlich hinzunehmen wäre. Entweder räumen wir diesem Faktor bei allen möglichen Lösungsvorschlägen den zentralen Stellenwert ein oder wir müssen die mögliche Auslöschung der Gattung Mensch hinnehmen. Die ökologische Bombe ist gefährlicher als alle von Menschen produzierten Waffen zusammen.

Diesmal müssen wir uns alle gemeinsam in Demut üben und auf das hören, worum uns die Erde selbst flehentlich bittet: auf das gegenwärtige Produktionsmodell mit seiner Aggression gegenüber der Natur und seiner sozialen Ausgrenzung im großen Stil zu verzichten. Wir sind weder die Götter noch die Herren der Erde, sondern ihre Kreaturen und Gäste. Mit eindringlichen Worten beschließt Rose Marie Muraro ihr anregendes Buch über die technologischen Revolutionen, das den Untertitel *Sein wollen wie Gott* trägt: „Wenn wir darauf verzichtet haben werden, Götter zu sein, dann werden wir in vollem Sinne Mensch sein können; wir wissen noch nicht, was das ist, aber wir haben es immer schon erahnt."

9. Totaler Krieg gegen Gaia

Die unsichtbare Seite der Wirtschafts- und Finanzkatastrophen, die das Ergebnis von Gier und Lüge sind, ist der Leidensweg von Millionen Menschen, die ihre Ersparnisse, ihre Häuser und ihren Arbeitsplatz verloren haben. Wer spricht von ihnen? Die wirklich Schuldigen schließen sich eher zusammen, um das System, das ihnen die Vorherrschaft über die anderen sichert, zu retten oder nachzujustieren, und weniger mit dem Ziel, Auswege im Sinne von Vernunft, Kooperation und Mitleid mit den Opfern sowie der ganzen Menschheit zu finden.

Diese Krise macht andere Krisen offenbar, die wie ein Damoklesschwert über den Häuptern aller schweben: Klimakrise, Energiekrise, Ernährungskrise usw. Sie alle verweisen auf die Krise des herrschenden Paradigmas. Die Situation des allgemeinen Chaos wirft metaphysische Fragen über den Sinn des Menschseins innerhalb der Gesamtheit der in Evolution befindlichen Wesen auf. Zunehmend verstummen die Postmodernen mit ihrem *Anything goes*. Ob sie wollen oder nicht – manche Dinge müssen Geltung beanspruchen, es gilt einen Sinn aufrechtzuerhalten. Ansonsten suhlen wir uns im schäbigsten Zynismus, der nichts anderes als tiefe Verachtung des Lebens zum Ausdruck bringt.

Denker wie Pierre Teilhard de Chardin oder René Girard haben schon vor längerer Zeit ein gewisses Überhandnehmen an Bosheit auf der bewussten Stufe der Evolution festgestellt. René Girard hat das Phänomen der Gewalt erforscht. Ich zitiere hier aus einem Gespräch, das René Girard im Jahr 1990 in Lateinamerika mit Befreiungstheologen geführt hat: „Alles scheint die Tatsache zu belegen, dass die Kräfte, die in dieser Welt Gewalt hervorbringen, aus geheimnisvollen Gründen, die ich zu verstehen versuche, auf einer gewissen Ebene mächtiger sind als Harmonie und Einheit. Dies ist der stets gegenwärtige Aspekt der Erbsünde, die jenseits aller mythischen Wirklichkeitsauffassung eine Bezeichnung für die Gewalt in der Geschichte ist." Es gibt keinen Anlass, dieses düstere Urteil zu revidieren. Nur der Gedanke der Hoffnung wider alle Vernunft, des Mitgefühls und der Utopie spendet ein wenig Licht.

Wir sind unausweichlich mit der dunklen Seite des Menschen konfrontiert. Er ist ein Wesen mit einer ungeheuren Fähigkeit zur Selbstzerstörung. Michel Serres zitiert in seinem Buch *La guerre mondiale* eine deutsche Studie über die Kriege in der Menschheitsgeschichte: Von 3000 v.Chr. bis heute wurden 3,8 Milliarden Menschen abgeschlachtet, viele davon in Vernichtungskriegen. Allein im 20. Jahrhundert wurden 200 Millionen Menschen in Kriegen getötet. Wie sollte man angesichts dessen nicht ehrlich die Frage nach der Natur dieses komplexen, widersprüchlichen Wesens stellen, das Schutzengel und Satan der Erde zugleich ist?

Heute erleben wir eine noch niemals da gewesene Situation. Es handelt sich um den kollektiven Krieg gegen die Erde. Bis zu dem Zeitpunkt, als Hitler (bzw. Goebbels in seiner berühmten Sportpalastrede) den *totalen Krieg* eingeführt hat, folgten die Kriege einem bestimmten Ritual: Es waren Kriege zwischen bewaffneten Heeren. Danach wurden sie zu Kriegen zwischen Nationen und Völkern, Kriege aller gegen alle. Die Situation hat sich noch weiter radikalisiert: Es herrscht Krieg aller gegen die Welt, gegen den Planeten Gaia (*bellum omnium contra terram*). Nichts anderes bedeutet unser zivilisatorisches Paradigma, das darauf aus ist, alle Ressourcen des Planeten Erde gewaltsam auszuplündern und auszusaugen. Wir greifen die Erde an allen Fronten an. Der Krieg erstreckt sich auf Böden, auf alles, was unter der Erdoberfläche ist, auf die Luft, die Wälder, die Gewässer, die Ozeane, den Weltraum. Welcher Winkel der Erde ist nicht der Eroberung und Herrschaft vonseiten des Menschen unterworfen?

Dieser Krieg verursacht Wunden und Blut allenthalben und es sind die Wunden, es ist das Blut unserer Mutter Erde. Sie stöhnt und windet sich in tropischen Wirbelstürmen, verheerenden Fluten und schrecklichen Dürrekatastrophen wie etwa im Nordosten Brasiliens – Signale, die sie an uns aussendet. Wir müssen diese Zeichen richtig deuten und unser Verhalten ändern. Diesen Krieg werden wir nicht gewinnen. Gaia ist geduldig und hat ein unglaubliches Durchhaltevermögen. Hoffentlich entschließt sie sich nicht dazu, uns innerhalb der nächsten Generationen loszuwerden, wie sie es im Fall von so vielen anderen Arten in der Vergangenheit getan hat.

Der Traum Immanuel Kants vom ewigen Frieden unter allen Völkern genügt nicht länger. Wir müssen dringend einen dauerhaften Friedensvertrag zwischen uns allen und der Erde abschließen. Wir haben die Erde bereits über die Maßen gequält. Nun müssen wir ihre Wunden verbinden und sie gesund pflegen. Nur dann wird der Menschheit und der Erde eine Zukunft gesichert sein.

10. Die Tendenz des Kapitalismus zum Selbstmord

Wer die Kommentare der wichtigsten Wirtschaftsjournalisten der großen Zeitungen der Welt verfolgt, kann sich nur wundern über deren geringe Fähigkeit, aus den verschiedenen weltweiten gesellschaftlichen Krisen zu lernen. Sie fahren mit der neoliberalen Leier fort, offensichtlich eines kritischeren Denkens enthoben. Sie greifen immer noch auf die klassische Interpretation der Zyklen des Kapitalismus zurück, ohne sich über die substanzielle Veränderung des Zustandes der Erde Rechenschaft zu geben. Sie sind mit einer gewissen paradigmatischen Blindheit geschlagen.

In ihren Analysen der Krise, die zu einer Krise des Systems selbst geworden ist, deuten sie zwar an, dass zentrale Thesen wie ein Kartenhaus zusammengebrochen sind, doch sie hegen weiterhin den illusorischen Glauben, dass das Modell, das uns das Unglück beschert hat, uns auch wieder aus dem Unglück befreien kann. Sie vergessen die berühmte Einsicht Albert Einsteins: „Das Denken, das die Krise hervorgerufen hat, kann nicht zugleich das Denken sein, das uns aus ihr befreit. Wir brauchen ein anderes Denken."

Diese Kurzsichtigkeit hindert sie daran, die Grenzen der Erde zu berücksichtigen, die zugleich Grenzen des Kapitals sind. Die Erde signalisiert unübersehbar ihre Grenzen. Die Nachhaltigkeit ist in einen Prozess der weltweiten Krise geraten. Mehr und mehr setzt sich die Überzeugung durch, dass es nicht genügt, lediglich Korrekturen vorzunehmen. Wir müssen die Richtung ändern, wenn wir das Schlimmste verhindern wollen, nämlich auf einen Zusammenbruch des Systems hinzusteuern. Der Kapitalismus mit seiner Entsprechung auf politischer Ebene, dem Neoliberalismus, ist in die Krise geraten. Das kapitalistische System stellt im Grunde die Antwort auf folgende Fragen dar: Wie lässt sich mit einem Minimum an Investition innerhalb der kürzestmöglichen Zeit mehr Gewinn erzielen und wie kann man dabei noch seine Macht ausdehnen? Die Umsetzung dieser Gewinn- und Herrschaftsmaximierung setzt die Herrschaft über die Natur und die Vernachlässigung der Bedürfnisse der künftigen Generationen voraus. Die angebliche Entwicklung hat sich als nicht nachhaltig erwiesen, denn da, wo man sie etabliert hat, hat sie zu schwerwiegenden sozialen Ungleichheiten geführt, sie hat die Natur verwüstet und ihre Ressourcen über das Maß hinaus ausgebeutet, innerhalb dessen die Natur sich regenerieren könnte. In Wirklichkeit handelt es sich nicht um Entwicklung, sondern lediglich um materielles Wachstum, das sich an wirtschaftlichen Vorteilen und nicht an einer umfassenden Entwicklung bemisst.

Die Tragik besteht darin, dass die Logik dieses Systems in direktem Widerspruch zur Logik des Lebens steht. Die kapitalistische Logik ist linear, orientiert sich am Wettbewerb und tendiert zur technologischen Vereinheitlichung, zur Monokultur und zur privaten Anhäufung von Reichtum. Die Logik des Lebens ist komplex, bringt Vielfalt, wechselseitige Abhängigkeit sowie gegenseitige Ergänzung hervor und stärkt die Zusammenarbeit im Streben nach dem Gemeinwohl. Auch dieses Modell produziert, jedoch um dem Leben zu dienen und nicht nur ausschließlich dem Profit. Es strebt das Gleichgewicht mit der Natur, die Harmonie mit der Gemeinschaft des Lebens und die Integration aller Menschen an. Es will mit weniger besser leben.

Paul Krugmann, Redakteur der *New York Times,* hat mutig darauf hingewiesen, dass es keinen grundlegenden Unterschied zwischen dem Vorgehen von Bernard L. Madoff, der zahlreiche Anleger und Institutionen um insgesamt 50 Milliarden Dollar betrogen hat, und den Spekulanten der Wall Street gibt, die ebenfalls Tausende Anleger betrogen und große Vermögen vernichtet haben. Er zieht daraus den Schluss: „Wir erleben jetzt die Folgen einer verrückt gewordenen Welt."

Ist diese Verrücktheit eine vorübergehende Erscheinung oder liegt sie im System? Ich halte sie für systembedingt, denn sie hängt mit der Dynamik des Kapitalismus selbst zusammen: Um Reichtum zu akkumulieren, hält er einen großen Teil der Menschheit in Sklaverei auf Zeit. Zugleich gefährdet er seine eigene Basis: die Natur mit ihren Ressourcen und dem, was sie uns zur Verfügung stellt.

Hat der Kapitalismus als zivilisatorisches Projekt der unbegrenzten Ausbeutung eines bekanntlich begrenzten Planeten einen ihm innewohnenden Drang zum Selbstmord? Es scheint, als sei die Menschheit von einem heftigen Strom fortgerissen und als könnte sie ihm nicht entkommen. Ihr Schicksal ist ihr gewiss: der Tod. Ist dies in unser aktuelles zivilisatorisches Erbgut eingeschrieben, dessen Auswirkungen sich bereits vor mehr als 2 Millionen Jahren zu entwickeln begannen, als der *Homo habilis* auftauchte, jene Menschenart, die als erste Werkzeuge benutzte, um die Natur zu beherrschen, sich dann mit der Agrarrevolution in der Jungsteinzeit verstärkten und schließlich ihren Höhepunkt im aktuellen Stadium des Strebens nach vollständiger Beherrschung der Natur und des Lebens gefunden haben? Wo werden wir enden, wenn wir diesen Kurs weiterverfolgen?

Als intelligente Lebewesen, die über ein ungeheures theoretisches und praktisches Rüstzeug verfügen, können wir unseren zivilisatorischen Kurs neu bestimmen und dem Leben einen höheren Stellenwert einräumen als dem Profit, das Gemeinwohl höher schätzen als den individuellen Vorteil. So würden wir uns *in extremis* retten und hätten noch eine Zukunft vor uns.

11. Werden wir alle aus statistischen Gründen zu Sozialisten?

Wir stehen vor den Trümmern von gescheiterten zivilisatorischen Paradigmen und Ökonomien. Das zeigen die weltweiten Krisen mit ihren unterschiedlichen Ausprägungen. Kurz- und mittelfristig erscheint nichts von Bestand als mögliche Alternative. Wir sind Passagiere eines Flugzeugs im Blindflug. Korrekturen helfen nur scheinbar, denn sie sind im Grunde Änderungen *innerhalb* des Systems, aber nicht des *Systems selbst*. Doch es ist dieses System, das sich als nicht nachhaltig und als unfähig erweist, der Menschheit einen Horizont zu eröffnen. Deshalb stellt sich die Frage nach einem anderen System und einem anderen Paradigma, die das Leben auf diesem kleinen, alten, verwüsteten und überbevölkerten Planeten ermöglichen. Wir spüren die Dringlichkeit, denn die Zeit läuft gegen uns und wir verfügen über wenig Weisheit.

Wir stecken in einem Teufelskreis, der für uns tödlich enden könnte. Ob es den Ökonomen gefällt oder nicht: Wir stehen vor einer humanitären und einer ökologischen Sackgasse. Angesichts des planetarischen Bewusstseins, das sich im Zuge der Globalisierung herausgebildet hat, stellt sich die Frage: Wie viel Unmenschlichkeit und Grausamkeit sind dem Menschen zuzumuten? 20 Prozent der Menschen verzehren 80 Prozent aller Reichtümer der Erde; der weitaus größte Teil der Menschheit, dem gerade noch die Spielräume zum Überleben bleibt, ist der Hoffnungslosigkeit preisgegeben. Wird dieser Teil der Menschheit das Todesurteil hinnehmen? Das kapitalistische Ideal eines grenzenlosen Wachstums auf einem begrenzten Planeten scheint sich nicht länger verwirklichen zu lassen, es sei denn mit äußerster Gewalt gegenüber Völkern und Ökosystemen.

Die zweite Sackgasse ist die ökologische Grenze. Der Kapitalismus hat die Konsum- und Verschwendungskultur hervorgebracht; ihr Prototyp ist die US-amerikanische Gesellschaft. Längst jedoch stoßen wir an die Grenzen der Ressourcen und Verfügbarkeiten der Erde, längst überschreiten wir sie. Alternativen zu den fossilen Energien können lediglich 30 Prozent der weltweiten Energienachfrage decken. Wenn wir am gegenwärtigen Modell festhalten, gleichen wir dem berühmten in einem Kochtopf sitzenden Frosch, der das langsame Erhitzen des Wassers hinnimmt, anstatt aus dem Topf zu springen, bevor er gekocht wird.

Lösungen werden unter anderem von einer solidarischen Ökonomie erwartet, die eine weite Verbreitung erfahren und sich nicht länger dem kapitalistischen Ziel der Profitmaximierung und der individuellen Aneignung des Profits unterwerfen soll. Doch sie hat nicht genügend Kraft für eine weltweite Durchsetzung. Eine andere Vorgehensweise wird von dem polnischen Wirtschaftswissenschaftler Ignacy Sachs propagiert, der in Paris ein Forschungszentrum für Brasilien leitet. Sie steht unter dem Zeichen des zentralen Stellenwerts des Lebens und der Natur mitsamt all ihren verfügbaren Ressourcen, die eine Biozivilisation und eine Erde der guten Hoffnung begründen. Die weltweite Verwirklichung soll in Brasilien vorweggenommen werden. Doch dieser Vorschlag lässt die allgemeine Nicht-Nachhaltigkeit des Systems Erde außer Betracht.

Möglicherweise können uns diese Vorschläge retten. Doch bleibt uns genügend Zeit? Antonio Gramsci hat treffend formuliert: „Das Alte ist noch nicht gestorben und das Neue wird noch unter Schmerzen geboren." Eine Kultur wird nicht von einem Tag auf den anderen beseitigt. Wer daran gewöhnt ist, Rinderfilet zu essen, wird sich nur sehr schwer damit abfinden, sich von Eiern zu ernähren.

Wir gehen einer großen allgemeinen Krise entgegen, die uns an die Grenzen des Überlebens führt. Wenn uns das Wasser bis zum Hals steht, werden wir alles tun, um uns zu retten. Möglicherweise werden wir alle Sozialisten sein, nicht aus ideologischen, sondern aus statistischen Gründen: Die knappen natürlichen Ressourcen werden unter den Menschen und den übrigen Lebewesen gleich verteilt werden.

Der Kirchenvater Augustinus hat gelehrt, dass zwei Energien große Veränderungen im Menschen bewirken: das Leid und die Liebe. Wir müssen schon jetzt lernen, Leid auf uns zu nehmen und zu lieben, für dieses einzige gemeinsame Haus, damit die Erde eine große Arche Noah werden kann, die alle in sich birgt. Dann kann die Erde eine Erde der guten Hoffnung sein, ein vorweggenommenes Stück vom Garten Eden.

12. Besser leben oder gut leben?

Der herrschenden Ideologie zufolge will jeder Mensch besser leben und strebt nach besserer Lebensqualität. Um besser zu leben, wird die Natur heruntergewirtschaftet und werden Arbeiter ausgebeutet. Wer sich im Wettbewerb als der Stärkere erweist, sticht die anderen aus, der Reichtum konzentriert sich in den Händen Weniger.

Für gewöhnlich misst man das bessere Leben eines Landes am Maßstab des Bruttoinlandsproduktes. Das BIP ist der Index für alle materiellen Reichtümer, die ein Land produziert. Am BIP gemessen sind die am besten gestellten Länder die USA gefolgt von Japan, Deutschland und der Schweiz. Das BIP ist ein vom Kapitalismus erfundener Maßstab mit dem Ziel, die wachsende Produktion von materiellen Gütern und deren Konsum zu stimulieren. Doch garantiert das Leben in einem Land mit einem hohen BIP an sich bereits, dass ein Mensch besser lebt? Die Fakten sprechen dagegen.

Angesichts der Zunahme der Armut und der Verslumung auf der Welt und auch aus einem Anstandsgefühl heraus hat die UNO den Index der humanen Entwicklung eingeführt (Index of Human Development, IHD). Darin werden unverzichtbare Werte wie Gesundheit, Bildung, soziale Gleichheit, sorgsamer Umgang mit der Natur, Geschlechtergerechtigkeit usw. miteinander ins Verhältnis gesetzt. Dieser Index ist eine Bereicherung der Bedeutung von „Lebensqualität", die zuvor in stark materialistischer Weise verstanden wurde. Gemessen an diesem Index können kleine Länder mit einem kleineren BIP eine bessere Lebensqualität aufweisen. Beispielsweise steht Costa Rica gemessen am IHD vor den USA. An der Spitze aller Länder steht Bhutan, wie bereits weiter oben (vgl. S. 131-132) dargestellt.

In den indigenen Traditionen Abya Yalas (amerindischer Name für Lateinamerika) spricht man anstelle von „besser leben" lieber von „gut leben" (*sumak kawsay*). Diese Kategorie des *bien vivir* hat in die Verfassungen Boliviens und Ecuadors Eingang gefunden und ist als gesellschaftliches Ziel verankert, das vom Staat und der ganzen Gesellschaft angestrebt werden soll.

„Besser leben" setzt eine Ethik des grenzenlosen Fortschritts voraus und spornt zu einem Wettbewerb gegen die anderen an mit dem Ziel, immer größere materielle Voraussetzungen für dieses bessere Leben zu schaffen. Doch während einige „besser leben" können, mussten und müssen Abermillionen andere „schlecht leben". Dies ist der innere Widerspruch des Kapitalismus.

Im Gegensatz dazu zielt „gut leben" auf eine Ethik des „Genug für alle", und zwar für die gesamte Gemeinschaft, nicht nur für Einzelne. „Gut leben" setzt eine ganzheitliche und integrierende Sicht des Menschen voraus, der sich in die große irdische Gemeinschaft einfügt, die über den Menschen hinaus Luft, Wasser, Böden, Berge, Bäume, Tiere usw. umfasst. „Gut leben" heißt, einen Weg des Gleichgewichts zu suchen und in tiefer Gemeinschaft mit der Pacha Mama (Erde), mit den Energien des Universums und mit Gott zu leben.

Die Hauptsorge eines guten Lebens besteht nicht darin, materielle Reichtümer anzuhäufen und Kapital zu akkumulieren. Mutter Erde versorgt uns mit allem, was wir brauchen. Unsere Arbeit ergänzt das, was sie uns nicht geben kann, oder wir helfen ihr, das hervorzubringen, was für uns alle – einschließlich der Tiere und Pflanzen – genug und angemessen ist. „Gut leben" heißt, sich in ständigem Einklang mit dem Ganzen zu befinden und dabei die heiligen Riten zu feiern, die die Verbindung zum Kosmos und zu Gott ständig erneuern. Deshalb umfasst gutes Leben eine deutlich erkennbare spirituelle Dimension. Zu gutem Leben gehören Werte wie das Gefühl der Zugehörigkeit zu einem Ganzen, Mitgefühl mit den Leidenden, Solidarität mit allen und die Fähigkeit, sich für die Gemeinschaft aufzuopfern.

„Gut leben" ist die Basis einer anderen Art von Sozialismus. Er unterscheidet sich von den gescheiterten sozialistischen Versuchen des 20. Jahrhunderts. Es ist der Sozialismus des guten Lebens, der gemeinschaftlichen Demokratie, der Teilhabe aller und der Achtung vor der Natur.

Das gute Leben lädt uns dazu ein, nicht mehr zu konsumieren, als das Ökosystem ertragen kann, und die Produktion von Abfällen zu vermeiden, die wir nicht sicher entsorgen können; es spornt uns an, alles, was wir benutzen müssen, wiederzuverwerten und dem Stoffkreislauf wieder zuzuführen (recyclen). Ein Konsum der Wiederverwertung und ein genügsamer Konsum garantieren, dass es keine Knappheit geben wird.

In einer Zeit der Suche nach neuen Wegen für die Menschheit bietet „gutes Leben" Elemente einer Lösung an, die alle Menschen und die gesamte Gemeinschaft des Lebens umfasst.

13. „Die Wahrheit ist dem Menschen zumutbar"[14]

Das Ende des fossilen Zeitalters ist inzwischen endgültig eingeläutet. Der „Peak" der Erdölförderung (Zeitpunkt, zu dem das Erdölfördermaximum erreicht ist) dürfte inzwischen überschritten sein. Auch die anderen wesentlichen fossilen Energiequellen (Erdgas, Kohle) gehen schneller zur Neige als noch vor einigen Jahren angenommen.

Gleichzeitig spitzt sich die Klimakrise zu. In den letzten Jahren hat sich herausgestellt, dass der Effekt einer sich verstärkenden Rückkoppelung, also das Phänomen, dass der Klimawandel seine eigene Beschleunigung bewirkt, unterschätzt wurde, so zum Beispiel die Geschwindigkeit, in der das Polareis abschmilzt. Immer mehr Wissenschaftler gehen deshalb davon aus, dass das ursprünglich für das Jahr 2050 angestrebte weltweite Ziel einer Reduktion des CO_2-Ausstoßes um 50 Prozent bezogen auf das Jahr 1990 schon wesentlich früher (etwa 2030) erreicht werden muss, damit die Klimaveränderungen noch in kontrollierbaren Grenzen gehalten werden können. Darüber hinaus ist zu bedenken, dass die Fokussierung auf die Klimaveränderungen bereits eine verkürzte Sichtweise ist. Der Klimawandel ist als Teil einer umfassenden Biosphärenkrise anzusehen. Der rasante Rückgang lebender Arten, der Verlust an Nahrungsmittelressourcen im Meer sowie der Verlust an bebaubarer Ackerfläche sind für das künftige Krisenszenario mitzubedenken.

Das Wegbrechen der fossilen Energiebasis könnte die Grundfesten der Industriegesellschaften insgesamt erschüttern. Diese Konsequenz versucht man jedoch beharrlich zu verdrängen. Man redet den Menschen in den Industrieländern ein, dass die nötigen Reduktionsziele (etwa eine Reduktion des CO_2-Ausstoßes in den OECD-Ländern um 90 Prozent bis zum Jahr 2050) ohne Wohlstandseinbußen, ja sogar noch mit erheblichen Wohlstandsgewinnen erreichbar seien, und zwar durch mehr Energieeffizienz und durch den Einsatz erneuerbarer Energien.

Doch wenn der Ressourcenverbrauch in den Industrienationen bis 2050 um den Faktor 10 sinken soll und wenn man gleichzeitig

---

14 So lautet eine Gedichtzeile der österreichischen Dichterin Ingeborg Bachmann. Dieses Kapitel wurde speziell für die deutsche Ausgabe verfasst.

ein bescheidenes Wirtschaftswachstum von 2 Prozent jährlich unterstellt, dann müsste – so hat Fred Luks ausgerechnet – die Ressourcenproduktivität (also die aus einer Einheit einer bestimmten eingesetzten Ressource gewonnene Menge an Gütern und Dienstleistungen) um den Faktor 27 wachsen! Ein Wirtschaftswachstum von 3 Prozent setzt bereits eine 43fache Energie- und Ressourceneffizienz voraus. Das ist schlicht unmöglich. Effizienzsteigerungen sind dem Gesetz des sinkenden Ertrags unterworfen, das heißt, je mehr Effizienzpotenziale bereits ausgeschöpft sind, desto aufwendiger wird es, weitere Effizienzsteigerungen zu erzielen.

Hinter den Illusionen der rein technischen Machbarkeit steht ein Dogma, das nicht infrage gestellt werden darf: das Wohlstandsmodell der Industrienationen. Ernst Ulrich von Weizsäcker spricht offen aus, worum es geht: „Europäern, Amerikanern und Japanern zu empfehlen, sich in Sack und Asche zu kleiden und auf Wohlstand und Fortschritt zu verzichten, ist eine zum Scheitern verurteilte Strategie. Also sollte die neue Wirtschaftsweise den Charakter eines ‚neuen Wohlstandsmodells' haben, um politisch durchsetzbar zu sein." (Weizsäcker, 12). Stillschweigend wird davon ausgegangen, dass dieses Wohlstandsmodell nur für die reiche Minderheit der Erdbevölkerung gelten soll.

Es gilt, die Realität nüchtern zu betrachten. Auch die ökologische Modernisierung hat ihre Grenzen:

1. Das Potenzial erneuerbarer Energien ist grundsätzlich beschränkt. Erneuerbar heißt eben nicht unerschöpflich.
2. Neben der knapper werdenden Energie aus fossilen Quellen haben wir es gleichzeitig auch mit einer Verknappung von Rohstoffen zu tun, die dem Ausbau der technischen Voraussetzungen und der nötigen Infrastruktur für erneuerbare Energien zusätzliche Schranken setzt.
3. Das uns zur Verfügung stehende Zeitfenster ist schmal. Es ist fraglich, ob wir angesichts der knapper werdenden Zeit, in der die Basis fossiler Energien und die Rohstoffbasis immer schneller wegbrechen, die theoretisch vorhandenen Potenziale wirklich umsetzen können.
4. Die Diskussion um erneuerbare Energien beschränkt sich meistens auf die Elektrizitätserzeugung, obwohl diese gerade

einmal ein Fünftel des Gesamtenergieverbrauchs in den Industrieländern ausmacht. Ein erhebliches Problem aber stellt die Energie dar, die wir über die Erzeugung von Elektrizität hinaus aufwenden müssen, insbesondere für die Organisation unserer Mobilität, die in der uns bekannten Form ohne die fossile Energiebasis kaum vorstellbar ist und die gleichzeitig für unsere global durchgesetzte kapitalistische Industriegesellschaft essenzielle Bedeutung hat.

Die sogenannten erneuerbaren Energien (im Wesentlichen Wind, Sonne und Biomasse) werden in ihren Möglichkeiten häufig überschätzt. Die Energiebilanzen beschränken sich in der Regel auf den laufenden Betrieb. In die Energiebilanz nicht mit einbezogen werden die Produktionsvoraussetzungen und die erforderliche Infrastruktur insgesamt. Wer beispielsweise eine ehrliche Energiebilanz einer Fotovoltaikanlage erstellen will, muss – wie in jeder Kostenrechnung auch – anteilsmäßig bei der Produktion der Bagger anfangen, die den Sand zur Siliziumherstellung fördern. Für diesen Zusammenhang wurde in der Fachliteratur der Ausdruck „emergie" für „embodied energy" geprägt. Wenn man wirklich alle relevanten Faktoren berücksichtigt, dann sehen die Energiebilanzen der erneuerbaren Energien weit weniger optimistisch aus.

Der Ökonom Nicholas Georgescu-Roegen unterscheidet in diesem Sinne zwischen *machbaren* und *lebensfähigen* Energien. „Lebensfähig" sind nur Energiequellen, die sich selbst reproduzieren können. Fotovoltaik wäre also in dem Maße lebensfähig, als die Produktionsbasis mit all ihren Komponenten und deren zyklische Erneuerung selbst wieder mit Fotovoltaikstrom hergestellt werden könnten. Zurzeit profitieren sie noch davon, dass genügend fossile Energie vorhanden ist. In diesem Zusammenhang ist zusätzlich zu bedenken, dass die Herstellung selbst der einfachen Halbleiterzellen, die für Fotovoltaikanlagen benötigt werden, Temperaturen von 400 bis 1400 Grad Celsius erfordert, ein Wert, der durch Fotovoltaikstrom nur unter Einsatz hoch entwickelter Technik erreicht werden kann, für deren Produktion ihrerseits erhebliche Energiemengen zu veranschlagen sind.

Einzig die Windenergie scheint zweifelsfrei eine positive Energiebilanz aufzuweisen. Allerdings stellt sich das Problem der

Speichertechniken. Die bisher bekannten bzw. derzeit erprobten Speichertechniken sind allesamt nicht unproblematisch. Pumpspeicherkraftwerke mit einem sehr hohen Wirkungsgrad gehen mit einem enormen Landschaftsverbrauch einher, für Druckluftspeicherkraftwerke fehlen vielfach die Voraussetzungen (deshalb existieren weltweit bislang nur zwei) und die Speicherung mittels Wasserstoff weist bisher einen bescheidenen Wirkungsgrad von etwa 20 Prozent auf.

Zum Problem der *schwindenden Rohstoffbasis,* die dem Ausbau erneuerbarer Energien zusätzliche Schranken auferlegt, gibt James Howard Kunstler in Bezug auf die Windenergie zu bedenken: „Wie schaffen wir die seltenen Erze, Chrom und Titan, von den wenigen Stätten ihres Vorkommens zu den Produktionsstätten, wo die Metalllegierungen hergestellt werden, um Windturbinen zu produzieren? Und was benutzen wir, um die Hochöfen zu betreiben?" (Kunstler, 128)

Die Problematik des immer schmaler werdenden *Zeitfensters* lässt sich ebenfalls anhand der Windenergie verdeutlichen. Weltweit wird bislang etwa 1 Prozent der Elektrizität mittels Windenergie erzeugt. Richard Heinberg weist auf die Probleme des Ausbaus hin: Wenn man in den USA bis zum Jahr 2030 etwa 20 Prozent der Elektrizität durch Windkraft gewinnen wollte, dann müsste man bis dahin jährlich (!) etwa 20.000 dem neuesten Stand der Technik entsprechende Windkraftanlagen aufbauen, vom nötigen Ausbau der übrigen Infrastruktur (Leitungskapazitäten) ganz zu schweigen. Das würde eine beträchtliche Umschichtung ökonomischer Ressourcen in einer relativ kurzen Zeit und unter hohem Energieaufwand bedeuten – einem Energieaufwand unter dem Vorzeichen der immer schneller wegbrechenden fossilen Basis: „Betrachtet man nun aber diese Energieinvestition, die man für den Bau all der Windturbinen und andere für den Übergang auf erneuerbare Energien notwendige Infrastrukturmaßnahmen braucht, und bedenkt, dass gleichzeitig das Erdöl immer knapper wird, erkennt man, dass dann keine überschüssige Energie mehr zur Verfügung stünde, um den bisherigen Bedarf der Wirtschaft weiterhin decken zu können" (Heinberg, 233).

Überdeutlich wird der illusionäre Charakter rein technischer Lösungen beim Thema Mobilität. Völlig unzweifelhaft steht die Erzeugung von Biomasse in unmittelbarer Konkurrenz zur Ernährung der Weltbevölkerung. Der gegenwärtige Boom beim Anbau von Plantagen für pflanzliche Treibstoffe bedeutet letztlich, dass weltweit gesehen 800 Millionen Autobesitzer (mit entsprechend mehr Kaufkraft) mit den 2 Milliarden Menschen konkurrieren, die heute unter der Armutsgrenze leben.

Gerade die Menschen in Brasilien haben mit der Gewinnung von Ethanol als Treibstoff aus Zuckerrohr sehr bittere Erfahrungen gemacht – für Mensch und Natur gleichermaßen. Unmenschliche, sklavenähnliche Arbeitsbedingungen und der Verlust von Böden, die wir so dringend für die Erzeugung von Nahrungsmitteln bräuchten, waren ein allzu hoher Preis. Selbst das *Wall Street Journal* eignet sich in Bezug auf die Produktion von Biotreibstoffen inzwischen die Sichtweise kritischer Ökologen an und weist unter Berufung auf David Pimentel darauf hin: „... die Ausweitung der Produktion von Mais für Biokraftstoffe würde die Wasserressourcen erschöpfen und den Boden durch den Gebrauch von Kunstdüngern und anderen Chemikalien verschmutzen. Das würde auch den Verbrauch von großen Mengen konventioneller Energie erfordern – für die Landwirtschaftsmaschinerie und für die Anlagen zur Konversion von Mais zu Ethanol. Dieser Preis könnte den Vorteil der Produktion des weniger umweltverschmutzenden Kraftstoffs zunichtemachen" (Wall Street Journal, 5. 12. 2006). Bei dieser Betrachtung ist noch nicht einmal berücksichtigt, dass auch die Herstellung von Düngemitteln und anderer Agrarchemikalien den Verbrauch einer großen Menge von fossilen Brennstoffen und anderen nicht erneuerbaren Ressourcen erfordert. Schon in früheren Studien wurde der EROEI (Energy Return On Energy Invested, also das Verhältnis des Energieertrags zur zuvor aufgewendeten Energie) von Ethanol aus Mais auf nur 1,3 bzw. 1,1 berechnet, der von Palmöl auf lediglich 1,06 (Heinberg, 152-153). Der chinesische Autor Minqui Li stellt klar: Selbst wenn die Menschheit keine Nahrungsmittel mehr anbauen und die gesamte Fläche bebaubaren Landes der Energieerzeugung widmen würde, entspräche der Ertrag nicht einmal der Hälfte dessen, was heute Erdöl und Erdgas liefern (Minqui Li, 157).

Natürlich ist auch das Elektroauto keine Lösung. Es bedeutet einen zusätzlichen Stromverbrauch in einer Situation, in der bereits der heutige Stromverbrauch nur zu einem Teil durch erneuerbare Energien gedeckt werden kann. Das für den Betrieb von Elektroautos benötigte Lithium ist ein sehr knapper Rohstoff, der nur in wenigen Ländern der Erde vorkommt und den sich zum größten Teil bereits China gesichert hat.

Früher galt die große Hoffnung dem Wasserstoff als dem neuen Treibstoff für unsere Autos. Doch inzwischen glaubt kaum jemand noch daran, dass Wasserstoff das Benzin tatsächlich ersetzen könnte, allein schon deshalb, weil es ein hochexplosives Gas ist. Das Resümee des bereits genannten Minqui Li lautet: „Aufgrund der chemisch-physikalischen Eigenschaften von Wasserstoff ist eine Wasserstoffwirtschaft in großem Stil undenkbar ... Berücksichtigt man die nötigen Umwandlungsprozesse, Verflüssigung, Transport usw., so stehen 10 bis maximal 20 Prozent der aufgewendeten Energie für den Endverbrauch zur Verfügung" (Minqui Li, 158).

Die Einsicht bleibt unabweisbar: Da jede Form von Energie endlich ist und dem physikalischen Gesetz der Entropie unterliegt, da auch scheinbar im Überfluss vorhandene Energie erst mühsam und selbst wieder unter hohem Energieaufwand verfügbar gemacht werden muss, werden wir ein anderes Verhältnis zur Mobilität insgesamt gewinnen müssen. Es entspricht vermutlich nicht menschlichem Maß, innerhalb von 24 Stunden an fast jedem beliebigen Punkt der Erde sein zu können.

Angesichts der knapper werdenden Energie und angesichts der Tatsache, dass dieser Ausfall durch den Einsatz erneuerbarer Energien, durch mehr Energieeffizienz usw. nicht annähernd zu kompensieren ist, haben sich die Industrieländer der Situation zu stellen, dass sie in naher Zukunft mit erheblich weniger Nettoenergie auskommen müssen. Damit ist aber das kapitalistische Wirtschaftssystem mit seiner Verwertungslogik (Kapitalakkumulation auf immer höherer Stufenleiter) nicht mehr aufrechtzuerhalten. Es setzt eine ausdifferenzierte internationale Arbeitsteilung (mit entsprechenden Transportkapazitäten auf fossiler Basis) ebenso voraus wie eine immer energieintensivere Produktion. Doch nicht nur der Kapitalismus, unsere Industriegesellschaft insgesamt steht zur Disposition. Unsere Aufgabe kann angesichts dieser Situation nur darin bestehen, dem Zusammenbruch möglichst zuvorzukommen und den industriellen Abrüstungsprozess bewusst zu steuern.

Wer die Lebensgrundlagen weltweit sichern will, muss eine Ökonomie und Kultur des „Genug" anstreben. Er muss sich vom parasitären Charakter unseres Scheinwohlstands verabschieden. Jeremy Rifkin stellt klar, dass die Industriegesellschaft selbst und die damit verbundenen Lebensgewohnheiten auf dem Spiel stehen: „Diejenigen, die sich ... von den Illusionen des industriellen Zeitalters nicht lösen können, ... werden sich dagegen wehren, dass Großstadtleben, industrielle Produktionsweisen und der gesamte Komfort, der den sogenannten ‚amerikanischen Traum' genährt hat, im Widerspruch zum Solarzeitalter stehen sollen. Ökologen und Wirtschaftswissenschaftler ... haben jedoch mehr als deutlich gemacht, dass wir uns der historischen Realität nicht länger entziehen dürfen, dass falsche Zukunftserwartungen ein überaus gefährliches Abenteuer bedeuten, vielleicht eine irreversible Katastrophe. Ganz gleich, welchen Weg wir auch einschlagen, der bevorstehende Wendepunkt wird uns Opfer und Verzicht nicht ersparen" (Rifkin, 213-214).

Eine nachhaltige, die elementaren Lebensgrundlagen sichernde Wirtschaft darf jedoch nicht nur nicht wachsen, sondern sie muss schrumpfen mit dem Ziel, ein verträgliches Niveau des „steady state", das heißt eines stationären Gleichgewichts, zu erreichen. Natürlich ist dies mit der dem Kapitalismus eingeschriebenen Wachstumslogik nicht mehr zu vereinbaren. Die erforderliche ökonomische Abrüstung kann nur in bewusster Planung erfolgen. Was, wie und wie viel produziert wird, kann nicht länger dem Chaos partikulärer Profitinteressen überlassen bleiben, sondern muss – auf möglichst demokratische und partizipative Weise – bewusst organisiert werden.

14. „Alle Räder stehen still, wenn keiner den Ramsch mehr haben will!"[15]

Ich habe bereits mehrfach darauf hingewiesen, dass die Menschen in den Industrieländern (das sind nur 20 Prozent der Menschheit insgesamt) 80 Prozent der Ressourcen der Erde verbrauchen. Wenn die Menschheit insgesamt ihren Verbrauch an Rohstoffen

---

15 Dieses Kapitel wurde speziell für die deutsche Ausgabe verfasst.

und Energie sowie ihren Schadstoffausstoß deutlich reduzieren muss, gilt das in erster Linie für die Industrieländer. Hans Opschoor hat den Begriff des „Umweltraumes" eingeführt. Er meint damit jenen Verhaltensspielraum, den jeder einzelne Mensch hat, die Natur zu nutzen, wenn sie einerseits nicht „übernutzt" werden soll und wenn man andererseits davon ausgeht, dass jedem Menschen auf der Erde, dem Bauern in Burkina Faso genauso wie dem US-Amerikaner, dasselbe Maß an Naturnutzung zusteht.

Eine renommierte Umweltorganisation in den Niederlanden hat errechnet, was das für die einzelnen Menschen in den Industrieländern und ihren Lebensstil bedeuten würde. Dabei kam zum Beispiel heraus, dass man jedem Menschen nur alle 25 Jahre einen Fernflug zugestehen könnte!

Doch soll man wirklich beim Konsumverhalten des Einzelnen ansetzen? Kann dadurch effektiv etwas verändert werden? Geht es nicht eher darum, dass wir die großen Konzerne bekämpfen, die alles dem Profitinteresse unterwerfen? Was kann denn das ökologisch vernünftige Verhalten Einzelner angesichts dieser übermächtigen Strukturen schon ausrichten? Im Folgenden führe ich einige Gründe dafür an, warum es sehr wohl auf eine kritische Einstellung zum Konsum ankommen wird, wenn uns die nötigen Veränderungen gelingen sollen.

Die Industrieländer stehen vor der Herausforderung, ihren Verbrauch an fossilen Energien und nicht erneuerbaren Ressourcen in möglichst kurzer Zeit drastisch (das heißt um mindestens 90 Prozent) zu reduzieren. Verbrauchsreduktionen in diesem Ausmaß können durch Effizienzsteigerungen und den Einsatz erneuerbarer Energien nur in einem bescheidenen Maß kompensiert werden. Das Potenzial für Effizienzsteigerungen ist grundsätzlich beschränkt und in den Industrieländern weitgehend ausgeschöpft. Effizienzsteigerungen unterliegen grundsätzlich dem Gesetz des sinkenden Ertrags. Erneuerbare Energien stehen nicht unbegrenzt zur Verfügung. Ihre Nutzbarmachung (Anlagen mitsamt entsprechender Infrastruktur) erfordert selbst einen erheblichen Energieeinsatz, der bislang auf fossiler Basis erfolgte. Nach Wegfall dieser Basis ist ihre „Lebensfähigkeit" (N. Georgescu-Roegen) vielfach fraglich. Erneuerbar heißt eben nicht unerschöpflich (vgl. oben, S. 185 ff.).

Diese Situation wird in den Industrieländern den Alltag der Menschen, ihre Lebensgewohnheiten und viele Selbstverständlichkeiten des bisherigen rein materiellen Wohlstands unmittelbar infrage stellen. Darauf sollte man die Menschen vorbereiten. Das geschieht am besten dadurch, dass man sie zu ermutigen versucht, schon jetzt ein einfacheres Leben zu erproben.

Die den Industrieländern bevorstehenden Knappheitsbedingungen sind weltweit betrachtet schon längst Realität. In den Industriestaaten bleibt sie noch unbemerkt, weil sie über höhere Kaufkraft verfügen und in erheblichem Maß Ressourcen aus anderen Weltregionen abziehen. Andernorts werden verzweifelt Pipelines angezapft, in Indien leidet teilweise sogar die Oberschicht an Wassermangel. Wer die Frage der sozialen Gerechtigkeit auf das eigene Land beschränkt, wer sich mit Blick auf die Armut im eigenen Land weigert, *soziale Umverteilung weltweit einzufordern*, läuft deshalb Gefahr, zynisch zu werden. Kriterium für soziale Gerechtigkeit ist wie für jede Ethik seit Kant die Universalisierbarkeit. Ein Konsumverhalten, das nicht universalisierbar, also verallgemeinerbar und auf alle Menschen übertragbar ist, ist nicht legitim. Ein Beispiel: Urlaubsflüge sind auch für die Durchschnittsverdiener in den Industrieländern inzwischen eine Selbstverständlichkeit. Aber lediglich 6 Prozent der Menschheit haben jemals in einem Flugzeug gesessen. Es ist selbstverständliche Aufgabe der Politik, die Welthandelsbeziehungen und die internationalen Finanz- und Wirtschaftsbeziehungen gerecht zu gestalten. Wer sich für gerechte internationale Beziehungen einsetzt, kommt allerdings nicht um die Feststellung herum, dass sich gerechte internationale Beziehungen unmittelbar auf den Lebensstandard der Bevölkerungsmehrheiten in den Industrieländern auswirken werden. Wenn der Welthandel verringert, ökologisiert und für die Völker der „Dritten Welt" gerechter gestaltet werden soll, muss sich in den Industrieländern die private Lebensführung gravierend ändern.

Die heute vermutlich gefährlichste Ideologie besteht darin, dass die Profiteure des kapitalistischen Systems den Menschen ein „Weiter so" suggerieren. Sie stellen das Dogma auf, dass „unser Wohlstand" nicht hinterfragt werden darf. Dass der *American Way of Life* nicht verhandelbar ist, hat nicht nur Ex-Präsident George W. Bush, sondern auch Barack Obama klargestellt. Ausgehend von dieser Prämisse streut man einerseits infantile Technikfantasien und andererseits chauvinistische Parolen. Denn selbst diesen Leuten ist klar, dass ihre Sciencefiction-Welt sich nicht für alle Menschen weltweit umsetzen lässt! Die Ideologie der Wohlstandssicherung mit anderen technischen Mitteln ist deshalb so gefährlich, weil sie auch zahlreiche gutwillige und politisch engagierte Menschen erfasst hat, weil sie lähmt und davon abhält, das wirklich Notwendige in Angriff zu nehmen.

Das kapitalistische System konnte seinen Fortbestand unter anderem sichern, indem es die menschlichen Subjekte so zugerichtet hat, dass sie seiner Verwertungslogik entsprechen. Der Zwang des Kapitals, sich selbst auf immer höherer Stufenleiter zu reproduzieren, bewirkte immer energieintensivere Produkte, eine immer stärkere „Durchkapitalisierung" von Lebensbereichen und einen tendenziell immer energieintensiveren Konsum. Der Kapitalismus ist auf diesen Konsum angewiesen. Das heißt aber auch, dass ein organisierter Konsumverzicht ein wichtiges Mittel im Kampf gegen dieses schier übermächtige System sein könnte.

Der italienische Filmemacher Pier Paolo Pasolini hat den Ausdruck „Konsumismus" geprägt. „Konsumismus" ist jene vom kapitalistischen System erzeugte Mentalität, die ihm auf subtile Weise die Herrschaft sichert, indem es die Subjekte an sich bindet. Pier Paolo Pasolini und andere haben überzeugend dargelegt, dass dieser – scheinbar repressionsfreie und deshalb umso effektivere – Herrschaftsmechanismus tendenziell totalitäreren Charakter hat als autoritäre oder gar faschistische Herrschaftsformen, weil er nach und nach alle äußeren und inneren Lebensräume erfasst. Der Kreislauf von Produzieren und Konsumieren vollzieht sich reibungslos, weil die konsumistische Mentalität unsere Köpfe und Herzen erfasst und uns der Fantasie, der Traditionen, Erfahrungen und der Sprachfähigkeit beraubt hat, mit denen wir ein gutes Leben jenseits der kapitalistischen Konsumversprechen denken und herbeisehnen könnten. Wie tief die Menschen in den Industrieländern von dieser konsumistischen Mentalität geprägt sind, verrät zum Beispiel die Äußerung der damaligen US-amerikanischen Außenministerin Condoleezza Rice einige Tage nach dem schrecklichen Terroranschlag am 11. September 2001. Sie forderte die Bevölkerung auf, nun zur Normalität zurückzukehren und wieder das zu tun, „was das amerikanische Volk so sehr auszeichnet: arbeiten und einkaufen."

Die Industrieländer stehen vor tiefgreifenden Veränderungen. Ein wichtiger Teil der politischen Auseinandersetzung wird deshalb das Ziel betreffen, Köpfe und Herzen der Menschen zu gewinnen, sie auf das Bevorstehende vorzubereiten, darin Perspektiven eines guten Lebens aufzuzeigen und alles zu unterstützen, wodurch Menschen ihre Daseinsmächtigkeit zurückgewinnen. Das alles wird aber so lange nicht gelingen, wie die Menschen weiterhin der Illusion aufsitzen, dass der jetzige bloß materielle Wohlstand mit anderen Mitteln fortgesetzt werden kann. Es steht sogar zu befürchten, dass die Reaktionen auf die unweigerlich auf uns zukommenden Veränderungen gefährliche faschistische Züge annehmen, dass die Menschen die Art von Wohlstand, die sie als ihr „gutes Recht" empfinden, gegen andere verteidigen. Konsumkritik ist deshalb ein wichtiger Aspekt des Kampfes um Demokratie.

Vermutlich waren viele politische Kämpfe in den Industrieländern gerade deshalb zu schwach und zu wenig erfolgreich, weil die Menschen sich ihre eigene Verstrickung in das, was sie bekämpften, nicht genügend eingestanden haben. Damit wurden die politischen Kämpfe halbherzig und die Argumente unglaubwürdig und leicht zu widerlegen. Grundsätzliche politische Auseinandersetzungen, die Durchhaltevermögen und einen erheblichen persönlichen Einsatz erfordern, lassen sich ohne ein Mindestmaß an Authentizität vermutlich nicht bestehen.

Konsumkritik ist nicht einfach mit dem Appell an einzelne Individuen zur entsprechenden Verhaltensänderung gleichzusetzen. Es ist wichtig, die Möglichkeiten und Grenzen von Verhaltensänderungen möglichst differenziert zu betrachten. Zunächst gilt es, den Adressaten dabei im Auge zu haben. An Menschen, die aufgrund ihres Einkommens kaum über entsprechende Verhaltensspielräume verfügen, Verzichtsappelle zu richten ist unsinnig bis zynisch. Grundsätzlich darf auch nicht die Erwartung geschürt werden, als wäre ein verändertes Konsumverhalten *der* Schlüssel zur Überwindung des Systems schlechthin. Es ist eine tendenzielle Überforderung von Individuen, ihrem Verhalten die ganze Last dessen aufzubürden, was bestehende Strukturen erzeugen. Die Reichweite des verändernden Potenzials des eigenen Verhaltens ist begrenzt. Dies alles in Rechnung gestellt, sind Ansprüche an das eigene Verhalten dennoch nicht unsinnig. Es bleiben erhebliche Spielräume. Keine Struktur zwingt jemanden etwa dazu, in seinem Urlaub nach Mallorca zu fliegen.

Eine Änderung des Konsumverhaltens formuliere ich deshalb nicht in erster Linie als Aufforderung an isolierte Einzelne, sondern als Ermutigung, Solidarstrukturen und Räume zu schaffen, in denen sich Menschen dem kapitalistischen Kreislauf von Produktion und Konsum wenigstens teilweise entziehen, Daseinsmächtigkeit zurückerlangen und Lebensqualität jenseits des Konsumierens materieller Güter entdecken können. Dazu gehören zum Beispiel die vielen – gerade in Brasilien weit verbreiteten – Ansätze einer „solidarischen Ökonomie", das heißt der Aufbau von Strukturen des Zusammenlebens und Zusammenarbeitens, die sich, so weit es geht, dem Kapitalismus entziehen.

Um die Menschen aus den Zwängen der Konsumgesellschaft herauszuführen und sie weniger verführbar zu machen für illusionäre Wohlstandsversprechen, könnte eine *Konsumverweigerungsbewegung* äußerst hilfreich sein. Gerade die christlichen Kirchen und andere Religionsgemeinschaften könnten zu wesentlichen Trägern einer solchen Kampagne werden. Exemplarisch könnte man wichtige Themen herausgreifen (etwa Urlaubsflüge, das Auto, den Fleischkonsum) und öffentlichkeitswirksame Kampagnen starten. Es wäre ein wichtiges Gegengewicht zu den Wohlstandsversprechen der Politiker, die ohnehin bald wie Seifenblasen zerplatzen werden.

15. Entwicklung und Nachhaltigkeit: einander widersprechende Konzepte?

Der Ausdruck „nachhaltige Entwicklung" birgt sowohl Chancen als auch gefährliche Irrtümer. Dies gilt es zu beachten, denn negative Konsequenzen könnten für die Zukunft der Erde und der Menschheit katastrophal sein. Die Frage nach einer nachhaltigen Entwicklung ist zunächst auf einer streng theoretisch-begrifflichen Ebene zu behandeln. Die aufgewandte Mühe ist nicht vergeblich, denn sie dient der Praxis als Orientierung und hilft, Missverständnisse zu vermeiden. Weiter ist nachhaltige Entwicklung unter dem Blickwinkel der Praxis zu betrachten. Dabei geht man vom realen Prozess dessen aus, was wir gemeinhin Entwicklung nennen.

In der politischen Sprache der Unternehmen und Regierungen wird Entwicklung als Steigerung des Bruttoinlandsproduktes, als Wirtschaftswachstum, industrielle Modernisierung, technischer Fortschritt und Erhöhung der Profitrate von Unternehmen und Einzelnen verstanden. Wehe dem Unternehmen oder dem Land, das keine jährlichen positiven Wachstumsraten aufweist! Sie geraten in Stagnation und Krise, gehen in Konkurs und beschwören die Bedrohung sozialer Instabilität herauf.

Am stärksten springt die quantitative und anthropozentrische Betrachtungsweise dieses Konzepts ins Auge. Die übrigen Lebewesen, mit denen wir in wechselseitiger Abhängigkeit zusammenleben und mit denen wir die Biosphäre bilden, bleiben in dieser Denkweise unberücksichtigt. Deshalb kann diese Art von Entwicklung kaum nachhaltig sein. Ich behaupte darüber hinaus sogar, dass sie ein *Widerspruch,* ein Irrtum und eine Illusion ist. Sie stellt einen Widerspruch dar, denn die beiden Bestandteile des Begriffs – „Entwicklung" und „nachhaltig" – heben sich gegenseitig auf.

Die Kategorie Entwicklung stammt aus dem Bereich der herrschenden politischen Ökonomie, also der kapitalistischen Wirtschaft. Sie gehorcht der unerbittlichen Logik der Maximierung der Gewinne bei einer Minimierung der Kosten und der stärkstmöglichen Verkürzung des Zeitaufwands. Sie versucht im wahrsten Sinne des Wortes, aus der Erde alles herauszuholen, was konsumiert und privat angeeignet werden kann. Das Ergebnis ist eine fantastische Produktion von materiellen Gütern und Dienstleistungen, die jedoch höchst ungleich verteilt werden. Das führt zu weltweiter sozialer Ungerechtigkeit.

Die Kategorie Nachhaltigkeit stammt aus dem Bereich der Biologie und Ökologie. Sie gibt die Tendenz der Ökosysteme zu einem dynamischen Gleichgewicht, zur Kooperation und Koevolution wieder und entspricht der wechselseitigen Abhängigkeit von allen mit allen anderen, die die Integration einer jeden, auch der allerschwächsten Seinsform gewährleistet.

So verstanden ist die Vereinigung der Begriffe „Entwicklung" und „Nachhaltigkeit" ein Widerspruch in sich. Ihre jeweiligen Logiken widerstreiten einander. Die eine gibt dem Individuum den Vorzug, die andere dem Kollektiv, die eine betont den Wettbewerb, die andere die Zusammenarbeit, die eine die Evolution der am besten Angepassten, die andere die Koevolution von allen gemeinsam und in wechselseitiger Beziehung zueinander.

Darüber hinaus ist „nachhaltige Entwicklung" nach den Maßstäben der kapitalistischen Produktionsweise eine Täuschung. Es werden nämlich Ursache und Wirkung verwechselt. Vertreter der kapitalistischen Logik behaupten, Armut sei die Ursache für die ökologische Zerstörung. Je weniger Armut und je mehr Entwicklung es also gebe, desto weniger Umweltzerstörung gebe es auch. Eine kritische Analyse dieser Behauptung zeigt jedoch, dass die wirklichen Ursachen der Armut und der Umweltzerstörung eben genau das Ergebnis dieser Art von praktizierter Entwicklung sind. Sie ist es, die Umweltzerstörung bewirkt, denn sie vergeudet die Ressourcen der Erde, ist konsumistisch und beutet die Arbeitskraft durch die Bezahlung niedriger Löhne aus. Dadurch schafft sie Armut und soziale Ausgrenzung.

Aus diesem Grund ist der politische Gebrauch des Begriffs „nachhaltige Entwicklung" eine Falle des herrschenden Systems: Er greift die Begriffe aus der Ökologie (Nachhaltigkeit) auf, um sie ihres Sinngehalts zu entleeren. Zugleich macht er sich das Ideal der Ökonomie (Entwicklung) zu eigen, verschleiert jedoch die Armut, die Ungleichheit und die Umweltzerstörung, die dieses Ideal selbst bewirkt.

Schließlich ist die Formel „nachhaltige Entwicklung" im Rahmen der herrschenden kapitalistischen Ökonomie eine *Illusion*. Es wird eine Entwicklung postuliert, die sich zwischen den Polen zweier Unendlichkeiten bewegt: den unendlichen Ressourcen der Erde und der unendlichen Zukunftserwartung. Beide Unendlichkeiten sind illusorisch: Die Ressourcen der Erde sind endlich und die Zukunftserwartung des Menschen ist beschränkt, da sie nicht für die gesamte Menschheit verallgemeinert werden kann. Wenn Indien so sein wollte wie Großbritannien, müsste es zwei Planeten zur Verfügung haben, die es ausbeuten kann. Das hat Mahatma Gandhi bereits um 1950 gesagt. Dieselbe Wahrheit sprechen heute Soziobiologen wie Edward O. Wilson oder Astrophysiker wie James Lovelock aus.

Wenn wir diese Illusion durchschauen, verstehen wir auch den Grund für die weltweite Ungleichheit. Die Leitkategorie muss Nachhaltigkeit und nicht Entwicklung an sich sein und diese Leitkategorie darf keinen einschränkenden Bedingungen vonseiten des Kapitalismus unterliegen. Nachhaltigkeit muss in erster Linie der Erde, der Menschheit als ganzer, der Gesellschaft und jedem Einzelnen garantiert werden. Sie ist die Vorbedingung, ohne die nachhaltige Entwicklung nicht möglich ist.

Das kritische Bewusstsein fand erstmals im Jahr 1972 mit den Ergebnissen der Untersuchung des Club of Rome über den Zustand der Erde (*D. Meadows, Die Grenzen des Wachstums*) einen weithin beachteten Ausdruck. Die destruktive Seite des herrschenden Entwicklungsmodells war damit offenkundig. Als Korrektiv wurden dem Substantiv „Entwicklung" die Adjektive human, sozial, ganzheitlich bzw. integral und nachhaltig hinzugefügt.

Die Betonung der Nachhaltigkeit ist richtig, ungeachtet der Widersprüche, die im politischen Gebrauch des Begriffs beschlossen liegen. Die UN-Deklaration über die Rechte der Völker auf Entwicklung aus dem Jahr 1993 kann dazu beitragen, Nachhaltigkeit zu verstehen, denn sie begreift „Entwicklung" in einer umfassenden Perspektive: „Entwicklung ist der umfassende wirtschaftliche, gesellschaftliche, kulturelle und politische Prozess, der die ständige Verbesserung des Wohlbefindens der gesamten Bevölkerung und eines jeden Einzelnen auf der Grundlage ihrer aktiven, freien und relevanten Beteiligung an der Entwicklung und der gerechten Verteilung der aus ihr hervorgehenden Güter anstrebt."

Ich möchte dieser Definition die psychologische und die spirituelle Dimension und auch das Wohlbefinden der gesamten Gemeinschaft des Lebens und der Biosphäre hinzufügen, um den verbreiteten Anthropozentrismus zu vermeiden und dem Irrtum vorzubeugen, dass wir die Einzigen sind, denen der Gebrauch der Ressourcen der Erde zusteht. Alle lebenden Organismen der Erde bedürfen der Ressourcen, um sich fortzupflanzen und sich weiterhin zusammen mit den übrigen in Koevolution zu entwickeln. Alle lebenden Organismen sind Kinder der Erde, sie sind unsere Geschwister in diesem planetarischen Abenteuer. Diese Betrachtung überwindet die quantitative Sichtweise, die Qualität kommt in den Blick.

Es ist entscheidend wichtig, zwischen Wachstum und Entwicklung zu unterscheiden. *Wachstum* verfolgt die Strategie der Krebszellen, die aus dem umfassenden System des Organismus ausscheren, Selbständigkeit erringen und in unkontrollierter Weise wuchern, bis sie die Oberhand gewinnen und den Patienten dem Tod ausliefern.

Entwicklung entspricht der Strategie des Embryos. Auch er wächst, jedoch innerhalb des Ganzen, das jedem Organ seinen Platz zuweist. Er wächst nach Maßgabe der notwendigen Energie und der notwendigen Hormone und in entsprechenden Zeiträumen. So vollzieht sich zum Beispiel nach der achten Schwangerschaftswoche alles im Embryo wesentlich langsamer. Zu diesem Zeitpunkt beginnt die Entwicklung des Gehirns. Die Entwicklung des Embryos vollzieht sich im Rahmen eines gleichzeitigen und harmonischen Wachstums. Diese Entwicklung ist von ihrer Natur her nachhaltig, denn sie steht im Gleichgewicht mit allen Faktoren.

Eine Gesellschaft ist dann nachhaltig, wenn es ihr gelingt, ihre Bedürfnisse zu befriedigen, dabei das natürliche Kapital mit seiner Fähigkeit zur Regeneration zu bewahren und darüber hinaus die Voraussetzungen dafür zu sichern, dass künftige Generationen ebenfalls ihre Bedürfnisse befriedigen können. Nur diese Art von Entwicklung kann als nachhaltig bezeichnet werden. Deshalb erfordert sie eine historische Überwindung des Kapitalismus und der politischen Ideologie des Neoliberalismus. Solange diese beiden gesellschaftlichen Realitäten die Vorherrschaft behalten, werden Erde und Menschheit einem ungewissen Schicksal und einer zweifelhaften und riskanten Zukunft ausgeliefert.

Wir stehen heute nicht mehr nur vor der Frage nach der Entwicklung, sondern auch vor Fragen der Politik und einer neuen Moral. Es geht darum, Wege und Werte zu suchen, die bessere Alternativen für Erde und Menschheit hervorbringen, das heißt, die sich als nachhaltiger erweisen.

Das Ideal ist eine „nachhaltige Lebensweise", wie es die Erd-Charta vorschlägt. Dieses Ideal ist gut für die Erde als lebendiger Großorganismus Gaia, es ist gut für uns und für die gesamte Gemeinschaft des Lebens, angefangen von den Mikroorganismen über die Pflanzen und Tiere bis hin zu den komplexesten Lebewesen, nämlich zu uns selbst.

Direkter formuliert besteht die Herausforderung darin, ein nachhaltiges persönliches Leben zu entwerfen. Ein solches Leben zeichnet sich durch seine Fähigkeit zu seiner biologischen, psychischen, familiären und spirituellen Selbsterhaltung aus. Persönlich ein nachhaltiges Leben zu führen bedeutet unter anderem, ein psychisches Gleichgewicht aufrechtzuerhalten, das die Übereinstimmung mit sich selbst gewährleistet und damit dazu beiträgt, die ethische und spirituelle Dimension des Lebens zu entfalten, Werte wie die Öffnung auf die anderen hin und die Zusammenarbeit mit den anderen zu kultivieren, das Wohlwollen allen gegenüber, das Zusammenleben mit Menschen, die anders sind, das Streben nach Wahrheit und Gerechtigkeit und die Fähigkeit zu fördern, mit der Quelle allen Seins, mit Gott, in Beziehung zu treten.

Die Herausforderung besteht nunmehr darin, eine nachhaltige Gesellschaft aufzubauen. Eine Gesellschaft ist dann nachhaltig, wenn sie sich so organisiert und verhält, dass sie über Generationen hinweg das Leben der Bürger und der Ökosysteme, in die sie eingebettet ist, gewährleisten kann. Je mehr sich eine Gesellschaft auf erneuerbare und wiederverwertbare Ressourcen stützt, desto mehr Nachhaltigkeit legt sie an den Tag. Das bedeutet nicht, dass sie überhaupt keine nicht erneuerbaren Ressourcen verwenden dürfte. Doch dabei muss sie mit großer Umsicht vorgehen und sich insbesondere von der Liebe zur einzigen Erde, die wir haben, und von der Solidarität mit den künftigen Generationen leiten lassen. Manche Ressourcen sind im Überfluss vorhanden, wie etwa Eisen, und weisen den Vorteil auf, dass sie wiederverwendet werden können. Solche Ressourcen gilt es verstärkt zu nutzen.

Eine Gesellschaft kann nur dann als nachhaltig gelten, wenn sie sich auf der Grundlage ihrer eigenen Arbeit und Produktion als zunehmend selbständig erweist; wenn sie große Armut überwunden hat oder über die Voraussetzungen verfügt, sie mehr und mehr zu überwinden; wenn ihre Bürger in Bereichen eine Beschäftigung haben, die für die Gesellschaft insgesamt von Bedeutung sind; wenn die soziale Sicherheit für die gewährleistet ist, die zu jung, zu alt oder zu krank sind, um sich in den Arbeitsmarkt zu integrieren; wenn soziale und politische Gleichheit sowie die Gleichheit zwischen den Geschlechtern unablässig angestrebt wird; wenn die ökonomische Ungleichheit auf ein akzeptables Maß reduziert wird; und schließlich wenn ihre Bürger dadurch an der Gesellschaft aktiv teilhaben können und die Demokratie konkret und stets vollkommener verwirklichen. Gemessen an diesen Kriterien ist die Mehrheit der Länder dieser Erde noch weit davon entfernt, eine nachhaltige Gesellschaft zu realisieren.

Eine solche nachhaltige Gesellschaft muss sich ständig die Frage stellen, wie viel Wohlstand sie der größtmöglichen Zahl der Menschen bieten kann, ausgehend vom natürlichen und kulturellen Kapital, über das sie verfügt. Es liegt auf der Hand, dass diese Frage zuallererst die Nachhaltigkeit des Planeten zur Voraussetzung hat, ohne die alle anderen Projekte ihre Grundlage verlieren und vergeblich wären. Die globale Erwärmung, der Klimawandel, die Dezimierung der Artenvielfalt und die zunehmende Trinkwasserknappheit sind Stresssymptome der Erde. Nach und nach erweist sie sich als nicht nachhaltig. Herausragende Wissenschaftler wie der Astronom Martin Rees (*Unsere letzte Stunde*) und James Lovelock (*Gaias Rache*) warnen davor, dass wir noch im Lauf dieses Jahrhunderts die weitgehende Zerstörung des Lebens auf dem Planeten und die Vernichtung eines großen Teils der Gattung Mensch erleben könnten. Deshalb kommt es darauf an, dass die Politik weltweit dem schlechten Zustand der Erde mehr und mehr Aufmerksamkeit widmet und globale politische Maßnahmen ergreift, die imstande sind, die Regeneration und Heilung des Planeten zu bewirken, ehe es zu spät ist.

Mit anderen Worten: Es geht darum, die Nachhaltigkeit der Mutter Erde sicherzustellen, ohne die kein anderes Projekt nachhaltig sein kann. Deshalb müssen wir den Pakt mit der Natur und der Erde mit dem gesellschaftlichen Pakt aller Völker im Hinblick auf eine gemeinsame Zukunft in Einklang bringen. Es gibt keine Garantie, dass wir dieses Ziel erreichen. Doch mit Weisheit und in gemeinsamer Anstrengung könnten wir das Leben retten und die weitere gemeinsame Entwicklung unseres kleinen, herrlichen Planeten gewährleisten, des einzigen gemeinsamen Hauses, das wir als Wohnstatt haben.

16. Ethik und Grenzsituationen

Unsere Zeit ist von sich überschneidenden Diskursen geprägt. Bei allen Unterschieden suchen wir nach Übereinstimmungen zugunsten der menschlichen, spirituellen und zivilen Lebensqualität. In den Grenzfragen der Medizin und des Rechts in Bezug auf das komplexe Problem von unheilbar Kranken und Sterbenden haben wir ein klares Bewusstsein. Diese Fragen haben wissenschaftliche, technische und juristische Aspekte, verweisen aber auch auf kulturelle und philosophische Fragen: Welches Menschenbild haben wir? Welche Auffassung haben wir vom Leben? Wie wird unser Verständnis vom Leben von den biologischen Wissenschaften und der modernen Kosmologie sowie von einer umfassenden Sicht des Evolutionsprozesses bestimmt? Eine neue Optik erfordert eine neue Ethik.

Achtsamkeit und Sorge: das konkrete Wesen des Menschen

Es ist wichtig, das menschliche Wesen so zu bedenken, dass die Diskussion um einen möglichen Beitrag der Philosophie, insbesondere der Ethik, vorangetrieben wird. Achtsamkeit (bzw. Sorge) ist wesentlich für das Leben, insbesondere für das menschliche Leben an seiner äußersten Grenze von Krankheit und Tod. Deshalb lohnt es, sich auf diesen Aspekt zu konzentrieren.[16]

Eine Ethik der Achtsamkeit ist wichtig für Ärzte und Pfleger, aber auch für in der Rechtspflege Tätige. Weiter oben (vgl. S. 159) habe ich bereits auf die berühmte Erzählung des ägyptisch-römischen Sklaven-Philosophen Hyginus hingewiesen. Der von ihm geschilderte Mythos zeigt, dass das Wesen des Menschen weniger im Geist und in der Freiheit, sondern vielmehr in der Sorge (Achtsamkeit) verankert ist.

Achtsamkeit meint eine liebevolle Beziehung zur Wirklichkeit. Sie verleiht den Impuls, Eifer, Wachsamkeit, Sorge, Aufmerksamkeit und Schutz für das aufzubringen, was für uns von Wert und Interesse ist. Alles, was wir lieben, behandeln wir auch mit

---
[16] Vgl. dazu L. Boff, Die Logik des Herzens. Wege zu neuer Achtsamkeit, Düsseldorf 1999.

Achtsamkeit und Sorgfalt, und alles, was wir mit Achtsamkeit und Sorgfalt behandeln, lieben wir. Weil wir uns für das, worum wir uns sorgen, einsetzen und engagieren, geht diese Sorge auch mit Bekümmernis und Unruhe einher. Achtsamkeit als Grundlage ermöglicht, dass die übrigen Dimensionen des Menschen in Erscheinung treten. Ohne Achtsamkeit fehlte diesen Dimensionen genau das, was sie menschlich macht. In seinem Hauptwerk *Sein und Zeit* widmet Heidegger einige der tiefgründigsten Abschnitte der Auffassung, dass die wesenhafte Sorge das konkrete Wesen des Menschen ausmacht, das im In-der-Welt-Sein mit anderen zum Ausdruck kommt. Auch der römische Dichter Horaz fasste die Sorge als wesentlich auf. Nach seinen Worten begleitet sie uns wie ein Schatten das ganze Leben lang. Alles, was wir in Sorge und Achtsamkeit verrichten, stellt eine Kraft gegen die Entropie, gegen die Verschwendung dar, denn wir verlängern das Leben und verbessern die Beziehung zur Wirklichkeit.

Die Krise der Weltkultur hat ihren Ursprung im Mangel an Achtsamkeit – ein Mangel, der sich deutlich bemerkbar macht in der Art, wie wir mit Kindern und Alten, mit den Ökosystemen, sozialen Beziehungen und mit unserer eigenen Innerlichkeit umgehen. Die Achtsamkeit ist es, die die Liebe, das Leben und unseren herrlichen Planeten retten kann.

Das strukturgebende Prinzip der Erd-Charta ist die Ethik der Achtsamkeit. Für Menschen, die im medizinischen Bereich als Ärzte und Pfleger usw. arbeiten, ist das nicht überraschend, denn Achtsamkeit ist das Wesen einer heilenden Haltung im Gesundheitswesen. Bereits im 19. Jahrhundert wurde diese Perspektive der Achtsamkeit in Gestalt der berühmten englischen Krankenschwester Florence Nightingale sichtbar. Im Jahr 1852 verließ sie England und pflegte aus einer Haltung der Achtsamkeit heraus verwundete Soldaten im grausamen Krimkrieg. Innerhalb von sechs Monaten gelang es ihr, die Sterberate unter den Soldaten von 42 Prozent auf 2 Prozent zu reduzieren. Nach ihrer Rückkehr baute sie ein ganzes Netzwerk von Krankenhäusern auf, in deren Zentrum die Haltung der Achtsamkeit stand. Sie begründete eine ethische Denktradition in der Krankenpflege um den zentralen Gedanken der Achtsamkeit, die heute in den USA sehr stark vertreten ist und auf der ganzen Welt Einfluss hat.

Insbesondere seit den Siebzigerjahren des vorigen Jahrhunderts diskutiert man die Ethik der Krankenpflege unter Verwendung der Kategorie der Achtsamkeit. Zunehmend setzt sich die Einsicht durch, dass wissenschaftliche Forschung und die Verwendung technischer Apparate von Achtsamkeit bestimmt sein müssen. Das bedeutet keineswegs, Forschung und Apparatemedizin unter Berufung auf die Achtsamkeit unterzubewerten oder zu relativieren. Sie sollen vielmehr der Haltung der Achtsamkeit dienen, denn nur so dienen sie dem Patienten in seiner unversehrten Ganzheit, damit dieser geheilt oder auf seinem großen Übergang zum Tod hin begleitet werden kann. Achtsamkeit (eher die Domäne der Pflege) und Heilung (der Bereich der Medizin) müssen Hand in Hand gehen, denn sie sind zwei Aspekte ein und desselben Prozesses.

Häufig sind wir mit der schmerzlichen Situation unheilbarer Krankheiten im Endstadium konfrontiert. Die heutige Medizin hat Möglichkeiten, das Leben selbst in diesen Grenzsituationen zu verlängern, selbst wenn keinerlei Aussicht auf eine Umkehrung dieses Prozesses besteht. Manche Situationen bedeuten großes Leid für den Patienten und exorbitante Belastungen für die betroffenen Familien. Wie soll man in solchen Fällen handeln? Soll man das Leben um jeden Preis verlängern oder soll man es zulassen, dass es seinen Weg zum Tod hin nimmt?

Ich erzähle an dieser Stelle ein persönliches Erlebnis: Ich hatte das Privileg, einen der brillantesten brasilianischen und christlichen Denker, Dr. Alceu Amoroso Lima (Tristão de Athyade) im Krankenhaus Santa Teresa in Petrópolis beim Sterben zu begleiten. Sein Leben lang war er ein Vorkämpfer für die Freiheit gewesen, besonders während der Zeit der Militärdiktatur. Er war über 90 Jahre alt, litt unter vielerlei Beschwerden und war an zahlreiche Apparate und Schläuche angeschlossen. In einem Moment, als das Pflegepersonal abgelenkt war, riss er alles heraus und befreite sich.

Es entstand ein Dilemma, dessen Lösung eine Entscheidung erforderte. Sollte man Dr. Alceu wieder an die Apparate anschließen, um sein Leben ein wenig zu verlängern, oder nicht? Er ahnte dieses Dilemma und flüsterte mir ins Ohr: „Mein ganzes Leben habe ich für die Freiheit gekämpft. Ich will nicht unwürdig wie ein Sklave in Ketten sterben. Lasst mich in Frieden sterben."

Ich bat den Ärztestab: „Respektiert den natürlichen Lauf des Lebens von Dr. Alceu, denn das Leben ist sterblich und es muss genau in dieser seiner Sterblichkeit respektiert werden. Außerdem ist Dr. Alceu ein Christ, der zutiefst an das ewige Leben glaubt. Die Krankheit nimmt ihm das Leben nicht; er gibt es dem zurück, von dem er es empfangen hat, nämlich Gott. Lasst ihn so sterben, wie er es will, in vollständiger Freiheit." Und so geschah es auch. Er starb mit der Ausstrahlung eines Befreiten. Diese Haltung ist ein achtsamer und respektvoller Umgang mit der Natur des Lebens in seiner Endlichkeit und Sterblichkeit.

Ein komplexeres Verständnis vom Menschen

Die genannten Beispiele werfen die Frage auf: Welches Verständnis vom Menschen leitet unser therapeutisches Handeln? Von einem philosophischen Standpunkt aus ist zu betonen, dass der Mensch eine äußerst komplexe Ganzheit ist. In der Ganzheit existieren keine einander entgegengesetzten Teile. Alles im Menschen ist miteinander verbunden und bildet ein organisches Ganzes. Komplexität bedeutet, dass der Mensch nicht einfach ist, sondern die Symphonie vielfacher Aspekte darstellt, die zusammen da sind und sich gegenseitig durchdringen. Unter diesen vielen Aspekten erkennen wir drei grundlegende Dimensionen des einen Menschen: die Äußerlichkeit (Leib), die Innerlichkeit (Bewusstsein) und die Tiefendimension (Geist). Diese ganzheitliche Betrachtung vermittelt eine stärker integrierte Sichtweise, von der Medizin und Pflege bei ihrer Aufgabe der Heilung profitieren.

Die *Äußerlichkeit* des Menschen ist all das, was seine Beziehung zum Universum, zur Natur, zur Gesellschaft, zu den anderen und zu seiner eigenen konkreten Wirklichkeit innerhalb der Wirklichkeit des Körpers ausmacht. Durch Achtsamkeit erfährt sie eine besondere Dichte. Ohne Achtsamkeit kann der Leib weder überleben noch sich entwickeln. Deshalb ist es wichtig, mit der Luft, die wir atmen, mit der Nahrung, die wir zu uns nehmen und miteinander teilen, mit dem Wasser, das wir trinken, mit unserer Kleidung und mit den Energien, die unsere Leiblichkeit beleben, sorgsam umzugehen. All das hat mit dem *Leib* zu tun. Wohlgemerkt: Es geht um den Leib als den ganzen, lebendigen, mit Intelligenz, Gefühl, Mitgefühl und Liebe begabten und zur Ekstase fähigen Menschen, sofern er sich mit dem in Beziehung setzt, was außerhalb seiner existiert.

Die *Innerlichkeit* des Menschen besteht aus allem, was nach innen gekehrt ist. Sie betrifft das innere Universum, das ebenso komplex ist wie das äußere. Die menschliche Innerlichkeit prägt sich um das persönliche und kollektive Bewusste und Unbewusste herum aus. Deshalb ist sie niemals leer, sondern voller Instinkte, Leidenschaften, wirkmächtiger Bilder, Archetypen und vor allem voller Sehnsucht. Die Sehnsucht oder das Begehren bildet die Grundstruktur der menschlichen Innerlichkeit. Ihre Dynamik ist grenzenlos. Als begehrende Lebewesen wollen wir Menschen nicht nur dies und jenes. Wir wollen alles und das Ganze.

Das dunkle und ständige Objekt des Begehrens ist das Sein in seiner Ganzheit. Es ist eine ständige Versuchung, das Sein mit einer seiner Erscheinungsweisen, dem Seienden, zu identifizieren. Wenn dies geschieht, entsteht die Fetischbildung, die in der illusorischen Identifikation des Teiles mit dem Ganzen, des Relativen mit dem Absoluten besteht. Das Ergebnis ist die Frustration des Begehrens und das Gefühl der Irrealität.

Der Mensch muss stets sorgsam mit seiner Sehnsucht umgehen und ihr Orientierung verleihen, damit sie im Durchlaufen der verschiedenen Stadien ihrer Verwirklichung die glückliche Erinnerung an das einzige große Ziel nicht verliert, das sie wirklich zur Ruhe kommen lässt: das Sein, die Ganzheit und die allem Ursprung verleihende Wirklichkeit. Dies ist die Innerlichkeit, die auch Bewusstsein genannt wird. Recht verstanden ist sie der Mensch in seiner Ganzheit, sofern dieser in sich gekehrt ist, seine innere Dynamik und auch den Widerhall dessen einfängt, was die Welt der Äußerlichkeit in ihm hervorruft.

Schließlich verfügt der Mensch über eine *Tiefendimension*. Er ist mit der Fähigkeit ausgestattet zu erfassen, was hinter den Erscheinungen liegt, die das ausmachen, was er mit seinen äußeren und inneren Sinnen sieht, hört, denkt und liebt. Er erfasst die andere Seite der Dinge, ihre Tiefendimension.

Alle Dinge sind nicht einfach nur Dinge. Sie sind Symbole und Metaphern einer anderen Wirklichkeit, die stets darüber hinaus liegt und die uns auf eine je tiefere Ebene verweist. So ist etwa der Berg nicht einfach nur Berg. Er bringt das zum Ausdruck, was

Erhabenheit bedeutet. Das Meer vermittelt die Großartigkeit. Der Sternenhimmel zeugt von der Unendlichkeit. Im tiefen Blick eines Kindes liegt das Geheimnis des menschlichen Lebens.

Der Mensch stellt grundlegende Fragen: Woher kommen wir, wohin gehen wir, wie sollen wir leben? Welche Bedeutung haben Krankheit und schließlich der Tod? Wie erhalten wir die Welt, die uns trägt? Wer sind wir und worin besteht unsere Rolle in der Gesamtheit der Seinsformen? Was dürfen wir hoffen und welchen Namen können wir dem Geheimnis geben, das dem gesamten Universum zugrunde liegt und das uns in allen Dingen aufleuchtet? Stammelnd versuchen wir Antworten auf diese Fragen und erfassen dabei Werte und Bedeutungen. Keineswegs stellen wir nur Fakten fest oder zählen nur Ereignisse auf.

Letztlich zählen nicht die Dinge, die uns begegnen, sondern es zählt das, was sie für unser Leben bedeuten und welche Erfahrungen und neue Sichtweisen sie uns vermitteln. Die Dinge gewinnen also symbolischen und sakramentalen Charakter. Sie rufen das Erlebte in Erinnerung, sie werfen die umfassendsten Fragen auf und nähren so unsere Tiefendimension.

Grundlegende Fragen zu stellen und die Tiefendimension der Welt, von sich selbst und von allen Dingen zu erfassen macht das aus, was wir Geist nennen. Der Geist ist kein Teil des Menschen. Er ist jenes Moment, das erfüllt ist von unserer bewussten, erlebten und gefühlten Ganzheit innerhalb einer anderen, umfassenderen Ganzheit, die uns umgibt und übersteigt: dem Universum der Dinge, der Energien, der Personen, der geschichtlich-gesellschaftlichen und kulturellen Errungenschaften. Durch den Geist erfassen wir das Ganze und uns selbst als Teil dieses Ganzen.

Mehr noch: Der Geist ermöglicht uns eine Erfahrung der Nicht-Dualität. „Du bist das alles", antworteten die Upanischaden Indiens auf die Frage: „Wer bin ich?" Mit einer weit ausholenden Geste, die auf das Universum verweist, antwortet der Yoga-Meister: „Du bist all das, du bist das Ganze." „Das Reich Gottes ist in euch", verkündet Jesus. Das heißt: der letzte Sinn des Universums und die liebende und machtvolle Gegenwart Gottes, die mit dem Begriff „Reich Gottes" angesprochen wird.

Diese Feststellungen verweisen uns auf eine gelebte Erfahrung und nicht auf eine Lehre. Es ist die Erfahrung, dass wir alle untereinander verbunden sind und alle zusammen wiederum mit der Ganzheit und mit deren Ursprungsquelle in Beziehung stehen. Ein Band von Energie, Leben und Sinn durchläuft alle Seinsformen und bildet aus ihnen einen Kosmos im Gegensatz zum Chaos, Symphonie im Gegensatz zu Disharmonie.

Die Pflanze ist nicht einfach nur vor mir. Sie ist auch in mir, und zwar als Widerhall, Symbol und Wert. Es gibt in mir eine Dimension Pflanze ebenso wie eine Dimension Berg, eine Dimension Tier und eine Dimension Gott.

Sich selbst als Geist zu erfahren heißt nicht, um all diese Dinge zu wissen, sondern sie zu erleben und zum Erfahrungsinhalt werden zu lassen. Wenn dies geschieht, dann stellen sich die Nicht-Dualität und der tiefe Einklang mit allen Dingen ein. Von der Erfahrung her verwandelt sich alles. Alles erweckt nun Ehrfurcht und strahlt Heiligkeit aus. Wir sind nicht mehr allein, auf unseren Anthropozentrismus zurückgeworfen oder auf unsere utilitaristische Sicht der Dinge beschränkt. Wir bilden einen Teil der schier unendlichen kosmischen Gemeinschaft. Wir empfinden uns eingetaucht in den Fluss von Energie und Leben, der das gesamte Universum und die Natur um uns herum durchtränkt.

Der Tod als intelligente Erfindung des Lebens

In diesem Zusammenhang ist die Frage nach dem Tod zu stellen. Der Sinn, den wir dem Leben verleihen, ist auch der Sinn, den wir dem Tod zuschreiben, und umgekehrt. Der Tod gehört zum Leben und das Leben gehört dem Geheimnis an, jenem geheimnisvollen Prozess der Selbstorganisation der Materie, der das Hervorbrechen des Lebens in seiner schier unendlichen Vielfalt ermöglicht.

Das Leben ist wie alle Dinge vergänglich. Wenn jemand empfangen wird, ist er bereits alt genug, um zu sterben. Er beginnt langsam und in Raten zu altern und stirbt jeden Tag ein wenig, bis das Sterben vollendet ist.

Der Tod kommt also nicht am Ende des Lebens, der Tod ist vielmehr mitten im Leben. Den Tod als Teil des Lebens anzunehmen heißt, mit dem Leben anders umzugehen, seine Endlichkeit und seine Grenzen zu akzeptieren, ohne Bitterkeit und Ressentiment, sondern fröhlich und mit Realitätssinn. In einer evolutiven und ganzheitlichen Sichtweise wird der Tod als weise Erfindung des Lebens selbst betrachtet, damit das Leben auf einer anderen, höheren Ebene weitergehen und seinen Sinn verwirklichen kann, Achtsamkeit, Liebe und Freiheit allenthalben zum Durchbruch zu verhelfen.

Der Tod ist kein Scheitern oder eine Auflösung, sondern ein Moment des Lebens selbst, mit Sicherheit sein Höhepunkt. Es gibt andere, ebenfalls wichtige Momente, wie die Geburt, das Erwachsenwerden, den Moment der großen Entscheidungen, etwa zu heiraten, usw. Der Tod bildet einen solchen Moment einer großen Verwandlung, eines großen Übergangs in ein neues Stadium des Bewusstseins und der Verwirklichung des unendlichen Entwurfs, den der Mensch darstellt. Unter Ärzten ist eine eindrückliche Metapher gebräuchlich: Der Tod ist nicht mehr das Gespenst unter dem Bett, er wird vielmehr zum Bruder, der uns bei der Hand nimmt und uns in ein komplexeres, höheres Leben hineinführt. So hat Franz von Assisi gedacht und so hat er auch gelebt. Im wahrsten Sinn des Wortes starb er singend und begrüßte den Tod als geliebten Bruder.

Diese Auffassung vom Leben und vom Tod wurde von den Religionen herausgearbeitet. Sie zeigen dem Menschen einen Sinn hinter den Dingen, eine vollständige Heilung seiner Sehnsucht nach dem Unendlichen und seines Lebenswillens.

Ein humanistisch gesinnter Arzt muss solche Auffassungen ernst nehmen, denn sie haben großen Einfluss auf die Patienten; sie können Leiden und Ängste angesichts der Unwägbarkeiten des großen Übergangs integrieren. Menschen wollen in warmer und solidarischer menschlicher Gegenwart begleitet und nicht alleingelassen und irgendwelchen Apparaten ausgeliefert werden. So wie wir umgeben von menschlicher Zärtlichkeit in die Welt gekommen sind, so wollen wir uns auch verabschieden: von der Sorge und dem Wohlwollen der Angehörigen und Freunde umgeben.

Ethische Grundhaltung angesichts von Grenzsituationen

Abschließend weise ich auf einige Grundeinsichten zu Leben und Tod hin. Sie sind besonders in der Begegnung mit Schwerkranken und Sterbenden wichtig.

So wie wir für unser Leben Verantwortung tragen, müssen wir auch für unseren Tod Verantwortung übernehmen.

Ebenso wie wir ein Recht auf ein Leben in Würde haben, haben wir auch ein Recht auf einen würdigen Tod. Dieses Recht wird uns oft aufgrund der Tatsache verwehrt, dass wir an Apparate gebunden und von Medikamenten abhängig sind, die unser Leben im bloß vegetativen Sinne verlängern; dies reicht nicht aus, um ein Mindestmaß an wahrhaft menschlichem Leben zu bewahren.

Das Leben ist die schönste Frucht des Universums als Selbstorganisation der Materie; in einer spirituellen Sichtweise ist es die größte Gabe Gottes. Dennoch fällt das Leben in den Verantwortungsbereich des Menschen. Wir sind verantwortlich für den Beginn des Lebens und auch für dessen Ende.

Früher hat die christliche Moraltheologie die Familienplanung verurteilt. Dabei ging sie von der falschen Vorstellung aus, Empfängnisregelung sei ein Eingreifen in den Plan Gottes, Leben in die Welt zu setzen. Heute sehen nahezu alle Kirchen ein, dass Gott dem Menschen die Verantwortung für den Beginn des Lebens übertragen hat. Auch das Ende des Lebens ist ihm überantwortet (jedoch nicht seiner Willkür anheimgegeben).

Der Staat darf sich nicht die Entscheidung darüber anmaßen, wann ein Leben verlängert werden muss und wann nicht. Die Haltung der Nazis warnt vor dieser Versuchung. Es fällt dem todkranken Menschen selbst zu, in qualifizierter Weise über die Verlängerung seines irreversiblen Zustandes zu entscheiden. Wenn ihm das nicht mehr möglich ist, treten die Angehörigen und die Ärzte an seine Stelle. Das bedeutet:

– Der Arzt wird alles dafür tun, um den Patienten zu heilen. Das heißt nicht, dass er alle künstlichen und technischen Methoden anwenden wird, um den Tod hinauszuzögern.
– Eine Therapie hat nur dann einen Sinn, wenn sie im Dienst der Wiederherstellung der wesentlichen und lebensnotwendigen Funktionen steht und nicht einfach nur ein Leben auf vegetativer Ebene garantiert.
– Die Sorge um den Kranken darf nicht nur Angelegenheit der Ärzte und des Pflegepersonals sein, sondern obliegt auch den Angehörigen, spirituellen Begleitern (Priestern, Pastoren, Rabbinern usw.) und engen Freunden.

- Die Glaubensüberzeugungen des Patienten im Hinblick auf den Sinn von Leben und Tod müssen berücksichtigt werden. Wenn nicht, tut man ihm Gewalt an. Dabei ist allerdings stets von der Voraussetzung auszugehen, dass das Leben das höchste Gut ist. Keine gegenteilige Ideologie oder religiöse Überzeugung darf dies überdecken.
- Für das Christentum ist der Tod nicht einfach ein Ende, sondern ein Weg hin zur Ursprungsquelle allen Lebens. Sterbend vollenden wir unsere Geburt. Wir leben nicht, um zu sterben, sondern wir sterben um der Auferstehung willen und um mehr und ein besseres Leben zu haben. Auf diese Weise verliert der Tod den Charakter einer brutalen Unterbrechung des Kreislaufs des Lebens und wird zu einem glückseligen Übergang zur Fülle des Lebens.
- Sterben heißt, dankbar vom Leben Abschied zu nehmen, dankbar für alles, was es uns gegeben hat. Sterben heißt also, die Augen zu schließen, um den Sinn des Universums und des Geheimnisses, das es umgibt und durchdringt, besser sehen zu können.

Solche Einsichten tragen dazu bei, den Tod menschlicher zu machen und den Grenzsituationen ihre Dramatik zu nehmen, denn Leben und Tod werden in einem weiteren und transzendenten Horizont einander angenähert. Sie gehören zueinander. Deshalb können wir mit Augustinus sagen: Das Leben ist sterblich und der Tod birgt das Leben in sich.

Viertes Kapitel

**Ökologisch-soziale Politik:
Wer muss sich
um die Erde kümmern?**

1. Die neue Entwicklungsstufe der Geschichte: die Noosphäre[17]

Die Wirtschaftskrisen stellen die Menschheit vor eine dramatische Entscheidung: Entweder folgt sie der G 20, die stur darauf beharrt, einen Todkranken zu reanimieren – nämlich das herrschende Modell des globalisierten Kapitalismus, der die derzeitige weltweite Krise bewirkt hat und der, wenn er so weitermacht, in einer ökologischen und menschlichen Tragödie münden kann –, oder sie lässt sich auf ein neues Paradigma ein, das die Erde, das Leben und die Menschheit ins Zentrum rückt, die Wirtschaft unterordnet und auf diese Weise eine neue Stufe der Zivilisation entstehen lässt, die mehr Gleichheit und Menschlichkeit auf allen Ebenen garantiert, angefangen bei der Produktion.

Dem kritischen Nachdenken drängen sich zwei grundlegende Deutungen der Krise auf: Entweder handelt es sich um das Röcheln eines Sterbenden oder um die Geburtswehen eines neuen Lebens. Ich ordne mich der zweiten Variante zu und optiere für die Geburt. Ich weigere mich hinzunehmen, dass wir nach etlichen Millionen Jahren der Evolution auf diesem Planeten im Zeitraum weniger Generationen von seiner Oberfläche weggefegt werden sollen. In der rückblickenden Betrachtung des Menschwerdungsprozesses zeigt sich, dass unser Weg stets zu immer größerer Komplexität und zu Ordnungen verstärkter wechselseitiger Verbundenheit geführt hat. Das gegenwärtige Szenario ist kein Szenario des Todes, sondern der Krise, die viel Leid für uns mit sich bringen wird, die uns aber für einen neuen zivilisatorischen Versuch läutern wird.

Unleugbar hat die Globalisierung, selbst im Stadium ihrer „Eisenzeit", die materiellen Voraussetzungen für jegliche Art von Beziehungen zwischen den Völkern hervorgebracht. Es ist ein planetarisches Bewusstsein entstanden. Es ist, als ob das Gehirn außerhalb der Schädeldecke weiterwächst und mithilfe

---

17 Dieser Ausdruck stammt von dem Naturwissenschaftler (Paläontologen) und Theologen Pierre Teilhard de Chardin (1881–1955), der als Erster eine großartige Synthese zwischen einem evolutiven Weltbild und dem christlichen Schöpfungsglauben vorgelegt hat. Vgl. vor allem: P. Teilhard de Chardin, Die Entstehung des Menschen, München 1976, 85-100. Ich selbst habe diese Gedanken ausführlich dargestellt in: L. Boff, O Evangelho do Cristo cósmico (erscheint auf Deutsch: Kevelaer 2012).

der neuen Technologien tiefer in die Geheimnisse der Natur eindringt.

Der Mensch hat die gesamte Wirklichkeit des Planeten „hominisiert". Ob der Amazonas bestehen bleibt oder abgeholzt wird, ob die Artenvielfalt weiterbesteht oder dezimiert wird, ob der Boden und die Luft sauber bleiben oder verschmutzt werden, hängt von den Entscheidungen der Menschen ab. Erde und Menschheit bilden eine einzige planetarische Einheit. Das zentrale Nervensystem dieser Einheit wird von den menschlichen Gehirnen gebildet, deren Synapsen immer besser verschaltet sind und die die Zusammengehörigkeit und die kollektive Verantwortung immer stärker empfinden. Wir suchen nach Zentren, in denen Beobachtung, Analyse, Denken und Leitung in vielfacher Weise zusammenlaufen.

Aus der Geosphäre ist die Lithosphäre (Gestein und Felsen) hervorgegangen, danach entstand die Hydrosphäre (Wasser), die Atmosphäre (Luft), darauf die Biosphäre (Leben) und schließlich die Anthroposphäre (der Mensch). Nun reift die Geschichte zu einer höheren Stufe des Evolutionsprozesses heran, zur Stufe der *Noosphäre*. Wie bereits die Bedeutung des Wortes erkennen lässt (*nous* heißt im Griechischen Geist, Denken, Verstand, Intelligenz), bezeichnet Noosphäre die Konvergenz von Verstand und Herzen der Menschen, die zum Nährboden einer höheren und komplexeren Einheit wird. Mit der Noosphäre beginnt eine neue Geschichte, in der die Geschichte der Erde mit der Geschichte der Menschheit (als dem bewussten und intelligenten Aspekt der Erde) vereint wird.

Die Geschichte schreitet in Experimenten fort, die Erfolge und Irrtümer mit sich bringen. Während ihrer Geburtsphase gelingt es der Noosphäre noch nicht, die Hegemonie zu erlangen, weil eine Art von Globalisierung vorherrscht, die ausgrenzt und wenig kooperativ ist, nun aber aufgrund der Krise des Systems weitgehend geschwächt ist.

Ich bin überzeugt, dass die Kräfte des Universums, die stets neue Strukturen hervorbringen, zusammenwirken, um diese neue Stufe, die Noosphäre, entstehen zu lassen. Unsere Galaxie und möglicherweise das Universum selbst stehen im Dienst dieser Konvergenz der Vielfalt. Auf dem Planeten Erde, einem winzigen blau-weißen Punkt irgendwo in einer lächerlichen Galaxie, im Sonnensystem am Rande dieser Galaxie (27.000 Lichtjahre von ihrem Zentrum entfernt) kristallisierte sich für uns die Noosphäre heraus. Sie ist noch schwach und zerbrechlich, doch sie trägt den neuen Sinn der Evolution in sich.

Die aktuelle Krise verlangt nach einem rettenden Ausweg. Die Noosphäre ist dieser Ausweg. Wenn sie sich verwirklicht, wird die Gemeinschaft von Verstand und Herz, die Gemeinschaft der Menschen untereinander, mit der Erde, dem Universum und dem, auf den alles zuläuft, die Vorherrschaft innehaben.

2. Wer muss sich um den Planeten kümmern?

Ein berühmter Theologe hat in sein bestes Buch die bekannte, von dem dänischen Philosophen Søren Kierkegaard stammende Beispielerzählung vom Ende der Welt aufgenommen und geringfügig erweitert. Seine Nacherzählung der Geschichte hat folgenden Wortlaut:

... ein Reisezirkus in Dänemark [war] in Brand geraten ... Der Direktor schickte daraufhin den Clown, der schon zur Vorstellung gerüstet war, in das benachbarte Dorf, um Hilfe zu holen, zumal die Gefahr bestand, dass über die abgeernteten, ausgetrockneten Felder das Feuer auch auf das Dorf übergreifen würde. Der Clown eilte in das Dorf und bat die Bewohner, sie möchten eiligst zu dem brennenden Zirkus kommen und löschen helfen. Aber die Dörfler hielten das Geschrei des Clowns lediglich für einen ausgezeichneten Werbetrick, um sie möglichst zahlreich in die Vorstellung zu locken; sie applaudierten und lachten bis zu Tränen. Dem Clown war mehr zum Weinen als zum Lachen zumute; er versuchte vergebens, die Menschen zu beschwören, ihnen klarzumachen, dies sei keine Vorstellung, kein Trick, es sei bitterer Ernst, es brenne wirklich. Sein Flehen steigerte nur das Gelächter, man fand, er spiele seine Rolle ausgezeichnet – bis schließlich in der Tat das Feuer auf das Dorf übergegriffen hatte und jede Hilfe zu spät kam, sodass Dorf und Zirkus gleichermaßen verbrannten.[18]

---

18 Joseph Ratzinger, Einführung in den Glauben. Vorlesungen über das Apostolische Glaubensbekenntnis, München 1968, 17.

Dieser Theologe war Joseph Ratzinger, der heutige Papst Benedikt XVI. Er muss eine Institution verwalten, die bis zum Hals in Problemen steckt und mehr als eine Milliarde Mitglieder hat: die römisch-katholische Kirche. Dies lässt ihm nicht mehr viel Zeit, um Theologie zu betreiben. Vor allem produziert er offizielle Dokumente, die sogenannten Enzykliken. Diese zeugen jedoch nicht gerade von gedanklichem Reichtum.

Die hier wiedergegebene Gleichniserzählung lässt sich leicht auf die aktuelle Situation der Menschheit übertragen. Vor Kurzem noch hat sie die Augen auf das Heimatland Kierkegaards und dessen Hauptstadt Kopenhagen gerichtet. Dort mussten im Dezember 2009 die 192 Vertreter der Völker darüber entscheiden, wie das bedrohliche Feuer der Erderwärmung unter Kontrolle zu bringen sei. Doch das Bewusstsein von der Gefahr ist nicht sehr stark entwickelt, die Bedrohung durch einen Flächenbrand wird kaum wahrgenommen. Zwar ist die zunehmende Hitze spürbar, doch die große Mehrheit bleibt gleichgültig wie in den Tagen Noahs. Noah ist sozusagen der „Clown" der Bibel, der vor der drohenden Sintflut warnt. Doch alle vergnügen sich, essen und trinken, als ob nichts geschehen könnte. Und dann kommt die Katastrophe.

Doch es gibt einen Unterschied zwischen Noah und uns. Er baute eine Arche, die viele rettete. Wir hingegen sind nicht bereit, eine Arche zu bauen, die uns und die Natur retten könnte. Rettung für die Natur ist nur möglich, wenn wir die Treibhausgase in erheblichem Maß reduzieren. Wenn die Erderwärmung 3 bis 4 Grad Celsius überschreitet, könnte dies zur verheerenden Katastrophe für die Natur insgesamt und möglicherweise zur Auslöschung von Hunderten Millionen bis Milliarden Menschen führen. Doch wir ziehen es vor, uns selbst zu betrügen, indem wir dem Leib der Mutter Erde Pflaster verabreichen, und hegen dabei die Illusion, dass wir damit tatsächlich ihre Wunden behandeln.

Problematisch ist das Fehlen einer Weltregierung. Die Nationalstaaten mit ihren jeweiligen besonderen Plänen bestimmen, ohne an das Ganze zu denken. Absurderweise unterteilen wir dieses Ganze auf willkürliche Weise in Kontinente, Regionen, Kulturen und Ethnien. Diese Unterscheidungen entbehren jedoch jedweder Grundlage. Die wissenschaftliche Forschung hat hinreichend gezeigt, dass wir einen gemeinsamen Ursprung haben, denn wir alle kommen von Afrika her (vgl. oben, S. 18-19). Folglich sind wir alle auch gemeinsam Besitzer des einzigen gemeinsamen Hauses, wir alle sind gemeinsam für seinen Zustand verantwortlich. Die Erde gehört allen. Wir haben sie von den künftigen Generationen geliehen, sie wurde uns anvertraut, damit wir für sie sorgen.

Wenn wir uns anschauen, was wir tun, müssen wir jedoch zugeben, dass wir sie verraten. Wir lieben den Profit mehr als das Leben, wir sind ehrgeiziger darin, das Wirtschafts- und Finanzsystem zu retten anstatt die Menschheit und die Erde. Wie zutreffend sind die Worte Albert Einsteins: „Nur zwei Dinge sind unendlich: das Universum und die Dummheit. Was das Universum betrifft, bin ich mir allerdings nicht sicher." Wir leben in der Tat in einer Kultur der Dummheit und Unvernunft.

Es ist dumm und unvernünftig, dass 500 Millionen Menschen für den Ausstoß von 50 Prozent der Treibhausgase verantwortlich sind, 3,7 Milliarden Menschen, die gleichzeitig zu den am schwersten betroffenen, unschuldigen Opfern gehören, jedoch für lediglich 7 Prozent. Die Erderwärmung ist weniger eine Krise als vielmehr ein unumkehrbarer Prozess. Die Erdtemperatur steigt bereits an. Wir können nur noch die Höhe des Temperaturanstiegs begrenzen, uns an die neue Situation anpassen und seine schlimmen Auswirkungen abmildern, damit sie keine katastrophalen Ausmaße annehmen. Dies wird uns nur dann gelingen, wenn jeder Einzelne sich dessen bewusst wird, dass er selbst zur Erhaltung und zur Sauberkeit des gemeinsamen Hauses beitragen muss, wenn die verschiedenen Organisationen und Initiativen weltweit für die Schaffung von Alternativen mobilisieren, die die Lebenskraft des Planeten erhalten, und wenn die Regierungen es nicht länger zulassen, dass die Unvernunft über die Sorge und Liebe zur Mutter Erde triumphiert.

3. Hat der Individualismus noch eine Zukunft?

In den USA (Gleiches gilt für die herrschende Kultur im Allgemeinen) herrscht heute eine weitaus tiefere Krise als die des Wirtschafts- und Finanzsystems. Der Gesellschaftstyp, der mit der Verfassung von den „Gründervätern" und in Europa durch die Moderne seit dem 16. Jahrhundert initiiert wurde, ist in die Krise geraten. Dieser Gesellschaftstyp ist zutiefst individualistisch und leitet sich direkt vom Kapitalismus ab, der nach und nach durchgesetzt wurde.

Die Übertreibung des Individualismus hat mit dem Denkmal vor dem majestätischen Rockefeller-Zentrum in New York die Gestalt eines Glaubensbekenntnisses angenommen. Dort kann man das Credo von John D. Rockefeller Jr. lesen: „Ich glaube an den höchsten Wert des Individuums und an sein Recht auf Leben, Freiheit und Streben nach Glück."

In seinem klassischen Werk *Über die Demokratie in Amerika* (1835) hat der französische Gelehrte Alexis de Tocqueville in scharfsinnigen Analysen gezeigt, dass der Individualismus das Markenzeichen der neu entstehenden Gesellschaft ist. Dieser Individualismus hat stets triumphiert. Begrenzungen musste er hinnehmen, weil die Arbeiter soziale Rechte erstritten und vor allem, weil der Sozialismus entstand, der ihm ein anderes Credo entgegensetzte, nämlich das der sozialen Werte. Doch mit dem Niedergang des Staatssozialismus hatte der Individualismus – bereits unter dem US-amerikanischen Präsidenten Ronald Reagan und in Großbritannien unter der Premierministerin Margret Thatcher – wieder freie Bahn, bis er sich schließlich in Gestalt des politischen Neoliberalismus weltweit durchgesetzt hat.

Der US-amerikanische Präsident Barack Obama versucht ein Projekt in Angriff zu nehmen, das deutliche soziale Züge trägt, wie eine Krankenversicherung für alle Bürger der USA und kollektive Maßnahmen zur Begrenzung der Treibhausgase. Dabei stößt er auf heftige Gegnerschaft im Namen des Vorranges des Individuellen vor dem Sozialen. Man bezichtigt ihn des Sozialismus und des Kommunismus, im sozialen Netzwerk Facebook schließt man sogar seine mögliche Ermordung nicht aus, falls er seine Gesundheitsreform durchsetzt. Seine diesbezüglichen Pläne sind übrigens gar nicht so radikal, denn als einen Tribut an den traditionellen Individualismus schließt auch er immer noch die Millionen Einwanderer ohne Rechtsstatus von der Krankenversicherung aus.

Das Wort „wir" ist eines der meist verachteten Wörter in den USA. Der angesehene Kolumnist der *New York Times*, Thomas

L. Friedman, deckt in einem jüngeren Beitrag auf: „Unseren führenden Politikern bis hin zum Präsidenten gelingt es nicht, das Wort ‚Wir' auszusprechen, ohne ein Lachen zu unterdrücken. Es gibt kein ‚Wir' mehr in der US-amerikanischen Politik, und das in einer Zeit, in der ‚wir' riesige Probleme haben – die Rezession, das Gesundheitssystem, den Klimawandel und die Kriege im Irak und in Afghanistan –, mit denen ‚wir' nur dann fertig werden können, wenn das Wort ‚Wir' eine kollektive Bedeutung annimmt."

Da es keinen weltweiten Gesellschaftsvertrag gibt, erscheinen die USA als die herrschende Macht, die faktisch über das Schicksal der Menschheit entscheidet. Ihr tief verankerter Individualismus, der auf die gesamte Welt projiziert wird, erweist sich als völlig ungeeignet, eine Wendung hin zum menschlichen „Wir" zu vollziehen. Dieser Individualismus hat keine Zukunft mehr, denn er versteht es nicht, in einen Dialog einzutreten, auf den anderen zu hören und gegenseitig bereichernde Austauschbeziehungen einzugehen.

Immer dringlicher wird eine „global governance", die weltweite Regulierung gemeinsamer Güter und Angelegenheiten, die den monozentrischen Unilateralismus ablöst. Entweder wir ersetzen die Achse des „Ich" („meine" Ökonomie, „meine" militärische Stärke, „meine" Zukunft) durch das „Wir" („unser" Produktionssystem, „unsere" Politik und „unsere" gemeinsame Zukunft) oder wir werden kaum einer Tragödie entgehen, die dann nicht mehr nur individuell, sondern kollektiv ist. Unabhängig davon, ob wir nun Sozialisten sind oder nicht, müssen das Soziale und das Planetarische dem gemeinsamen Geschick der Menschheit Orientierung verleihen.

Doch warum ist der Individualismus so tief verwurzelt? Er hat sein Fundament in einer realen Gegebenheit des Evolutions- und Menschwerdungsprozesses. Doch dieses Grunddatum wird einseitig und reduktionistisch ausgelebt.

Die Kosmologen und Bioanthropologen versichern uns, dass es in allen Seinsformen, insbesondere in den Lebewesen, zwei Grundtendenzen gibt: die der Selbstbehauptung (ich) und die der Integration in ein größeres Ganzes (wir). Mittels der Selbstbehauptung verteidigt ein jedes Lebewesen seine Existenz und entwickelt Selbstschutzmechanismen; wenn nicht, geht es zugrunde.

Andererseits ist es niemals allein, es ist immer in ein Beziehungsnetz eingelassen, das es in ein größeres Ganzes einfügt und ihm das Überleben erleichtert. Dies ist das Gemeinschaftliche und Kollektive. Das Individuum ist stets in eine Spezies (wir) eingefügt.

Diese beiden Tendenzen koexistieren. Sie wirken zusammen am Aufbau eines jeden Lebewesens und erhalten die Artenvielfalt. Wenn eine von ihnen ausgeschlossen wird, sind Krankheitserscheinungen die Folge. Das „Ich" ohne das „Wir" führt zu Individualismus und Kapitalismus als dessen ökonomischer Erscheinungsform. Das „Wir" ohne das „Ich" mündet im Staatssozialismus und wirtschaftlichen Kollektivismus.

Das Gleichgewicht zwischen „Ich" und „Wir" findet sich in der partizipativen und kommunitaristischen Demokratie, die beide Pole miteinander verbindet. Sie nimmt das Individuum (ich) auf und betrachtet es stets als in die umfassendere Gesellschaft (wir) eingelassen, und zwar als aktiver Bürger.

Wir bedürfen heute einer „Hyperdemokratie", die jeder Seinsform und jeder Person Wert beimisst, die Natur und die Erde selbst mit einschließt (soziokosmische Demokratie) und das Fortbestehen des Kollektivs, nämlich der entstehenden Erdgesellschaft, garantiert.

Mehr als je zuvor müssen wir den Individualismus unter strenger Kontrolle behalten; aus ihm entspringen alle möglichen Hindernisse, die sich der Bildung von weltweiten Institutionen in den Weg stellen, die das gemeinsame Schicksal des Lebens und der Menschheit bedenken und dafür Sorge tragen. Nicht ohne Grund bemühen sich Menschen, eine universale Erklärung des Gemeinwohls der Erde und der Menschheit als eine Art Magna Charta auszuarbeiten, die der Weltpolitik einer sich immer deutlicher abzeichnenden Weltgesellschaft Orientierung geben kann.

4. Kapitalistischer Pessimismus und Sozialdarwinismus

Was ist zu tun, wenn eine Krise wie die unsere zur Systemkrise wird, wenn sie alle Bereiche betrifft und mehr zerstörerische als aufbauende Züge aufweist? Es ist inzwischen sonnenklar, dass das seit den Anfängen der Moderne gültige Gesellschaftsmodell, das auf der Verherrlichung des Ich und dessen Eroberung der Welt zum Zweck der privaten Anhäufung von Reichtum beruht, nicht mehr fortgesetzt werden kann. Diese Einsicht müssen wir allen entgegenhalten, die Problemlösungen durch Wachstum versprechen. Auch das ehrgeizige „Wachstumsbeschleunigungsprogramm" der Regierung Lula in Brasilien muss sich dieser Anfrage stellen. Nicht Wachstum müssen wir anstreben, sondern eine nachhaltige Weise, die Gesellschaft und unser Verhältnis zur Natur zu organisieren.

Wir können nicht unendlich wachsen, denn erstens verkraftet die Erde dies nicht und zweitens besteht nicht genügend Nachfrage. Das Modell unbegrenzten Wachstums funktioniert nicht; es bewirkt vielmehr soziale und ökologische Perversionen. Deshalb ist es nicht hinzunehmen, dass es uns als einzige Produktionsart aufgezwungen wird, wie es die G 20 noch immer tun wollen.

Die Situation ist jedoch noch viel schlimmer. Die Hauptursache der allgemeinen ökologischen Krise, die in der Erderwärmung ihren Höhepunkt erlangt, ist kein äußeres Problem, sondern ein Problem des Systems selbst. Das Weiterbestehen des Paradigmas von Produktion und Konsum kann letztlich die Zukunft der Biosphäre und den Fortbestand der Gattung Mensch auf dem Planeten aufs Spiel setzen.

Wie können wir eine andere Richtung einschlagen? Diese Aufgabe ist in der Tat höchst komplex. Doch wir müssen damit beginnen. Vor allem muss unser Blick auf die Realität ein anderer werden als der der jetzigen Marktgesellschaft zugrunde liegende Blick des kapitalistischen Pessimismus und des Sozialdarwinismus.

Der kapitalistische Pessimismus wurde bereits von dem Gründungsvater der modernen Wirtschaftswissenschaften, dem Glasgower Professor Adam Smith (1723–1790), formuliert. Er sieht die Gesellschaft als eine Ansammlung von egoistischen Individualisten, von denen ein jeder nur das Beste für sich sucht. Pessimist, der er war, glaubte Smith, dass diese Tatsache unveränderlich feststehe. Nach seiner Überzeugung bleibt uns nur, diese Tatsache in ihren Auswirkungen zu mäßigen. Die Art und Weise, den Egoismus abzumildern, besteht Smith zufolge in der Schaffung des Marktes, auf dem alle mit ihren Produkten in einen

Wettbewerb gegeneinander eintreten und so die egoistischen Impulse ausgleichen.

Das andere Grunddatum des gegenwärtigen Systems ist der Sozialdarwinismus in Reinkultur. Dieser macht sich die – heute weitgehend infrage gestellte – These Darwins zu eigen, dass im Lauf des Evolutionsprozesses nur die Stärksten bzw. die Anpassungsfähigsten überleben. Wenn man diese Vorstellung auf den Markt anwendet, ergibt sich zwangsläufig, dass die Schwachen stets von den Stärkeren geschluckt werden. Das ist nach sozialdarwinistischer Sicht auch gut so, denn ansonsten wäre der Tauschprozess beeinträchtigt.

Adam Smith' Theorie ist nicht aus der Luft gegriffen. Er gewann seine Einsichten aus der Beobachtung der ungezügelten Praxis des beginnenden englischen Kapitalismus. Diese Praxis übersetzte er in seinem berühmten Werk *Untersuchung über Wesen und Ursachen des Reichtums der Völker* (1776) in die Theorie und lieferte damit ihre Rechtfertigung. Zu jener Zeit vollzog sich ein perverser Prozess individueller Reichtumsanhäufung und Ausbeutung der Arbeitskraft, den Karl Marx in seinem Werk *Das Kapital* entlarvt hat.

Smith war besorgt angesichts dieser Barbarei. Als Ethikprofessor war er davon überzeugt, dass der Markt als eine „unsichtbare Hand" die Egoismen unter Kontrolle halten und das Wohl aller sicherstellen könne. Das ist jedoch reine Illusion, die durch die Fakten als solche immer wieder entlarvt wird.

Smith dachte rein reduktionistisch. Er konzentrierte sich nur auf den Egoismus. Dieser existiert in der Tat, doch er kann von der ebenfalls zum Wesen des Menschen gehörenden Kooperation begrenzt werden. Diesen Aspekt hat Smith vernachlässigt. Der Mensch selbst geht aus der Kooperation vieler hervor, angefangen bei den Eltern, und bildet gleichsam einen Knoten in einem Netz sozialer Beziehungen. Er überlebt nur in wechselseitigen Beziehungen, die dem Egoismus Grenzen setzen. Es trifft zu, dass Egoismus und Altruismus zusammen existieren. Doch wenn der Altruismus dabei nicht überwiegt, entstehen Perversionen, wie sie in den modernen Gesellschaften zu beobachten sind. Sie beruhen auf einer Aufblähung des Ego und der Schwächung der Kooperation. Dieser kollektive Egoismus bewirkt, dass alle einander zu Feinden werden.

Wir müssen die Richtung ändern hin zum „Wir", hin zu der Kooperation aller mit allen, hin zu einer weltweiten Solidarität und weg von dem ausgrenzenden „Ich". Wenn wir altruistisch sind und Mitgefühl aufbringen, werden wir nicht zulassen, dass die Schwachen Opfer der natürlichen Auslese werden. Wir werden in Sorge um sie eingreifen und die Voraussetzungen dafür schaffen, dass sie leben und weiter unter uns sein können. Denn jeder Einzelne ist mehr als ein Produzent oder Konsument. Er ist einzigartig im ganzen Universum, Träger einer Botschaft, die gehört werden will, und Glied der großen Menschheitsfamilie.

Die Notwendigkeit einer Richtungsänderung ist nicht nur eine Frage der Politik, sondern einer humanistischen Ethik, zu der Solidarität und Mitgefühl gehören.

5. Die Todsünden des Kapitalismus: Ökozid, Biozid, Geozid

Der Kapitalismus ist eine gesellschaftliche Produktionsweise und eine Kultur gleichermaßen. Als Produktionsweise hat er den Sinngehalt der Ökonomie zerstört, der seit der klassischen griechischen Zeit bis zum 18. Jahrhundert in der Kunst bestand, die Bedürfnisse des *oíkos,* das heißt des Hauses, zu befriedigen. Die Ökonomie hatte zum Ziel, dem, was im Haus nottat, auf zufriedenstellende Weise Abhilfe zu schaffen. Dieses „Haus" konnte ebenso das Heim im engeren Sinne, die Stadt, das Land sowie auch das gemeinsame Haus, die Erde, sein. Mit der allmählichen Durchsetzung des Kapitalismus seit dem 17. Jahrhundert – das Wort „Kapitalismus" stammt nicht etwa von Karl Marx, sondern wurde von Werner Sombart eingeführt – verändert sich das Wesen der Ökonomie. Von nun an ist sie eine ausgeklügelte und brutale Technik der Schaffung von Reichtum um seiner selbst willen, losgelöst vom *oíkos,* dem Bezug zum Haus. Die kapitalistische Ökonomie zerstört im Gegenteil das Haus in jeglicher Hinsicht. Der Reichtum, den Menschen anhäufen wollen, dient nun kaum noch dazu, genossen zu werden, sondern soll noch mehr Reichtum akkumulieren – und dies gemäß einer Logik, die sich ohne Schranken durchsetzt und letztlich absurd ist. Der Kapitalismus will stets mehr, noch mehr, ohne Ende mehr ...

Nach der Logik des Kapitals wird mithilfe von Ausbeutung Akkumulation geschaffen. Zuerst geht es um die Ausbeutung der Arbeitskraft der Menschen, dann um die Herrschaft der Klasse, danach um die Unterwerfung der Völker und schließlich um die Ausplünderung der Natur. Hier zeigt sich eine einzige, in eine Richtung verlaufende, unbeugsame Logik, in deren Konsequenz Menschen sich alles unterwerfen. Diese Ausbeutung hat mittlerweile planetarische Ausmaße angenommen.

Selbst eine nur oberflächliche Analyse von Kapitalismus und Ökologie fördert einen grundlegenden Widerspruch zutage: Wo die kapitalistische Praxis regiert, da wird die Sorge um die Ökologie verabschiedet oder zumindest an den Rand gedrängt. Ökologie und Kapitalismus schließen einander rigoros aus. Zwischen ihnen ist kein Kompromiss möglich. Wenn der Kapitalismus dennoch die Rede von der Ökologie aufgreift, dann deshalb, weil er damit Gewinne macht, indem er die Warnungen und Forderungen der Ökologie verwässert, sie ihres Sinngehalts entleert, ihr jeden Handlungsspielraum nimmt und sie letztlich zerstören will. Der Kapitalismus will die Natur nicht nur beherrschen, er will mehr: Er hat es darauf abgesehen, der Natur mit höchstentwickelter Technik alles zu entreißen. Um seines Hauptzieles willen, nämlich der Akkumulation von Reichtum und dessen privater Aneignung, macht er sich daran, die Natur zu vergeuden.

Der heutige weltweit im Sinne des Kapitalismus umgestaltete Wirtschaftsraum erweist sich aufgrund der systematischen Ausplünderung von Natur und Menschheit als grundsätzlich unvereinbar mit dem Leben. Das Abenteuer der Gattung *Homo sapiens* und *Homo demens* ist ernsthaft gefährdet. Das kapitalistische System mitsamt der entsprechenden Kultur, die mit ihm einhergeht, ist der Erzfeind der Menschheit, des Lebens und der Zukunft.

So stellt sich die folgende Alternative: Entweder gelingt es dem Kapitalismus, gemäß seiner Absicht alle Räume zu durchdringen und also mit der Ökologie aufzuräumen und damit das System Erde in Gefahr zu bringen, oder es siegt die Ökologie und zerstört den Kapitalismus bzw. unterwirft ihn so tiefgreifenden Veränderungen und Umgestaltungen, dass er nicht länger als Kapitalismus wirkt.

Wie bereist erwähnt, hat der Kapitalismus auch eine Kultur hervorgebracht, die sich von seiner auf Ausbeutung und Ausplünderung beruhenden Produktionsweise herleitet. Jede Kultur erzeugt eine Atmosphäre der Alltagsplausibilitäten, der fraglosen Überzeugungen und formt auf diese Weise eine ihr entsprechende kollektive Subjektivität. Ohne eine kapitalistische Kultur, die tausenderlei rechtfertigende Gründe für die kapitalistische Wirtschaftsordnung bereithält, könnte der Kapitalismus nicht überleben. Die kapitalistische Kultur singt beständig das Preislied des Wertes des Individuums, garantiert ihm die private Aneignung von Reichtum, der aus der Arbeit aller hervorgeht, etabliert die Konkurrenz aller gegen alle als Triebfeder seiner Dynamik, fasst die Gewinnmaximierung bei möglichst geringen Investitionen ins Auge, versucht, alles – von der Mystik und der Sexualität angefangen bis hin zur Freizeit – in einen Markt zu verwandeln, um noch mehr Gewinn herauszuschlagen, und etabliert zudem noch den heute globalisierten Markt als den verbindenden Mechanismus für alle Produkte und Produktivressourcen.

Wenn jemand nach Solidarität, Respekt vor dem Anderssein, Mitgefühl und Ehrfurcht vor dem Leben und vor dem Geheimnis der Welt sucht, wird er in der Kultur des Kapitalismus mit Sicherheit nicht fündig. Er hätte sich in der Adresse vertan, denn in der kapitalistisch geprägten Kultur findet er nur das genaue Gegenteil. George Soros, einer der größten Finanzspekulanten weltweit und profunder Kenner der gnadenlosen Logik der Akkumulation (er lebt davon), vertritt die These, dass der weltweite Kapitalismus alle gesellschaftlichen und demokratischen Werte bedroht und die Zukunft der Gesellschaften gefährdet. Darin besteht ihm zufolge die Krise des Kapitalismus, die einer dringenden Lösung bedarf, wenn wir das Schlimmste für uns vermeiden wollen (Soros, 244-264).

Im Folgenden beschreibe ich noch einmal ausführlich, wie der Kapitalismus als Produktionsweise und als Kultur die Ökologie – sowohl im Sinne von Umwelt als auch im Sinne von Gesellschaft – unmöglich macht. Wenn der Kapitalismus der Logik seiner Gier überlassen bleibt, kann er die Verbrechen des Ökozids, des Biozids und des Geozids begehen. Grund genug für die Menschen, die das Leben lieben und die ihren Kindern und Enkelkindern ein bewohnbares gemeinsames Haus hinterlassen wollen, sich systematisch gegen die Zumutungen des Kapitalismus zur Wehr zu setzen.

Der Kapitalismus und die Zerstörung des Systems Leben

Die Szenarien der ökologischen Zukunft der Erde und der Folgen für die Lebensqualität sind dramatisch. Anerkannten Analytikern zufolge gleicht die heutige Zeit sehr stark den großen Umbrüchen in der Evolutionsgeschichte, die von Massensterben gekennzeichnet waren (vgl. De Duve, vor allem Kapitel 30). Tatsächlich befindet sich die Menschheit in einer noch nie da gewesenen Situation. Sie muss sich entscheiden, ob sie weiter existieren will oder ob sie in ihre Selbstzerstörung einwilligt.

Die Gefahr kommt nicht von irgendeiner äußeren, kosmischen Bedrohung, sie entspringt dem Tun des Menschen selbst. Zum ersten Mal im Prozess der Hominisation, soweit er uns bekannt ist, hat sich der Mensch selbst die Mittel zu seiner Selbstzerstörung an die Hand gegeben. Er hat das Prinzip Selbstzerstörung hervorgebracht; es steht im Gegensatz zum Prinzip Verantwortung (Hans Jonas). Von nun an ist der Fortbestand der Biosphäre der Entscheidung des Menschen anheimgegeben. Um weiter leben zu können, muss der Mensch dies ausdrücklich wollen.

Die Indizien sind alarmierend. Es bleibt uns nur noch wenig Zeit für die nötigen Veränderungen. Optimistische Schätzungen gehen vom Grenzdatum 2030 aus (vgl. Radford Ruether, 98). Falls wir bis dahin keine raschen und wirkungsvollen Maßnahmen ergreifen, ist das nachhaltige Fortbestehen des Systems Erde nicht länger gewährleistet.

Mehr als je zuvor bedürfen wir der Weisheit, um die richtigen Prioritäten zu setzen, wenn es gilt, in gemeinsamem Handeln das dauerhafte Fortbestehen der Erde als Planet zu sichern. Unter anderem gilt es vier entscheidende Probleme zu lösen, die Folgen der kapitalistischen Ordnung sind: die Erschöpfung der natürlichen Ressourcen, die Gefährdung des dauerhaften Fortbestands der Erde, die globale Erwärmung, die weltweite soziale Ungerechtigkeit.

a) Die Erschöpfung der natürlichen Ressourcen
Seit Jahrhunderten bereits wird an der Erde – hauptsächlich, wenn auch nicht ausschließlich, unter der Regie der kapitalistischen Produktionsweise – systematisch Raubbau betrieben. Seit der Zeit, als vor 65 Millionen Jahren die Dinosaurier von der Erde verschwunden sind, hat es keine so rasche Dezimierung der Artenvielfalt gegeben wie heute. Mit der Vielfalt der lebendigen Arten verschwindet zugleich für immer eine Bibliothek voller Wissen, die die Natur selbst in ihrer Weisheit angelegt hat.

Seit 1972 haben sich die Wüsten in einer Größenordnung weiter ausgedehnt, die der Fläche des gesamten kultivierten Landes Chinas und Nigerias zusammen entspricht. 200 Millionen Hektar an fruchtbarem Boden gingen verloren, was den Agrarflächen Indiens und Frankreichs zusammen entspricht. Von den einst bebaubaren Böden sind 65 Prozent bereits nicht mehr vorhanden. Ausgedehnte Bewässerung und der Einsatz chemischer Substanzen haben zur Versalzung des Wassers geführt. Die verloren gegangenen Nährstoffe konnten sich in der kurzen Zeit nicht wieder regenerieren.

Die Hälfte des weltweiten Waldbestandes, der 1950 noch vorhanden war, wurde abgeholzt. Allein in den letzten 30 Jahren wurden 600.000 km^2 des Amazonas-Regenwaldes in Brasilien abgeholzt; das entspricht der Fläche Deutschlands oder zweimal der Fläche der Republik Kongo.

Die riesigen natürlichen Wasserreservoirs, die sich im Laufe von Abermillionen Jahren gebildet haben, wurden im vergangenen Jahrhundert systematisch erschlossen und stehen vor der Erschöpfung. Trinkwasser wird bald zu den knappesten natürlichen Ressourcen zählen. Um den Zugang zu Trinkwasserquellen werden Kriege geführt werden.

Erdöl und Kohle, die sich im Lauf von 100 Millionen Jahren unter der Erdoberfläche gebildet haben, werden um die Mitte dieses Jahrhunderts zur Neige gehen. Sowohl das Wasser als auch der Kohlenstoff wurden von der Erde sorgfältig vergraben, um ihr Klima zu stabilisieren. Nun wurden sie an die Oberfläche geholt und freigesetzt und in der Folge entstanden Ungleichgewichte, die wir noch nicht einmal ermessen können. Um das Jahr 2030 werden die Vorkommen von Kupfer, Bauxit, Zink, Phosphat und Chrom fast völlig erschöpft sein.

Hinter diesem Plünderungsprozess verbirgt sich eine reduktionistische Auffassung von der Erde. Sie wird lediglich als totes Reservoir von ausbeutbaren Rohstoffen betrachtet. Sie wird nicht als ein Großsystem gesehen, das sich auf subtile Weise in verschiedene Ebenen untergeordneter Systeme unterteilt und in dem Gestein, Gewässer, die Atmosphäre, die Mikroorganismen, Pflanzen, Tiere und Menschen ein organisches, dynamisches Ganzes bilden. Zwischen all diesen Teilen des Ganzen bestehen Beziehungen wechselseitiger Abhängigkeit und der Synergie, die das Fortbestehen aller und eines jeden Einzelnen gewährleisten. Die reduktionistische Sicht respektiert die Erde nicht in ihrem Anderssein und ihrem Eigenwert, man misst ihr keinerlei Sakralität bei. Viel weniger noch wird sie als unsere Große Mutter geliebt.

Die Menschheit hat die Erde jedoch stets als etwas Lebendiges aufgefasst. Erst in den letzten Jahrhunderten und im Rahmen der Kultur des plündernden Kapitals wurde sie als etwas Träges, als unorganisierte Anhäufung von Böden (Kontinenten) und Wasser (Ozeanen, Meeren, Binnenmeeren, Seen und Flüssen) betrachtet.

b) Die Gefährdung des dauerhaften Fortbestands der Erde
Wie viel Aggression verträgt die Erde, ohne dass sie ihr inneres Gleichgewicht verliert und sich in ihrer Struktur auflöst? Saurer Regen schadet den Gewässern und lässt Wälder sterben. Chemische Abfälle kontaminieren das Grundwasser und die Ozeane und vergiften die Böden. Pestizide gelangen in die Nahrungskette und beeinträchtigen die Gesundheit der Lebewesen und der künftigen Generationen. Nuklearer Abfall ist besonders gefährlich. Viele Substanzen werden für die nächsten 100.000 Jahre radioaktiv bleiben. Es ist keine Technologie am Horizont zu erkennen, die uns gegen all diese schädlichen Auswirkungen schützen könnte.

Wenn die 60.000 Atomwaffen, die im Lauf des Kalten Krieges gebaut wurden, explodieren, ist der nukleare Winter höchstwahrscheinlich. Die feinen Rauchpartikel aus den dann entstehenden Bränden und die in die Atmosphäre freigesetzten radioaktiven Elemente würden den Himmel verdunkeln und die Erde stärker erkalten lassen als in den Eiszeiten des Pleistozäns. Die Menschheit und das gesamte System Leben würden kollapsartig zugrunde gehen – perverse Folgen, die von den Militärmächten stets vernachlässigt wurden. Zurzeit leben wir mit der Gefahr, dass terroristische Vereinigungen Zugang zur Bombentechnik bekommen und Menschheit und Erde schachmatt setzen.

Eine große Gefahr für den Planeten ist die Zerstörung der Ozonschicht. Sie befindet sich in der Stratosphäre, zwischen 30 und 50 Kilometer von der Erdoberfläche entfernt und bildet einen Schutzschild für das Leben vor der für alle Organismen tödlichen ultravioletten Strahlung. Das Zerreißen dieser Ozonschicht wird von Fluorchlorkohlenwasserstoffen hervorgerufen. Chemisch handelt es sich dabei um unschädliche Moleküle, die nicht mit der Umgebung reagieren. Sie finden als Kühlflüssigkeit, in Klimaanlagen, als Treibgas für Sprays, in Feuerlöschern und als Schaummittel, etwa für Styropor, Verwendung. Wenn sie aber in die Ozonschicht aufsteigen, werden sie von der ultravioletten Strahlung gespalten. Das freigesetzte Chlor zerstört die Ozonschicht. In der Folge werden alle Lebewesen der ultravioletten Strahlung ausgesetzt. Diese ruft Hautkrebs, Augenerkrankungen, eine Schwächung des Immunsystems und Schädigungen des Erbguts hervor, beeinträchtigt die Landwirtschaft, die Fotosynthese der Pflanzen und damit die gesamte Nahrungskette.

Eine weitere große Bedrohung ist die zunehmende Erderwärmung. Sie ist Folge der Auswirkungen des kapitalistischen Wirtschaftssystems, das auf dem Verbrauch von Ressourcen basiert und weltweite Umweltverschmutzung bewirkt. Das Verbrennen von Erdöl und Kohle sowie die Brandrodung von Wäldern setzen Kohlendioxid frei. Zusammen mit anderen Gasen wie zum Beispiel Methan, Fluor und Stickoxid absorbiert es Wärmestrahlung und erzeugt so eine Art Treibhaus, das die Erde aufheizt – den Treibhauseffekt. Im letzten Jahrhundert stieg die Durchschnittstemperatur der Erde um 0,3 bis 0,6 Grad Celsius an. Für die nächsten 100 Jahre rechnet man mit einem Anstieg um 1,5 bis 5,5 Grad Celsius. Solche Temperaturveränderungen werden bisher nie gekannte Katastrophen zur Folge haben wie schreckliche Dürreperioden und das Abschmelzen der Polkappen. Die Überschwemmungen der Meeresküsten, an denen 60 Prozent der Weltbevölkerung leben, werden Millionen von Opfern bzw. Klimaflüchtlingen zur Folge haben. Viele lebende Arten werden sich nicht anpassen können und aussterben. Der starke Treibhauseffekt der Venus, der von dem sowjetischen Raumschiff

Venera entdeckt wurde, kann als Beispiel dienen. Die gesamte Oberfläche dieses Planeten ist durch die Hitze rissig. Könnte der Treibhauseffekt auf der Erde nicht ähnliche Auswirkungen haben? Die Forscher warnen schon lange vor dieser Möglichkeit.

Welche Widerstandsfähigkeit weist die Erde angesichts dieser hauptsächlich von der kapitalistischen Produktionsweise gegen sie gerichteten Aggression auf? Im Laufe seiner Geschichte, die auch ungeheure Auslöschungsprozesse aufweist (80 bis 90 Prozent der Lebewesen sind im Kambrium vor 570 Millionen Jahren ausgestorben), hat unser Planet eine große Fähigkeit an den Tag gelegt, Widerstand zu leisten und sich zu regenerieren. Jetzt aber befürchtet man, dass die vielfache Aggression gegen die Erde einen kritischen Punkt erreicht und das physikalisch-chemisch-biologische Gleichgewicht der Erde zerstört. Große Katastrophen der Biosphäre und die Vernichtung von Abermillionen Menschen wären die Folge.

c) Die Erderwärmung

Die Erderwärmung können wir bereits nicht mehr verhindern, sie ist ein unumkehrbarer Prozess in der Erdgeschichte. Es bleibt uns nur, uns diesen Veränderungen anzupassen und die schädlichen Auswirkungen abzumildern.

Eine große Anzahl von Lebewesen braucht Zeit für die Anpassung; wenn sie diese Zeit nicht haben, sterben sie aus. Das geschieht bereits in zahlreichen Regionen der Erde, in denen sich das Klima merklich verändert hat. Sogar Baumarten wandern in kältere Regionen ab, wie man in der Andenregion beobachten kann.

Der gemeinsame Kampf muss darum geführt werden, die aufgrund des schon freigesetzten Kohlendioxids, des Methans und anderer Gase bereits unaufhaltsam voranschreitende Erwärmung so gut wie möglich zu verzögern. Derzeit wird angestrebt, dass diese Erwärmung 2 Grad Celsius nicht übersteigt. Bereits wenn dieses Niveau erreicht ist, werden beträchtliche klimatische Veränderungen wie etwa die Ausweitung der Wüsten, die Dezimierung der Artenvielfalt, Trinkwasserknappheit und die Unbewohnbarkeit verschiedener Erdregionen eintreten. Das wird gefährliche Migrationsbewegungen zur Folge haben. Die Zahl der Klimaflüchtlinge kann auf Hunderte Millionen Menschen anwachsen. Sie werden an die Grenzen vieler Länder drängen und damit verschiedenste Probleme verursachen, die kurz- und mittelfristig nicht zu lösen sein werden.

Nach Einschätzung seriöser Forschungen kann die Temperatur auf der Erde bereits Mitte dieses Jahrhunderts um 3 und Ende des Jahrhunderts um 4 Grad Celsius ansteigen, wenn wir nicht sofort gemeinsame, einschneidende Maßnahmen zur Stabilisierung der Treibhausgasemission ergreifen. Sonst wird keine uns bekannte Lebensform, auch nicht der Mensch, überleben.

Noch immer setzen sich die Interessen des Kapitals gegen die Interessen des Lebens und des Gleichgewichts des Planeten durch. Diese Tatsache wurde anlässlich der von der UNO im Dezember 2009 in Kopenhagen durchgeführten internationalen Klimakonferenz wieder in bedrückender Weise deutlich. Dass es unmöglich war, irgendeine Vereinbarung zustande zu bringen, ist hauptsächlich darauf zurückzuführen, dass die Interessen der einzelnen Länder die internationalen Interessen in den Hintergrund treten lassen. Offensichtlich fehlt jeglicher Sinn für das Gemeinwohl der Erde und der Menschheit.

Die Unvernunft des Kapitalismus kann die gesamte Menschheit in den kollektiven Selbstmord treiben. Das bedeutet nicht, dass die Erde zu existieren aufhört. Sie wird weiterbestehen und den Bakterien und anderen Mikroorganismen überlassen sein, sie wird die Evolution vorantreiben, allerdings ohne die Gattung Mensch.

d) Weltweite soziale Ungerechtigkeit

Mit besonderer Eindringlichkeit stellt die soziale Ökologie die Frage: Wie viel Ungerechtigkeit und Gewalt können dem Geist des Menschen zugemutet werden? Es ist ungerecht und grausam, eine Milliarde Menschen in äußerster Armut zu halten. Es ist ungerecht und pervers, jährlich 40 Millionen Menschen glatt an Hunger sterben zu lassen. Es ist ungerecht, pervers und erbarmungslos grausam, hinzunehmen, dass 14 Millionen Kinder jährlich vor Vollendung des fünften Lebensjahres sterben.

Diese soziale Katastrophe ist nicht unverschuldet und sie ist nicht natürlich. Sie ist das direkte Ergebnis einer Art und Weise, die Wirtschaft, die Politik und die Gesellschaft mit dem Ziel zu organisieren, einige Wenige um den Preis der Ausbeutung und des Elends der großen Mehrheit der Weltbevölkerung mit Privilegien auszustatten. Innerhalb des herrschenden Systems wird eine bestimmte Art von Entwicklung durchgesetzt, ohne die Folgen für die Natur und die sozialen Beziehungen zu bedenken. Diese Entwicklung ist in hohem Maße überheblich und ungerecht. Deshalb ist die sogenannte „nachhaltige Entwicklung" eine Falle des Kapitalismus.

Dieser Ausdruck ist ein innerer Widerspruch, eine „contradictio in adiecto". Die Kategorie Entwicklung ist dem Gebiet der herrschenden, kapitalistischen Ökonomie entnommen. Die kapitalistische Entwicklung – in Wahrheit handelt es sich um das kapitalistische Wachstum – erweist sich als zutiefst von Ungleichheit geprägt. Sie schafft Akkumulation von Reichtum, der von Wenigen privat angeeignet wird; die Kehrseite ist die Ausbeutung der großen Mehrheit der Menschen. Dieses Wachstum ist mit der Illusion verknüpft, dass es in aufsteigender Linie immer weitergehen kann.

Die Kategorie Nachhaltigkeit stammt aus der Biologie und Ökologie. Nachhaltigkeit meint hier die Fähigkeit eines Ökosystems, alle miteinbeziehen zu können und ein dynamisches Gleichgewicht aufrechtzuerhalten, das die Erhaltung der größtmöglichen Artenvielfalt gewährleistet. Es handelt sich hierbei weniger um einen linearen Vorgang, sondern um einen komplexen, zirkulär verlaufenden Prozess von Beziehungen wechselseitiger Abhängigkeiten, bei dem niemand und nichts ausgebeutet oder ausgegrenzt wird.

Eine nachhaltige Entwicklung kann im Rahmen einer kapitalistischen Ökonomie nicht realisiert werden. Letztere erfordert die wachsende Vermehrung von Reichtum, während die Nachhaltigkeit auf Ausgleich und Gleichgewicht mit der Natur abzielt. Nachhaltige Entwicklung ist also keine Formel, die die Interessen der menschlichen Produktion mit den Interessen an der Erhaltung der Natur vereint. Im Gegenteil: Die Natur wird negiert und zunichtegemacht.

Wir müssen eine nachhaltige Gesellschaft schaffen, die sich selbst die Art von Entwicklung verordnet, derer es bedarf, um die Bedürfnisse aller auf angemessene Weise zu befriedigen, einschließlich des gesamten Lebensumfeldes. Gefordert ist ein nachhaltiger Planet, der sein dynamisches Gleichgewicht aufrechterhalten, seine Verluste ausgleichen und sich für eine weitere Entwicklung offen halten kann.

Das kapitalistische System behauptet sich durch Angst. Um sich weiter am Leben zu halten, greift es ständig auf das Mittel der wirtschaftlichen Gewaltausübung zurück, wenn nötig auch auf militärische Gewalt. Deshalb wendet es jede Minute (!) 1,8 Millionen Dollar für die Produktion von tödlichen Waffen auf. Im Süden des Planeten opfert dieses System jeden zweiten Tag 180.000 bis 200.000 Menschen auf dem Altar des Gottes Mammon, dem Weltmarkt. Das ist, als ob es alle zwei Tage diese Menschen mit einer Atombombe von der Sprengkraft der im Jahr 1945 auf Hiroshima und Nagasaki abgeworfenen Atombomben auslöscht.

Die perversen Auswirkungen sind beispiellos. Die Mehrzahl der Menschen kommt nicht in den Genuss von Nachhaltigkeit. Sie erlebt Tag für Tag eine Katastrophe. Eine solche Gewalt ist ein Akt der Aggression gegen die Erde, denn die Menschen sind die Erde selbst in ihrer bewussten und intelligenten Dimension. Die soziale Ungerechtigkeit erweist sich damit als ökologische Ungerechtigkeit.

Kehren wir zur Ausgangsfrage zurück: Wie viel Gewalt kann die Erde noch aushalten, ohne als System auseinanderzubrechen? Selbstmorde, Morde an Menschen, selbst Morde an ganzen Völkern kennen wir aus der Vergangenheit. Nun aber sind wir im Begriff, den Ökozid zu begehen und zu Mördern ganzer Ökosysteme zu werden. Wird uns das kapitalistische System in nicht allzu ferner Zukunft den Geozid begehen lassen?

Entweder wir ändern uns oder wir zerstören uns selbst

Wir haben einen Punkt erreicht, an dem es unserem zivilisatorischen (kapitalistischen) Paradigma nicht mehr gelingt, die genannten Probleme angemessen in den Blick zu nehmen. Im Gegenteil: Die Situation wird immer dramatischer, die Wirkung der zerstörerischen Kräfte beschleunigt sich.

Es gibt indessen auch Zeichen der Hoffnung. Bereits seit Beginn des 20. Jahrhunderts wird das Paradigma der Moderne durch die Quantenphysik, die Relativitätstheorie, die neue Biologie, die Ökologie und die kritische Philosophie zunehmend infrage gestellt. Seither ist ein neues Paradigma im Entstehen begriffen. Es ist dem kapitalistischen entgegengesetzt: ganzheitlich, systemisch, integrierend, von allseitiger Beziehung geprägt und spirituell. Dieses neue Paradigma versteht das Universum nicht als eine Sache oder als eine Ansammlung von einander entgegengesetzten Dingen und Objekten, sondern als Subjekt, in dem alles mit allem an allen Punkten, unter allen Umständen und in alle Richtungen hin zu tun hat und so eine umfassende kosmische Solidarität erzeugt (vgl. dazu vor allem Hathaway/Boff). Jede Seinsform hängt von der anderen ab, hat mit ihr den Ursprung gemeinsam, teilt mit ihr dasselbe Abenteuer und geht demselben Schicksal entgegen.

Das Universum bildet – angefangen von den ursprünglichsten Energien und elementarsten Teilchen bis hin zum menschlichen Geist – eine Gemeinschaft von Subjekten, denn all seine Bestandteile (das Universum ist selbst organische Einheit) tragen die Merkmale dessen, was das Subjektsein ausmacht: das Interagieren, die Geschichtlichkeit und die Interiorität (Innerlichkeit, Sichselbst-Gegebenheit). Dieses Subjektsein ist dem umgreifenden Evolutionsprozess eingeschrieben, der sich in Selbstschöpfung und Selbstorganisation vollzieht und in vielfältiger Weise manifest wird: als Materie und Energie, als Information und Komplexität, als Bewusstsein und Innerlichkeit.

In dem neuen Paradigma wird das Universum nicht länger atomistisch und aus voneinander unterschiedenen Teilen zusammengesetzt gedacht, dessen Komplexität in kleinere und einfachere Bestandteile zerlegt werden könnte. Das Universum wird vielmehr als ein relationales Ganzes aufgefasst, mit wechselseitigen Beziehungen und Rückbezügen zwischen allem und größer als die Summe seiner Teile. Tiefgründige Erforschung erweist das Wesen der Materie nicht als statisch und tot, sondern als Tanz von Energie und Beziehungen nach allen Richtungen hin. Die Erde wird nicht mehr als Anhäufung von träger Materie und Wasser verstanden, sondern als lebendiger Großorganismus, Gaia (vgl. oben, S. 30 ff.), der alle Elemente, das Gestein, die Atmosphäre, die Lebewesen und das Bewusstsein in einem organischen, dynamischen, ausstrahlenden und von Sinn erfüllten Ganzen verbindet, das wiederum integraler Teil eines noch größeren Ganzen ist: des Universums, das sich im Prozess der Kosmogenese, der Ausdehnung befindet und von Bewusstsein durchdrungen ist.

Diese Sichtweise bildet die Grundlage für eine neue Hoffnung, für eine höhere Weisheit und für einen Zivilisationsentwurf, der sich von dem heute herrschenden weltweit vernetzten Kapitalismus unterscheidet. Diese Hoffnung macht es uns möglich, vom Gefühl des Verlustes und der Bedrohung zur Verheißung einer besseren Zukunft zu gelangen.

Vier Grundachsen verleihen diesem neuen, um Lichtjahre vom Kapitalismus entfernten Paradigma Bestand: das Streben nach ökologischer und ökonomischer *Nachhaltigkeit,* das auf einem neuen Bund der Geschwisterlichkeit mit der Natur und der Menschen untereinander aufbaut; die Akzeptanz der biologischen und kulturellen *Vielfalt,* die sich auf den Respekt vor allen Unterschieden und der Entwicklung aller Kulturen und ihre Erhaltung gründet; der Ansporn zur *Teilhabe* an den sozialen Beziehungen und Regierungsformen, die sich an der Demokratie im Sinne eines universalen Wertes orientiert, der auf allen Ebenen (Familie, Schule, Gewerkschaften, Kirchen, soziale Bewegungen, Arbeitsplatz, Staatsapparate) und zusammen mit der gesamten Bevölkerung gelebt werden muss; die Kultivierung der *Spiritualität* als des Ausdrucks der Tiefendimension des Menschen, der sich als Teil des Ganzen empfindet und sich durch die Fähigkeit zu Werten, zur Solidarität, zum Mitgefühl und zum Dialog mit der Ursprungsquelle allen Seins auszeichnet.

Dieses neue Paradigma hat sich noch nicht durchgesetzt. In weiten Teilen überlebt immer noch das Paradigma der bürgerlichen und kapitalistischen, atomistischen, mechanischen, deterministischen und dualistischen Moderne, obwohl es theoretisch und praktisch in die Defensive gerät. Es überlebt, weil es den Plänen der weltweit herrschenden Klassen entspricht. Sie halten, was die neue Weltsicht betrifft, das Volk, ja sogar Menschen mit höherer Bildung dumm. Sie setzen weiterhin ein globales System durch, dessen größte Leistungen in Herrschaft, Ausgrenzung und Zerstörung bestehen.

Doch die weltweite ökologische Krise und die Kürze der Zeit, die uns für die nötigen Veränderungen verbleibt, verleihen dem neuen Paradigma Aktualität und Kraft. Es ist im Hinblick auf die bestehende Ordnung subversiv. Wir brauchen eine neue Revolution, eine *zivilisatorische Revolution*. Diese wird von anderer Art sein als jene Revolutionen, die sich seit der Jungsteinzeit vollzogen haben, vor allem anderer Art als die von der Kultur des Kapitals ins Werk gesetzte Revolution. Sie wird ihre Grundlage und Inspiration aus der neuen Kosmologie beziehen.

Um diese Revolution zu erreichen, müssen wir die Art ändern, in der wir denken, fühlen, bewerten und handeln. Innerhalb des kapitalistischen Systems gibt es für den Großteil der Menschheit, für die Ökosysteme und für den Planeten Erde keine Rettung. Wir brauchen mehr Weisheit als Macht, mehr Ehrfurcht als Wissen, mehr Demut als Überheblichkeit, mehr Willen zum Zusammenwirken als zur Selbstbehauptung, mehr Bereitschaft, „wir" anstatt „ich" zu sagen – anders als es die Kultur des Kapitals in systematischer Weise tut. Mithilfe dieser Haltungen können die Menschen sich selbst und ihren schönen, herrlichen Planeten retten.

Wir müssen uns mit der Vorstellung vertraut machen, dass wir uns in Geburtswehen befinden, an deren Ende eine neue Stufe des Menschwerdungsprozesses in Erscheinung treten wird. Ja, wir können uns selbst zerstören. Zu diesem Zweck haben wir die Tötungsmaschinerie geschaffen. Doch diese kann angehalten und verändert werden. Dieselbe riesige Rakete, die jetzt noch Atomsprengköpfe trägt, kann dazu benutzt werden, um Asteroiden vom Kurs abzubringen, die die Erde bedrohen. Jetzt ist die Stunde für einen qualitativen Sprung und einen neuen Bund mit der Erde. Die Chance ist da. Es liegt an uns, sie zu ergreifen oder sie ein für alle Mal zu vergeben. Diesmal dürfen wir weder zu lange zögern noch unser Ziel verfehlen.

Ich weise die Vorstellung von mir, dass 4,5 Milliarden Jahre Erdgeschichte dazu da gewesen sein sollen, dass die Erde zerstört wird. Die Krisen und das Leid werden einer großen Morgenröte weichen. Niemand wird sie aufhalten können. Eine neue zivilisatorische Revolution wird geboren und sie gibt schon ihre ersten Schreie von sich. Von einer Epoche der Veränderungen gelangen wir zur epochalen Veränderung.

Welche Träume geben uns Orientierung?

Die kapitalistische Ordnung kehrt zentrale Fragen unter den Tisch. Eine neue Zivilisation entsteht, wenn wir konkrete Antworten auf diese Fragen finden: Welche Utopien eröffnen uns eine Zukunft? Welche neuen Werte verleihen unserem persönlichen und gesellschaftlichen Leben Sinn? Welche neuen Praktiken verändern die sozialen Beziehungen? Welche Achtsamkeit werden wir der Natur entgegenbringen und welches Wohlwollen und Mitgefühl werden wir für alle Geschöpfe in uns wecken können? Welche neuen Technologien werden wir benutzen, die nicht im Gegensatz zu Poesie und dem Gespür für die Ungeschuldetheit des Daseins stehen? Welches Maß an Geschwisterlichkeit werden wir unter allen Völkern und Kulturen entwickeln? Welchen Namen werden wir dem Geheimnis geben, das uns umgibt, und mit welchen Symbolen, Festen und Tänzen werden wir es feiern? Mit einem Wort: Welche Träume geben uns Hoffnung?

Die Träume sind von höchster Bedeutung. Ideologien sterben ab und Philosophien veralten. Doch die Träume bleiben. Sie sind der Nährboden, der es ermöglicht, dass stets neue Formen des gesellschaftlichen Zusammenlebens und der Beziehung zur Natur entworfen werden. Über Träume hat der Indianerhäuptling Seattle in einem Brief von 1865 an den Gouverneur Stevens vom Staat Washington 1856 geschrieben, als dieser den Verkauf des Indianerlandes an die europäischen Siedler erzwang. Der Häuptling verstand nicht, warum man Land, den Windhauch, das Grün der Pflanzen und die Herrlichkeit der Landschaft kaufen wollte. In diesem Zusammenhang überlegte er, dass die Rothäute den Grund dafür und damit die Zivilisation der Weißen besser verstehen könnten, „wenn wir wüssten, wovon der weiße Mann träumt – welche Hoffnungen er seinen Kindern an langen Winterabenden schildert – und welche Visionen er in ihre Vorstellungen brennt, sodass sie sich nach einem Morgen sehnen" (Seattle, 35).

Was ist unser Traum? Welche Hoffnung geben wir an die junge Generation weiter? Mit welchen Vorstellungen von der Zukunft beflügeln die Schule, die Medien und unsere Fähigkeit, Werte zu schaffen, den kollektiven Verstand und die kollektive Fantasie?

Die Antworten auf diese Fragen bringen ein neues zivilisatorisches Muster hervor, das sich radikal von dem des Kapitalismus unterscheidet. Wenn wir uns auf die Ebene des konkreten Alltags hinabbegeben, stellt sich angesichts der Veränderungen, die an den Fundamenten unserer herrschenden Zivilisation rütteln, die Frage: Welche gesellschaftlichen Akteure stehen für einen neuen historischen Traum ein und erschließen einen neuen Hoffnungshorizont?

Welche kollektiven Subjekte setzen die neue Zivilisation ins Werk? Akteure finden sich in allen Kulturen überall auf der Erde. Aus allen gesellschaftlichen Schichten und aus allen spirituellen Traditionen brechen sie hervor. In der Hauptsache sind es Menschen, die mit der heutigen Art, zu leben, zu arbeiten, zu leiden, sich zu freuen und zu sterben, nicht zufrieden sind, insbesondere die Ausgegrenzten, Unterdrückten und Marginalisierten. Selbst wenn sie zunächst nur kleine Schritte gehen, sind sie es, die eine andere Lebenshaltung ausprobieren und schöpferische Ideen in die Welt setzen. Akteure sind weiter Menschen, die es wagen, sich um bestimmte Suchbewegungen, einen bestimmten Bewusstseinsstand, um bestimmte Werte, bestimmte Handlungsansätze, Träume und eine bestimmte Art der Verehrung des Geheimnisses zu organisieren, und gemeinsam Visionen und Überzeugungen hervorbringen, die eine neue Lebenskraft in all dem ausstrahlen, was sie denken, planen, tun und feiern.

Auf solchen Wegen zeichnet sich die neue Zivilisation ab, die von nun an nicht nur auf eine Region eingegrenzt ist, sondern allgemein und planetarisch wird und hoffentlich die historische Überwindung des Kapitalismus sein wird. Damit erweist sich die neue Zivilisation als solidarischer, ökologischer, integrierender und spiritueller als die gegenwärtig herrschende.

Die Zivilisation der Rückbindung

Welchen Namen werden wir diesem im Entstehen begriffenen Neuen geben? Es wird eine Zivilisation sein, die mit dem grundlegenden Gesetz des Universums stärker im Einklang steht. Das grundlegende Gesetz des Universums ist die allseitige Beziehung, die Synergie und die Zusammengehörigkeit – Werte, die von der Kultur des Kapitals systematisch verleugnet werden. Mit einem

Wort: Das Neue wird die *Zivilisation der Rückbindung,* des Rückbezugs von allem mit allem, des Rückbezugs aller Menschen sein. Deshalb wird es sich um eine Zivilisation handeln, die der Religion[19] einen zentralen Stellenwert einräumt, und zwar nicht einfach im Sinne einer sakralen Institution, sondern als jener Instanz, die die Absicht hat, alle Dinge miteinander in Beziehung zu setzen, weil sie weiß, dass sie wie durch eine Nabelschnur mit dem Urquell allen Seins verbunden sind. Diese Zivilisation wird religiös oder gar nicht sein. Dabei kommt es weniger auf die konkrete Gestalt der Religion und auf die Frage an, ob diese nun abendländisch geprägt, östlich, antik oder modern ist. Wichtig ist nur, dass sie jene radikale Erfahrung zum Ausdruck bringt, der es gelingt, alle Dinge aufeinander zu beziehen und damit einen Sinn für Ganzheit und Integration erkennen zu lassen. Diese Religion wird die Zivilisation der planetarischen Entwicklungsstufe, der erdumspannenden Gesellschaft, die erste Zivilisation der Menschheit als solcher propagieren können.

Wir werden uns allesamt vom selben kollektiven Bewusstsein, von derselben gemeinsamen Verantwortung getragen, in derselben und einzigen Arche Noah, dem blau-weißen Raumschiff Erde, geborgen fühlen. Diese neue Zivilisation ist nicht nur ein Wunsch oder ein schöner Traum. Sie ist bereits im Gang. Die Anzeichen sind unübersehbar, besonders in der *Globalisierung.*

Das Entstehen der neuen Zivilisation ist ein unumkehrbarer Prozess. Ohne Zweifel stellt er eine neue Entwicklungsstufe in der Erdgeschichte und der Entwicklungsgeschichte des Menschen dar. Wir steuern auf die Bildung einer einzigen Weltgesellschaft, auf eine globale Republik zu, die immer mehr nach einer zentralen Behandlung der Fragen verlangt, die alle Menschen angehen, wie zum Beispiel die Ernährung, die Gesundheit, die Wohnsituation, die Bildung, die Kommunikation, der Friede und die Erhaltung der Erde.

Noch befinden wir uns im „Eisenzeitalter" dieses Prozesses. Es ist die Phase der von Konkurrenz geprägten Globalisierung. Diese ist noch nicht der eigentliche Beginn einer kooperativen Globalisierung, denn sie verwirklicht sich unter dem Vorzeichen der *Ökonomie* kapitalistischer Prägung mit der ihr eigenen Kon-

---

19 Das Wort „Religion" (lat.: re-ligio) heißt ursprünglich Rückbindung (d. Übers.).

kurrenz, dem Willen zur ungebremsten Kapitalakkumulation und zum Profit um jeden Preis, mit den durch Klassenkampf auf Weltebene ausgelösten Widersprüchen und Konflikten. Diese heute weltweit vernetzte Produktionsweise verwandelt alles in eine Ware, angefangen vom menschlichen Erbgut über die Information bis hin zur Sexualität und zur Mystik. Die Ware wird durch geschicktes Marketing zu einem Fetisch, der den Konsum anheizt und auf Profit aus ist.

Wir brauchen eine andere Ökonomie, in deren Zentrum die Produktion dessen steht, was für alle ausreicht und genügt. Die herrschende Ökonomie des immer weiter fortgeschriebenen linearen Wachstums tut der Erde Gewalt an, lässt kaum Teilhabe zu und ist deshalb ungerecht. Eine neue politische Ökonomie setzt eine andere Werteskala voraus. Anstatt des persönlichen und kollektiven Egoismus, des persönlichen und unternehmerischen Profits müssen Solidarität, Teilhabe und Partnerschaft die Oberhand gewinnen. Im herrschenden Modell der Konkurrenz und des Triumphs des Stärkeren gewinnt immer nur eine Seite. In dem neuen Modell, von dem wir träumen, ist es möglich, dass alle gewinnen und keiner verliert, dass niemand zum Opfer von Ausgrenzung wird, denn alles wird rund um das Leben, die Synergie und die Kooperation als Zentrum strukturiert sein. Wir werden also eine kooperative Globalisierung und Gesellschaften erreichen, in denen alle ihren Platz finden können.

Doch ob wir wollen oder nicht: Es kündigt sich bereits der Tag an, an dem die Globalisierung nicht nur von der Ökonomie bestimmt sein wird. Sie wird sich auch unter dem Vorzeichen der *Ethik* und des Sinnes für universales Mitgefühl vollziehen. Sie wird die Menschheitsfamilie entdecken und die Menschen aus den unterschiedlichsten Völkern im Blick haben und selbstverständlich anerkennen, dass sie Subjekte unveräußerlicher Rechte sind – Rechte, die nicht vom Geld abhängen, das wir in der Tasche haben, und auch nicht von unserer Hautfarbe, unserer Religion und unserem Fußballklub. Wir werden alle unter demselben Regenbogen der Solidarität, des Respekts und der Wertschätzung der Unterschiede stehen. Unsere Motivation wird die Verwirklichung der Liebe sein, die uns alle zu Geschwistern macht.

Die Globalisierung wird sich auch im Bereich der *Politik* vollziehen, die vor der Aufgabe steht, die Machtverhältnisse neu zu gestalten. Diese werden nicht mehr nach dem Modell Herrschaft/Ausbeutung von Mensch und Natur, sondern nach dem Modell der lebensfördernden Gegenseitigkeit (dem Verhältnis gegenseitiger Anerkennung unter den Lebewesen) und der Zusammenarbeit aller Völker gestaltet werden. Die Zusammenarbeit aller Völker ist die Grundlage für ein gemeinsames Zusammenleben in Gerechtigkeit, Frieden und geschwisterlicher Verbundenheit mit der Natur. Sie wird ein gemeinsames Ziel verfolgen müssen, nämlich die Zukunft des Systems Erde und die Bedingungen zu garantieren, dass der Mensch weiter auf ihr leben und sich entwickeln kann, wie er es bereits seit etwa 7 Millionen Jahren tut.

Schließlich wird sich eine Globalisierung der *Erfahrung des Geistes* zeigen. Die spirituellen Energien werden kultiviert werden. Die spirituellen Energien durchdringen das Universum, wirken im tiefsten Inneren des Menschen und der Kulturen und stärken die Synergie, die Solidarität, die Liebe zum Leben – angefangen bei den am meisten Gefährdeten – sowie die Verehrung des unaussprechlichen Geheimnisses, das alles hervorbringt, alles durchdringt und alles im Sein hält.

Wir stehen vor einem in der Geschichte der Menschheit einzigartigen Experiment. Damit die Zukunft Gegenwart wird, darf sie weder die Fortsetzung des Vergangenen noch eine neue Ausdrucksgestalt der Kultur des Kapitals sein. Anderenfalls stehen wir vor einem Schicksal, das dem der Dinosaurier entspricht, die ganz plötzlich von der Erde verschwunden sind.

Dies ist die große Lektion, die wir zu lernen haben: Entweder wir ändern uns oder wir gehen zugrunde. Entweder wir nehmen den Weg nach Emmaus, den Weg des Miteinander-Teilens und der Gastfreundschaft gegenüber allen Bewohnern des Raumschiffs Erde, oder wir werden die Erfahrung des Weges nach Babylon, des Weges in die Bedrängnis und Verzweiflung machen. Diesmal dürfen wir uns im Hinblick auf den Ernst der Situation keinen Illusionen hingeben.

Neben den in der Globalisierung bereits erkennbaren Anzeichen gibt es einen weiteren unbezwingbaren Grund zur Hoffnung: Seit dem Entstehen der Wirbeltiere vor 570 Millionen Jahren und bis zur Zeit des *Homo sapiens* und des *Homo demens* hat die Erde 15 große Ereignisse der Auslöschung des Lebens erlebt, in deren Verlauf ihr gesamtes biotisches Kapital fast vollständig vernichtet worden ist. Jedes Mal konnte sie sich davon erholen. Wie infolge einer Art *Vendetta* der Evolution selbst entfaltete sich die Artenvielfalt von Neuem. Diese Logik des Pfeils der Evolution trifft auch auf unsere aktuelle Situation zu. Deshalb habe ich die begründete Hoffnung, dass die Solidarität über den kapitalistischen Individualismus triumphiert und das Leben den Tod überwindet, indem es ihn zu einem verändernden Moment seiner eigenen Dynamik macht, wie es die Evolution im Lauf ihres bereits langen Weges bewiesen hat.

Wir werden an einer neuen zivilisatorischen Stufe ankommen, von der aus wir auf die kapitalistische Vergangenheit als auf einen dunklen Zeitabschnitt der Menschheit zurückblicken werden, in dem sie das vergessen hat, was sie in ihrem Wesen ausmacht, nämlich Beziehungsfähigkeit, Achtsamkeit, Zärtlichkeit und das Gespür für die Zugehörigkeit zu allen Seinsformen und zum Universum selbst. Von dieser Last befreit, wird sich die Menschheit dann zusammen mit allen übrigen Seinsformen in sozialen Prozessen entwickeln, in denen es weniger schwierig sein wird, unserer Ehrfurcht, unserer Freundschaft und unserer Liebe Ausdruck zu verleihen.

6. Oberflächliche Ökonomie und Tiefenökonomie

Anfang der Siebzigerjahre des 20. Jahrhunderts führte der im Jahr 2009 verstorbene norwegische Philosoph Arne Naess eine Unterscheidung ein, die unter Umweltschützern heute weitgehend akzeptiert ist: die Unterscheidung zwischen einer *oberflächlichen* und einer *Tiefenökologie*.

Die oberflächliche Ökologie trennt den Menschen von der Natur und siedelt ihn außerhalb bzw. über der Natur an in der Annahme, dass die Dinge nur einen Sinn haben, wenn sie dem Menschen nutzen. Die Tiefenökologie (vgl. oben, S. 74 ff.) sieht die wechselseitige Verbundenheit von Mensch und Natur, beharrt auf dem inneren Wert einer jeden Seinsform in sich selbst und ist sich bewusst, dass alle von einem Netz von Beziehungen umgeben sind. Auf diese Weise bilden alle die Gemeinschaft des Lebens. Es besteht ein organisches, sinnerfülltes Ganzes und der Mensch ist fähig, das einigende Band zu erkennen, das alles miteinander verbindet und aufeinander bezieht. Er nennt es Ursprungsquell allen Seins und Grundlage unendlicher Werte (Ehrfurcht, Liebe, Gerechtigkeit), die dem menschlichen Leben Sinn verleihen. Die Tiefenökologie hilft der oberflächlichen Ökologie, sich selbst zu begrenzen und nicht zerstörerisch zu werden.

Wenden wir diese Überlegungen auf die Ökonomie an. Die oberflächliche Ökonomie bezieht sich nur auf sich selbst, auf das Kapital, die Märkte, die Investitionen, die Profite, mit einem Wort auf das Bruttoinlandsprodukt, ohne sich um die Zerstörung der Natur, um die Störung der Selbstregulierung der Erde und um die wachsende Kluft zwischen Arm und Reich zu kümmern. Dies alles sind für sie *externe* Größen, Faktoren, die in die Wirtschaftsrechnung nicht einbezogen werden.

Die Logik dieser oberflächlichen Ökonomie ist die eines in sich geschlossenen Systems und geht davon aus, dass die Ökonomie alles innerhalb einer Gesellschaft umfasst. Die sogenannte „Frankfurter Schule" und insbesondere Karl Polanyi haben aufgezeigt, dass sich im Spätkapitalismus die Wirtschaft alle gesellschaftlichen Ebenen (Politik, Ethik, Ästhetik, Wissenschaft) einverleibt hat, indem sie alles zur Ware und damit zu einer Gelegenheit der Profiterwirtschaftung gemacht hat. Sie setzte sich als das einzige verbindende Scharnier des gesellschaftlichen Ganzen durch. Dies hatte die unvernünftige Übertreibung des Willens zur Bereicherung um jeden Preis zur Folge und hat uns ins gegenwärtige sozioökonomische Chaos getrieben. Darin zeigt sich die verrückte Rationalität der *oberflächlichen* Ökonomie.

Tiefenökonomie ist demgegenüber die Rückbesinnung auf den ursprünglichen Sinn von Ökonomie als der Technik und Kunst, die Bedürfnisse innerhalb eines Hauses (griechisch: *oíkos*) zu befriedigen. Heute handelt es sich dabei um das gemeinsame Haus, die lebendige Erde, deren Kreisläufe und Tragfähigkeit es zu respektieren gilt. Diese Tiefenökonomie ordnet sich in das Gesamtgefüge dessen ein, was eine ideale Gesellschaft ausmacht. Die Ökonomie stellt in letzter Instanz das materielle Leben in dieser Gesellschaft sicher. Die Politik ermöglicht durch Machtverteilung und Gesetze ein Zusammenleben aller ohne größere Konflikte. Ein Fundus moralischer und ethischer Werte sowie Vorstellungen, die dem gesellschaftlichen Leben Sinn verleihen und die stets engeren Beziehungen von unterschiedlichen Lebensweisen menschlich gestalten, werden von der Kultur zur Verfügung gestellt. Und schließlich gibt es in der idealen Gesellschaft einen umfassenderen Sinnhorizont, der die Geschichte einer höheren Ebene zuordnet und das endgültige Bild des Universums entwirft: die Spiritualität.

Niemand weiß heute, wohin wir unterwegs sind. Fest steht lediglich, dass die Fortsetzung des Kurses des Raumschiffs Erde, das in seinen Ressourcen begrenzt, überbevölkert und an vielen Stellen schwer beschädigt ist, zu einer kollektiven Katastrophe führen kann. Diese Situation führt zu *Revolte und Melancholie*, so der Titel eines Buchs von Michael Löwy und Robert Sayre.

Es kommt zur Revolte gegen den übertriebenen Materialismus, den Geist des Utilitarismus im Verhältnis zur Natur, gegen die Aufblähung des *Geistes der Geometrie* (Blaise Pascal), die Herrschaft der Bürokratie und die Entzauberung der Welt. Es kommt zur Melancholie angesichts der herrschenden spirituellen Blutarmut in der Kultur, angesichts des Fehlens der empfindsamen Vernunft des Herzens, die die Grundlage für Respekt vor dem Anderssein, für die Ethik der Achtsamkeit und die universale Verantwortung bildet.

Michael Löwy und Robert Sayre untersuchen in ihrem Buch eine bis in die Gegenwart hineinreichende kulturelle Bewegung, die sich dem widersetzte, was man landläufig den „Geist des Kapitalismus" nennt, nämlich die Romantik. Romantik wird gewöhnlich abwertend verstanden und häufig mit einer bestimmten Tendenz in der Literatur oder Kunst oder sogar mit sentimentalen Haltungen gleichgesetzt. Romantik ist jedoch etwas viel Komplexeres; sie hat mit der Tiefenökonomie zu tun. Romantik ist eine Weltanschauung bzw. eine Weise, in der Welt zu sein, die sich nicht prosaisch darin erschöpft, mit menschlichen Erzeugnissen, Maschinen, gesellschaftlichen und juridischen Imperativen zu leben, sondern sie verbindet in poetischer Weise die Maschine mit der Dichtung, die routinierten Arbeitsabläufe mit der Kreativität, das Interesse mit der Selbstlosigkeit, die Objektivität im Erkennen mit der Subjektivität des Gefühls und den mühsamen Broterwerb mit der faszinierenden Schönheit farbiger Beziehungen. Diese Ziele der Romantik gilt es dringend wiederzuerlangen.

Die Gesellschaft der an der technischen Verwertbarkeit ausgerichteten Wissenschaft und der Erkenntnis hat uns ins Exil geführt, uns das Gefühl genommen, ein Zuhause und eine Heimat zu haben, uns aber vor allem unserer Fähigkeit beraubt, uns berühren zu lassen, zu weinen, herzlich zu lachen, uns von der Natur faszinieren zu lassen und eine Leidenschaft für das Leben zu entwickeln. Wir sind dazu verdammt, unter der „schwarzen Sonne der Melancholie" zu leben. Doch nicht nur die Romantiker (im analytischen Sinne) sind von dieser Melancholie erfasst, sondern auch die Anhänger der herrschenden Kultur. Eine verheerende existenzielle Leere prägt Tausende Menschen. In einer illusionären Selbsttäuschung suchen sie diese Leere mit ungezügeltem Konsum zu füllen.

Diese Daseinsbedingung des Menschen lässt von Neuem die Utopie erstehen. Sie entspringt der Überzeugung, dass die Welt nicht zwangsläufig zur Melancholie verdammt ist. Wir und die Gesellschaft haben Möglichkeiten, die wir noch nicht ausprobiert haben und die, sobald sie praktisch realisiert werden, dem Leben seinen Zauber wieder zurückgeben können. Es geht um eine notwendige Utopie – die bleibende Botschaft der Romantik. Michael Löwy und Robert Sayre beschließen ihr Buch mit den Worten: „Die Utopie wird romantisch sein oder sie wird nicht sein."

Eine Gesellschaft, die dieser Utopie entspricht, könnten wir mit Recht als eine humane Gesellschaft bezeichnen, denn ihr wäre eine integrierende Sichtweise von der Komplexität des Menschen eigen.

Hier tritt die Tiefenökonomie auf den Plan, die um ihren Platz im Gesamtgefüge der Gesellschaft weiß und die Frage beantwortet: Wie kann das Nötige und Angemessene produziert und gleichzeitig das Kapital der Natur in Harmonie mit der Gemeinschaft des Lebens erhalten werden? Der Tiefenökonom würde angesichts der aktuellen Krise danach fragen, wie wir die Probleme der Menschheit lösen, und nicht danach, wie wir das in der Krise steckende Wirtschaftssystem retten können.

Die Frage anders zu stellen hat zwangsläufig eine andere Antwort zur Folge. Andere Antworten werden wir jedoch nur finden, wenn wir mit dem alten Paradigma der Diktatur der Ökonomie brechen und die Ökonomie wieder an den Platz verweisen, der ihr im Gesamtgefüge der Gesellschaft zukommt. So kann ein neues, auf lange Sicht nachhaltiges Paradigma entstehen. Darin wäre die Ökonomie ein Teilbereich der Politik, die ihrerseits Teil der Ethik wäre, welche wiederum der Spiritualität angehörte. Die oberflächliche Ökonomie würde in der Tiefenökonomie aufgehen. Und die Zukunft wäre eine andere.

7. Wie wir dem Ende der Welt entrinnen können

Wir sind an einem Punkt einer solchen Anhäufung von Krisen angelangt, dass diese zusammengenommen zwar nicht der Welt an sich, aber *dieser Art von Welt,* wie sie der Westen im Lauf der letzten Jahrhunderte dem gesamten Erdball aufgezwungen hat, ein Ende bereiten könnten. Es handelt sich um eine Zivilisationskrise und um eine Krise des Paradigmas des gegenwärtig herrschenden Verhältnisses zur Gesamtheit der Ökosysteme, aus denen sich der Planet Erde zusammensetzt – eines Verhältnisses der Eroberung und Herrschaft.

Wir haben nicht die Zeit für Beschwichtigungen, Halbwahrheiten oder einfach der Verleugnung dessen, was allen offen vor Augen liegt. Es ist eine unbestreitbare Tatsache, dass die Menschheit nicht weitermachen kann wie bisher. Tut sie es dennoch, dann geht sie einer kollektiven Auslöschung der Spezies entgegen. Angesichts der vorhersehbaren Katastrophe ist es hohe Zeit, Bilanz zu ziehen. Der Countdown läuft bereits.

In diesem Zusammenhang finde ich eine Schule biblischer Geschichtsschreiber inspirierend, die unter dem Namen Deuteronomisten bekannt sind. Dieser Name leitet sich vom Buch Deuteronomium, dem 5. Buch Mose, her. Das sogenannte deuteronomistische Geschichtswerk erzählt von der Landnahme Israels und der Einsetzung der sogenannten „Richter" als Anführer eines Stammes. Die Deuteronomisten reflektieren einen etwa 500 Jahre umfassenden Zeitraum der Geschichte Israels. Dabei ziehen sie die Bilanz der verschiedenen politischen Katastrophen, insbesondere der des babylonischen Exils. Die Darstellung folgt einem fast schon mechanischen Schema: Das Volk bricht den Bund; Gott bestraft; das Volk lernt seine Lektion und findet den Weg zurück zu Gott; Gott segnet es und lässt ihm weise Führungspersönlichkeiten erstehen.

In einer säkularen Sprache können wir dieses Schema analog auch auf die gegenwärtige Situation anwenden: Die Menschheit hat den Bund der Harmonie mit der Natur gebrochen; diese bestraft die Menschheit mit Dürrekatastrophen, Überschwemmungen, Wirbelstürmen und Klimaveränderungen; die Menschheit zieht die Lehren aus diesen Katastrophen und schlägt einen anderen Weg in die Zukunft ein; die wiederhergestellte Natur begünstigt Regierungen, die dem ursprünglichen Bund der Harmonie zwischen Natur und Mensch treu bleiben.

Tatsächlich wird nur ein Teil dieses Schemas in die Wirklichkeit umgesetzt: Wir ziehen einige Lehren aus den globalen Umbrüchen. Viele werden sich dessen bewusst, dass wir die Grundlagen des menschlichen Zusammenlebens und des Zusammenlebens mit der Erde – einem lebendigen, aber kranken Organismus, der nicht mehr in der Lage ist, sich selbst zu regulieren – ändern müssen. Dieser Wandel muss eine therapeutische Funktion haben, nämlich die Biosphäre und die Menschheit zu heilen; beides bedingt sich gegenseitig. Andere hingegen wollen auf demselben Weg weitermachen, der uns ins aktuelle Desaster geführt hat.

Der von der bereits begonnenen Erderwärmung ausgelöste ökologische Alarm muss zuerst folgenden Effekt haben: Wir müssen innehalten, um den bis zu diesem Punkt gegangenen Weg zu überdenken, und neue Modelle schaffen, die es uns ermöglichen, gemeinsam und lebendig auf diesem kleinen Planeten weiterzumachen. Ja, wir müssen unsere irdischen Wurzeln wiederentdecken. Wir sind Erde, die fühlt, denkt, liebt und Ehrfurcht empfindet. Infolge eines höchst risikoreichen zivilisatorischen Weges der grenzenlosen Ausbeutung aller Ressourcen der Erde und des ungezügelten Willens zur Herrschaft über die Natur und über andere sind wir an einem kritischen Punkt angelangt, an dem das Überleben der Menschen auf dem Spiel steht.

So wie bisher können wir nicht weitermachen. Sonst gehen wir unserer Selbstzerstörung entgegen. Erst vor Kurzem hat Michail Gorbatschow festgestellt: „Wir brauchen ein neues zivilisatorisches Paradigma, denn das herrschende ist an sein Ende gelangt und seine Möglichkeiten sind erschöpft. Wir müssen zu einem Konsens über neue Werte gelangen, anderenfalls könnte die Erde in 30 oder 40 Jahren ohne uns weiterexistieren."

Wird es uns gelingen, einen Konsens herzustellen, wenn wir wissen, dass der Kapitalismus und die Ökologie zwei gegensätzlichen Logiken gehorchen? Der Kapitalismus stellt stets die Frage: Wie viel kann ich herausholen? Die Ökologie hingegen fragt im Gegensatz dazu: Wie sollen wir in Harmonie mit der Natur produzieren? Diese beiden Fragen sind grundsätzlich unvereinbar. Entweder verleugnet der Kapitalismus sich selbst und schafft so Raum für eine nachhaltige Lebensweise oder er führt uns zwangsläufig dem Schicksal der Dinosaurier entgegen.

Tröstlich ist das Wort des deutschen Dichters Friedrich Hölderlin: „Wo Gefahr ist, wächst das Rettende auch." Wenn wir innerhalb der nächsten Jahre den Höhepunkt der Krise erreichen und alles auf dem Spiel steht, dann wird sich der Gipfel der Weisheit der Alten und des Urchristentums bewähren: „Im Fall äußerster Not wird alles gemeinsam."

Wir müssen auf die hören, die uns im Bewusstsein der Situation die besten Vorschläge unterbreiten. Diese Menschen findet man nicht in den Entscheidungszentren des Imperiums. Sie sind an der Peripherie zu finden, in der Welt der Armen, derer, die, um überleben zu können, Träume von Leben und Hoffnung hegen müssen.

Eine dieser Stimmen ist die eines Indios, des bolivianischen Präsidenten Evo Morales. Im November 2008 schrieb er einen offenen Brief an die in Polen tagende UN-Versammlung zum Klimawandel: „Wir brauchen eine Weltorganisation zu Umwelt und Klimawandel, der die multilateralen Handels- und Finanzorganisationen unterstehen, um ein anderes Entwicklungsmodell zu fördern, nämlich eines, das der Natur gegenüber freundschaftlich gesinnt ist und die schwerwiegenden Probleme der Armut löst. Diese Organisation muss über effektive Mechanismen zur Umsetzung von Programmen, zur Kontrolle und Sanktionierung verfügen, um die Erfüllung der jetzt gültigen und künftigen Vereinbarungen zu gewährleisten ... Die Menschheit ist in der Lage, den Planeten zu retten, wenn sie sich die Prinzipien der Solidarität, der Komplementarität und der Harmonie mit der Natur wiederaneignet und sich dem Imperium des Wettbewerbs, des Profits und des Verbrauchs der natürlichen Ressourcen widersetzt."

Evo Morales ist Indio aus einem armen Land. Es wäre tragisch, wenn ihm ein Schicksal zuteilwürde wie das, welches in der traurigen Geschichte des biblischen Buches Kohelet erzählt wird: „Es war eine kleine Stadt. Die hatte nur wenige Einwohner. Ein mächtiger König zog gegen sie aus. Er schloss sie ein und baute gegen sie hohe Belagerungstürme. In der Stadt fand sich ein armer, aber gebildeter Mann. Der rettete die Stadt durch sein Wissen. Später aber erinnerte sich kein Mensch mehr an diesen armen Mann. Da sagte ich: Wissen ist besser als Macht, aber das Wissen des Armen gilt nichts und niemand will seine Worte hören" (Prediger 9,14-16).

Die Weisheit der Urvölker darf nicht missachtet werden. Sie verfügen noch über eine ursprüngliche Weisheit. Sie stehen außerhalb des Schemas der heute herrschenden Kultur, die zurzeit in einer bislang nie gekannten Krise steckt und nicht in der Lage ist, eine hoffnungsvolle Zukunft für alle zu entwerfen. Keine Weisheitstradition wird allein alle Fragen beantworten können. Wir bedürfen des Zusammenwirkens aller Weisheitstraditionen der Menschheit. Doch die alten Völker bewahren Werte, ohne die sich keine Gesellschaft selbst so organisieren kann, dass sie alle in sich integriert, so verschieden sie auch sein mögen.

Nur wenn Kapital, Wissen, materielle und spirituelle Güter allen zuteilwerden, damit alle gerettet werden können, werden wir dem Ende der Welt entrinnen.

8. Die Blindheit der Weltgesellschaft

Der Dichter Affonso Romano de Sant'Ana und der Literaturnobelpreisträger José Saramago haben das Motiv der Blindheit für eine scharfe Kritik an der gegenwärtigen Gesellschaft mit ihrer reduktionistischen Auffassung von der Wirklichkeit genutzt. Sie haben gezeigt, wie groß die Zahl der vorgeblich Sehenden ist, die in Wahrheit blind sind, dass es aber auch Blinde gibt, die in Wahrheit sehen.

Wie lautstark wird immer wieder betont, dass wir in einer Wissensgesellschaft leben, in einer Art neuen Aufklärung. Diese Sicht entspricht durchaus den Tatsachen. Wir wissen immer mehr, häufig jedoch nur immer mehr Details und kaum mehr über die großen Zusammenhänge. Das Spezialistentum hat alle

Wissensbereiche erobert. Das Wissen eines Jahres ist umfassender als das gesamte, innerhalb der letzten 40.000 Jahre angesammelte Wissen. Dies bringt unleugbare Vorteile mit sich, verdummt jedoch andererseits in vieler Hinsicht, denn die Fülle an oft nutzlosem Wissen verstellt uns den Blick und hindert uns daran, das Ganze zu sehen.

Das Schicksal des Menschen und die Zukunft der Erde insgesamt stehen auf dem Spiel. Objektiv betrachtet sind wir gerade dabei, einen Weg zu pflastern, der uns direkt in den Abgrund führt. Warum wird diese Tatsache weder von der Mehrzahl der Experten noch von den Regierungschefs und den großen Medien gesehen, die von sich behaupten, mögliche Zukunftsszenarien zu entwerfen? Der Grund ist einfach: Sie sind in ihrem Spezialwissen verstrickt, in dem sie durchaus über große Kompetenz verfügen. Doch genau aus diesem Grund verstellen sie sich selbst den Blick für die zum Himmel schreienden weltweiten Probleme.

Welches der großen Forschungsinstitute aus den Sechzigerjahren des 20. Jahrhunderts hat den Klimawandel der Neunzigerjahre vorhergesehen? Wer hat den Fall der Berliner Mauer im Jahr 1989 vorausgesagt? Welcher Nobelpreisträger unter den Wirtschaftswissenschaftlern hat die Finanz- und Wirtschaftskrise aus dem Jahr 2008 prognostiziert?

Sie alle waren herausragende Spezialisten auf ihrem eng umgrenzten Gebiet, doch Fachidioten im Hinblick auf die grundlegenden Fragen. Weil die Spezialisten nur einen kleinen Teil dessen verstehen, was sie erforschen, sehen sie schließlich auch nur diesen kleinen Ausschnitt und bleiben blind für das umfassende Ganze. Das Wissen ist nach herrschender Überzeugung seiner Natur nach cartesianisch und zerlegt. Würde man dies ändern, würde das einer Demontage unantastbarer wissenschaftlicher Standards und einer ganzen Weltanschauung gleichkommen. Deshalb halten so viele Experten am alten Paradigma fest.

Die Unabhängigkeit der Wissensgebiete der Physik, der Chemie, der Biologie, der Quantenmechanik, der Philosophie usw. ist eine Illusion. Alle Teilbereiche und ihre entsprechenden Wissensgebiete sind voneinander abhängig und eine Funktion des Ganzen. Aus dieser Sichtweise ist die Wissenschaft des Systems Erde hervorgegangen. Daraus wurde die Gaia-Hypothese abgeleitet, die keineswegs dem *New Age* zuzuordnen ist, sondern minutiöser wissenschaftlicher Beobachtung entspringt. Sie schafft die Grundlage für eine weltweite Politik der Eindämmung der Erderwärmung. Sie benennt die Tatsache, dass die Erde um ihres eigenen Überlebens willen dazu tendiert, die Biosphäre und die Zahl der lebenden Organismen zu dezimieren, wobei der Mensch davon nicht ausgenommen ist.

Die Weltklimakonferenz in Kopenhagen im Dezember 2009 war von Spezialistentum und einem Mangel an Gesamtschau bestimmt. Dass unsere Kultur mehrheitlich Opfer der gewohnheitsmäßigen Atomisierung des Wissens ist, spiegelte sich in den Reden der Regierenden. Es ging hauptsächlich um Einzelinteressen, CO_2-Raten, das Niveau der Erderwärmung, Investitionskosten und andere spezielle Daten.

Die zentrale Frage hingegen hätte anders lauten müssen: Welche Zukunft wollen wir für das Ganze, das heißt für unser gemeinsames Haus? Was können wir alle gemeinsam tun, um die notwendigen Bedingungen dafür sicherzustellen, dass Gaia für uns und andere Lebewesen bewohnbar bleibt?

Solch umfassende Probleme übersteigen unser Paradigma des spezialisierten Expertenwissens. Das Leben lässt sich nicht in eine Formel pressen und die Achtsamkeit lässt sich nicht in einer mathematischen Gleichung ausdrücken. Um dieses Ganze adäquat zu erfassen, bedarf es einer systematischen Interpretation in Verbindung mit der Vernunft des Herzens und des Mitgefühls, denn diese Art von Vernunft motiviert uns zum Handeln und lässt uns die wirklich zählenden Werte erkennen.

Wir müssen dringend die Fähigkeit entwickeln, zusammenzufassen, zu integrieren, Dinge aufeinander zu beziehen, neu und auf innovative Weise zu überdenken und Zerlegtes wiederherzustellen. Dies ist insbesondere für alle Experten eine erhebliche Herausforderung. Dennoch müssen sie sich selbst davon überzeugen, dass der Teil ohne das Ganze gar nicht Teil ist. Wenn wir diese einzelnen Bruchstücke des Wissens zusammenfügen, werden wir das umfassende Panorama einer Wirklichkeit entwerfen, die verstanden, geliebt und mit Achtsamkeit behandelt werden will. Diese umfassende Ganzheit ist der Hauptinhalt des planetarischen Bewusstseins und dieses Bewusstsein bedeutet in der Tat eine größere Aufklärung. Sie kann von der Blindheit befreien, die uns befallen hat.

9. Der wahre „Kampf der Kulturen"

Samuel P. Huntington, ein gescheiterter Stratege des Vietnamkrieges, hat den Ausdruck „Kampf der Kulturen" geprägt. Er meint damit künftige kriegerische Auseinandersetzungen der Menschheit. Für Mike Davis hingegen, einen der kreativsten US-amerikanischen Forscher (er hat unter anderem zu den Themen „Holocaust des Kolonialismus" und „Globale Bedrohung durch die Vogelgrippe" gearbeitet), wird der Kampf der Kulturen zwischen der organisierten Stadt und der großen Zahl der Slums weltweit stattfinden.

Mike Davis' Buch *Planet der Slums* (2007) ist eine detaillierte Forschungsarbeit über den Prozess der Verslumung, der sich überall auf der Welt beschleunigt. Die Menschheit hat sich stets so organisiert, dass es den starken Gruppen möglich war, sich die Erde und ihre Ressourcen anzueignen, während der Großteil der Bevölkerung ausgegrenzt blieb. Mit der Durchsetzung des Neoliberalismus seit 1980 steht diesem Prozess nichts mehr im Wege. Seitdem ist fast alles privatisiert worden. Güter und Dienstleistungen gelangten in einem solchen Ausmaß in wenige Hände, dass die Länder der Peripherie gesellschaftlich destabilisiert wurden und Abermillionen Menschen nur im informellen Sektor Platz fanden. Für das System sind sie „verbranntes Öl", „wirtschaftliche Nullen", „überflüssige Masse", die es nicht einmal verdient, Bestandteil der „Reservearmee" der Kapitalverwertung zu werden.

Diese Ausgrenzung kommt in besonderer Deutlichkeit in der Verslumung zum Ausdruck, die den gesamten Planeten erfasst. Sie betrifft jedes Jahr zusätzlich 25 Millionen Menschen. Davis zufolge leben 78,2 Prozent der Menschen in den armen Ländern in Slums. Die CIA sprach im Jahr 2002 von der erschreckenden Zahl von 1 Milliarde Menschen, die keine Arbeit haben, unterbeschäftigt sind und in Slums leben.

Mit der Verslumung geht jegliche Art von Perversion einher. Es gibt ein Heer von ausgebeuteten und versklavten Kindern, die beispielsweise in Indien (Benares) als Teppichknüpfer eingesetzt werden (oftmals von ihren verzweifelten Müttern verkauft, die ihre Familie vor dem Hunger bewahren wollen), dort einen 19-Stunden-Tag haben und deren rissige Wunden an den Händen mit heißem Öl behandelt werden. In Madras und Kairo wird mit Nieren und anderen menschlichen Organen gehandelt, die Erniedrigungen sind unvorstellbar. Menschen leben „im wahrsten Sinne des Wortes im Dreck" (Davis, 25-53).

Dem US-amerikanischen Imperium blieben die geopolitischen Konsequenzen, die ein „Planet der Slums" haben kann, nicht verborgen. Sie fürchten die „Urbanisierung der Revolte", eine Vereinigung der Slumbewohner zu politischen Kämpfen. Deshalb ist die „Military Operations on Urbanized Terrain" (MOUT, militärische Operationen in Stadtgebieten) ins Leben gerufen worden. Ziel ist die Ausbildung von Soldaten für den Kampf in verwinkelten Straßen, in Abwasserkanälen, in den Slums auf der ganzen Welt, überall dort, wo die Interessen des Imperiums bedroht sind. Die Folge werden Kämpfe zwischen der organisierten, Angst und Schrecken verbreitenden Stadt und zornigen Slumbewohnern sein.

Davis beschreibt die entsprechenden strategischen Überlegungen folgendermaßen: „Doch die Kriegsplaner schrecken nicht zurück. Mit kaltblütiger Offenheit erklären sie, dass die *failed cities* der Dritten Welt – und vor allem ihre äußeren Slumbezirke – die Schlachtfelder des 21. Jahrhunderts sein werden. Die Pentagondoktrin erfährt eine entsprechende Umdefinition, um einen weltweiten Krieg niedriger Intensität und unbegrenzter Dauer gegen kriminalisierte Bevölkerungsteile der städtischen Armen führbar zu machen. Das ist der wahre ‚Kampf der Kulturen'" (Davis, 214).

Möglicherweise sind die Methoden, die vor Kurzem in Brasilien, vor allem in Rio de Janeiro und São Paulo, angewandt worden sind, bereits ein Teil dieser vom Imperium propagierten Strategie. Der Kampf gegen die Drogenhändler in den Favelas (brasilianische Bezeichnung für Slums) ist militarisiert, teilweise fanden regelrechte Exekutionen statt. Dies alles ist im Film *Tropa de elite* (Elitetruppe) sehr gut dokumentiert.

Brasilien gehört zu den Ländern mit den meisten Slums der Welt. Dies ist die perverse Folge einer Politik der Mächtigen, die sich immer schon einer Agrarreform und der sozialen Integration der großen Bevölkerungsmehrheit widersetzt haben. Es entspricht ihren Interessen, diese Menschen in Armut, in Krankheit und Analphabetentum zu halten. Wenn es nicht zu den notwendigen Veränderungen und zur Integration dieser Menschen kommt, ist ein endloser Krieg zu befürchten. Das Schlachtfeld wird dann in allen Städten sein, ihre Slumgürtel werden die vorderste und blutigste Front bilden.

10. Eine heilige Allianz zwischen Wissenschaft und Religion

Edward O. Wilson (geb. 1929), einer der größten noch lebenden Biologen, auf den übrigens das Wort „Artenvielfalt" zurückgeht, bemüht sich intensiv um Aufklärung über den Zustand des Lebens, insbesondere unter Berücksichtigung der Erderwärmung. Sein Buch *The Creation. An Appeal to Save Life on Earth* (2007) ist ein besorgter, ja geradezu verzweifelter Appell, immense gemeinsame Anstrengungen zu unternehmen, um aus unserer selbst verursachten Krise herauszukommen. Die Erde hat im Lauf ihrer langen Geschichte mehrere große Ereignisse des Massensterbens durchgemacht, das letzte davon am Ende des Mesozoikums (des Zeitalters der Reptilien) vor 65 Millionen Jahren. Damals verschwanden alle Dinosaurier. Das Mesozoikum wurde vom Känozoikum (auch Neozoikum genannt) abgelöst, dem Zeitalter der Säugetiere, zu denen auch wir gehören. Nach einem Ereignis des Massensterbens brauchte die Erde 10 Millionen Jahre, um sich zu erholen.

Wilson zufolge haben die Menschen im Lauf der letzten Jahrhunderte in ihrem Streben nach Wohlstand und Bereicherung die Erde so konsequent und systematisch ausgebeutet, dass das sechste große Massensterben einsetzte. Sieht man von den Einschlägen von Meteoriten einmal ab, von denen die Erde etwa alle 10 Millionen Jahre betroffen ist, hat die Erde seit ihren Anfängen vor 4,5 Milliarden Jahren niemals einen so schweren Angriff hinnehmen müssen wie gegenwärtig. Nach Wilson übersteigt die Rate der Auslöschung von Arten die des Entstehens neuer Arten zurzeit in einer Größenordnung von mindestens 100 zu 1 und schon bald wird sie sich erneut verzehnfachen (Wilson 2006, 84).

Der Verursacher dieser verheerenden Katastrophe ist der Mensch. Er ist zu einer wahrhaften zerstörerischen geophysischen Macht geworden. Er hat die Atmosphäre und das Klima der Erde verändert, Tausende von giftigen chemischen Substanzen in der ganzen Welt verbreitet, fast alle Flüsse reguliert und fast allen Boden in Ackerland verwandelt, das durch ungezügelte Ausbeutung mittlerweile in weiten Teilen zur Wüste geworden ist. Ebenfalls menschenverursacht ist die drohende Trinkwasserknappheit.

Die Artenvielfalt – insbesondere die Vielfalt der Mikroorganismen, Bakterien, Pilze, der kleinen Wirbellosen und Insekten – schafft die Bedingungen dafür, dass menschliches Leben weiter existieren kann. Wir sind vollkommen von diesen Lebewesen abhängig. Wenn wir unsere lebensfeindliche Praxis fortführen, wird ab der Mitte dieses Jahrhunderts die Auslöschung unserer eigenen Spezies einsetzen. Steht sie nicht auf der Liste der bedrohten Arten? Diesmal wird man nicht 10 Millionen Jahre warten können, bis sich die Erde wieder erholt und zu ihrem Gleichgewicht zurückgefunden hat. Wir müssen ihr helfen. Anderenfalls wird uns Gaia wie ein tödliches Geschwür entfernen.

In diesem Zusammenhang schlägt Wilson eine *Allianz für das Leben* vor. Zu dieser Allianz ruft er die beiden Kräfte auf, die seiner Meinung nach die größte Macht in der Welt haben: die Wissenschaft und die Religion. Sein Buch ist eigentlich ein offener Brief an einen evangelischen Pastor. Er fordert ihn auf, Kräfte zu sammeln, Vorurteile abzubauen und Werte zu schaffen, die das Leben retten können. Wilson bekennt, dass er nicht gläubig, also ein Atheist ist, er spricht jedoch stets in Ehrfurcht über Gott. Er klopft an die Kirchentüren und an die Türen anderer Religionen und bittet um Hilfe.

Angesichts einer weltweiten Gefahr spielen Unterschiede keine Rolle. Diesmal teilen Ungläubige wie Gläubige dasselbe Schicksal. Doch beide Gruppen können zusammenarbeiten, denn „diejenigen, die heute auf der Erde leben, müssen den Wettlauf gegen die Auslöschung der Arten gewinnen oder sie verlieren ihn – für immer. Sie werden sich auf ewig Ehre oder Schmach erwerben" (Wilson 2006, 99).

Wissenschaft und Religion müssen sich ändern. Bis heute respektiert die Wissenschaft die Andersartigkeit der nichtwissenschaftlichen Weltbetrachtungen nicht, sondern will sie beherrschen. Die Religion hat sich noch nicht von ihrem Fundamentalismus in der Interpretation ihrer heiligen Schriften befreit.

Beide, Wissenschaft wie Religion, können sich gegenseitig helfen: Die Religion kann dafür sorgen, dass Wissenschaft mit Gewissen und Verantwortung betrieben wird. Die Wissenschaft kann der Religion dabei helfen, ihren Dogmatismus zu überwinden, der in beharrlicher Treue zur Tradition verneint, dass sich das Universum in einem Evolutionsprozess befindet und dass dies so von Gott gewollt ist. Die Religion kann Ehrfurcht und Respekt allem Sein gegenüber lehren, was der Herrschaft Grenzen auferlegen würde. Diese Haltung verwandelt Macht in Schutz und Fürsorge bzw. Achtsamkeit.

Dieser heilige Bund muss rasch besiegelt werden, denn wir haben wenig Zeit. Er könnte das bedrohte Leben retten.

11. Ökologie und Sozialismus

Das IPCC (Intergovernmental Panel on Climate Changes), ein Wissenschaftlergremium der UNO, das die Erderwärmung erforscht, hat in seinem Bericht aus dem Jahr 2007 festgehalten, dass die heutige Erderwärmung auf das unverantwortliche Handeln der Menschen zurückzuführen ist. Dieses Handeln steht im Zusammenhang mit dem weltweiten Industrialisierungsprozess, der nun schon mehr als drei Jahrhunderte währt. Im Laufe dieses Prozesses haben die menschlichen Gesellschaften begonnen, alle Ressourcen der Erde ohne Grenzen auszubeuten. Dies hat zur Folge, dass heute jährlich 27 Milliarden Tonnen CO_2 freigesetzt werden. Das entspräche in konzentrierter Form einem Kohlenstoffberg von 1 Kilometer Höhe und einer Basis von 19 Kilometern. Wie wird die Erde mit diesem Ausmaß an Verschmutzung fertig? Es gelingt ihr überhaupt nicht und dies signalisiert sie überaus deutlich.

Die Erde hat die Fähigkeit zur Selbstregulierung verloren. In der Folge ist ihre Temperatur angestiegen, was schließlich zu extremen Wetterereignissen, Dürrekatastrophen, Überschwemmungen, zum Abschmelzen der Polkappen und Gletscher, zu Wirbelstürmen und zum Verlust Tausender lebendiger Arten geführt hat.

Wenn wir diesen Prozess fortsetzen, können wir auf eine Katastrophe zusteuern, die Abermillionen Menschenopfer fordern und die Biosphäre insgesamt schwer schädigen würde.

Die industrialistische Gier ist Kennzeichen des kapitalistischen wie des sozialistischen Gesellschaftsmodells. Der sogenannte reale Sozialismus der Sowjetunion und anderer bürokratischer Staaten zerstörte in großem Ausmaß die Ökosysteme und bereitete ihnen erheblichen Stress. Diese Praxis gehört nicht zu den Ideen des ursprünglichen Sozialismus. Karl Marx hat den ökologischen Aspekt in seine Analysen kaum einbezogen, denn ihm fehlte das entsprechende Bewusstsein und zu seiner Zeit galt die unbegrenzte Tragfähigkeit und immerwährende Regenerationsfähigkeit des Systems Erde als ausgemacht. Die sozialistischen Ideen propagierten eine Versöhnung des Menschen mit sich selbst, mit dem anderen und mit der Natur. Die Produktivkräfte an sich hielt man für nicht zerstörerisch. Sie sollten für mehr Gleichheit und Gerechtigkeit für alle in Dienst genommen werden.

Die Bilanz des realen Sozialismus in Bezug auf die Ökologie ist dennoch negativ. Es blieb bei dem Vorschlag eines integrierenden Verhältnisses von Mensch und Natur. Im ethischen und politischen Sinne ist der Sozialismus nicht von seinem Wesen her antiökologisch, sondern nur zufällig. Zwischen dem ursprünglichen Sozialismus und der Ökologie besteht eine echte Affinität. Es herrscht gerade keine Unvereinbarkeit beider, denn die Grundlage beider ist die Integration und die Überwindung jeglicher Art von Ausbeutung.

Vom Kapitalismus kann man dies nicht behaupten. Er ist seinem Wesen nach antiökologisch, denn es geht ihm grundsätzlich darum, die Natur zu benutzen und die menschliche Arbeitskraft auszubeuten, um innerhalb der kürzestmöglichen Zeit mithilfe einer Investition, die so gering wie möglich ist, und unter den Bedingungen größtmöglicher Konkurrenz immer mehr Reichtum anzuhäufen.

Er macht alles zur Ware: die Güter der Natur, die menschlichen Organe, ja er hat sogar einen Markt für „Verschmutzungsrechte" geschaffen. Wenn ein Land die Verschmutzungsquote nicht erreicht, auf die es ein „Recht" hat (in Wahrheit hat niemand ein solches Recht), kann es Verschmutzungslizenzen an andere verkaufen. Wie ist es möglich, mit etwas, das in sich pervers ist und der Natur widerstreitet, Geld zu verdienen? Doch genau das liegt in der Logik des Kapitalismus.

Marx hat in seinem Werk *Das Kapital* intuitiv erfasst, dass es in der Tendenz des Kapitalismus liegt, seine eigenen „Springquellen", das heißt Grundlagen, zu zerstören: die menschliche Arbeitskraft, die durch die Maschine ersetzt wird, und die Natur, die der Kapitalismus total auslaugt (Marx, 530). Deshalb sah Marx für den Kapitalismus ein tragisches Ende voraus. Heute bewahrheitet sich diese Vorahnung.

Zurzeit dominiert die kapitalistische Produktionsweise auf der ganzen Welt. Wenn sie bis zum Ende weiterbetrieben wird, könnte sie uns alle zugrunde richten und Gaia, die lebendige Erde, schwer schädigen. Deshalb sind ihre ethische und politische Delegitimierung und ihre historische Überwindung dringend geboten. Das heißt aber auch, eine Alternative zum Kapitalismus vorzuschlagen.

In diesem Zusammenhang kommt der Sozialismus als politisches, ethisches und ökologisches Projekt, das in der Lage ist, die Erde zu retten, neu in den Blick. Es geht dabei nicht um einen utopischen Sozialismus, der in einer unvorhersehbaren Zukunft Wirklichkeit wird, sondern vielmehr um ein Projekt, das jetzt bereits in der Geschichte zu verwirklichen ist, wenn wir aus der Sackgasse herausfinden wollen, in die der weltweite Kapitalismus das gesamte System Leben hineinmanövriert.

Wie wird dieser Ökosozialismus aussehen? Die grundlegende Einsicht des Sozialismus besteht darin, die Gesellschaft und das „Wir" ins Zentrum des menschlichen Bemühens zu stellen und nicht das Individuum oder das „Ich". Das bedeutet, dass die Ökonomie im Dienst der Gesellschaft und des ökologischen Projekts der Erhaltung allen Lebens stehen muss. Die Wirtschaft muss sich der Politik und die Politik der Ethik der Solidarität und der Teilhabe einer möglichst großen Zahl von Menschen unterordnen.

So verstanden ist der Sozialismus die radikale Verwirklichung der Demokratie. Es handelt sich um eine Demokratie ohne Ende, wie der portugiesische Intellektuelle Boaventura de Souza Santos schreibt: eine partizipative und nicht bloß repräsentative Demokratie, eine Demokratie, die in der Familie, in der Gemeinde, in den sozialen Organisationen und im Aufbau des Staates gelebt wird.

Hinter dem demokratischen Ideal steht der alte Gedanke: All das, was alle angeht, muss auch von allen diskutiert und entschieden werden können. Deshalb hat Demokratie mit aktiver Teilhabe aller in der unterschiedlichsten Art und Weise zu tun. Die Demokratie muss vor allem auch im Produktionsprozess verwirklicht werden. Im Kapitalismus macht die Demokratie vor den Werkstoren Halt. Drinnen herrscht dann die Diktatur der Arbeitgeber und ihrer Manager. Die Demokratisierung des Arbeitslebens hätte zur Folge, dass die Arbeiter nicht bloße Produzenten von Produkten wären, sondern menschliche Akteure, die miteinander diskutieren und gemeinsam über die Produktion entscheiden, wobei sie den Tauschwert dem Gebrauchswert unterordnen und die Produktion an den sozialen Bedürfnissen und den Erfordernissen der Erhaltung der Umwelt ausrichten.

Einer der Theoretiker des Ökosozialismus, der aus Brasilien stammende und an der Sorbonne in Paris lehrende Religionswissenschaftler Michael Löwy, schreibt: „Der Ökosozialismus wäre eine ökologisch rationale Gesellschaft, deren Grundlage in der demokratischen Kontrolle in sozialer Gleichheit und bei Vorherrschaft des Gebrauchswertes besteht; eine solche Gesellschaft hat das kollektive Eigentum an den Produktionsmitteln und eine demokratische Planung zur Voraussetzung, die es der Gesellschaft ermöglicht, die Ziele der Produktion, die Investitionen und eine neue technologische Struktur der Produktivkräfte zu definieren" (Löwy 2005, 49).

Walter Benjamin, ein Marxist, der den Marxismus mit humanistischen Ideen aus der Perspektive der Opfer und der in die Natur integrierten Gesellschaft bereichert hat, behauptet in Anlehnung an Charles Fourier, einen der Begründer des utopischen Sozialismus: „Wir träumen von einer Arbeit, die, weit davon entfernt, die Natur auszubeuten, über die Voraussetzungen verfügt, dafür zu sorgen, dass aus ihr Schöpfungen hervorgehen, die in ihrem Inneren schlummern" (Benjamin, 87).

Auf diese Weise ist die Arbeit nicht länger Ware, die verkauft und gekauft wird. Sie erlangt ihre Rolle als Werk wieder, durch das der Mensch sich selbst formt und die Natur so gestaltet, dass die Menschen ihr Überleben sichern, ohne das natürliche Kapital aufzubrauchen.

In diesem Zusammenhang gewinnt die grundlegende Frage aller Gesellschaften an Bedeutung: die Energie. Der Ökosozialismus fordert die Nutzung erneuerbarer Energien wie Sonne und Wind.

Diese Energieformen werden vom Kapitalismus geringgeschätzt, weil sie kostenlos sind und man mit ihnen nicht in der gleichen Weise Handel treiben kann wie mit den fossilen Rohstoffen.[20]

In die Praxis übersetzt heißt das: Der Ökosozialismus bevorzugt Lösungen, die von der Basis herkommen, natürliche Ressourcen einsparen und die Verschmutzung der Atmosphäre verringern. Deshalb setzt er sich zum Beispiel für öffentliche Verkehrsmittel ein, deren Einsatz eine immense Anzahl Autos auf den Straßen entbehrlich macht und den Treibhauseffekt erzeugende und die Erderwärmung verursachende Verschmutzung vermeiden würde. Merkmal des Ökosozialismus ist der Widerstand gegen die Errichtung von Industrieanlagen, die Böden und Gewässer verschmutzen oder mit Abholzung einhergehen und so den Kohlendioxidausstoß vermehren.

In einem weiteren Blickwinkel, der ein neues Paradigma der Zivilisation vorwegnimmt, das auf den Schrei der ökologischen Bedrohung zu antworten imstande ist, fordert der Ökosozialismus die Überwindung der aktuellen politischen Konstellation, die sich auf die Nationalstaaten gründet. Eine Menschheit, die im einzigen gemeinsamen Haus, der Erde, vereint ist, erfordert eine zentrale, von der gesamten Erdbevölkerung geteilte Organisation der natürlichen Ressourcen und Leistungen der Natur. Entweder wir teilen die knappen Ressourcen der Erde gleichmäßig untereinander auf oder die Erde wird die konsumistische Gier nicht länger ertragen können und möglicherweise in einen chaotischen Prozess hineingeraten, der alle ohne Unterschied betrifft. Die Menschheit bedarf dringend einer „global governance", der weltweiten Verwaltung und Regulierung von Ressourcen, auf die alle angewiesen sind, die aber regional höchst unterschiedlich verteilt sind. Entweder werden wir aus ethischen und politischen oder sogar aus bloß statistischen Gründen Sozialisten oder wir haben die katastrophalen Folgen zu erleiden, wenn die Tragfähigkeit der Erde an ihre Grenzen gerät.

Einer der Vorreiter des Ökosozialismus ist Chico Mendes. Er vereinte die Bewohner des tropischen Regenwaldes – indigene Völker, Gummizapfer und Landlose – durch die universalis-

---

20 Auf die Beschränkung des Potenzials auch dieser Energieformen habe ich bereits weiter oben hingewiesen; vgl. S. 185 ff.

tischen Ideen des Sozialismus in ihrem Kampf. Er strebte einen ökologischen Sozialismus an, der allen gerecht wird, angefangen bei den Opfern des herrschenden Systems, und gleichzeitig der verwundeten und verwüsteten Natur Gerechtigkeit widerfahren lässt. Er starb als Opfer dieses Traums, der in all jenen lebendig bleibt, die die Zerstörung der Zukunft durch den globalisierten Kapitalismus nicht hinnehmen und die darauf vertrauen, dass eine andere und bessere Welt und Menschheit möglich sind.

12. Ökologisch-soziale Demokratie

Die Demokratie ist Ideal und Wirklichkeit zugleich. Sie ist ein *Ideal* mit den Merkmalen der Utopie und deshalb stets nach oben und nach vorne offen, letztlich aber unerreichbar. Und zugleich ist sie eine *Wirklichkeit* in all jenen Gesellschaften, die versuchen, unter den gegebenen historischen, gesellschaftlichen und ökonomischen Bedingungen dieses Ideal zu verwirklichen. Demokratie ist ihrem Wesen nach immer begrenzt. Zwischen Ideal und Wirklichkeit entfaltet sich ein ständiger Prozess des Aufbaus von Demokratie in dem Maß, in dem der Status der Bürger erweitert und ihre Ermächtigung ausgestaltet wird. Je mehr diese beiden Werte gestärkt werden, desto mehr Demokratie entsteht und desto eher ist deren dauerhafter Bestand gewährleistet.

Ein neues demokratisches Ideal

Die Grundannahme einer jeden Demokratie lautet: Was alle angeht, muss von allen entschieden werden können, entweder direkt oder mittels Repräsentanten. Demokratie ist nicht mit Ausgrenzung vereinbar. In der Mehrzahl der lateinamerikanischen Länder mit ihren marginalisierten und ausgegrenzten Bevölkerungsmehrheiten – in Brasilien 50 Millionen Menschen – trägt die Demokratie Züge des Irrealen. Dessen ungeachtet wird insbesondere in den sozialen Bewegungen an der Basis ein neuer, umfassenderer Demokratiebegriff diskutiert: *eine Gesellschaft, in der alle Platz haben können, einschließlich der Natur.* Gefordert ist also eine Demokratie, die mehr ist als Delegierung und Abtretung von Entscheidungsgewalt an gewählte Repräsentanten. Der neue Demokratiebegriff meint eine integrative Demokratie im Sinne eines allgemeinen, partizipativen und ökologisch-sozialen Wertes.

Der ökologisch-soziale Aspekt ist eine wesentliche Bereicherung im Vergleich zu unserem üblichen Demokratieverständnis. Er veranlasst uns dazu, eine Grenze zu überschreiten, die dem klassischen Demokratiediskurs selbst eingeschrieben ist: Letzterer ist immer noch anthropozentrisch, das heißt nur auf die Menschen als Bürger zentriert.

Der Anthropozentrismus ist eine Täuschung, denn der Mensch ist kein exklusives Zentrum, so als ob alle übrigen Seinsformen nur in der Hinordnung auf ihn Sinn bekämen. Der Mensch ist ein Glied unter anderen in der Kette des Lebens. Alle Lebewesen sind miteinander verwandt, sie sind Cousins und Cousinen und Geschwister, denn alle sind sie aus demselben kosmischen Staub und denselben im genetischen Code enthaltenen Informationen gemacht.

Ohne die Beziehungen zur Biosphäre und zur Umwelt, die die physikalisch-chemischen Vorbedingungen bereitstellt, kann der Mensch weder existieren noch sich dauerhaft behaupten. Im Zeitalter des wachsenden ökologischen und planetarischen Bewusstseins müssen diese grundlegenden Einsichten in unser Verständnis von Demokratie integriert werden. Natur und Mensch sind untrennbar miteinander so vereint, dass sie ein gemeinsames Schicksal teilen.

Demokratie und zeitgenössische Kosmologie

Die ökologisch-soziale Perspektive eröffnet darüber hinaus die Möglichkeit, die Demokratie in die allgemeine Logik der Dinge einzufügen. Die Geowissenschaften haben gezeigt, dass das grundlegende Gesetz, das nach wie vor im Aufbau des Universums und aller Ökosysteme am Werk ist, in der Synergie, der Symbiose, der Beziehung aller mit allen in jedem Augenblick und unter allen Umständen besteht. Selbst die darwinsche Formel vom Überleben des in der natürlichen Auslese am besten Angepassten, die im Bereich der Lebewesen zum Teil zutrifft, ist in dieses umfassendere universale Gesetz eingebettet. Das universale Gesetz garantiert die Vielfalt und bezieht auch den Schwächsten mit ein, der innerhalb des Spiels von wechselseitigen Beziehungen und Rückbezügen Überlebenschancen bekommt.

Die Einzigartigkeit des Menschen besteht nach Meinung renommierter Anthropologen wie der Chilenen Humberto Maturana und Francisco J. Varela in der Tatsache, dass er sich als ein Wesen der Vergesellschaftung, der Kooperation und des Zusammenlebens erweist. Diese Einzigartigkeit wird deutlicher, wenn wir ihn mit den höheren Primaten vergleichen, deren Erbgut von dem unseren lediglich um 1,6 Prozent abweicht. Auch sie kennen ein Gesellschaftsleben. Doch sie orientieren sich an der Logik der Herrschaft und Hierarchie.

Als der Mensch vor einigen Millionen Jahren die Bühne des Lebens betrat, wurden Wettbewerb und Unterwerfung von der Kooperation abgelöst. Konkret gesprochen: Unsere Vorfahren unter den Hominiden zogen auf die Jagd, beschafften Nahrungsmittel und teilten sie untereinander. Der Mensch erweist sich damit als ein Wesen der Kooperation. Dieser Unterschied gegenüber den höheren Primaten wird durch die 1,6 Prozent Unterschied im Erbgut verursacht.

Die Demokratie ist der Wert und Maßstab des Zusammenlebens, die der kooperativen und sozietären Natur des Menschen am besten entsprechen. Was seiner Natur eingeschrieben ist, wird in ein bewusstes politisches und gesellschaftliches Projekt verwandelt und bildet die Grundlage der Demokratie: die Kooperation und die Solidarität ohne Einschränkungen. Die Demokratie so gut wie möglich zu verwirklichen heißt, sich immer mehr dem Reich des spezifisch Menschlichen zu nähern. Es bedeutet auch, sich in noch tieferer Weise auf das Ganze und auf die Erde zu beziehen, die ebenfalls durch das Prinzip der Kooperation im Sein gehalten werden.

Neue Bürger: die Seinsformen der Natur und der Erde

Kosmologen weisen beharrlich darauf hin, dass das Leben als ein Moment der Evolutionsgeschichte des Universums zu begreifen ist: In einem Zustand weit entfernt vom Gleichgewicht wurde die Materie stets komplexer und organisierte sich selbst. Das menschliche Leben wiederum ist ein Kapitel der Geschichte des Lebens insgesamt. Deshalb sind wir in einem grundlegenden Sinne Erde, die im Lauf ihrer Entwicklung dazu gelangt ist, zu fühlen, zu denken, zu lieben und Ehrfurcht zu empfinden.

Wir leben nicht nur *auf* der Erde. Wir sind Söhne und Töchter der Erde. Mehr noch: *Wir sind die Erde selbst*, die fühlt, denkt, liebt und Ehrfurcht empfindet. Deshalb halten herausragende Astrophysiker und Biologen wie zum Beispiel James Lovelock, Lynn Margulis, Elisabet Sathouris, Brian Swimme und Thomas Berry daran fest, dass die Erde ein lebendiger Großorganismus ist. Sie legt ein solches Gleichgewicht ihrer physikalisch-chemischen Elemente an den Tag, wie es nur ein lebendiges Wesen tun kann.

Wenn dem so ist, dann kommt der Erde Subjektivität zu, dann ist sie – ebenso wie die Ökosysteme, aus denen sie besteht – Trägerin von Rechten und einer relativen Autonomie. Die *dignitas terrae*, die Würde der Erde, verlangt Respekt und Verehrung.

Das Verständnis der Erde als einer juristischen Person ist auf die Gewässer und Wälder auszuweiten. Treffend bemerkt der Romanist Michel Serres: „Der Erklärung der Menschenrechte kommt das Verdienst zu, zum Ausdruck zu bringen: ‚Alle Menschen haben Rechte.' Gleichzeitig ist sie mit dem Mangel behaftet, anzunehmen: ‚Nur die Menschen haben Rechte.' Die Indigenas, die Sklaven und die Frauen mussten darum kämpfen, in dieses ‚alle Menschen' mit einbezogen zu werden." Heute bezieht dieser Kampf die Erde und die gesamte Natur mitsamt ihren untergeordneten Systemen ein, die ebenfalls Rechtssubjekte und deshalb neue Mitglieder der Gesellschaft in einem weiteren Sinne sind.

Beim Gipfeltreffen der Völker zur Erderwärmung und zu den Rechten der Mutter Erde, das 2010 in Cochabamba (Bolivien) stattfand, bekräftigten die rund 35.000 Teilnehmer aus 142 Ländern die Rechte der Mutter Erde. Ihr schulden wir Respekt, Synergie und Achtsamkeit, damit sie ihre Unversehrtheit und ihre Fähigkeit bewahrt, Leben zu beherbergen.

Wir dürfen niemals vergessen, dass wir eine Tötungsmaschine konstruiert haben, die in der Lage ist, die Gattung Mensch und große Teile des Lebens auf der Erde, auf Gaia, auszulöschen. Deshalb können wir sie nicht länger vom neuen weltweiten Gesellschaftsvertrag ausschließen, der die Grundlage der Weltgesellschaft sein wird, deren demokratische Organisation wir anstreben. Thomas Hobbes, John Locke, Jean Jacques Rousseau und Immanuel Kant gingen von der Voraussetzung aus, dass die Zukunft der Erde von den Kräften des Universums garantiert wird. Heute genügt diese Annahme nicht mehr. Sobald Gaia verwüstet ist, besteht keine Grundlage mehr für irgendeine Art von Bürgerrechten und Demokratie. Wenn wir zusammen überleben wollen, dann muss die Demokratie auch Biokratie und Kosmokratie, mit einem Wort: ökologisch-soziale Demokratie sein, die sich die Erhaltung der Erde dadurch zu eigen macht, dass sie sie in den Gesellschaftsvertrag mit einbezieht.

Im Sinne dieses Bewusstseins haben politisch Verantwortliche, die für ökologische Belange sensibel sind (wie der Gouverneur des Bundesstaates Acre in Brasilien), den Ausdruck *florestania*[21] geprägt. Mit diesem Begriff wird eine neue Art der Beziehung des Bewohners des Regenwaldes zum Ausdruck gebracht. Er lebt mit dem Wald zusammen wie mit einem Bürger, er lebt von seiner Artenvielfalt, ohne sich ihm gegenüber aggressiv zu verhalten oder seinen Reichtum zu mindern. Die Bewegung des ökologischen Landbaus hat ein ähnliches Verständnis von *florestania* entwickelt. Es geht dabei um eine neue, interaktive Beziehung von Mensch und Natur, in der beide sich integriert und respektiert sehen.

Ein Gemeinwesen lebt nicht nur von seinen Bürgern, Institutionen und sozialen Dienstleistungen. In ihm leben auch Landschaften, Bäume, Vögel, Tiere, Berge, Gestein, Bäche, Flüsse, Seen, Meere, eine Atmosphäre, Luft, Sterne am Firmament, die Sonne und der Mond. Ohne sie würden wir vor Einsamkeit sterben, wie der weise Indianerhäuptling Seattle bereits 1854 geäußert hat. Sie sind die neuen Bürger, mit denen wir in Harmonie zusammenzuleben lernen müssen. Eine ökologische Erziehung tut not, damit die Menschen lernen, alle Seinsformen mit Respekt, in einer rechten Weise der Beziehung und in universaler Geschwisterlichkeit als Bürger anzunehmen. So wird die ökologisch-soziale Demokratie als eine notwendige Bereicherung der klassischen

---

[21] Dieser Ausdruck leitet sich von *floresta* her, dem brasilianischen Wort für den tropischen Regenwald (d. Übers.).

Demokratie in Zeiten eines neuen ökologischen Bewusstseins und der Verantwortung für die gemeinsame Zukunft von Erde und Menschheit erstehen.

13. Der Mensch zwischen Poesie und Prosa

Einer der inspiriertesten deutschen Dichter, Friedrich Hölderlin (1770–1843), hat einmal bemerkt, der Mensch bewohne die Erde auf poetische Weise. Der französische Denker Edgar Morin hat später hinzugefügt: „Und auch auf prosaische Weise bewohnt der Mensch die Erde." Dichtung und Prosa bringen nicht nur ein bestimmtes literarisches Genus zum Ausdruck, sondern auch zwei verschiedene Seinsweisen.

Die Dichtung setzt die Schöpfung voraus, die bewirkt, dass der Mensch sich von einer Macht ergriffen erfährt, die größer ist als er, die ungewöhnliche Verbindungen herstellt, neue Erkenntnisse und bedeutende Metaphern hervorbringt. Unter dem Einfluss der Schöpfung singt und tanzt der Mensch und entrinnt auf diese Weise der Normalität. Der Schamane, der in jedem von uns verborgen vorhanden ist, tritt nun in Erscheinung: Er zeigt sich in jener Empfänglichkeit, die uns mit den Energien des Universums in Einklang bringt und die das Schlagen des Herzens des anderen, der Natur und Gottes selbst wahrnimmt. Durch diese Fähigkeit werden überraschende andere Bedeutungen der Wirklichkeit offenbar.

Die Erde auf dichterische Weise zu bewohnen bedeutet, sie als etwas Lebendiges, Beschwörendes, Großartiges und Zauberhaftes zu empfinden. Die Erde, das sind Landschaften, Farben, Gerüche, das ist Überwältigtsein, Faszination und Geheimnis.

Wie könnte man denn auch nicht in Ekstase geraten angesichts der majestätischen Erhabenheit des Amazonas-Regenwaldes mit seinen Bäumen, die gleichsam die Wolken zu berühren scheinen, mit ihrem verschlungenen Geflecht aus Lianen und Schlingpflanzen, mit den feinen Abstufungen ihrer grünen, roten und gelben Farbschattierungen, mit ihrem Vogelgezwitscher und ihren bunten Früchten? Wie könnte man nicht mit offenem Mund staunend und überwältigt vor den Wassern stehen, die sich über das ganze Waldgebiet ausbreiten und sanft in Richtung Ozean hinabfließen? Wie könnte man sich nicht von ehrfurchtsvollem Schauer ergriffen fühlen, wenn man stundenlang durch unberührte Wälder geht, wie ich es mehrmals in Begleitung von Chico Mendes erlebt habe? Wie könnte man sich angesichts der überwältigenden Artenvielfalt nicht klein und verloren vorkommen wie irgendein unbedeutendes kleines Tier?

Wir bewohnen auf poetische Weise die Welt, wenn wir die morgendliche Frische auf der Haut spüren, wenn wir unter der Mittagshitze ächzen, wenn wir mit dem Hereinbrechen des Abends ruhig, gelassen und heiter werden, wenn das Geheimnis der Dunkelheit der Nacht uns durchdringt. Wir erschaudern, wir zittern, wir sind zärtlich berührt, wir erschrecken und geraten in Ekstase angesichts der Erde in ihrer unerschöpflichen Vitalität. Wir durchleben also alle die Seinsweise eines Poeten. Wir sind Dichter.

Wie bedauernswert sind die Menschen, die die Erde bloß als ein Labor voller chemischer Elemente, als eine nicht integrierte Anhäufung von einander entgegengesetzten Dingen sehen. Sie sind blind, taub und Opfer der Hirnamputation des modernen positivistischen Paradigmas. Nein, die Erde ist lebendig, Mutter und Pacha Mama.

Doch wir leben auch auf prosaische Weise auf der Erde. Die Prosa fängt das Alltägliche, den grauen Alltag ein, der aus Spannungen in der Familie und in der Gesellschaft, aus Stundenplänen und beruflichen Verpflichtungen, aus heimlichen kleinen Freuden und aus versteckter Traurigkeit besteht. Doch das Prosaische birgt auch unschätzbare Werte in sich, die sich beispielsweise nach einem längeren Klinikaufenthalt oder bei der Heimkehr nach schmerzlichen Monaten der Abwesenheit in der Fremde entdecken lassen. Gibt es etwas Angenehmeres als das heitere und süße Erledigen der täglichen Routine und der Verpflichtungen in Familie und Beruf? In solchen Momenten haben wir den Eindruck, ruhig auf dem Meer des Lebens dahinzugleiten.

Das Poetische und das Prosaische gehen Hand in Hand, sie ergänzen einander und sie wechseln sich von Zeit zu Zeit ab. Wir müssen eifrig nach dem Poetischen und nach dem Prosaischen in unserem Leben streben, denn beide sind der Gefahr der Banalisierung ausgesetzt.

Die Massenkultur hat das Poetische seines Wesens beraubt. Die Freizeit, die die Gelegenheit böte, das Prosaische zu unterbrechen, ist von der Unterhaltungsindustrie in Beschlag genommen, die zur Übertreibung und zum Konsum von Alkohol, Drogen und Sex aufreizt. Massenkultur hat nur domestiziertes Poetisches ohne Ekstase zu bieten, nur Genuss ohne Zauber und Begeisterung.

Das Prosaische ist häufig zum bloßen Überlebenskampf degeneriert, die Menschen stumpfen durch monotone Arbeit ab, ohne Hoffnung, sich an der verdienten Freizeit erfreuen zu können. Und wenn die Freizeit kommt, dann bleiben sie Geiseln derer, die bereits alles für sie ausgedacht, ihre Reisen organisiert und unvergessliche Erfahrungen für sie vorgefertigt haben – offenbar mit Erfolg. Doch da alles künstlich erzeugt ist, bleibt letztlich nur eine schmerzhaft empfundene existenzielle Leere. Und dagegen verordnet man Antidepressiva.

Das Prosaische mit Leichtigkeit und das Poetische mit Enthusiasmus zu leben, das ist Zeichen für ein zutiefst humanes Leben.

14. Worin besteht der nächste Schritt der Menschheit?

Die Anzeichen mehren sich, dass eine ökologische und die ganze Menschheit betreffende Katastrophe hereinbrechen wird. Wir durchleben derzeit dramatische Momente. Globale Bedrohungen kündigen sich an, die das Leben auf der Erde betreffen und die Gattung Mensch selbst aufs Spiel setzen.

Ich erinnere an die Worte der Erd-Charta: „Wir stehen an einem kritischen Punkt der Erdgeschichte, an dem die Menschheit den Weg in die Zukunft wählen muss ... Wir haben die Wahl: Entweder bilden wir eine globale Partnerschaft, um für die Erde und füreinander zu sorgen, oder wir riskieren, uns selbst und die Vielfalt des Lebens zugrunde zu richten" (Erd-Charta, 7-8).

Trotz dieser düsteren Prognosen bin ich zuversichtlich, dass die Hoffnung die Angst besiegt und das Leben sich als stärker erweist als der Tod. Die Schmerzen, die wir ertragen, sind nicht die Zeichen der Agonie, sondern kündigen eine neue Geburt an. Die aktuelle Situation ist also keine Tragödie, die immer schlecht ausgeht, sondern eine Situation der Krise, die uns läutert und uns den Sprung in Richtung einer höheren und verheißungsvolleren Entwicklungsstufe ermöglicht.

Die Herausforderung der drei größten aktuellen Krisen

Wir sind mit drei strukturellen Krisen konfrontiert: der Krise der fehlenden Nachhaltigkeit, der weltweiten sozialen Krise und der Krise der Erderwärmung.

a) Die fehlende Nachhaltigkeit
Am 23. September 2008, also eine Woche nach dem Börsenkrach an der Wall Street (15. September), war der sogenannte *Earth Overshoot Day*, das heißt der Tag der Überschreitung der (natürlichen Grenzen der) Erde. Große Institute, die ständig systematisch den Zustand der Erde beobachten, gaben bekannt: Seit diesem Tag übersteigt der Konsum der Menschheit die Tragfähigkeit des Systems Erde, aufs ganze Jahr gerechnet, um 30 Prozent. Das heißt im Klartext: Die Menschheit konsumiert um 30 Prozent mehr, als die Erde wiederherstellen kann. Es ist also vollkommen offensichtlich, dass dieser Konsum nicht nachhaltig ist. Wir kommen in den roten Bereich und können nicht weitermachen wie bisher, denn wir haben keine Mittel mehr, um unsere ökologische Schuld zu begleichen.

Diese alarmierende und bedrohliche Nachricht war dem internationalen Teil der Zeitungen kaum einige Zeilen wert, ganz im Gegensatz zu den Finanz- und Wirtschaftskrisen, die bis heute die Schlagzeilen der Medien und die Hauptnachrichtensendungen im Fernsehen beherrschen.

Das Schwinden der Ressourcen und Leistungen der Erde zwingt uns, die entscheidende Frage zu stellen: Was ist wichtiger: die Probleme der Menschheit zu lösen oder das herrschende Wirtschafts- und Finanzsystem zu retten? Die 20 reichsten Länder (G 20) wollen bei ihren Gipfeltreffen das System durch Kontrollen und Korrekturen retten, damit alles so weitergehen kann wie gehabt. Die Mehrheit der armen Länder und der Entwicklungsländer macht sich Sorgen um die Zukunft des Lebens und der Biosphäre. Die Wirtschaft muss im Dienst dieser grundlegenderen Frage stehen. Wenn wir diese Gleichung nicht lösen, können die Krisen in Gestalt einer kollektiven Tragödie zurückkehren.

Im Jahr 1961 haben wir die Hälfte der Erde gebraucht, um die Bedürfnisse der Menschen zu befriedigen. Im Jahr 1981 haben wir den Gleichstand erreicht: Wir brauchten eine ganze Erde. Im Jahr 1995 haben wir die Tragfähigkeit und Regenerationsfähigkeit der Erde bereits um 10 Prozent überschritten, doch das war gerade noch hinnehmbar.

Wenn wir das Wachstum des Bruttoinlandsproduktes (BIP) weltweit wie vorhergesagt zwischen 2 und 3 Prozent halten, werden wir im Jahr 2050 für unseren Konsum die Ressourcen von zwei Erden brauchen. Das ist natürlich unmöglich. Doch bis zu diesem Punkt werden wir ohnehin nicht gelangen.

Das bedeutet: Wir können nicht mehr so produzieren wie bisher. Die derzeitige kapitalistische Produktionsweise geht von der falschen Voraussetzung aus, dass die Erde eine Art Behälter ist, dem wir unbegrenzt Ressourcen entnehmen können. Heute ist klar, dass die Erde ein kleiner, alter und begrenzter Planet ist, der ein Projekt der unbegrenzten Ausbeutung nicht aushält.

Wir müssen eine andere Produktionsweise entwickeln und andere Konsumgewohnheiten annehmen. Wir werden produzieren, um die menschlichen Bedürfnisse in Harmonie mit der Erde und unter Wahrung ihrer Grenzen zu befriedigen, mit einem Sinn für die Gleichheit und Solidarität mit den künftigen Generationen. Dies erfordert ein neues zivilisatorisches Paradigma, das sich von dem bis heute herrschenden und weltweit durchgesetzten unterscheidet.

Eric Hobsbawm formuliert auf der letzten Seite seines Buches *Das Zeitalter der Extreme:* „Wir wissen nicht, wohin wir gehen ... Doch eines steht völlig außer Frage: Wenn die Menschheit eine erkennbare Zukunft haben soll, dann kann sie nicht darin bestehen, dass wir die Vergangenheit oder Gegenwart lediglich fortschreiben. Wenn wir versuchen, das dritte Jahrtausend auf dieser Grundlage zu bauen, werden wir scheitern. Und der Preis für dieses Scheitern, die Alternative zu einer umgewandelten Gesellschaft, ist Finsternis" (Hobsbawm, 720).

b) Die weltweite soziale Ungerechtigkeit
Die Fakten sind hinreichend bekannt: Fast die Hälfte der Menschheit lebt unter der Armutsgrenze, hungert und leidet an chronischem Trinkwassermangel. Die Zahlen sind entsetzlich: 20 Prozent der Reichsten konsumieren 82,4 Prozent aller Reichtümer der Erde, die 20 Prozent der Ärmsten müssen sich mit 1,6 Prozent der irdischen Ressourcen zufriedengeben.

Diese Zahlen offenbaren einen Kreuzweg von Leid und Tod, der mehr Stationen hat als der Kreuzweg des Menschensohns, als er unter uns gelitten hat. Es besteht ein krimineller Mangel an Solidarität und internationaler Kooperation. Wir erweisen uns als grausam und erbarmungslos unseresgleichen gegenüber.

Jüngste Daten der FAO (Welternährungsorganisation der UNO) warnen davor, dass wir in den nächsten Jahren mit 150 bis 200 Millionen Klimaflüchtlingen zu rechnen haben. Sie werden kaum das Todesurteil hinnehmen, das über sie verhängt wurde. Sie werden Landesgrenzen überwinden und viele Länder politisch destabilisieren. Wie werden wir diese Millionen unserer verzweifelten Brüder und Schwestern aufnehmen oder werden wir sie zurückweisen?

c) Die globale Erwärmung
Die weltweite Klimakrise hat tragische Züge. Dem Bericht des IPCC (Intergovernmental Panel on Climate Changes) vom 2. Februar 2007 zufolge gehen wir der Klimakrise nicht entgegen, nein, die Erde ist bereits dabei, sich aufzuheizen. Das Rad hat sich bereits zu drehen begonnen und es lässt sich nicht mehr aufhalten. Wir können uns diesen Veränderungen nur *anpassen* und versuchen, ihre katastrophalen Auswirkungen *abzumildern.*

Nicholas Stern, der ehemalige Chefökonom der Weltbank und Berater der Regierung Blair in Großbritannien, hat die wirtschaftlichen Auswirkungen der globalen Erwärmung berechnet. Er stellt fest, dass wir jährlich Hunderte von Milliarden Dollar investieren müssen, um die Erwärmung bei 2 bis 3 Grad Celsius zu stabilisieren. Bei diesem Niveau der Erwärmung ist weiterhin Leben möglich. Doch selbst das bedeutet eine gigantische Zerstörung der Artenvielfalt und den Untergang von Abermillionen Menschen, deren Länder nicht mehr bewohnbar sein werden, insbesondere in Afrika und Südostasien.

Das Massachusetts Institute of Technology (MIT) der Vereinigten Staaten und seiner Filiale in London liefert besorgniserregende neuere Daten. Wenn wir nicht sofort drastische Maßnahmen ergreifen, um die Treibhausgasemission zu reduzieren, wird die Erdtemperatur bereits um 2050 deutlich ansteigen und zum Ende des Jahrhunderts möglicherweise 4 oder 5 Grad Celsius oder mehr als die gegenwärtige Temperatur betragen. Unter diesen Temperaturen kann keine heute bekannte Lebensform auf Dauer existieren. Das menschliche Leben selbst ist vom Aussterben bedroht.

Deshalb halte ich die Regierungen – vor allem der reichen Länder – für verantwortungslos, die beim Klimagipfel in Kopenhagen im Dezember 2009 keine klaren Reduktionsziele festsetzen wollten. Nach übereinstimmender Überzeugung der weltweiten Wissenschaftlergemeinschaft müssen die Treibhausgase um 80 Prozent reduziert werden (bis spätestens 2050, ausgehend vom Bezugsjahr 1990).

Vielleicht standen wir niemals zuvor in der Geschichte vor so großen Herausforderungen. Heute geht es um Leben oder Tod und um die Möglichkeit der Fortsetzung des planetarischen Projektes Menschheit überhaupt. Vor diesem Hintergrund ist der bereits erwähnte Appell Edward O. Wilsons zu verstehen (vgl. oben, S. 255 ff.).

Es geht weniger darum, die Erde zu retten, sondern unser Verhältnis zu ihr zu ändern. Die Erde kann ohne Weiteres ohne uns leben. Doch wir können nicht ohne sie leben.

Die Theologie der Befreiung, von der ich selbst herkomme, ist in den Sechzigerjahren des 20. Jahrhunderts aus dem Bemühen entstanden, den Schrei der Armen, der unterdrückten Frauen, der Indigenas und Schwarzen und anderer gesellschaftlich Marginalisierter zu hören. Seit Anfang der Achtzigerjahre wurde man sich dessen bewusst, dass auch die Wälder, die Gewässer, die Tiere schreien, dass die gesamte Erde schreit, denn sie alle leiden unter der Gewalt der industrialistischen Plünderungskultur. Deshalb muss in die vorrangige Option für die Armen – das Markenzeichen der Theologie der Befreiung – die große Arme, die Erde, mit einbezogen werden. Aus dieser Einsicht ist eine einflussreiche Ökotheologie der Befreiung entstanden.

Wege in die Zukunft

Wohin sind wir unterwegs? Niemand weiß es mit Sicherheit. Wir können jedoch einige Vorbedingungen für ein neues Paradigma des Zusammenlebens auf der Erde schaffen.

Zuerst müssen wir die neue Sichtweise von der Erde als eines lebendigen Großorganismus integrieren, den man heute Gaia nennt. Er verbindet das Physikalische, Chemische und Biologische in solcher wechselseitigen Abhängigkeit miteinander, dass es sich stets als geeignet für die Entstehung und Reproduktion des Lebens erweist.

Die Menschen leben nicht einfach auf der Erde, sie sind die Erde selbst, die in einem fortgeschrittenen Stadium ihrer Evolution und der Herausbildung eines immer höheren Grades an Komplexität zu fühlen, zu denken, zu lieben und Ehrfurcht zu empfinden begonnen hat. Dieses Stadium entspricht der Entstehung des Menschen.

Diese heutige Sichtweise deckt sich mit der allerältesten der ursprünglichen Völker, für die die Erde die Magna Mater oder die Pacha Mama war. Wir können noch mehr behaupten: Die Auffassung, dass die Erde lebendig ist, herrschte innerhalb der gesamten Geschichte der Menschheit vor, bis in der Neuzeit Isaac Newton und René Descartes die Erde einfach als *res extensa* zu deuten begannen, als etwas bloß Physisches ohne irgendeine Art von Geist. Für Descartes war der Mensch dazu berufen, der *maître* oder *possesseur* der Erde, ihr Meister und Besitzer, zu sein. Die Erde konnte ohne Skrupel auf die Folter gespannt und vergewaltigt werden, bis sie alle ihre Geheimnisse preisgab, wie Francis Bacon, der Begründer der modernen wissenschaftlichen Methode, formulierte.

Heute sehen wir ein, dass es die Aufgabe des Menschen ist, Hüter und Pfleger der Schöpfung, also ein ethisches Wesen, zu sein.

Das gesamte Projekt der Moderne orientierte sich an einer bestimmten Art des Vernunftgebrauchs, nämlich des utilitaristischen und instrumentell-analytischen. Dieser Vernunftgebrauch hat eine rationalistische Kultur der Mittel hervorgebracht, ohne sich um die Ziele zu kümmern. Diese Kultur stellt alle anderen Formen des Vernunftgebrauchs unter Verdacht, die wir heute für grundlegend halten: die empfindsame Vernunft, die Vernunft des Herzens, die emotionale Intelligenz und die spirituelle Intelligenz. Diese neue Vernunft ist der Sitz der Werte, der ethischen Erkenntnis und der spirituellen Erfahrung – Dimensionen, ohne die das Leben seinen Sinn und seine Strahlkraft verliert. Wir müssen die wissenschaftliche Vernunft durch die empfindsame Vernunft des Herzens ergänzen und bereichern.

Wenn wir auch keine Lösung parat haben, so können wir wenigstens einen Weg weisen. Wenn die Grundrichtung stimmt, kann der Weg ruhig Kurven nehmen, auf und ab verlaufen, ja sogar Hindernisse aufweisen: Er wird uns in ein Land führen, in dem die Menschen noch menschlich leben können und die Erde, die Pacha Mama und unsere Große Mutter, mit Achtsamkeit, Mitgefühl und Liebe behandeln.

In diesem neuen Paradigma wird nicht länger endlosem Fortschritt oder grenzenloser Akkumulation der zentrale Stellenwert eingeräumt, sondern dem Leben, der Menschheit und der lebendigen Erde. Die Ökonomie wird im Dienst dieser Größen stehen. Mit einem Wort: Es muss eine *Biozivilisation* entstehen, die das Leben mehr als den Profit, das Gemeinwohl mehr als den individuellen Vorteil, die Kooperation mehr als die Konkurrenz liebt. Der Mensch wird sich als der bewusste und intelligente Teil der Erde empfinden, mit der er den gemeinsamen Ursprung und das gemeinsame Schicksal teilt. Diese Erde wird die *Erde der guten Hoffnung* sein, wie der polnisch-französische Ökowirtschaftswissenschaftler und Brasilienkenner Ignacy Sachs treffend formuliert.

Wir werden also von einer industriellen Zivilisation, die den Reichtum im Auge hatte und die Natur dafür geopfert hat, zu einer Zivilisation der Erhaltung allen Lebens in geschwisterlicher Verbundenheit mit der Natur und allen Völkern übergehen.

Diese Biozivilisation wird sich auf vier Hauptachsen stützen:
1. Wir müssen zu einem nachhaltigen, verantwortungsvollen und solidarischen Gebrauch der begrenzten Ressourcen und Möglichkeiten der Natur kommen; wir werden mit weniger mehr leben müssen und die Menschheit wird genügsamer sein.
2. Innerhalb der gesellschaftlichen Beziehungen muss eine demokratische Kontrolle etabliert werden, insbesondere über die Märkte und das spekulative Kapital.

3. Aus dem multikulturellen Austauschprozess muss ein weltweites minimales Ethos hervorgehen, wobei die Ethik der Achtsamkeit, des Mitgefühls, der Kooperation und der universalen Verantwortung besonders zu betonen ist.
4. Die Spiritualität als eine anthropologische Dimension und nicht als ein Monopol der Religionen muss als Ausdrucksweise eines Bewusstseins gefördert werden, das sich als Teil eines umfassenderen Ganzen empfindet und eine machtvolle Energie wahrnimmt, die dem Universum zugrunde liegt. Mit diesem Bewusstsein, dem höchsten Sinn von allem, können wir in Dialog treten.

Der nächste Schritt: die Noosphäre

Der Mensch wird von der Menschheit überstiegen, der Geist von der Spiritualität, das materielle Kapital vom spirituellen Kapital, das in der Noosphäre (Sphäre des Geistes) seinen Ausdruck findet, das heißt in der Vorherrschaft jener Kraft, die Verstand und Herzen vereint. So offenbart sich die aktuelle Phase, in der das planetarische Bewusstsein beharrlich zeigt, dass die menschliche Spezies nur eine unter vielen ist und dass wir zu einer großen, kollektiven Gemeinschaft gehören, die dasselbe gemeinsame Haus, den Planeten Erde, bewohnt.

Diese Wirklichkeit ist das Ergebnis der auf ein Ziel hin orientierten Kräfte im Universum und auch des menschlichen Bemühens auf der Stufenleiter der Evolution. Um sich vollständig zu verwirklichen, muss die Evolution gewollt werden. Verstand und Herzen müssen sich in einer großen Leidenschaft und einer unermesslichen Liebe zu Menschheit und Erde vereinigen. Es kommt darauf an, das Leben, die Menschheit und die Erde zu lieben.

Aus dem Staub der alten Sterne sind wir entstanden, um zu leuchten und nicht um zu leiden. Deshalb wollen wir Strahlkraft entfalten. Dies ist der Sinn der Evolution und der Plan des Schöpfers.

15. Ein schöner Traum: der Sieg der Vernunft des Herzens

Einem Bonmot zufolge kann der Mensch aus der Geschichte lernen, dass er aus der Geschichte nichts lernt. Doch wir lernen aus dem Leid. Und wir haben in der Tat gelernt.

Lange haben wir nichts gelernt. Wir kannten all die Warnungen der Wissenschaftler und der Weisen, die uns vor der Erderwärmung gewarnt haben, die schon jetzt irreversibel ist. Wir hätten alle Ökosysteme schützen und Sorge für sie tragen müssen, ebenso für die unermessliche Artenvielfalt der Erde und für das immer knapper werdende Trinkwasser. Auf keinen Fall durften wir die unverrückbare Grenze überschreiten.

Aber wir haben die Grenze überschritten. Damit hat die Erde ihr Gleichgewicht verloren und ist in einen chaotischen Prozess geraten, der sich in Extremereignissen wie großen Dürrekatastrophen, großen Überschwemmungen und Wirbelstürmen zeigt. Wenn wir nichts unternehmen, werden wir im Zeitraum von 2030 bis 2050 die Katastrophe der Verwüstung erleben. Gegen Ende des 21. Jahrhunderts hätten wir dann einen zerstörten Planeten, ein Großteil unserer Wälder wäre verschwunden, die Artenvielfalt in erschreckender Weise dezimiert und Abermillionen Menschen wären zugrunde gegangen. In den noch bewohnbaren Winkeln der Erde würden wie auf Oasen der Rettung Millionen Menschen dicht beieinander zusammen mit anderen Millionen Klimaflüchtlingen leben und auf der Suche nach Nahrung und Überlebenschancen den Lebensraum bis an seine Grenzen strapazieren.

Doch dann wird ein alter Menschheitstraum Wirklichkeit, plötzlich ereignet sich etwas Unerhörtes. In der Perspektive der Quantentheorie können wir uns vorstellen, dass es im Bereich der Möglichkeiten der Menschen liegt. Es ist das Entstehen der Kooperation und der Vernunft des Herzens. Innerhalb der herrschenden Zivilisation, die von Konkurrenz und von der instrumentellen Vernunft geprägt ist, gibt es wenig Spielraum für deren Verwirklichung. Dennoch: Angesichts der unmittelbar drohenden Gefahr und der Tatsache, dass es keine Arche Noah geben wird, die einige retten und die Übrigen zugrunde gehen lassen könnte, dass vielmehr alle gleichermaßen untergehen könnten, macht sich eine allmähliche, aber wachsende Veränderung im Bewusstseinsstand der Menschheit bemerkbar. Wir werden uns dessen bewusst, dass wir eine einzige große Familie sind, die das einzige gemeinsame Haus, den Planeten Erde, bewohnt. Wir müssen uns selbst und unseren menschlichen Lebensraum retten.

Regierungen, große multilaterale Institutionen, transnationale Konzerne, weltweite soziale Bewegungen, Kirchen, Religionen, Forschungszentren und Universitäten, Bauernvereinigungen aus der ganzen Welt und andere kleine, aber dennoch nicht unbedeutende Gruppierungen beginnen Treffen zu organisieren, um rettende Auswege ausfindig zu machen. Es gibt viele Diskussionen, kontroverse Positionen, Vorschläge und Gegenvorschläge. Doch alle sehen die Dringlichkeit, kleine punktuelle Gemeinsamkeiten herauszufinden. Von diesen ausgehend muss ein Konsens entwickelt werden.

Zunächst stellt man fest, dass wir über genügend technische und ökonomische Mittel verfügen, um die Gefahr erfolgreich abzuwenden. Es fehlt nur an der Zustimmung aller, sich am Projekt „Rettung des Lebens und der Erde" zu beteiligen. Alle müssen auf irgendetwas verzichten und jegliche Art von Zusammenarbeit anbieten.

Wenn die Gefahr groß ist, dann ist auch die Chance auf Rettung groß, vorausgesetzt, alle wollen sie wirklich. Wer wäre denn sich selbst gegenüber und dem Leben gegenüber so feindlich gesinnt und so sehr den materiellen Gütern verfallen, die in Wahrheit kaum zählen, die uns das Leben nicht sichern können und die wir beim Tod nicht mitnehmen können?

Wiewohl eine beachtliche Zahl von Milliardären zögert, stimmen alle der folgenden Entscheidung zu, deren Grundlage die alte Weisheit der Menschheit ist: Wenn wir uns alle in Lebensgefahr befinden, dann ist uns alles gemeinsam. Die Güter aller Länder und der einzelnen Menschen müssen deshalb allen dienen, wenn wir alle und unseren geliebten Planeten retten wollen, der ohne uns leben kann, der aber die Bedingungen dafür aufrechterhalten muss, dass wir auf ihm existieren.

Diese Entscheidung hat ein Moratorium für Entwicklung und Wachstum zur Folge. Es gibt ein Innehalten, um zu ermöglichen, dass alle Errungenschaften zum Wohl aller verallgemeinert werden, angefangen bei den am wenigsten Entwickelten und Ärmsten. Man entdeckt, dass das auf den Banken weltweit, auf den Zentralbanken eines jeden Landes, auf den Börsen der ganzen Welt und auf den Bankkonten der Superreichen und aller anderen angehäufte Kapital genügend Mittel bereitstellt, um damit allen Menschen ein Obdach, eine Gesundheitsversorgung, Bildung und Freizeit zu ermöglichen.

Natürlich bedeutet ein solches Moratorium das Ende von Abermillionen Arbeitsplätzen. Viele Fabriken werden zu produzieren aufhören und nur noch das Nötige für die Erhaltung bereitstellen. Doch aufgrund der weltweiten Fonds der Menschheit haben alle das Einkommen für ein anständiges Leben. Es wird nicht nur dafür reichen, nicht zu sterben, sondern um unbeschwert und glücklich zu leben. Die Menschen werden die Arbeiten verrichten, die nötig sind, um die Städte, die Straßen, die wesentlichen Dienstleistungen, die Fabriken und öffentlichen Gebäude zu erhalten. Ein Großteil der Arbeit wird der Erholung der Natur gewidmet und man wird Ernst machen mit den vier „W": weniger, weiter benutzen, wiederverwerten und wiederaufforsten.

Niemand ist verschwenderisch oder wird im Luxus leben. Das große Ideal besteht nicht darin, im materiellen Sinne besser zu leben, sondern das „gute Leben" der Andenvölker zu verwirklichen, das heißt in freiwilliger Einfachheit, in Harmonie mit allen und mit der Mutter Erde zu leben. Doch alle können anständig leben und drei oder mehr ausreichende Mahlzeiten am Tag genießen. Das Ergebnis ist ein unvorstellbarer „Nettoglücksindex" anstelle des BIP und die Hauptgründe für Konflikte und den Willen, über andere zu herrschen, werden wegfallen.

Alle entscheiden sich dafür, einen nachhaltigen Rückzug aus Tätigkeiten anzutreten, die mit einer Verschlechterung des Zustandes der Natur einhergehen. Es ist der gemeinsame Plan, die Erde von den ihr zugefügten Wunden wieder zu heilen und künftigen Verletzungen vorzubeugen. Es herrscht das Reich der Ethik der Achtsamkeit, der kollektiven Verantwortung, der Zusammenarbeit und des Mitleids.

Die Religionen, Kirchen und spirituellen Traditionen vergessen ihre Differenzen und stellen sich gemeinsam in den Dienst des Lebens und der Werte, die das Leben am meisten schützen, wie Ehrfurcht und Respekt, Zusammenarbeit aller mit allen und tiefes

Mitgefühl mit denen, die aufgrund der mangelhaften Verfasstheit des Menschen immer noch leiden. Damit wird eine spirituelle Atmosphäre in den Gesellschaften geschaffen, die es leichter macht, die Unterschiede zu akzeptieren und Hochachtung vor den Werten der unterschiedlichsten Völker zu empfinden. Die Religionen, Kirchen und spirituellen Traditionen lehren Toleranz angesichts von Spannungen und Konflikten, die es unter den Menschen immer gibt, und den unablässigen Dialog, um Übereinstimmungen in den Unterschieden und im Zusammenleben mitsamt allen Grenzen und Irrtümern zu erzielen und so zu verhindern, dass diese Unterschiede sich zerstörerisch auf die sozialen Beziehungen auswirken.

Gemeinsamer Bezugspunkt sind die Menschenrechte und die Rechte der Natur. Die „nachhaltige Entwicklung" wird vom Gemeinwohl der Erde und der Menschheit abgelöst.

Die vier grundlegenden Tugenden des menschlichen Zusammenlebens werden mit äußerster Hingabe gepflegt: die Gastfreundschaft aller für alle, der Respekt vor allen Unterschieden von ethnischer Zugehörigkeit, Religion, Kultur und Werten, das Zusammenleben ohne Schranken, das es leichter macht, Intoleranz und Fundamentalismus zu überwinden, und schließlich die Tischgemeinschaft: Alle werden um den einen planetarischen Tisch herum Platz nehmen, wie eine große Familie, die zusammengekommen ist, um miteinander zu leben und zu feiern. Und alle beginnen, dem Ursprungsquell, aus dem alles hervorgeht und der das Universum mitsamt allen Seinsformen erhält, zu danken. Der Glaube an diese Ursprungsquelle bringt die Menschen dazu, ihre Zukunft einem Größeren anzuvertrauen und sich in seiner offenen Hand geborgen zu fühlen.

Auf diese Weise beginnen alle, im Vertrauen auf die Rettung der Menschheit das Reich der Vernunft des Herzens aufzubauen. Und alle beginnen zu tanzen, zu lobpreisen und zu feiern: die Freude zu feiern, zusammen zu sein, in geschwisterlicher Eintracht und versöhnt mit der Erde, zufrieden damit, noch eine Zukunft zu haben und sicher sein zu können, dass das irdische und kosmische Abenteuer noch über Jahrhunderte fortdauern kann.

16. Welche Zukunft erwartet uns?

Viele Analytiker wie James Lovelock, Martin Rees, Samuel P. Huntington, Jacques Attali und andere zeichnen düstere Prognosen über die Zukunft, die uns erwartet. Die Geschichte folgt keiner Gesetzmäßigkeit, denn sie bewegt sich im Reich der Freiheiten, das dem Prinzip der Undeterminiertheit (Werner Heisenberg, Niels Bohr) unterliegt, wie es auch dem Evolutionsprozess eigen ist. Doch ein Blick auf die langfristige Entwicklung lässt uns Konstanten feststellen, die uns helfen können, etwa das Entstehen, die Blütezeit und den Fall großer Reiche und ganzer Zivilisationen zu verstehen.

Mit besonderem Eifer widmete sich der englische Historiker Arnold J. Toynbee (1889–1975) dieser Frage. Er schrieb als Letzter über alle historisch bekannten Zivilisationen. Insgesamt zehn Bände umfasst sein Werk *Der Gang der Weltgeschichte. Aufstieg und Verfall der Kulturen.* In seiner Analyse erweist sich eine soziohistorische Konstante als Schlüsselkategorie: die Entsprechung von Herausforderung und Antwort darauf (*challenge – response*). Diese Idee wirft Licht auf unser Thema. Toynbee stellt die These auf, dass sich eine Zivilisation in dem Maß behauptet und erneuert, in dem es ihr gelingt, das Potenzial der Herausforderungen mit dem Potenzial der Antworten, mit denen sie darauf reagieren kann, in ein Verhältnis des Gleichgewichts zu bringen. Wenn die Herausforderungen so groß sind, dass sie die Fähigkeit, darauf zu antworten, übersteigen, dann beginnt der Verfall der Zivilisation, sie gerät in eine Krise und geht unter.

Nach meiner Überzeugung haben wir es heute mit einem ähnlichen Phänomen zu tun. Unser zivilisatorisches Paradigma, wie es im Abendland entwickelt wurde und über dem gesamten Globus Verbreitung gefunden hat, ist nach allen Seiten hin löchrig. Die globalen Herausforderungen (*challenges*) sind so schwerwiegend – insbesondere was die Ökologie, die Energiefrage und die Nahrungssicherheit angeht –, dass wir die Fähigkeit verlieren, darauf angemessen, das heißt kollektiv und in integrierender Weise, zu reagieren (*response*). Diese Art von Zivilisation wird sich auflösen.

Was kommt danach? Beachtung verdienen die Vorhersagen des französischen Wirtschaftswissenschaftlers Jacques Attali, ehemals Berater von François Mitterand. In seinem Buch *Die Welt von morgen. Eine kleine Geschichte der Zukunft* skizziert er drei mögliche Szenarien:

Das erste Szenario ist das des *Superimperiums.* Es geht um die Vereinigten Staaten und ihre Verbündeten. Sie haben der Globalisierung ein abendländisches Gepräge verliehen und geben ihr eine Richtung, die ihren Interessen entspricht. In vielfacher Hinsicht besitzen sie Stärke, vor allem militärische Stärke. Sie können die gesamte Gattung Mensch auslöschen. Doch dieses Imperium befindet sich im Prozess des Niedergangs, es weist zahlreiche innere Widersprüche auf, die sich in der Unfähigkeit zeigen, aus ihrer kommerziellen Abhängigkeit von China herauszukommen, die unaufhaltsame Entwertung des Dollars aufzuhalten und Lösungen für die Finanz- und Wirtschaftskrise zu finden.

Das zweite Szenarium betrifft den *Superkonflikt:* Es wird dem Zusammenbruch der imperialen Ordnung folgen. Man wird in einen kollektiven Prozess des Chaos (nicht zwangsläufig ein schöpferisches Chaos) geraten. Die Globalisierung schreitet weiter fort, doch es herrscht eine Balkanisierung regionaler Mächten vor, die Konflikte mit großer Zerstörungskraft anzetteln können. Die internationale Anomie, das heißt der Zustand der Gesetzlosigkeit, öffnet den Raum dafür, dass Piraten und Freischärler den Luftraum und die Ozeane unsicher machen, große Unternehmen ausplündern und ein Klima der globalen Unsicherheit erzeugen. Diese Kräfte können Zugang zu Massenvernichtungswaffen bekommen und die Gattung Mensch insgesamt bedrohen. Diese Extremsituation erfordert eine ebenso extreme Lösung.

Diese findet sich im dritten Szenario, der *Superdemokratie.* Wenn sich die Menschheit nicht selbst zerstören will, sieht sie sich gezwungen, einen Weltsozialpakt auszuhandeln und Instanzen für eine globale Steuerung zu schaffen, die die knappen Ressourcen der Natur kollektiv und nach Maßgabe der Gleichheit verwalten. Dieser Weltsozialpakt wird sich an den Prinzipien des Gemeinwohls von Erde und Menschheit orientieren. Wenn dieses Szenario die Oberhand gewinnt, wird eine neue Etappe der menschlichen Zivilisation eingeleitet, die wahrhaft planetarische Etappe. Diese Etappe wird weniger Konfliktpotenzial und viel mehr Geist der Solidarität und Kooperation umfassen. Es bleibt uns nur, zu beten, dass dieses letzte Szenario Wirklichkeit wird.

Fünftes Kapitel

Erzählungen und Reflexionen, die zu denken geben

1. Das traurige Ende des rein materiellen Wachstums

Ein Soldat der antiken Stadt Bassora im heutigen Irak kam voller Angst zum König und sprach zu ihm: „Mein Herr, rette mich, hilf mir, von hier zu fliehen! Ich war auf dem Marktplatz und traf dort den Tod an. Er war ganz in Schwarz gekleidet und schaute mich mit tödlichem Blick an! Leih mir dein königliches Pferd, damit ich schnell weit weg von hier, nach Samarra, reiten kann." Der König entsprach seinem Wunsch. Später traf der König selbst den Tod auf der Straße und sprach zu ihm: „Mein Soldat war zutiefst erschreckt. Er hat mir erzählt, dass du ihn auf äußerst seltsame Art angeschaut hast." „O nein", sagte der Tod. „Ich schaute nur verblüfft drein, weil ich mich fragte, wie dieser Mann wohl so schnell nach Samarra, so weit weg von hier, kommen würde, denn dort habe ich ihn heute Nacht erwartet."

Diese kleine Geschichte ist eine Parabel über das beschleunigte Wachstum auf Kosten der Natur und um den Preis der Ausgrenzung großer Bevölkerungsteile. Dieses Wachstum lässt uns nach Samarra gelangen. Mit anderen Worten: Wir haben sehr wenig Zeit zur Verfügung, um das Chaos zu verstehen, in das das System Erde geraten ist, und die nötigen Maßnahmen zu ergreifen, bevor es zu irreversiblen Konsequenzen führt.

Wir wissen bereits, dass wir die globale Erwärmung nicht mehr verhindern können; wir können nur noch dafür sorgen, dass sie sich zu keiner Katastrophe auswächst. Auf Regierungsebene wird nichts wirklich Bedeutsames unternommen, das der Ernsthaftigkeit dieser weltweiten Herausforderung gerecht würde. Viele glauben an die magische Kraft der Technik und Wissenschaft: Sie hoffen, dass Wissenschaft und Technik im entscheidenden Moment in der Lage sind, die Katastrophe aufzuhalten. Doch damit ist nicht einfach alles gut. Manche Schäden lösen, wenn sie einmal eingetreten sind, einen Schneeballeffekt aus.

Die Natur auf physikalisch-chemischer Ebene, ja selbst die Krankheiten des Menschen können hierfür als Beispiel dienen. Wenn eine atomare Kettenreaktion einmal ausgelöst ist, kann die Explosion der Bombe nicht mehr verhindert werden. Wenn die Dämme bei New Orleans einmal gebrochen sind, ist es nicht mehr möglich, das Meer aufzuhalten; es wird die Stadt überfluten.

Die meisten Krankheiten des Menschen folgen derselben Logik. Der Alkohol- und Nikotinmissbrauch, eine falsche Ernährung usw. äußern sich anfangs in Symptomen von geringer Bedeutung. Doch der Organismus verändert sich allmählich immer mehr. Zuerst betrifft dies funktionelle, dann organische Veränderungen und schließlich, wenn ein bestimmtes Stadium erreicht ist, mündet die Entwicklung in eine irreversible Erkrankung, die zum Tod führen kann.

Genau das passiert zurzeit mit der Erde. Die menschliche „Besiedlung" wirkt sich auf den Organismus der Erde so aus wie eine Gruppe von Zellen, die sich ab einem bestimmten Zeitpunkt in chaotischer Weise vermehrt, das umgebende Gewebe durchdringt, wie es beim Krebs der Fall ist, und giftige Substanzen produziert, die schließlich den gesamten Organismus vergiften. Genau das tun wir, indem wir 83 Prozent des Planeten in Besitz genommen haben.

Das Wirtschaftssystem und das System der Produktion haben sich bereits drei Jahrhunderte entwickelt, ohne dass wir uns jemals darüber Rechenschaft gegeben haben, dass sie mit dem ökologischen System nicht vereinbar sind. Heute wird uns bewusst, dass die Ökologie und die industrialistische Produktionsweise, die die Plünderung und Verwüstung der Natur zur Folge hat, miteinander nicht zu vereinbarende Gegensätze sind. Entweder wir ändern uns oder wir sind auf dem besten Weg nach Samarra, wo uns etwas Düsteres erwartet.

Wie können wir von einer alles niederwalzenden Industriegesellschaft zu einer Gesellschaft der Erhaltung allen Lebens gelangen? Die Erde als ein Ganzes bildet die Grenze. Sie bewirkt die Krise der derzeitigen Produktionsweisen, die das natürliche Kapital opfern und Gesellschaftsformen hervorbringen, die auf Konsumismus, Verschwendung, schlechtem Umgang mit Abfällen und sozialer Ausgrenzung beruhen.

Abgesehen von der globalen Erwärmung haben wir es mit drei grundlegenden Problemen zu tun: mit der Ernährungskrise einschließlich der Knappheit des Trinkwassers, das zu einer Ware gemacht wird und deshalb für die große Mehrzahl der Armen unerschwinglich ist; mit der Krise des Zuendegehens nicht erneuerbarer Energiequellen, denn die Tage der fossilen Energien wie Erdöl und Kohle sind gezählt; mit der Krise der Erdbevölkerung, die nicht aufhört zu wachsen und Lebensmittel und andere Dinge benötigt, ohne die ein zivilisiertes Leben nicht aufrecht erhalten werden kann.

Für kein einziges dieser Probleme ist eine weltweite Lösung in Sicht. Und die Zeit läuft uns davon. Jetzt ist der Augenblick der kollektiven Krise, die uns dazu zwingt, mehr an das Gemeinwohl der Erde und der Menschheit zu denken als an jedes nationale Problem. Dies erfordert ein neues Bewusstsein, eine neue kollektive Praxis und einen neuen Sinn der Zusammengehörigkeit der Menschen untereinander und mit der Mutter Erde. Jetzt ist Gelegenheit, das spirituelle Wachstum der Menschheit zu fördern.

2. Ein Gott, der weinen kann

Die in den heutigen Religionen gängigen Gottesbilder sind in ihrer großen Mehrzahl in einer patriarchalischen Kultur entstanden. Sie stellen einen Gott vor, der Herr des Himmels und der Erde ist, der über alle Macht verfügt, der Richter und gestrenger Vater ist. Zuvor, innerhalb der matriarchalischen Kultur, die als eine der Phasen der Menschheitsgeschichte vor ungefähr 20.000 Jahren bezeugt ist, war das Gottesbild weiblich: Es war das Bild der Großen Mutter, der Mutter der tausend Brüste, der Lebensgebärerin. Dieses Gottesbild brachte eine Kultur hervor, die stärker in Einklang mit der Natur und zutiefst spirituell war.

Unser individuelles und zugleich kollektives Unbewusstes bewahrt in Form von Archetypen und großen Träumen diese Erfahrungen auf, die die Menschen gemacht haben, als sie das menschliche Zusammenleben – im Zeichen der Gestalt des Vaters und der Gestalt der Mutter – organisierten. Sie sind wirkmächtig in uns und dringen stets in Form der Fantasie, der Kunst, der Musik und in Symbolen jeglicher Art an die Oberfläche.

Doch noch ein anderes Bild ist in der Religionsgeschichte und auch in der jüdisch-christlichen Tradition präsent: Es zeugt von einem Gott, der schwach ist, der Kind wird, der nicht verurteilt, sondern mit uns unterwegs ist; von einem Gott, der über den Tod des Freundes weint und am Kreuz schreit, weil Gott sich in Schweigen hüllt.

Zahlreiche christliche Mystiker beziehen sich auf den Gott, der mit den Leidenden leidet und um die Sterbenden weint. Juliana von Norwich (1342-1416), die große englische Mystikerin, sah den Zusammenhang zwischen der Passion Christi und der Passion der Welt. In einer ihrer Visionen sagt sie: „Ich sah sodann, dass es in meinem Verstehen eine große Einheit zwischen Gott und uns gab; denn wenn er litt, litten wir auch: Und alle Menschen, die leiden konnten, litten mit ihm." William Bowling, ein Mystiker des 17. Jahrhunderts, wurde noch konkreter: „Christus vergoss sein Blut ebenso für die Kühe und Pferde wie für uns Menschen." Hier zeigt sich die überpersönliche und kosmische Dimension der Erlösung.

Zu bekennen – wie es im christlichen Credo geschieht –, dass Christus bis zur Hölle hinabgestiegen ist, bedeutet, existenziell zum Ausdruck zu bringen, dass er sich nicht scheue, die menschliche Verlassenheit und seine Einsamkeit im Tod zu erfahren.

Ein jüdischer Midrasch (eine ausschmückende Erzählung des biblischen Textes) handelt von dem Weinen Gottes: Als Gott sah, wie die ägyptischen Reiter samt ihren Pferden von den Fluten des Roten Meeres verschlungen wurden, nachdem das Volk Israel es trockenen Fußes durchquert hatte, konnte er sich nicht mehr zurückhalten und weinte. Tief bewegt sagte er: „Sind denn die Ägypter nicht auch meine geliebten Kinder, genauso wie die Söhne Abrahams und Jakobs?"

Eine reiche biblische Tradition spricht von der Barmherzigkeit Gottes. Im Hebräischen heißt Barmherzigkeit, einen Mutterleib haben und im innersten Herzen fühlen. Psalm 103 ist ein Beispiel:

Der Herr ist barmherzig und gnädig, langmütig und reich an Güte.
Er wird nicht immer zürnen, nicht ewig im Groll verharren ...
Wie ein Vater sich seiner Kinder erbarmt, so erbarmt sich der Herr über alle, die ihn fürchten.
Denn er weiß, was wir für Gebilde sind; er denkt daran. Wir sind nur Staub ...
Doch die Huld des Herrn währt immer und ewig.

Könnte es tröstlichere Worte für die schlechten Zeiten geben, die wir durchmachen? Niemals sind wir in unserem Leid allein. Gott leidet mit uns. Vor diesem Hintergrund des Mitleids ist die Auferweckung Jesu zu verstehen. Wenn die Auferstehung nicht die Auferstehung des Gekreuzigten gewesen wäre, also dessen, der sich mit allen Gekreuzigten der Geschichte identifiziert hat, dann wäre sie einer von vielen vitalistischen Mythen, die das Leben preisen, und keine Antwort auf das Drama des Leids. Doch wenn auch das Leid geteilt wird, dann wird es erträglich.

Die Auferstehung macht den letzten Sinn der Solidarität mit den Gekreuzigten deutlich: die Verwandlung des Schmerzes in neues Leben als vorwegnehmendes Zeichen des guten Endes der Geschichte, der Menschheit und des Universums.

3. Christus weinte um den Vatikan

Als ich bei den kirchlichen Basisgemeinden im Amazonasgebiet im Norden Brasiliens unterwegs war – dort, wo eine arme und für die Befreiung engagierte Kirche kräftig gedeiht –, hörte ich von einem Gemeindeleiter folgende angeblich wahre Geschichte:

Ich war eines Tages zum Gemeindezentrum unterwegs, als ich mich – ich weiß nicht, ob im Traum oder im Geiste – in die Vatikangärten versetzt sah. Plötzlich sah ich den Papst. Es war keiner der bekannten Päpste. Er war ganz in Weiß gekleidet und von seinen wichtigsten Beratern – Kardinälen – umgeben. Sie machten ihren üblichen Spaziergang nach dem Essen durch die blühenden Vatikangärten. Plötzlich entdeckte der Papst einige Meter entfernt die Gestalt des Meisters. Dieser erscheint immer verkleidet, sei es als Gärtner oder als Wanderer auf dem Weg nach Emmaus. Der Nachfolger des Petrus entfernte sich fast unbemerkt von der Gruppe der Kardinäle und erkannte bald den Auferstandenen. Er fiel vor ihm auf die Knie und wollte das Glaubensbekenntnis sprechen, durch das seinerzeit aus Simon Petrus wurde, der Fels, auf dem die Kirche erbaut wurde. Als Jesus den Papstpalast und die Umrisse der Gebäude des Heiligen Stuhls sah, sagte er mit trauriger Stimme: „Ich segne dich nicht, Simon, Sohn des Jona und Nachfolger des Petrus, denn all das ist nicht im Geist meines Vaters im Himmel entstanden, sondern es ist aus Fleisch und Blut hervorgegangen. Ich sage dir, dass ich meine Kirche nicht auf diesen Stei-

nen errichtet habe, denn wenn es so gewesen wäre, dann hätte die Hölle sie mit Sicherheit bereits überwunden."

Der Papst war verblüfft und sah dem Herrn ins Gesicht. Er sah, dass dem Herrn zwei Tränen über die Wangen liefen, und dachte an Petrus, der den Herrn zweimal verraten hatte und beim dritten Mal bitterlich weinen musste. Er wollte etwas sagen, doch die Worte blieben ihm im Halse stecken. Er begann ebenfalls zu weinen. Und da verschwand der Herr wieder.

Die Kardinäle hatten die Worte des Meisters gehört und eilten dem Papst zu Hilfe. Dieser sprach in strengem Ton: „Brüder, der Herr hat mir die Augen geöffnet. Deshalb können die Dinge nicht so bleiben, wie sie sind. Helft mir, den Willen des Herrn zu erfüllen."

Der Kardinalkämmerer, der Älteste von allen, sprach: „Heiligkeit, gehen wir und tun wir etwas in der Nachfolge Jesu und in der Tradition der Apostel. Morgen werden wir das ganze Kardinalskollegium, soweit es in Rom ist, versammeln, den Heiligen Geist herabflehen und entscheiden, wie wir den Worten des Herrn gehorsam vorgehen wollen."

Alle entfernten sich niedergeschlagen und es kam ihnen jene Szene aus dem Neuen Testament in den Sinn, als Jesus über die heilige Stadt Jerusalem weinte, die ihre Propheten getötet und die Gesandten Gottes gesteinigt hatte und die sich nun weigerte, ihre Söhne und Töchter so unter den Schutz des Menschensohns zu stellen, wie eine Henne ihre Küken unter ihren Flügeln versammelt. Einige sagten indessen: „Brüder, seien wir realistisch und klug, denn wir müssen in dieser Welt leben, die wir mit aufzubauen helfen. Können wir unsere Geschichte verleugnen? Doch warten wir ab, was der Geist uns eingibt."

Am folgenden Tag, als sich die Kardinäle ernst und mit gesenkten Häuptern zum Saal begaben, kam der Sekretär des Papstes gelaufen und teilte ihnen fast schreiend mit: „Der Papst ist gestorben, der Papst ist gestorben!"

Die Begräbnisfeierlichkeiten wurden wie üblich mit allem Pomp begangen: Die Kardinäle kamen aus allen Enden der Erde herbei und waren mit ihren prächtigen und bunten Gewändern bekleidet, wie sie zu Königspalästen passen. Eine Woche später setzten sie den Papst bei. Und niemand erinnerte sich mehr daran, dass Christus geweint hatte, niemand dachte mehr an die ernsten

Worte, die er zum Papst, den sie soeben beigesetzt hatten, gesprochen hatte.

Deshalb macht die Kirche so weiter wie bisher: mit Macht und in vollem Widerspruch zum Handeln des Menschensohns, der als Armer unter Armen lebte, weit weg von königlichen Palästen. In den ersten Jahrhunderten nach Christus pflegte man zu sagen: Die Kirche ist eine „casta meretrix", eine „keusche Hure", oftmals mehr Hure als keusch. Doch ist das der Wille ihres Gründers?

4. Jesus plagten Zweifel, Angst und Hoffnungslosigkeit

Die *theologische* Deutung des Todes Jesu als Opfer für unsere Sünden hat uns allzu schnell die wirklichen *historischen* Gründe vergessen lassen, die ihn der religiösen und politischen Gerichtsbarkeit ausgeliefert und schließlich zum Justizmord am Kreuz geführt haben. Er starb nicht, weil eben alle Menschen sterben. Er wurde ermordet wegen einer Sache, die er verkündet und bis zum Ende durchgehalten hat.

Christus war nicht nur der süße und sanfte Nazarener. Er war einer, der harte Worte gebrauchte, der der Auseinandersetzung nicht auswich und der auch physische Gewalt (die Peitsche) einsetzte, um die Heiligkeit des Tempels zu schützen. Sein Lebensumfeld entspricht jüngeren Forschungen zufolge dem der Bauern und Handwerker im Mittelmeerraum, die in radikalem, aber gewaltfreiem Widerstand gegen den Städtebau des Herodes Antipas lebten und das Finanzgebaren Roms auf dem Land ablehnten, das der Provinz Galiläa – der Heimat Jesu – aufgezwungen wurde und zur Verarmung der gesamten Bevölkerung führte. Jesus verkündete eine Botschaft, die für die politische und religiöse Situation seiner Zeit eine radikale Krise hervorrief. Er verkündete das Reich Gottes im Gegensatz zum Reich des römischen Kaisers und an die Stelle des Gesetzes ließ er die Liebe treten.

Das Reich Gottes umfasst zwei Dimensionen: eine politische und eine religiöse. Die politische Dimension widersetzt sich dem Reich des römischen Kaisers, der sich als Sohn Gottes, Gott und Gott von Gott verstand: Das sind dieselben Hoheitstitel, die die Christen später auf Christus angewandt haben. Eine solche Titulierung Jesu war für einen frommen Juden nicht hinnehmbar und für einen Römer erfüllte sie den Tatbestand der Majestätsbeleidigung.

Die andere, religiöse Dimension wurde auch „apokalyptisch" genannt. Das heißt: Angesichts der Verderbtheit der Welt hoffte man auf das baldige Eingreifen Gottes und auf die Errichtung eines Reiches der Gerechtigkeit und des Friedens. Jesus reihte sich in diese Strömung ein. Allerdings mit einem Unterschied: Das Reich ist ein Prozess, der erst begonnen hat und sich in dem Maß verwirklicht, in dem die Menschen Geist und Herz ändern. Erst am Ende der Geschichte wird die große Wende mit einem neuen Himmel und einer neuen Erde eintreten. Diese *Eutopie* (gute Wirklichkeit), und nicht die Kirche, ist das grundlegende Projekt Jesu. Er versteht sich als derjenige, der im Namen Gottes einen solchen Prozess vorantreibt. Diese Auffassung vom Reich hat zahlreiche Akteure der Gesellschaft in eine Krise gestürzt: die Zöllner und Sadduzäer, die mit den Römern verbündet waren, die Priesterkaste, die zelotischen Guerilla-Kämpfer und vor allem die Pharisäer. Diese sind die Hauptgegner des Menschensohns, denn anstatt der Liebe predigten sie die Starre des Gesetzes, anstatt eines guten Gottes, des „Papas" (Abba) Jesu, einen strengen Richter. Für Jesus ist Gott ein Vater mit den Merkmalen einer barmherzigen Mutter.

Dieses Verständnis bildet den Kern von Jesu Botschaft. Jegliche Macht versteht er als bloßen Dienst. Er lehnt Hierarchien ab, denn wir sind alle Geschwister und es gibt unter uns keine Meister und Väter.

Die Krise, die er damit heraufbeschwor, führte zu seiner Verurteilung zum Tod am Kreuz. Jesus geriet in eine schwere persönliche Krise, die von Bibelwissenschaftlern als „galiläische Krise" bezeichnet wird. Er fühlt sich von seinen Jüngern verlassen und hat den gewaltsamen Tod vor Augen, wie ihn auch die Propheten erlitten hatten. Die Versuchung im Garten Getsemani stellt ein Paradox dar: „Vater, lass diesen Kelch an mir vorübergehen." Doch er ist auch bereit, alles auf sich zu nehmen und sein Engagement bis zum Ende durchzuhalten. Am Kreuz schreit er fast verzweifelt: „Mein Gott, warum hast du mich verlassen?" Der Hebräerbrief bezeugt: „Mit lautem Schreien und unter Tränen hat er den angefleht, der ihn aus dem Tod retten konnte." Die Textkritik weist auf Textvarianten hin, in denen es heißt: „Und er wurde *nicht* erhört; obwohl er der Sohn Gottes war, musste er durch Leiden den Gehorsam lernen" (Hebräer 5,7-8).

Seine letzten Worte lauteten: „Vater, in deine Hände übergebe ich meinen Geist." Das ist der höchste Ausdruck eines grenzenlosen Vertrauens. Tatsächlich wird Jesus als der Prototyp des Menschen dargestellt, der das Scheitern des Lebensprojekts bis zum Ende ertragen hat und selbst inmitten der Absurdität, die er in seinem Leben erfahren musste, an einen radikalen Sinn glaubte.

Die Auferweckung bestätigt die Richtigkeit dieser Haltung. Sie war die Grundlage dafür, dass er von den Christen nun schon zweitausend Jahre lang als Sohn Gottes und menschgewordener Gott verkündet wird. Doch nicht, ohne dass er zuvor Verfolgung, Zweifel, Angst und schließlich die Kreuzigung durchleiden musste.

5. Die glückliche Ehe zwischen Himmel und Erde

Wenn wir den Prozess der Globalisierung im Sinne einer neuen Etappe der Menschheit und der Erde betrachten, in der die unterschiedlichsten Kulturen, Traditionen und Völker einander zum ersten Mal begegnen, werden wir uns bewusst, dass wir auf höchst unterschiedliche Art und Weise Mensch sein und die letzte, innerste und tiefste Wirklichkeit auf vielen Wegen finden können. Zu glauben, dass es nur ein einziges Fenster gibt, von dem aus man den Vorübergang Gottes sehen kann, ist die Vorstellung des abendländischen Christentums. Und auch sein Irrtum.

Heute wiederholt Papst Benedikt XVI. die vom Zweiten Vatikanischen Konzil überwundene mittelalterliche Aussage, dass es „außerhalb der Kirche kein Heil" gebe. Für ihn ist der Katholizismus die einzige wahre Religion, die anderen strecken sich lediglich dem Himmel entgegen, ohne die Gewissheit zu haben, dass Gott diese Bitte erhört.

Wie kleingläubig ist diese Überzeugung und wie beschränkt, als ob Gott nicht größer wäre als unser Kopf! Wer hätte nicht schon tief gläubige Menschen anderer Religionen getroffen, in denen man die Gegenwart Gottes deutlich wahrnimmt? Diese Wirklichkeit nicht anzuerkennen heißt in Wahrheit, sich gegen den Heiligen Geist zu versündigen, der im Lauf der Geschichte stets die spirituelle Dimension lebendig hält.

Auf meinen vielen Reisen, in der Begegnung mit anderen Kulturen und religiösen Menschen jeglicher Art ist mir die Notwendigkeit bewusst geworden, dass wir alle voneinander und von der tiefen Fähigkeit zur Gottesverehrung lernen müssen, von der die unterschiedlichsten Völker ein glaubwürdiges Zeugnis geben.

Vor einigen Jahren hielt ich Vorträge in zahlreichen Städten Schwedens über Ökologie und Spiritualität. Bei einer Gelegenheit nahm man mich fast bis zum Nordpol mit, wo die Samen (Eskimos) leben. Ihnen gefällt es nicht sonderlich, Fremde zu treffen. Doch da sie wussten, dass es sich bei diesem Fremden um einen Befreiungstheologen handelt, wollten sie mich dennoch kennenlernen. Es erschienen drei Stammesführer. Der älteste fragte mich bald: „Verehelichen die brasilianischen Indianer den Himmel mit der Erde oder nicht?" Ich verstand die Absicht hinter der Fragestellung sofort und gab prompt zur Antwort: „Natürlich tun sie das, denn aus dieser ehelichen Verbindung gehen alle Dinge hervor." Die Worte erfreuten ihn und er sagte: „Dann sind sie wirklich noch Indianer und nicht wie unsere Brüder aus Stockholm, die nicht mehr an den Himmel glauben." Daraus entwickelte sich ein tiefes Zwiegespräch über den Sinn der Einheit von Gott, Welt, Mensch, Tieren, der Erde, der Sonne und dem Leben.

Eine ähnliche Erfahrung habe ich 2008 in Guatemala gemacht, als ich an einer eindrucksvollen Feier mit Maya-Priestern nahe am See Atitlan – vielleicht einer der schönsten Seen der Welt – teilnahm. Es wirkten auch Priesterinnen mit. Alles spielte sich rund um das heilige Feuer ab. Sie begannen, die Energien der Berge, der Gewässer, der Wälder, der Sonne und der Mutter Erde anzurufen. Während der Zeremonie kam eine Priesterin zu mir und sagte: „Du bist sehr müde und musst noch viel arbeiten." Tatsächlich hatte ich zwanzig Tage lang mit dem Auto mehrere Länder durchquert, an vielen Veranstaltungen teilgenommen und Vorträge gehalten. Und dann drückte sie mir ihren Daumen in der Höhe des Herzens mit solcher Kraft gegen die Brust, dass sie mir fast eine Rippe brach.

Einige Zeit später kam sie erneut zu mir und sagte: „Du hast ein kaputtes Knie." Ich fragte sie: „Wie weißt du das?" Sie gab zur Antwort: „Ich spürte es durch die Kraft der Mutter Erde." Tatsächlich hatte ich mir am Strand das Knie verstaucht, das daraufhin angeschwollen war. Sie nahm mich zum heiligen Feuer mit und ließ die Hand dreißig- oder vierzigmal vom Feuer zu meinem Knie gleiten, bis die Schwellung vollständig zurückgegangen war.

Vor dem Ende der Feier, die insgesamt etwa drei Stunden dauerte, kam sie zum dritten Mal zu mir und sagte: „Du bist noch immer müde." Und wieder drückte sie den Daumen stark gegen meine Brust. Ich spürte eine seltsame Wärme und plötzlich war ich entspannt und ruhig wie niemals zuvor. Es sind Schamanen, die mit den Energien des Universums in Kontakt treten und den Menschen helfen, gut zu leben.

Einmal fragte ich den Dalai Lama: „Was ist die beste Religion?" Und er setzte ein Lächeln auf, halb weise, halb spitzbübisch, und antwortete: „Diejenige, die dich besser macht." Verblüfft setzte ich nach: „Welche Religion macht mich denn besser?" Er antwortete: „Diejenige, die dich mit mehr Mitgefühl erfüllt, dich menschlicher und offener für das Ganze macht. Das ist die beste Religion."

Eine weise Antwort, die ich bis heute in Ehren halte.

6. Indios und Schwarze: das schlechte Gewissen der Christen

Bei allen Versammlungen der Bischöfe Lateinamerikas und der Karibik taucht unvermeidlich, wie ein Alpdruck, die bis heute noch nicht gelöste historische Frage nach der Art und Weise auf, wie die Indios und Schwarzen im Lauf des Prozesses der Kolonisierung und Evangelisierung behandelt worden sind. Dieser Alpdruck wird zum schlechten Gewissen, das nicht mehr unterdrückt werden kann, wie es jene christlichen Gruppen wollen und tatsächlich tun, die unempfindlich für das Leiden sind, das Abermillionen Menschen durch eben dieses Christentum zugefügt wurde.

Das hierarchisch verfasste Christentum hat sich im Allgemeinen stets als aufgeschlossen gegenüber dem Armen erwiesen, aber gleichzeitig hat es sich als unerbittlich und ethnozentrisch gegenüber der kulturellen Andersartigkeit gezeigt. Die anderen (Indios, Schwarze, Muslime) wurden als Feinde, als Heiden und Ungläubige betrachtet. Es wurden „gerechte Kriege" gegen sie geführt und bei der Conquista (der Eroberung bzw. Invasion Lateinamerikas) verlas man vor ihnen das *Requerimiento,* ein lateinisches Dokument, in dem die Anerkennung des spanischen oder portugiesischen Königs als Herrscher und des Papstes als Stellvertreter Gottes gefordert wurde. Wenn dies nicht akzeptiert wurde, dann legitimierte dies die gewaltsame Unterwerfung, ja sogar den gerechten Krieg.

Wegen dieser Vergangenheit dürfen wir niemals vergessen, dass das Fundament unserer Gesellschaft in Gewalt und Kolonialismus besteht, die in unsere Länder eingedrungen sind und den Völkern ein bestimmtes Sprach- und Denkmuster aufgezwungen haben. Die Basis dieser Gesellschaft ist der Völkermord an den Indios und deren fast vollständige Vernichtung. Diese Gesellschaft gründet auf der Sklaverei, die Millionen Menschen zu einem „Stück Ware" gemacht hat. Und die Grundlage dieser Gesellschaft besteht in der historischen Abhängigkeit von den Ländern des Zentrums, die unseren eigenständigen Weg erschwert, ja uns sogar auf eine völlig überflüssige Existenz reduziert hat.

Die sozialen Ungleichheiten, die diskriminierenden Hierarchien und der Mangel an Sinn für das Gemeinwohl beziehen bis heute Nahrung aus diesem perversen kulturellen Substrat. Der herausragende Soziologe Gilberto Freyre hat diesen Nährboden mit den Kategorien „Großes Haus" (die Herren) und „Negerhütte" (die Versklavten) bezeichnet.

Deshalb haben wir erschrocken, mit Abscheu und skandalisiert reagiert, als wir aus dem Mund Papst Benedikts XVI. anlässlich der Versammlung der Bischöfe des Kontinents in Aparecida im Jahr 2005 vernehmen mussten, die erste Evangelisierung sei keineswegs „Zwang und Entfremdung" gewesen. Ja noch mehr: Wollte man die Religionen der Vorfahren wieder beleben, wäre dies „ein Rückschritt und eine Rückentwicklung".

Eine solche Äußerung zeigt, wie ignorant der Vatikan immer noch ist. Er wiederholt die Formeln der Vernichter der Indios und der europäischen Sklavenhalter. Er lernt wenig oder praktisch nichts aus der umfangreichen historischen Forschung, die inzwischen zu diesen dramatischen Themen vorliegen. Mit Recht verlangten Historiker und selbst der venezolanische Präsident Hugo Chávez (er ist selbst Mestize) in seiner Eigenschaft als Staatschef, dass der Papst um Entschuldigung bitte und eine Richtigstellung vornehme. Der Papst fand allerdings nur halbherzige Worte; er sprach, ohne etwas zu sagen, und zeigte falsche Reue.

Angesichts dieser respektlosen und beleidigenden Haltung müssen wir die Stimme der Opfer vernehmbar machen, die bis heute die Kehrseite der Conquista zur Sprache bringt. Eines dieser Opfer ist der Maya-Prophet Chilam Balam de Chumayel: „Wehe uns! Tragen wir Trauer, denn sie sind gekommen ... Sie sind gekommen, um unsere Blumen welken zu lassen, damit nur ihre eigene Blüte am Leben bleibe ... Sie sind gekommen, um die Sonne zu kastrieren." Und er setzt sein Klagelied fort: „Unter uns hat die Trauer Einzug gehalten, das Christentum hat Einzug gehalten ... Das war der Anfang unseres Elends, der Anfang unserer Sklaverei."

Oswald Spengler behauptet in seinem Buch *Der Untergang des Abendlandes,* dass die Invasion Lateinamerikas durch Spanier und Portugiesen den größten Völkermord in der Geschichte der Menschheit nach sich zog. 90 Prozent der Bevölkerung seien vernichtet worden. Von den 22 Millionen Azteken, die es im Jahr 1519 noch gab, als Hernán Cortéz in Mexiko eindrang, waren im Jahr 1600 nur noch 1 Million übrig. Und die Überlebenden sind, wie der Theologe Jon Sobrino sagt, gekreuzigte, am Kreuz hängende Völker. Weil er diese den Vertretern der offiziellen Kirche missliebige Wahrheit ausgesprochen hat, wurde er vom Vatikan mit Zensur belegt. Doch es bleibt dabei: Die Aufgabe der Kirche ist es, die geschundenen Völker vom Kreuz herabzuholen und zu neuem Leben zu erwecken.

Die Hoffnung der Indigenes ist nicht gestorben. In ganz Lateinamerika macht sich ein neues Subjekt in neuer Stärke bemerkbar: Es sind die indigenen Gemeinden, die ihre Kosmologie, die Weisheit ihrer Vorfahren, die Würde ihrer Religion, ihrer Riten und Feiern wiederentdecken. Doch vor allem entdecken sie ihre Werte wieder, die ihren Gesellschaften Zusammenhalt verleihen und die tiefe, gelebte Gemeinschaft mit der Natur herstellen.

Zwei Kategorien gewinnen hierbei zentrale Bedeutung: das *bien vivir,* das heißt das gute Leben, das eben kein besseres Leben auf Kosten der Herabsetzung und Ausbeutung des Anderen ist, sondern das „gute Leben" in Solidarität und Gegenseitigkeit mit dem Anderen und in tiefer Verwurzelung in der Gemeinschaft. Die Idee des „guten Lebens" hat Eingang in die Verfassungen von Bolivien und Ecuador gefunden. Es bringt die Utopie der indigenen Völker zum Ausdruck, in Harmonie mit sich selbst, mit Mann und Frau, mit dem Anderen, mit den Energien der Natur und mit Gott zu leben. Es geht nicht darum, eine reiche Gesellschaft zu schaffen, sondern eine Gesellschaft, die das produziert, was für ein anständiges Leben aller reicht, ohne Ausgrenzung und Vorurteile. Diese Gesellschaft integriert die Pacha Mama und das Universum.

Die zweite Kategorie ist das *Sumak Kawsay*. *Sumak* ist das Erhabene, das Harmonische, das Herausragende. *Kawsay* ist das Leben in seiner Dynamik, in seinen Veränderungen und Wandlungen. *Sumak Kawsay* ist also ein Ausdruck für das Leben in Fülle in materiellem, sozialem und spirituellem Sinn. Es anzustreben heißt, harmonische Beziehungen innerhalb und außerhalb der Gemeinschaft zu etablieren, die dem Rhythmus des Lebens und der Natur folgen.

Dieses Ideal kann als eine Alternative zum abendländischen Paradigma betrachtet werden, das alle Beziehungen im Namen des Individualismus, der privaten Anhäufung von Reichtum, des immer brutaleren Konkurrenzkampfes beschädigt oder gar zerstört und dafür den Preis der Zerstörung der Natur und einer ungeheuren sozialen Ungleichheit bezahlt hat.

Heute hat dieses Modell seine historischen Möglichkeiten aufgebraucht. Wir müssen zivilisatorische Experimente, die sich in der Vergangenheit bewährt haben, neu prüfen. Manche sind vernichtet worden, doch ihr fruchtbarer Same hat überlebt. Sie können uns heute dazu inspirieren, in einer besseren Weise und in Harmonie mit dem Ganzen Mensch zu sein. Die indigenen Völker sind sich bewusst, dass sie Träger von Werten und Prinzipien sind, die gut sind für die gesamte Menschheit.

In einigen Andengemeinden der alten Inkas wird von Zeit zu Zeit ein symbolisch höchst bedeutsames Ritual begangen: Man bindet einen Condor – den Adler der Anden – auf dem Rücken eines starken Stieres fest. Vor der Menschenmenge spielt sich dann ein dramatischer und heftiger Kampf ab, bis der Condor mit seinem gewaltigen Schnabel den Stier zur Erschöpfung bringt und niederstreckt. Der Stier wird dann von allen gemeinsam verspeist. Der Stier stellt das spanische Kolonialreich dar und der Condor den Inka aus dem Andenhochland. In dem Ritual vollzieht sich eine symbolische Umkehr: Der Sieger von damals wird zum Besiegten der Gegenwart. Der Traum der Freiheit triumphiert, wenigstens auf symbolische Weise.

Die Sendung der Kirche ist die Gerechtigkeit und nicht die Caritas in einem assistentialistischen Sinne. Ihre Sendung besteht also darin, die Wiederbelebung der alten Kulturen mitsamt ihrer Seele, nämlich ihrer Religion, zu stärken und einen Dialog zu etablieren, in dem beide Seiten einander ergänzen, sich gegenseitig läutern und sich gegenseitig evangelisieren. Dann kann schließlich die Liebe in Gestalt der Nächstenliebe hervorbrechen, die alles mit der Ursprungsquelle, der den alten Kulturen so wertvollen kosmischen Energie, also letztlich mit Gott, verbindet.

7. Der Zauber der Orixás

Jede Kultur findet zu ihren künstlerischen, literarischen und spirituellen Ausdrucksformen, sobald sie einen gewissen Grad an Komplexität erreicht. Doch wenn sie ausgehend von einer tiefen Erfahrung des Geheimnisses der Welt eine Religion hervorbringt, dann erreicht sie ihr Reifestadium und verweist auf universale Werte. Das ist bei der Umbanda der Fall, einer Religion, die in Niterói im Bundesstaat Rio de Janeiro im Jahr 1908 entstanden ist. Sie nährt sich aus den echtesten Wurzeln der brasilianischen Realität, die sich aus europäischen, afrikanischen und indianischen Traditionen speist. In einem Kontext sozialer Verwahrlosung mit Tausenden entwurzelter Menschen, die aus den Wäldern und dem Landesinneren Brasiliens kamen, keine Arbeit fanden und aufgrund des notorisch ungesunden Klimas in Rio zu Beginn des 20. Jahrhunderts krank waren, brach sich eine überaus starke spirituelle Erfahrung Bahn.

Zélio Moraes aus dem Landesinneren bezeugt die Kommunikation mit der Gottheit unter der Gestalt des *Caboclos*[22], der *sie-*

---
22 Ein Geistwesen indigenen Ursprungs.

ben *Kreuzwege* der indigenen Tradition und des *Preto Velho*[23] der Tradition der schwarzen Sklaven. Die ersten Adressaten dieser Offenbarung sind die Demütigen und die, denen es an jeglicher materiellen und spirituellen Unterstützung mangelt. Sie will in ihnen die Erkenntnis der tiefen Gleichheit aller, Männer wie Frauen, stärken und hat zum Ziel, die Liebe und geschwisterliche Zuneigung zu mehren, die Ungerechtigkeiten abzumildern, die Traurigen zu trösten und die Einheit zwischen Mensch und Natur unter dem Leitstern des Evangeliums und der heiligen Gestalt des göttlichen Meisters Jesus wiederherzustellen.

Der Name Umbanda ist voller Sinngehalt. Er setzt sich aus *om* (in den östlichen Traditionen der Urklang des Universums) und *bandha* (unaufhörliche Bewegung der göttlichen Kraft) zusammen. Auf schöpferische Weise verbindet diese Religion Elemente aus den unterschiedlichen religiösen Traditionen unseres Landes und baut daraus ein in sich stimmiges System. Einen bevorzugten Stellenwert haben die Traditionen der Candomblé[24] aus Bahia, sie sind am populärsten und kommen den Menschen in ihren Bedürfnissen besonders entgegen. Doch es geht nicht um Entitäten, sondern nur um Kräfte oder reine Geister, die sich durch spirituelle Führer den Menschen nähern, um ihnen zu helfen. Die *Orixás,* die *Mata Virgem,* der *Rompe Mato,* der *Sete Flechas,* die *Cachoeira,* die *Jurema* und der *Caboclos* sind archetypische Aspekte der Gottheit. Sie vervielfachen Gott nicht in einem falsch verstandenen Polytheismus, sondern sie konkretisieren den einen und einzigen Gott unter den unterschiedlichsten Bezeichnungen. Diese Gottheit wird sakramental gegenwärtig in den Elementen der Natur wie den Bergen, den Wasserfällen, den Wäldern, dem Meer, dem Feuer und den Unwettern. In Konfrontation mit diesen Wirklichkeiten tritt der Gläubige in Gemeinschaft mit Gott. Die Umbanda ist eine zutiefst ökologische Religion. Sie stattet den Menschen mit dem Sinn für die Ehrfurcht vor den kosmischen Energien aus. Sie verzichtet auf Tieropfer und beschränkt sich stattdessen lediglich auf die Blumen und das Licht als subtile spirituelle Wirklichkeiten.

Der brasilianische Diplomat Flávio Perri, der in Paris, Rom,

---

23 Geister getöteter Sklaven.
24 Afro-brasilianische, ursprünglich aus Afrika kommende Religion.

Genf und New York seinen Dienst versehen hat, ist fasziniert von der Religion der Umbanda. Mit den Mitteln der vergleichenden Religionswissenschaften und mithilfe verschiedener hermeneutischer Methoden hat er in einem Buch mit dem Titel *Der Zauber der Orixás* scharfsinnige Reflexionen entwickelt. Er hat in seine Arbeit eigene Gedichte eingeflochten, die von einer aufmerksamen spirituellen Wachheit zeugen. Er gehört zur Art von Dichter-Denkern und Mystikern wie auch Álavaro de Campos (Fernando Pessoa), Murilo Mendes, T.S. Eliot und der Sufi-Mystiker Rumi. Selbst wenn er verzaubert ist, ist sein Stil konzise, ohne jegliche Übertreibung, denn genau diese Strenge ist es, die das Wesen des Spirituellen verlangt.

Darüber hinaus trägt er dazu bei, Vorurteile rund um die Umbanda abzubauen. Sie hat ihren Ursprung bei den in einer Volkskultur verwurzelten Armen, die in spontaner Weise synkretistisch sind. Sie haben eine bedeutende Spiritualität geschaffen und eine Religion hervorgebracht, deren reine und einzigartige Ausdrucksweise deutlich macht, wie tief und reichhaltig die Kultur dieser Gedemütigten und Beleidigten, unserer Brüder und Schwestern, tatsächlich ist. Auch in der frühen Zeit des Christentums – ebenfalls ursprünglich eine Religion der Sklaven und Marginalisierten – hieß es: „Die Armen sind unsere Herren, die Niedrigen unsere Lehrmeister."

Die Leser mögen sich vielleicht wundern, warum ein Theologe wie ich so ausführlich über dieses Thema schreibt. Darauf antworte ich: Ein Theologe, dem es nicht gelingt, Gott jenseits der Grenzen seiner eigenen Religion oder Kirche zu erkennen, ist kein guter Theologe. Er ist eher ein Dogmenexperte. Er verspielt die Gelegenheit, dem Gott zu begegnen, der sich hinter den Lehraussagen verbirgt, der sich auf andere Weise mitteilt und durch unterschiedliche Boten, seine wahren Engel, zu uns spricht.

Gott übersteigt unser Denken und unsere Dogmen. In Wirklichkeit hat Gott, wie uns die Mystiker sagen, keine Religion. Wir sind es, die die Religion erfinden, um überleben zu können, wenn wir ihm begegnen. Ohne Religion gingen wir an dem Übermaß an Ekstase und Schönheit zugrunde.

8. Die Erzählung des Kosmos und die Gottesfrage

Die religiösen und die Weisheitstraditionen der Menschheit bezeichnen jenes Prinzip, das alles erschafft und ordnet, als Gott. Das Wort Gott verweist auf das Unaussprechliche, auf die Wirklichkeit, die aller Wirklichkeit vorausliegt. Streng genommen lässt sich über Gott nichts sagen, denn all unsere Begriffe und Worte kommen erst danach und leiten sich vom Universum her. Und dennoch wollen wir von dem sprechen, der vor dem Universum ist. Doch auf welche Weise?

Mit Recht sagen Menschen, die Gott aus Erfahrung kennen, also die Mystiker: Wenn wir von Gott sprechen, dann negieren wir mehr, als wir behaupten, und wir äußern mehr Irrtümer als Wahrheiten. Dennoch müssen wir von ihm in Ehrfurcht sprechen, denn wir stellen Fragen, die nur mithilfe der Kategorie Gott wenigstens andeutungsweise beantwortet werden können.

Im Wort Gott sind das Grenzenlose unserer Vorstellung und die größte Utopie von Ordnung, Harmonie, Bewusstsein, Leidenschaft und des höchsten Sinnes enthalten, die die Kulturen und die einzelnen Menschen bewegen. Das Wort Gott hat nur dann existenzielle Bedeutung, wenn es die Gefühle der Menschen auf diese Dimensionen hin, auf das Unendliche und die höchste Fülle hin aufschließt.

Am meisten fasziniert sind Wissenschaftler von der Harmonie und Schönheit des Universums. Alles scheint so angelegt zu sein, dass aus dem tiefen Abgrund eines Ozeans von ursprünglicher Energie die Elementarteilchen, dann die geordnete Materie, darauf die komplexe Materie in Gestalt des Lebens und schließlich die Materie in vollkommenem Einklang der Schwingungen hervorgehen musste. Diese Materie in vollkommenem Einklang der Schwingungen bildet die eine höchste, ganzheitliche Einheit: das Bewusstsein.

Brandon Carter, Hubert Reeves und andere, die das starke und schwache anthropische Prinzip formuliert haben (vgl. oben S. 87-88) behaupten: Wenn die Dinge nicht so vonstattengegangen wären, wie sie tatsächlich verlaufen sind (Ausdehnung/Explosion des Kosmos, Bildung der großen roten Sterne, Entstehung von Sternen, Galaxien, Planeten usw.), dann wären wir nicht hier, um über all dies zu sprechen. Das heißt: Damit wir hier sein können, war es nötig, dass sich alle kosmischen Faktoren im Lauf der 13,7 Milliarden Jahre seit dem Urknall auf solche Weise miteinander verknüpft haben und zusammengeflossen sind, dass die Komplexität, das Leben und das Bewusstsein möglich wurden. Anderenfalls gäbe es uns nicht und wir wären nicht hier, um über solche Dinge nachzudenken.

Alles setzt also alles voraus. Wenn ich einen Füllhalter vom Boden aufhebe, dann trete ich mit der Gravitation in Kontakt, die alle Körper des Universums anzieht oder fallen lässt. Wenn die Dichte des Universums in den ersten Sekunden der Ausdehnung nach dem Urknall nicht genau ihre entsprechende kritische Größe gehabt hätte, dann hätte das Universum niemals entstehen können, Materie und Antimaterie hätten sich gegenseitig vernichtet und es hätte nicht genug Zusammenhalt gegeben, damit sich Massen und die Materie bilden können.

Wir können eine äußerst genaue Austarierung der Maße feststellen, ohne die die Sterne niemals entstanden und das Leben im Universum niemals hervorgebrochen wäre. Wenn etwa die starke Kernkraft (jene Kraft, die den Zusammenhalt der Atomkerne bewirkt) nur um 1 Prozent stärker gewesen wäre, dann hätte sich niemals Wasserstoff gebildet, der in Verbindung mit dem Sauerstoff zum für alle Lebewesen unverzichtbaren Wasser wird. Wenn die elektromagnetische Kraft nur um ein Weniges stärker gewesen wäre (sie verleiht den Atomen und Molekülen den Zusammenhalt und ermöglicht chemische Verbindungen), dann wäre die Möglichkeit des Entstehens der DNA und damit der Produktion und Reproduktion von Leben verspielt gewesen.

In jedem Ding entdecken wir das Ganze, die miteinander in Wechselwirkung befindlichen Kräfte, die sich verbindenden Teilchen, die Stabilisierung der Materie als Ereignis, die Öffnung auf neue Beziehungen hin und das Leben, das stets noch feiner abgestimmte Ordnungen hervorbringt. Allen Dingen ist das Markenzeichen der Natur aufgeprägt, eine Signatur, die Botschaften übermittelt und die wir entschlüsseln können.

Die Wahrnehmung dieser Ordnung des Universums hat in Wissenschaftlern wie Albert Einstein, David Joseph Bohm, Stephen Hawking, Ilya Prigogine und anderen das Gefühl des Staunens und der Ehrfurcht aufkommen lassen. Diese Ordnung liegt allen Dingen zugrunde. Sie ist vom ersten Augenblick an von

Bewusstsein und Geist durchdrungen. Diese implizite Ordnung verweist auf eine höchste Ordnung, Bewusstsein und Geist verweisen auf ein Bewusstsein jenseits dieses Kosmos und auf einen transzendenten Geist.

Wie lässt sich die Existenz des Seins selbst erklären, also die Frage des Philosophen Leibniz beantworten: Warum ist überhaupt etwas und nicht vielmehr nichts? Was war vor dem sich ausdehnenden Universum und vor dem Urknall? Darüber hat die Wissenschaft nichts zu sagen. Sie geht vom Universum aus, wie es sich gebildet hat und wie sie es bereits vorfindet. Doch der Wissenschaftler lässt wie jeder Mensch nicht darin nach, sich diese Fragen zu stellen. Max Planck, der die Quantentheorie formulierte, schrieb treffend: „Die Wissenschaft kann das Geheimnis hinter der Natur nicht ergründen, denn in letzter Instanz sind wir selbst Teil der Natur und folglich des Geheimnisses, das wir zu enthüllen versuchen."

Das Schweigen der Wissenschaft unterdrückt keineswegs alle Worte. Es gibt noch ein letztes Wort, das aus einem anderen Bereich der menschlichen Erkenntnis kommt, aus der Spiritualität und aus den Religionen. Hier bedeutet erkennen nicht, sich von der Wirklichkeit zu entfernen, um sie in ihre Teile zu zerlegen und zu enthüllen. Erkennen im spirituellen Sinn ist eine Weise der Liebe, der Teilnahme und der Gemeinschaft. Es ist die Entdeckung des Ganzen jenseits der Teile, der Synthese diesseits der Analyse. Erkennen bedeutet, sich selbst innerhalb der Totalität zu entdecken, sie zu verinnerlichen und in sie einzutauchen.

In Wahrheit kennen wir nur das gut, was wir lieben. David Joseph Bohm, renommierter Physiker und zugleich Mystiker, behauptet: „Wir können uns den Mystiker als jemanden vorstellen, der mit den Schrecken einflößenden Tiefen der Materie oder mit dem Geist in subtilster Form in Kontakt ist, egal, welchen Namen wir diesen Wirklichkeiten geben."

Aus dem Staunen erwächst die Wissenschaft als Kraft der Entschlüsselung des verborgenen Codes aller Phänomene. Die Wissenschaft will das *Wie* der Existenz der Dinge erklären. Die Mystik lässt sich in Ekstase versetzen durch die Tatsache, *dass* die Dinge existieren. Sie verehrt den, der sich hinter jedem Ding und dem Ganzen offenbart und verbirgt. Sie strebt danach, ihn zu erfahren und in Gemeinschaft mit ihm zu treten. Was die Mathematik für den Wissenschaftler ist, das ist die Meditation für den Mystiker. Der Physiker sucht nach der Materie bis in ihre kleinstmöglichen Bestandteile und nach deren letzter Wahrnehmbarkeit und gelangt so zu Energiefeldern und dem Quantenvakuum. Der Mystiker erfasst die Energie, die sich auf vielen Ebenen verdichtet, bis hin zu ihrer reinsten Gestalt in Gott.

Immer mehr Wissenschaftler, Weise und Mystiker sind durch das Staunen und die Ehrfurcht angesichts des Universums vereint. Sie alle wissen um dieselbe Grunderfahrung. Wissenschaftler und Weise deuten in dieselbe Richtung; sie weisen auf das Geheimnis der Wirklichkeit hin, dem sich die Wissenschaft rational annähert und das in Spiritualität und Mystik emotional erfahren wird. Alles läuft letztlich auf den Namen dessen zu, der keinen Namen hat: Gott.

Welches Bild könnten wir von dem Gott entwerfen, der in der zeitgenössischen kosmologischen Reflexion aufscheint? Dieses Bild entspringt der Kette von Rückbezügen, der sich die Forschung verpflichtet: Von der Materie gelangen wir so zum Atom, zu den Elementarteilchen und von diesen zum Quantenvakuum. Dieses ist der letzte Bezugspunkt der analytischen Vernunft. Aus ihm geht alles hervor und zu ihm kehrt alles zurück. Es ist der Ozean von Energie, der Kontinent aller möglichen Gehalte, alles dessen, was sich ereignen kann. Vielleicht ist es auch der „große kosmische Attraktor", denn das gesamte Universum wird von einem geheimnisvollen zentralen Punkt angezogen.

Doch das Vakuum gehört noch der Ordnung des Universums an. Was geschah vor der Zeit? Was gab es vor dem Quantenvakuum? Es ist die zeitlose Wirklichkeit im absoluten Gleichgewicht ihrer Bewegung, die Totalität vollkommener Symmetrie, die nicht endende Energie und die grenzenlose Kraft.

In einem „Augenblick" seiner Fülle beschließt Gott, einen Spiegel zu schaffen, in dem er sich selbst erblicken kann. Er hat die Absicht, Gefährten seines Lebens und seiner Liebe zu schaffen. Schaffen heißt loslassen, das heißt zulassen, dass etwas entsteht, was weder Gott ist noch die ausschließlich Gott zukommenden Eigenschaften besitzt (Fülle, absolute Symmetrie, Leben ohne Entropie, Koexistenz aller Gegensätze). Etwas wird aus dieser ursprünglichen Fülle entlassen. „De-kadenz" hat hier also nicht den ethischen Sinn von Verfall und Niedergang, sondern den ontologischen Sinn von „Sein-Lassen".

Gott schafft jenen unvorstellbar winzigen Punkt, der milliardenfach kleiner ist als ein Atom, das Quantenvakuum. Ein unermesslicher Energiefluss wird seinem Inneren übertragen. Darin sind alle Wahrscheinlichkeiten und Möglichkeiten offen. Es herrscht eine universale Welle. Der höchste Beobachter beobachtet sie und bewirkt dadurch, dass sich einige Möglichkeiten materialisieren und sich zueinander in Beziehung setzen. Die anderen kollabieren und kehren ins Reich der Wahrscheinlichkeiten zurück. Alles dehnt sich aus, um dann zu explodieren. Der Urknall ist nicht so sehr ein Ausgangspunkt als vielmehr ein Punkt der Instabilität, der durch Beziehungen (Bewusstsein) ermöglicht, dass ganzheitliche Einheiten und immer mehr miteinander verflochtene Ordnungen entstehen. Das sich heranbildende Universum ist eine Metapher Gottes selbst, ein Bild seiner Seins- und Lebensmächtigkeit.

Wenn alles im Universum ein Netz von Beziehungen bildet, wenn sich alles mit allem in Gemeinschaft befindet, wenn sich das Bild Gottes als von der Gemeinschaft strukturiert zeigt, dann ist das ein Hinweis darauf, dass diese höchste Wirklichkeit selbst ebenfalls grundlegend und wesenhaft Gemeinschaft, Leben in Beziehung und höchste Liebe ist.

Dieser Gedankengang findet in der Mystik und den spirituellen Traditionen der Menschheit seine Bestätigung. Die jüdisch-christliche Erfahrung ordnet sich in ihrem Kern diesem Erfahrungs- und Denkstrang zu. Es ist die Erfahrung eines Gottes in Gemeinschaft mit seiner Schöpfung, eines persönlichen Gottes, eines Lebens, das sich in drei lebendigen Seinsweisen zeigt: in Vater, Sohn und Heiligem Geist.

Das dynamische Prinzip der Selbstorganisation des Universums ist in allen Teilen und im Ganzen am Werk, ohne Namen und ohne Bild. Gott ist der Name, den die Religionen gefunden haben, um ihn aus der Anonymität heraustreten zu lassen und ihn in unser Bewusstsein und unsere feiernde Verehrung hineinzunehmen. Es ist ein Name, der ein Geheimnis umschreibt, ein Ausdruck unserer Verehrung. Er ist im Herzen des Universums da. Der Mensch fühlt ihn in seinem Herzen in Gestalt des Enthusiasmus (im Wortsinn heißt Enthusiasmus „einen Gott in sich haben"). Der Mensch nimmt wahr, dass er als Sohn bzw. Tochter in dieses Geheimnis aufgenommen ist. In der christlichen Erfahrung wird bezeugt, dass er uns nahegekommen ist und sich selbst zum Bettler gemacht hat, um einem jeden von uns nah zu sein. Dies ist der geistliche Sinn der Inkarnation, der Menschwerdung Gottes.

Die Ursehnsucht des Menschen besteht nicht darin, Gott vom Hörensagen zu kennen, nein, er will Gott *erfahren*. Zurzeit erschließt die ökologische, insbesondere die tiefenökologische Geisteshaltung, den Raum für eine Gotteserfahrung dieser Art am besten. Sie erlaubt es, in dieses Geheimnis einzutauchen, das alles umgibt, alles durchdringt, in allem aufscheint, alles trägt und alles aufnimmt.

Doch es gibt nicht nur einen einzigen Zugang und eine einzige Tür zu ihm. Dieser Täuschung unterliegen das Abendland und insbesondere die christlichen Kirchen, die vorgeben, ein Monopol auf die Offenbarung Gottes und auf die Heilsmittel zu besitzen.

Für alle Menschen, die einmal das Geheimnis, das wir Gott nennen, erfahren haben, ist alles ein Weg zu ihm und jede Seinsform wird zum Sakrament und zur Tür für die Begegnung mit ihm. Trotz aller Widrigkeiten und trotz der schwierigen Koexistenz von Chaos und Kosmos, von diabolischen und symbolischen Dimensionen kann sich das Leben deshalb zu einem Fest und einer Feier verwandeln. Das Leben wird gerade darum leicht sein, weil es von höchstem Sinn und höchster Bedeutung erfüllt ist.

Zum Schluss

Das Zeitalter der ausgestreckten Hand

Die Lektüre dieses Buches hat womöglich bei Leserinnen und Lesern etliche Ängste geweckt. Das ist durchaus beabsichtigt, denn diese Ängste wecken uns aus unserer Trägheit auf und veranlassen uns, nachzudenken, zu lesen, miteinander ins Gespräch zu kommen, zu diskutieren und nach neuen Wegen zu suchen. In schlechten Zeiten wie den unseren ist Ruhe Verantwortungslosigkeit. Jede und jeder Einzelne, wir alle gemeinsam müssen schnell und entschlossen handeln, denn die Zeit läuft gegen uns. Wir müssen uns selbst mobilisieren, um eine neue Richtung für unser Leben auf diesem Planeten vorzugeben, wenn wir weiterhin auf ihm wohnen wollen.

Die Zeiten des Überflusses und der Annehmlichkeiten gehören der Vergangenheit an. Bei dem, was zurzeit passiert, handelt es sich nicht um eine einfache Krise, sondern um eine Unumkehrbarkeit. Die Erde hat sich auf unumkehrbare Weise verändert und wir müssen uns zusammen mit ihr verändern. Die Zeit des Bewusstseins der Endlichkeit aller Dinge ist angebrochen, auch der Dinge, die uns am dauerhaftesten erschienen sind: des Fortbestands der Vitalität der Erde, des Gleichgewichts der Biosphäre und der Unsterblichkeit der Gattung Mensch. All das macht einen chaotischen Prozess durch. Zu Beginn zeigt sich dieser Prozess als zerstörerisch, indem er all das ausscheidet, was nicht wesentlich und bloßer Zusatz ist, doch dann erweist er sich als schöpferisch, indem er dem, was von Dauer und für das Leben wesentlich ist, neue Gestalt verleiht.

Bis jetzt haben wir im Zeitalter der geballten Faust gelebt, um zu beherrschen, zu unterwerfen und zu zerstören. Nun beginnt das Zeitalter der ausgestreckten und offenen Hand, um andere Hände zu ergreifen und in Zusammenarbeit und Solidarität das „gemeinsame gute Leben" und das Gemeinwohl der Erde und der Menschheit zu schaffen.

Wie uns die Astrophysiker und Kosmologen versichern, befindet sich das Universum immer noch im Entstehungsprozess, im Prozess der Ausdehnung und Selbstschaffung. Eine fundamentale Energie liegt allen Ereignissen zugrunde, erhält jede Seinsform und orientiert alle Energien nach vorne und nach oben auf immer komplexere und bewusstere Formen hin. Wir sind eine Emergenz dieser mächtigen und liebenden Energie.

Sie ist stets am Werk, doch sie erweist sich insbesondere in systemischen Krisen als wirkmächtig, wenn sich die Energien zusammenballen, um Brüche hervorzurufen und qualitative Sprünge zu ermöglichen. Genau dann kommt es zu den sogenannten „Emergenzen": Etwas Neues, das noch nicht existiert, das jedoch in den Möglichkeiten des Universums enthalten ist, tritt auf den Plan und kommt innergeschichtlich zur Erscheinung.

Nach meiner Überzeugung befinden wir uns unmittelbar vor einer dieser „Emergenzen". Es wird die planetarische Phase des Bewusstseins und die Einswerdung der Gattung Mensch sein, die sich an einem einzigen Ort versammelt: dem Planeten Erde, den wir als unsere Mutter und unser einziges gemeinsames Haus entdeckt haben.

Wir verstehen uns dann als Brüder und Schwestern, die zusammen um einen Tisch sitzen, um zusammenzuleben, zu singen, zu essen, zu trinken und fröhlich die Großzügigkeit der Mutter Erde zu genießen, nachdem wir kooperativ und in respektvollem Umgang mit der Natur unsere Arbeit getan haben.

Wir werden schließlich die Wahrheit bezeugen, die der Philosoph Ernst Bloch in seinem Buch *Das Prinzip Hoffnung* formuliert: „Die wahre Genesis liegt nicht am Anfang, sondern am Ende."

Ich mache mir die Worte des Vaters der amerikanischen Ökologiebewegung, des Kulturanthropologen und Theologen Thomas Berry, zu eigen: Uns wird es niemals an den nötigen Energien fehlen, um die Zukunft zu gestalten. In Wirklichkeit leben wir eingetaucht in einen Ozean von Energie, der größer ist, als wir uns vorstellen können. Diese Energie gehört uns an, nicht in der Weise der Herrschaft über sie, sondern in der Weise der Anrufung.

Diese Grundenergie müssen wir anrufen. Sie ist stets da und zur Verfügung. Es genügt, sich zu öffnen und bereit zu werden, sie aufzunehmen und die Veränderungen vorzunehmen, die sie verlangt.

Da es sich um eine wohlwollende und schöpferische Energie handelt, dürfen wir mit dem Dichter Tiago de Mello inmitten der Ausweglosigkeiten und Bedrohungen, die auf unserer Zukunft lasten, ausrufen: „Es wird dunkel, doch ich singe." Ja, singen wir angesichts der Heraufkunft dieser neuen „Emergenz" für Erde und Menschheit.

Weil wir die Sterne lieben, haben wir keine Angst vor der dunklen Nacht. Sie werden uns leiten und uns neu erstrahlen lassen. Denn das ist der Grund, warum wir auf diesem Planeten aufgetaucht sind: um zu strahlen.

Literatur

Attali, Jacques, Die Welt von morgen. Eine kleine Geschichte der Zukunft, Berlin 2008
Benjamin, Walter, Geschichtsphilosophische Thesen, in: ders., Zur Kritik der Gewalt und andere Aufsätze, Frankfurt a.M. 1965
Bloch, Ernst, Das Prinzip Hoffnung, 3 Bde., Frankfurt a.M. 1969
Boff, Leonardo, Dass ich liebe, wo man hasst. Das Friedensgebet des Franz von Assisi, Düsseldorf 2000
Boff, Leonardo, Die Erde ist uns anvertraut. Eine ökologische Spiritualität, Kevelaer 2010
Boff, Leonardo, Ethik für eine neue Welt, Düsseldorf 2000
Boff, Leonardo, O Evangelho do Cristo cósmico (erscheint auf Deutsch: Kevelaer 2012)
Boff, Leonardo, Franz von Assisi und die Liebe Gottes zu den Armen, Kevelaer 2010
Boff, Leonardo, Gott erfahren. Die Transparenz aller Dinge, Düsseldorf 2004
Boff, Leonardo, Die Kirche neu erfinden, Ostfildern 2011
Boff, Leonardo, Die Logik des Herzens. Wege zu neuer Achtsamkeit, Düsseldorf 1999
Boff, Leonardo, Meditation des Lichts. Göttliche Energie mitten im Alltag, München 2011
Boff, Leonardo, Sehnsucht nach dem Unendlichen. Spirituell leben, Kevelaer 2011
Boff, Leonardo, Tugenden für eine andere Welt, Kevelaer 2009
Boff, Leonardo, Was kommt nachher? Das Leben nach dem Tode, Kevelaer 2009
Boff, Leonardo, Zärtlichkeit und Kraft. Franz von Assisi mit den Augen der Armen gesehen, Düsseldorf 1995
Capra, Fritjof, Lebensnetz. Ein neues Verständnis der lebendigen Welt, München 1999
Carta de la Tierra. Valores y principios para un futuro sostenible, hg.: Secretaria Internacional del Proyecto Carta de la Tierra, San José 1999

Davis, Michael, Planet der Slums, Berlin 2007
De Duve, Christian, Vital Dust, New York 1995
Devall, Bill/Sessions, George, Deep Ecology: Living as if Nature Mattered, Layton 1985
Dussel, Enrique, Ethik der Gemeinschaft (Bibliothek Theologie der Befreiung), Düsseldorf 1988
Dussel, Enrique, Etica de la liberación en la edad de la globalización y de la exclusión, Madrid 1998
Dyson, Freeman, Disturbing the Universe, New York 1981
Die Erd-Charta. Deutsche Übersetzung hg. von Ökumenische Initiative Eine Welt und BUND, Diemelstadt-Wethen 2001
Fox, Warwick, Towards a Transpersonal Ecology: Developing New Foundations for Environmentalism, Boston 1990
Georgescu-Roegen, Nicholas, The Promethean Destiny, New York 1987
Girard, René, Das Ende der Gewalt, Freiburg 2008
Goldsmith, Edward, Der Weg. Ein ökologisches Manifest, München 1996.
Goleman, Daniel, EQ. Emotionale Intelligenz, München 2009
Gollwitzer, Helmut, Die kapitalistische Revolution, München 1974
Hathaway, Mark/Boff, Leonardo, The Tao of Liberation. Exploring the Ecology of Tansformation, New York 2009
Hawken, Paul, The Ecology of Commerce. A Declaration of Sustainability, New York 1993
Heidegger, Martin, Sein und Zeit, Tübingen 1979
Heinberg, Richard, The Party's Over. Das Ende der Ölvorräte und die Zukunft der industrialisierten Welt, München 2004
Hobsbawm, Eric, Das Zeitalter der Extreme. Weltgeschichte des 20. Jahrhunderts, München 1998
Höß, Rudolf, Kommandant in Auschwitz. Autobiographische Aufzeichnungen, Stuttgart 1958
Houtart, François, Délégitimer le capitalisme, reconstruire, l'espérance, Brüssel 2005
Huntington, Samuel P., Kampf der Kulturen, München 2002
Johannes vom Kreuz, Geistlicher Gesang (Sämtliche Werke in fünf Bänden, Bd. IV), hg. und übersetzt von P. Aloysius ab Immaculata Conceptione, München 1952
Jonas, Hans, Das Prinzip Leben. Ansätze zu einer philosophischen Biologie, Frankfurt a.M. 1997

Jonas, Hans, Das Prinzip Verantwortung. Versuch einer Ethik für die technologische Zivilisation, Frankfurt a.M. 1979
Joseph, Lawrence E., Gaia. The Growth of an Idea, New York 1990
Kheel, Marti, Ecofeminism and Deep Ecology, in: Diamond, I./Feman Orenstein, G. (Hg.), Reweaving the World: The Emergence of Ecofeminism, San Francisco 1990
Küng, Hans, Der Anfang aller Dinge. Naturwissenschaft und Religion, München 2005
Küng, Hans, Projekt Weltethos, München 1990
Küng, Hans, Weltethos für Weltpolitik und Weltwirtschaft, München 1997
Kuhn, Thomas, Die Struktur wissenschaftlicher Revolutionen, Frankfurt a.M. 1967
Kunstler, James Howard, The Long Emergency. Surviving the End of Oil, Climate Change and Other Converging Catastrophes of the Twenty-First Century, New York 2005
Löwy, Michael, Ecologia e socialismo, São Paulo 2005
Löwy, Michael/Sayre, Robert, Révolte et melancolie, Paris 1992
Lovelock, James, Gaia. Die Erde ist ein Lebewesen, Bern 1992
Lovelock, James, Das Gaia-Prinzip. Die Biographie unseres Planeten, Zürich 1991
Lovelock, James, Gaias Rache. Warum die Erde sich wehrt, Berlin 2008
Luks, Fred, Der Himmel ist nicht die Grenze, in: Frankfurter Rundschau, 21. Januar 1997
Maffesoli, Michel, Elogio da razão sensível, Petrópolis 1998
Margulis, Lynn, Symbiotic Planet. A New Look at Evolution, New York 1998
Margulis, Lynn/Sagan, Dorion, Micro-cosmos. Quatro bilhões de anos de evolução microbiana, Lissabon 1990
Marx, Karl, Das Kapital, Bd. 1 (MEW 23), Berlin 1976
Maturana, Humberto/Varela, Francisco J., A árvore do conhecimento – As bases biológicas do entendimento humano, Campinas 1995
McLeod, Myles, „And Life Created Continents ...", in: New Scientist Magazine, 2544, 24. März 2006
Meadows, Dennis u.a., Die Grenzen des Wachstums, Reinbek 1973

Minqi Li, The Rise of China and the Demise of the Capitalist World Economy, London 2008
Moltmann, Jürgen, Die Entdeckung des Anderen. Zur Theorie des kommunikativen Handelns, in: Evangelische Theologie 50 (1990), 400-414
Moltmann, Jürgen, Die Erde und die Menschen. Zum theologischen Verständnis der Gaia-Hypothese, in: Evangelische Theologie 53 (1993), 420-438
Moltmann-Wendel, Elisabeth, Gott und Gaia. Rückkehr zur Erde, in: Evangelische Theologie 53 (1993), 406-420
Morin, Edgar, La mente bien ordenada, Barcelona 2000
Morin, Edgar, La Méthode, Bd. 2, La vie de la vie, Paris 1980
Morin, Edgar, Science avec Conscience, Paris 1990
Morin, Edgar (Hg.), A religação dos saberes, Rio de Janeiro 2001
Muraro, Rose Marie, Avanções tecnológicos e o futuro de humanidade – Querendo ser Deus?, Petrópolis 2009
Pasolini, Pier Paolo, Freibeuterschriften. Die Zerstörung der Kultur des Einzelnen durch die Konsumgesellschaft, Berlin 1978
Polanyi, Karl, The Great Transformation, Frankfurt a.M. 2001
Prigogine, Ilya, La nouvelle alliance. La métamorphose de la science, Paris 1986
Prigogine, Ilya, Order out of Chaos, London 1984
Prigogine, Ilya, Vom Sein zum Werden. Zeit und Komplexität in den Naturwissenschaften, München 1992
Prigogine, Ilya/Stengers, Isabelle, Dialog mit der Natur. Neue Wege naturwissenschaftlichen Denkens, München 1986
Rees, Martin, Unsere letzte Stunde. Warum die moderne Naturwissenschaft das Überleben der Menschheit bedroht, München 2005
Rifkin, Jeremy, Entropie – ein neues Weltbild, Frankfurt/Berlin 1985
Roszack, Theodore, Ökopsychologie – Der entwickelte Mensch und der Ruf der Erde, Stuttgart 1994
Ruether, Rosemary Radford, Gaia & Gott. Eine ökofeministische Theologie der Heilung der Erde, Luzern 1994
Rumi, Maulana Dchelaladdin, Von Allem und vom Einen, München 1988
Sarkar, Saral, Die Krisen des Kapitalismus. Eine andere Studie der politischen Ökonomie, Neu-Ulm 2010

Sarkar, Saral, Die nachhaltige Gesellschaft. Eine kritische Analyse der Systemalternativen, Stuttgart 2011

Sarkar, Saral/Kern, Bruno, Ökosozialismus oder Barbarei. Eine zeitgemäße Kapitalismuskritik, Köln/Mainz 2008, pdf-Datei und Bezugsadresse: www.oekosozialismus.net

Scharper, Steven Bede, Redeeming the Time: A Political Theology of the Environment, New York 1997

Schweitzer, Albert, Ehrfurcht vor dem Leben. Grundtexte aus fünf Jahrhunderten, München 1966

Schweitzer, Albert, Was sollen wir tun?, Heidelberg 1968

Schweitzer, Albert, Wie wir überleben können. Eine Ethik für die Zukunft, Freiburg 1994

Seattle, Wir sind ein Teil der Erde. Die Rede des Häuptlings Seattle vor dem Präsidenten der Vereinigten Staaten von Amerika im Jahr 1855, Olten 1982

Seed, John/Macy, Joanna u.a., Thinking like a Mountain, Philadelphia 1998

Serres, Michel, La guerre mondiale, Paris 2008

Sheldrake, Rupert, Die Wiedergeburt der Natur. Wissenschaftliche Grundlagen eines neuen Verständnisses der Lebendigkeit und Heiligkeit der Natur, Bern 1991

Smith, Adam, Untersuchung über Wesen und Ursachen des Reichtums der Völker, Tübingen 2005

Sobrino, Jon, Christologie der Befreiung. 2 Bde., Ostfildern 2008

Sölle, Dorothee, „Du sollst keine anderen Jeans haben neben mir", in: Habermas, Jürgen (Hg.), Stichworte zur „Geistigen Situation der Zeit", Bd. 2: Politik und Kultur, Frankfurt a.M. 1979, 541-553

Soros, George, Die Krise des globalen Kapitalismus. Offene Gesellschaft in Gefahr, Berlin 1998

Spengler, Oswald, Der Untergang des Abendlandes, Wiesbaden 2007

Suzuki, David/McConnell, Amanda, The Sacred Balance: Rediscovering Our Place in Nature, Vancouver 1997

Teilhard de Chardin, Pierre, Die Entstehung des Menschen, München 1961

Teilhard de Chardin, Pierre, Der Mensch im Kosmos, München 1959

Tocqueville, Alexis de, Über die Demokratie in Amerika, Dietzingen 2009

Toynbee, Arnold, Der Gang der Weltgeschichte. Aufstieg und Verfall der Kulturen, 10 Bde., München 1974

Trainer, Ted, Renewable Energy Cannot Sustain a Consumer Society, Heidelberg 2007

Weizsäcker, Ernst Ulrich von, Erdpolitik. Ökologische Realpolitik an der Schwelle zum Jahrhundert der Umwelt, Darmstadt 1992

Wilson, Edward O., The Creation. An Appeal to Save Live on Earth, New York 2006

Wilson, Edward O., Die Zukunft des Lebens, Berlin 2002

Winter, Deborah Du Nann, Ecological Psychology. Healing the Spirit between Planet and Self, New York 1996

Wittgenstein, Ludwig, Tractatus logico-philosophicus, Frankfurt a.M. 1963

Ziegler, Jean, Das Imperium der Schande. Der Kampf gegen Armut und Unterdrückung, München 2007

Zohar, Danah/Marshall, Ian, SQ. Spirituelle Intelligenz, Bern 2001

ALLES IST EINS

Richard Rohr
Pure Präsenz
Sehen lernen wie die Mystiker
224 S., Paperback
ISBN 978-3-532-62413-5

Unser Erleben und Denken ist geprägt von Gegensätzen: wahr oder falsch, gut oder böse, gläubig oder ungläubig. Täglich erfahren wir, wie daraus Gewalt und Fundamentalismus entstehen. Von den Mystikern aller großen Religionen können wir lernen, das dualistische Denken zu überwinden und mit den Paradoxien zu leben. Uns allen steht die Einsicht offen: Alles ist eins, das Leben ist pure Präsenz.

www.claudius.de   claudius•

WANDEL IST MÖGLICH!

Richard Rohr
Verwandlung
Was radikale Veränderung bedeutet
128 S., Flexcover
ISBN 978-3-532-62426-5

Seit Jahrzehnten begeistert Richard Rohr mit seinen Büchern über ein zeitgemäßes Christentum ein riesiges Publikum. Erstmals fasst er seine zentralen Themen zusammen und bringt sie auf den Punkt: Ein grundlegender Wandel in Gesellschaft, Politik und den Kirchen sowie eine Erneuerung des einzelnen Menschen sind unausweichlich. Freiheit, Gerechtigkeit und persönliches Wachstum stehen uns offen, wenn wir begreifen, was radikale Veränderung bedeutet.

www.claudius.de

claudius

DURCH DAS LABYRINTH DES LEBENS

Gernot Candolini
Wendepunkte des Lebens
Dem eigenen Weg vertrauen
152 S., Paperback
ISBN 978-3-532-62399-2

Geburt, Hochzeit, Trennung, Unfall, Tod – das Leben ist keine gerade Linie. Gernot Candolini macht anhand authentischer Beispiele Mut, die geplanten und auch die unvorhergesehenen Wendungen im Leben anzunehmen und dem eigenen Weg zu vertrauen. Denn das Leben ist ein Labyrinth, aber keines, das in die Irre führen will, sondern einen Weg anbietet, auf dem man sich selbst begegnet und der zur unserer eigenen Mitte führt.

www.claudius.de   claudius